数智化时代会计专业
—— 融合创新系列教材

U0747352

金蝶K/3 Cloud 业财一体化案例教程

李赛娟◎主编

刘样　陈丽丽　孙穆兰　段丽丽◎副主编

人民邮电出版社

北京

图书在版编目（ＣＩＰ）数据

　金蝶K/3 Cloud 业财一体化案例教程 / 李赛娟主编
. －－ 北京 ：人民邮电出版社，2022.8
　数智化时代会计专业融合创新系列教材
　ISBN 978-7-115-59402-0

　Ⅰ. ①金… Ⅱ. ①李… Ⅲ. ①财务软件－教材 Ⅳ.
①F232

　中国版本图书馆CIP数据核字(2022)第097822号

内 容 提 要

　　本书以金蝶 K/3 Cloud V6.1 教学版为平台，引入贴近企业实际业务的案例数据，采用业务流程与管理知识相结合的模式，以企业业务流程为主线，分项目详细介绍了运用金蝶云平台来管理企业数据，实现财务业务融合处理的方法。本书主要内容包括金蝶 K/3 Cloud 系统各模块的初始化，企业日常采购、销售、仓存管理业务的处理，集团财务数据的处理，集团资金及费用报销业务处理，固定资产业务处理，期末业务处理，编制集团内企业独立财务报表和编制集团合并报表等。

　　本书教学资源丰富，案例数据完整，并提供必要的常见问题解决方案，适合作为应用型本科院校和高等职业院校大数据与会计、大数据与财务管理、会计信息管理等专业的教材，也可作为企业岗位培训教材。

◆ 主　　编　李赛娟

　　副主编　刘　样　陈丽丽　孙穆兰　段丽丽

　　责任编辑　崔　伟

　　责任印制　王　郁　彭志环

◆ 人民邮电出版社出版发行　　北京市丰台区成寿寺路 11 号
　　邮编　100164　电子邮件　315@ptpress.com.cn
　　网址　https://www.ptpress.com.cn
　　北京七彩京通数码快印有限公司印刷

◆ 开本：787×1092　1/16
　　印张：16.75　　　　　　　　　　2022 年 8 月第 1 版
　　字数：466 千字　　　　　　　　2025 年 7 月北京第 2 次印刷

定价：59.80 元

读者服务热线：(010)81055256　印装质量热线：(010)81055316
反盗版热线：(010)81055315

前　言

作为全球经济增长与科技进步的重要引擎——数字经济正推动着各行各业的创新变革。作为数字经济发展的核心驱动要素，数字化人才已成为企业间竞争的战略资源。

金蝶 K/3 Cloud 是移动互联网时代的新型 ERP，是基于 Web 2.0 与云技术的新型企业管理服务平台。相比于传统 ERP，云 ERP 具备三大优势。①安全性能高。云主机和云数据库的安全等级较高，能够保障应用程序与数据的独立性。②低成本。云 ERP 能够免除企业在硬件上的投资，客户无须安装硬件服务器、软件及建立数据中心机房，也无须配置专门的 IT 维护队伍，就可以快速搭建企业管理架构。③技术稳定。云技术可以帮助企业实现实时、大规模、异地备份，能够保证数据的完整性和传输的及时性。

本书以金蝶 K/3 Cloud V6.1 教学版为蓝本，以企业实际业务处理为主线，详细介绍了如何利用金蝶 K/3 Cloud 系统来管理企业的财务业务数据，从而提升企业的管理效率。本书具有以下特色。

（1）本书在内容编排上遵循理论够用的原则，采用项目任务式体例，以业财融合的模式详细介绍了总账、应收款管理、应付款管理、资金管理、资产管理、发票管理、费用报销、智能会计平台、销售管理、采购管理、组织间结算、库存管理、存货核算、财务报表编制、合并报表编制等系统功能。

（2）本书设计了学生在实训过程中可能遇到的常见问题及问题分析，并提供了解决方案，可以帮助学生快速解决问题，同时也在一定程度上减轻了教师的指导工作量，提升了教学效果。

（3）本书根据每一个任务，设置了与任务知识储备相关的课后练习，题目类型多样，便于学生巩固所学知识。

（4）本书融入爱国主义情怀、团队协作、法律意识、工匠精神等内容，潜移默化地对学生的思想意识、行为举止产生影响，有助于培养德技兼修的技能型人才，助力立德树人根本目标的实现。

本书还提供丰富的教学资源（扫描封底二维码即可获取），具体包括以下内容。

（1）微课视频，便于学生学习时重点参考。

（2）全套教学资源，包括教学课件、授课计划、课程标准等，便于教师授课。

（3）考题，便于教师在教学完成后，对学生进行关键知识点的考核。

> **建议**
>
> 　　教师在上课前给每位学生建立一个数据中心，学生在各自的数据中心完成项目的所有操作，以确保金蝶 K/3 Cloud 系统业务处理的连贯性。

　　除了上述教学资源，读者可访问金蝶社区获取更多学习资源，其中的"金蝶云·星空"模块提供了相关的学习内容；同时，读者也可在社区论坛上进行学习、交流，便于自主解决学习中遇到的各种疑问。

　　本书由长沙民政职业技术学院与金蝶 ERP 人才孵化基地的专业导师合作完成。李赛娟担任主编，负责整体业务和理论框架的设计，以及全书的修改、统稿工作。具体编写分工为：项目一、项目二由孙穆兰、黄俊锋编写，项目三、项目四、项目五、项目六由段丽丽、李赛娟编写，项目七、项目八、项目九、项目十一由陈丽丽、李乐朋编写，项目十、项目十二由刘样、朱灿坤编写。全书微课视频的制作由滕淑容、宋俊两位导师完成。

　　本书是长沙民政职业技术学院与金蝶软件（中国）有限公司十多年校企合作的成果之一，其中融入了金蝶 ERP 人才孵化基地导师们丰富的实践经验，参考了公司的一些工作成果，也借鉴了企业管理和信息化建设的相关文献。有了他们的辛勤劳动，才能凝结成本书的最终成果，编者在此表示衷心的感谢！

　　在编写本书的过程中，编者十分注重业务逻辑，但由于水平有限，书中难免存在疏漏，不当之处恳请读者批评指正。编者联系邮箱：550189777@qq.com。

编者

2022 年 6 月

目　录

安装管理金蝶 K/3 Cloud 系统

ERP 软件涉及的组织、部门、人员众多，而且对信息资源的共享和隔离要求较高。金蝶 K/3 Cloud 系统作为云时代的一款新型 ERP 产品，可以实现多法人、多事业部、多地点等多组织应用模式。在使用金蝶 K/3 Cloud 系统进行业务处理之前，用户需要搭建企业的组织架构体系，根据企业具体情况对基础资料进行隔离和共享设置，并根据不同的业务要求为用户设置合适的权限来访问系统。上述功能都可在系统管理中设置，深入了解和熟练掌握系统管理部分的功能是使用金蝶 K/3 Cloud 系统进行业务处理的前提条件。本项目主要包括安装金蝶 K/3 Cloud 系统、新建数据中心、维护数据中心、搭建组织机构、管理用户权限、设置基础资料控制策略、维护基础资料七个任务。

任务一　安装金蝶 K/3 Cloud 系统

任务描述

金民集团成立于 2001 年，历经二十余年的发展，已成为知名的安检产品（如高端红外体温计）研发、生产基地和供应商。金民集团由金民科技公司和金民销售公司两个法人子公司组成。金民科技公司作为集团的主体，负责生产、采购、资金管理和部分寄售业务，金民销售公司负责产品的直销业务。随着集团的发展壮大，为了满足集团财务、供应链和生产等领域管理的需要，金民集团决定上线 ERP 系统。经过全方位的考察和评估后，金民集团于 2020 年采购了国内著名软件厂商金蝶国际软件集团研发的金蝶 K/3 Cloud 系统，并准备于 2021 年 1 月正式启用。

> 📖小贴士
>
> ERP 软件的本质是帮助企业规范运作流程，从而提高企业运营效率。我们常说的"上线 ERP"不是单纯指选择某个软件，让它按企业现有的运营模式执行任务，而是通过实施过程帮助企业梳理现有流程，发现其中的问题和漏洞，从而解决问题和消除漏洞。由此看出，实施 ERP 并不只是一个传统的信息技术（Information Technology，IT）项目，要想真正对企业实现管理变革，必须在 ERP 软件选型时就充分调研，详细了解自身需求和软件功能，否则只会事倍功半。"没有调查，就没有发言权"，只有通过调查，掌握大量第一手材料，并在此基础上进行分析，去粗取精、去伪存真，才能做出正确的决策。

任务分解

1. 安装金蝶 K/3 Cloud 系统
2. 创建管理中心

理论认知

1. 安装金蝶 K/3 Cloud 系统前要先安装数据库系统的原因

之所以在安装金蝶 K/3 Cloud 系统前要先安装数据库系统，是因为所有的业务数据都要存储在数据库中。目前金蝶 K/3 Cloud 系统同时支持 SQL Sever 和 Oracle 数据库系统，但一般情况下，仅推荐有 Oracle 生产环境运维经验的客户使用 Oracle 数据库系统，对其余客户均推荐选用 SQL Server 数据库系统。

小贴士

数据库系统的安全、可靠、稳定是企业 ERP 正常运行的基本保障。2017 年，高德纳咨询公司发布的数据库系列报告中，首次出现了国产数据库——阿里云数据库 ApsaraDB、南大通用 GBase、巨杉数据库 SequoiaDB。2018 年，华为云、腾讯云紧跟着入榜。2019 年 10 月 2 日，国际事务处理性能委员会宣布阿里巴巴旗下的蚂蚁金服数据库 OceanBase 打破了由美国甲骨文公司创造并保持了 9 年的世界纪录，这意味着我国数据库技术的发展取得了重大突破。

2. 应用服务器、管理中心及二者的关系

应用服务器是提供"系统业务站点"的服务器，一般用户通过访问应用服务器来使用系统。而管理中心是指用来提供系统管理站点，仅供管理员访问的应用程序，用于管理账套数据库和应用服务器。管理中心和应用服务器是一对多关系，即一个管理中心可管理多个应用服务器，但每个应用服务器只能注册到一个管理中心。应用服务器可访问的账套列表、用户许可都是管理中心提供的。

3. 生产环境的部署方式

在生产环境中，管理中心、管理数据库耗费的资源都比较少，为了部署便捷性，通常推荐将应用服务器、管理中心装在同一操作系统上，账套、管理数据库放在另一台服务器的同一数据库实例中。这样，只需两台服务器即可完成系统部署，性能也有保障。

4. 非生产环境的部署方式

如果部署系统是为了完成演示、功能测试、开发等轻量级的非生产任务，可以将所有服务器角色都部署在同一台服务器的同一操作系统中，但在客户生产环境中禁止这样做。

案例场景

金民集团于 2020 年采购了金蝶 K/3 Cloud 系统全部功能模块并执行安装，于 2021 年 1 月正式启用。

小贴士

随着信息技术的发展，ERP 系统与云技术相结合，促使云部署的 ERP 产品应运而生。金蝶 K/3 Cloud 系统就属于新一代的云 ERP 产品，它不仅能够支持公有云、混合云、专属云的部署，还能将交易、服务、管理融为一体，满足创新型与成长型企业对外业务的发展需求。云 ERP 系统使企业数据的安全性得到了极大的提高，同时也减少了企业一次性成本的投入。因此，不管是企业还是个人，都要时刻保持创新精神，与时俱进，才能在竞争中立于不败之地。

任务实施

用户在新环境下安装金蝶 K/3 Cloud 时，可按以下步骤进行操作。

（1）打开金蝶 K/3 Cloud V6.1 安装文件夹，双击 "SETUP.exe" 图标，首先出现金蝶 K/3 Cloud 的安装程序页面，如图 1-1 所示。

（2）单击【开始】按钮，打开【协议】页面，如图 1-2 所示。认真阅读软件许可协议后，勾选【本人已阅读并接受上述软件许可协议】。

图 1-1　金蝶 K/3 Cloud 的安装程序页面

图 1-2　软件许可协议

（3）单击【下一步】按钮，打开【功能选择】页面，如图 1-3 所示。本书采用非生产环境的部署方式安装，因此选择【全部】。在该页面还可以修改安装位置，单击【浏览】按钮，选择适当的位置即可。

（4）单击【下一步】按钮，打开【环境检测】页面，如图 1-4 所示。

（5）完成环境检测之后，系统会提示需要修复的问题。查看环境检测结果，如图 1-5 所示，单击【自动修复】按钮，系统会自动安装和启用产品依赖的 Windows 组件和服务。

（6）自动修复结束后，单击【再次检查】按钮。若通过环境检测，会显示图 1-6 所示的页面。

（7）单击【下一步】按钮，打开【安装】页面，如图 1-7 所示。

（8）安装完成后，系统会跳转到安装完成页面，如图 1-8 所示。单击【完成】按钮，完成金蝶 K/3 Cloud 的安装。

图 1-3　功能选择

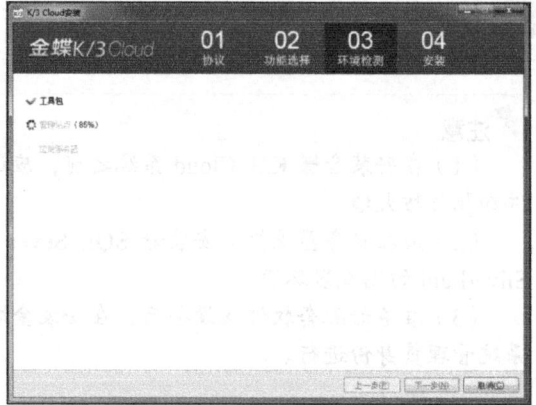
图 1-4　进行环境检测

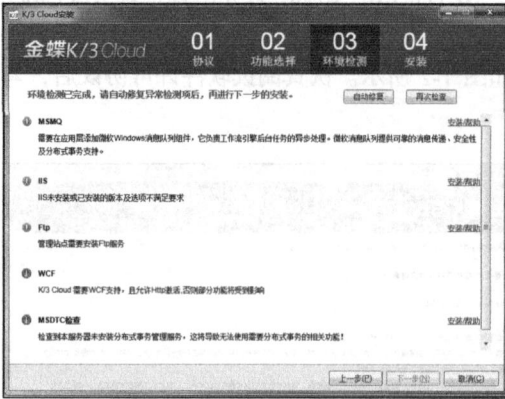
图 1-5　查看环境检测结果

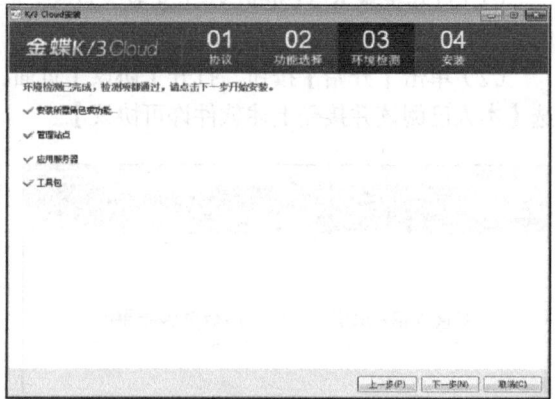
图 1-6　通过环境检测

图 1-7　等待安装

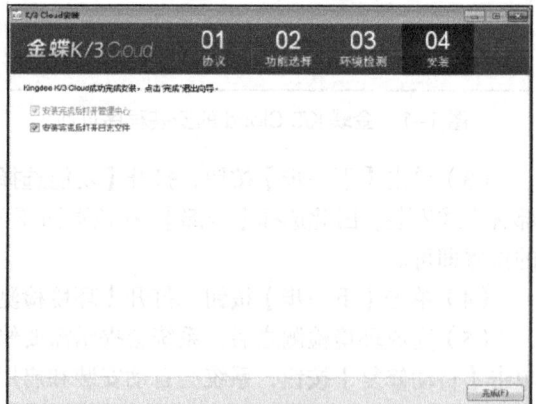
图 1-8　安装完成

（9）安装完成后，默认打开管理站点。打开管理中心向导，如图 1-9 所示。在该向导中填写数据库相关信息，然后单击【测试连接】按钮。测试连接成功后，单击【创建】按钮创建管理中心。

（10）完成管理中心的创建后，系统会提示创建完成，如图 1-10 所示。

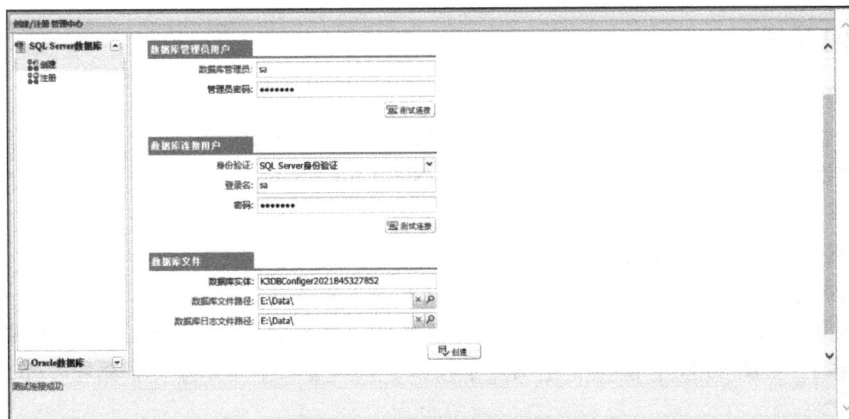

图 1-9 管理中心向导

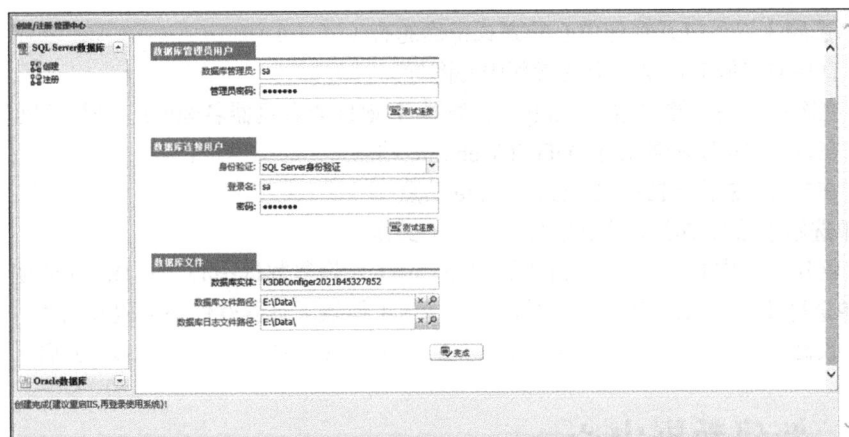

图 1-10 管理中心创建完成

（11）单击【完成】按钮，自动打开管理中心登录页面，如图 1-11 所示。默认的管理员用户名是"Administrator"，默认密码为"888888"。

图 1-11 管理中心登录页面

（12）完成产品安装后，桌面上会出现【金蝶 K/3 Cloud 管理中心】和【金蝶 K/3 Cloud】两个快捷方式图标，如图 1-12 所示。后续进行数据中心管理维护时，双击【金蝶 K/3 Cloud 管理中心】图标登录即可；进行业务处理时，双击【金蝶 K/3 Cloud】图标登录即可。

图 1-12 快捷方式图标

📺 **常见问题解答**

（1）打开金蝶 K/3 Cloud 管理中心时显示乱码。

【问题分析】显示乱码一般是因为没有创建管理中心数据库。

【解决方案】打开页面"http://服务器 IP 地址:8000/silverlight/cmc.aspx"，创建管理中心数据库后，即可正常登录。

（2）在客户端无法登录管理中心。

【问题分析】无法登录管理中心一般是因为没有设置服务器的 IP 地址。

【解决方案】①在客户端登录页面，单击左下角的【服务器设置】按钮，输入管理中心地址"http://服务器 IP 地址:8000"；②单击【确定】按钮，输入管理中心账号、密码即可登录。

📺 **课后练习**

（1）【多选题】以下打开管理中心的方式正确的有（　　　）。

　　A. 直接双击服务器桌面上的管理中心图标

　　B. 在客户端浏览器中输入"http://服务器 IP 地址或者机器名:8000"进行访问

　　C. 在打开 IIS 管理器浏览 Default Web Site 站点

　　D. 在打开 IIS 管理器浏览 Manage Site 站点

（2）【单选题】管理中心不可以进行（　　　）操作。

　　A. 创建数据中心　　B. 备份数据中心　　C. 恢复数据中心　　D. 注册账户

（3）【单选题】登录管理中心后，可以在（　　　）模块下查看软件特征码和引入许可文件。

　　A. 数据中心　　B. 许可中心　　C. 监控中心　　D. 云盾

任务二　新建数据中心

📺 **任务描述**

为金民集团在金蝶 K/3 Cloud 系统中建立用于存储业务数据的数据中心。

📖 **小贴士**

数据中心（Data Center）是处理和存储海量数据的地方。当前，数据已成为企业的一项资产，数据中心是企业的数据"银行"。企业可以对数据中心中存储的数据进行加工、处理和分析，让原本没有生命的数据产生价值，然后通过传输和交换数据，为客户、上下游厂商，甚至整个产业链提供服务，从而占据行业的领导地位。数据中心正在逐步成为企业的客户中心、利润中心和服务中心。数据中心包含海量数据，数据必须由专门的团队在科学分工的基础上，通过密切的配合才能完成采集。在数据采集的过程中，必须遵守数据采集规则，确保数据源头的唯一性和数据精确性。

📺 **任务分解**

1. 登录管理中心
2. 创建数据中心

理论认知

1. 数据中心

数据中心是金蝶 K/3 Cloud 系统中业务数据的载体，所有业务以数据中心为单位完全隔离。

2. 数据中心与账套的关系

金蝶 K/3 Cloud 系统是一种处理多组织业务的系统。一个组织需要输入一套数据，这套数据相当于一个账套，多个组织就有多个账套，各组织之间可以实现数据的传输、共享与隔离，因此，数据中心可以理解为账套的集合。

案例场景

金蝶 K/3 Cloud 系统已经安装完成，开始创建名为"金民集团"的数据中心。

扫码看视频

任务实施

（1）双击【金蝶 K/3 Cloud 管理中心】图标，打开金蝶 K/3 Cloud 管理中心登录页面。输入默认管理员用户名"Administrator"和默认密码"888888"，单击【登录】按钮，打开管理中心页面。

（2）单击右上角的【所有功能】按钮 ▦，打开管理中心的功能菜单，如图 1-13 所示。

图 1-13　管理中心的功能菜单

（3）执行【数据中心管理】—【数据中心列表】命令，打开【数据中心列表】页面，如图 1-14 所示，可以看见当前管理的全部数据中心记录。

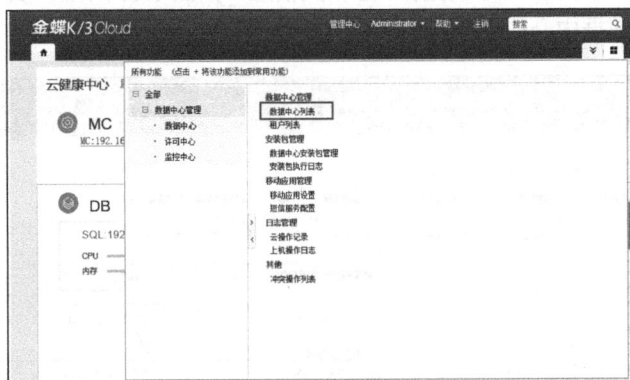

图 1-14　【数据中心列表】页面

（4）执行【创建】—【创建 SQL Server 数据中心】命令，打开【创建 SQL Server 数据中心】对话框，如图 1-15 所示，根据数据库服务器填写信息。

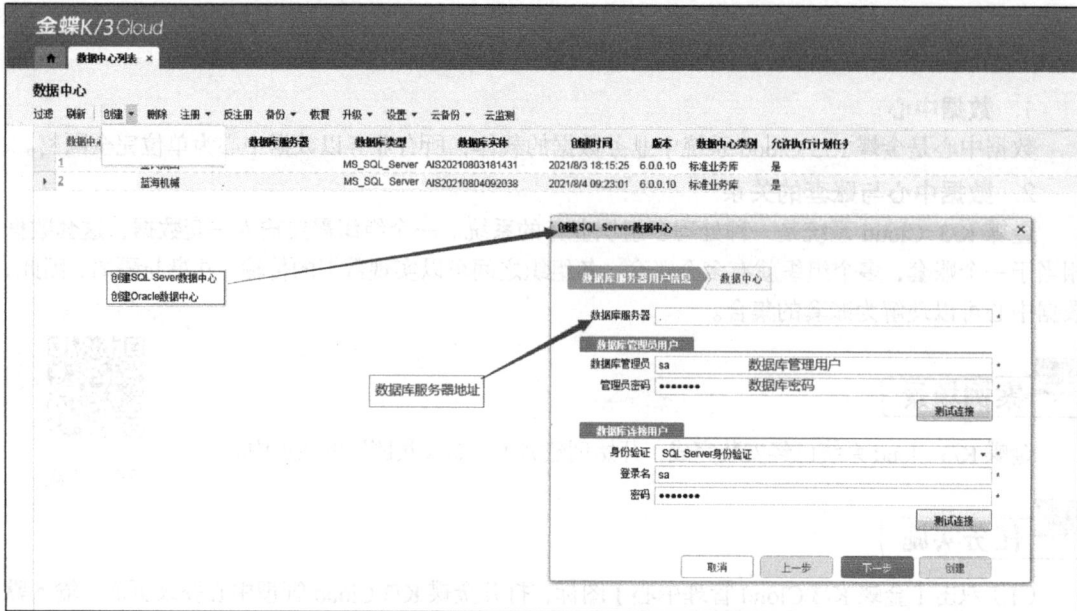

图 1-15 【创建 SQL Server 数据中心】对话框（1）

（5）单击【下一步】按钮，填写数据中心相关信息，如图 1-16 所示。填写完成后，单击【创建】按钮，即可完成数据中心的创建。

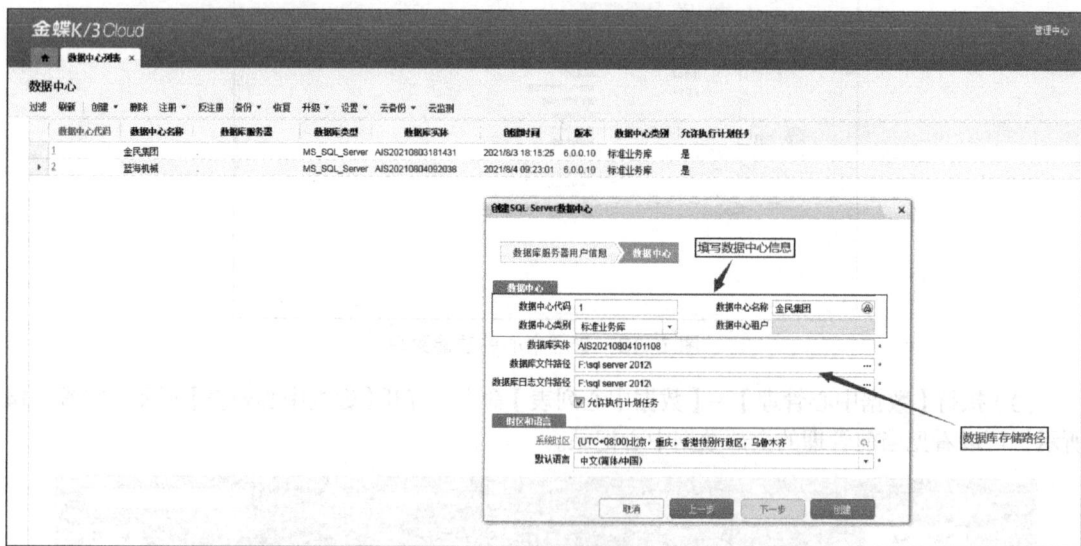

图 1-16 【创建 SQL Server 数据中心】对话框（2）

（6）数据中心创建完成后，在金蝶 K/3 Cloud 管理中心的数据中心列表中，可以看到新增的数据中心。

注意

数据库文件路径和数据库日志文件路径中不要出现中文。

常见问题解答

若忘记数据中心的管理员密码，应如何修改？

【解决方案】如果忘记数据中心的管理员密码，可以在管理中心中重置。操作步骤如下：①使用管理员用户名登录金蝶 K/3 Cloud 管理中心，并打开数据中心列表；②选中需要修改管理员密码的数据中心，执行【设置】—【重置密码】命令；③输入新的管理员密码，完成密码重置。

> **注意**
> （1）管理中心的管理员登录密码与数据中心的管理员登录密码是两个不同的内容。数据中心管理员的登录密码默认为"888888"。
> （2）该密码重置操作只重置了选中的数据中心的管理员密码，并不会对所有数据中心的管理员密码做修改。

课后练习

（1）【单选题】管理中心支持创建（　　　）个数据中心。

　　A. 1 个　　　　　　B. 2 个　　　　　　C. 3 个　　　　　　D. 多个

（2）【判断题】普通用户忘记了密码可以在管理中心重置密码。（　　　）

（3）【填空题】数据中心支持＿＿＿＿＿＿、＿＿＿＿＿＿两种数据库类型。

任务三　维护数据中心

任务描述

请对金民集团业务操作过程中产生的各种数据定期进行备份，确保当数据中心遭到破坏时，可以通过恢复功能将备份的数据中心恢复成一个新的数据中心继续进行业务处理，将数据丢失的损害降到最低限度。

> **小贴士**
> ERP 软件实施人员需要掌握数据库知识，在实施过程中建立测试数据库，了解客户数据库的组成。企业要做好数据库的日常维护，保证数据安全、可靠和完整，并且建立完整的备份恢复计划。2017 年 9 月，美国信用调查机构艾可菲（Equifax）公司承认，1.45 亿居民的个人信息被泄露，这是美国历史上最严重的数据泄露事件，给企业和用户带来了不可估量的损失。该事件再一次让人们认识到数据库安全保障的重要性。

任务分解

1. 备份数据中心
2. 恢复数据中心
3. 云备份数据中心

理论认知

1. 备份数据中心的原因

对数据中心进行备份是为了确保数据安全性或为了在灾难发生时将数据丢失的损失降到最低。

2. 云备份

在服务器硬盘不够大的情况下，可以通过数据中心云备份的方式将数据中心备份到金蝶云盘中，后续需要恢复时到云盘获取恢复即可。

3. 恢复数据中心

数据中心恢复就是通过管理中心把已备份好的数据中心文件导入并重新生成一个新的数据中心。当数据中心因为外力被破坏时，可以通过恢复功能将备份的数据中心恢复成一个新的数据中心继续进行业务处理。

案例场景

请完成数据中心的本地备份与恢复操作及云备份操作。

任务实施

1. 备份与恢复数据中心

信息部管理员双击【金蝶 K/3 Cloud 管理中心】图标，打开金蝶 K/3 Cloud 管理中心登录页面。输入默认管理员用户名"Administrator"和默认密码"888888"，单击【登录】按钮后，打开管理中心页面。

（1）当需要备份数据中心的时候，执行【数据中心管理】—【数据中心列表】命令，打开【数据中心列表】页面。选择需要备份的数据中心，单击【备份】按钮，打开【数据中心备份】对话框，如图 1-17 所示。设置数据库管理员名称、密码及备份路径后，单击【执行备份】按钮，完成数据中心的备份。

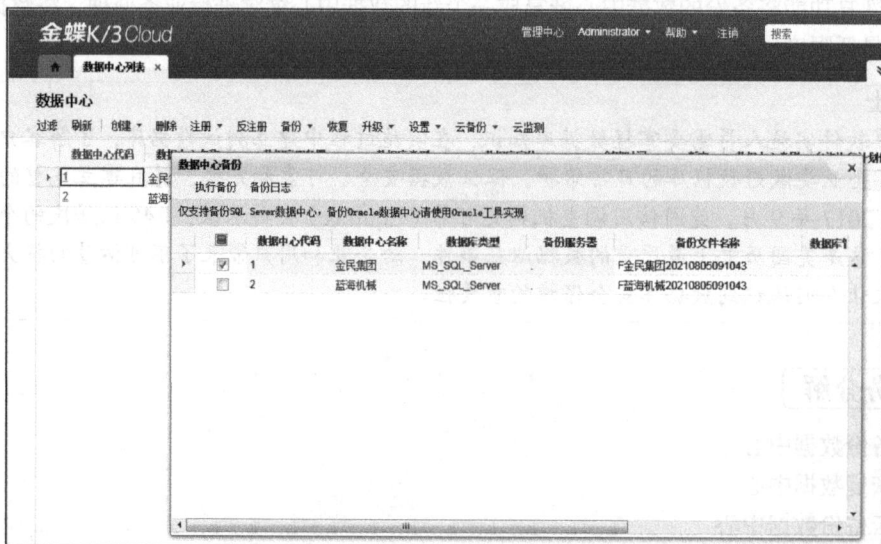

图 1-17 【数据中心备份】对话框

（2）当需要恢复数据中心的时候，执行【数据中心管理】—【数据中心列表】命令，打开【数据中心列表】页面。单击【恢复】按钮，打开【恢复 SQL Server 数据中心】对话框，如图 1-18 所示。根据具体情况设置数据库服务器、数据库管理员名称、管理员密码及备份文件路径等信息，然后单击【执行恢复】按钮，完成数据中心的恢复。

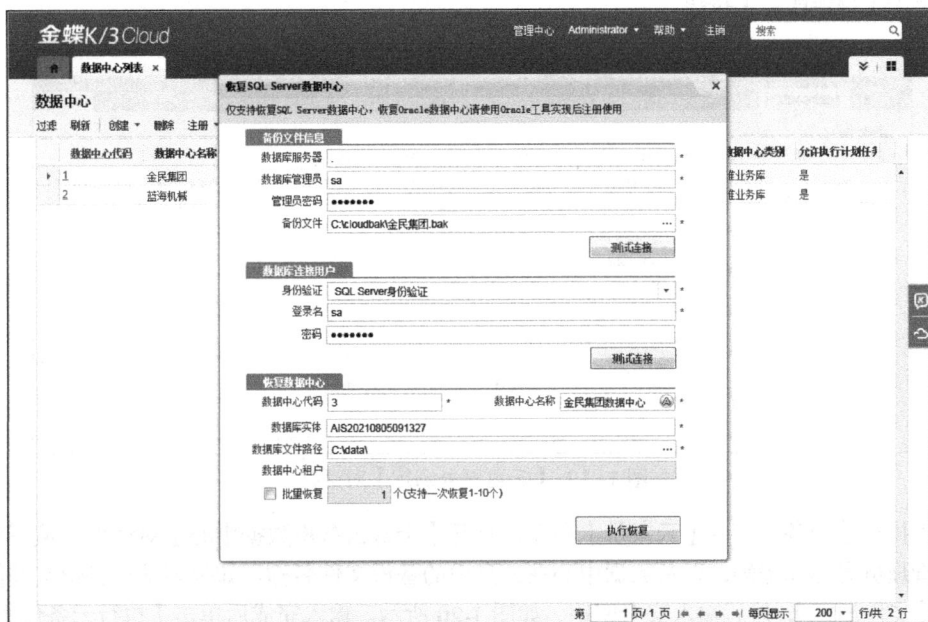

图 1-18 【恢复 SQL Server 数据中心】对话框

【恢复 SQL Server 数据中心】对话框字段说明如表 1-1 所示。

表 1-1　　　　　　　　　【恢复 SQL Server 数据中心】对话框字段说明

字段名称	说明
数据库服务器	存放备份文件的数据库服务器
数据库管理员	输入数据库服务器管理员名称
管理员密码	输入数据库服务器管理员密码
备份文件	选择数据库文件的备份路径
身份验证	支持 SQL Server 身份验证和 Windows 身份验证。若选择 Windows 身份验证，默认从数据中心站点的应用程序池获取运行账户，数据中心站点的运行账户在产品安装过程中设置，在安装后也可在 IIS 数据中心站点的应用程序池中修改；若选择 SQL Server 身份验证，需输入 SQL Server 数据库用户名和密码
登录名	输入数据连接用户的账号
密码	输入数据连接用户的账号密码，使用 Windows 身份验证不需要输入密码，但是数据库服务器中必须存在相关账户
数据中心名称	输入 1～80 个字符
数据库文件路径	选择数据库文件的恢复路径

2. 云备份数据中心

在服务器的硬盘空间不够大的情况下，可以通过数据中心云备份的方式将数据中心备份到金蝶云盘中，后续要恢复到云盘获取恢复即可，这种方式可以最大化地节省数据库服务器的硬盘空间。

（1）登录管理中心，执行【数据中心管理】—【数据中心列表】命令，打开【数据中心列表】页面。执行【云备份】—【云盘账号绑定】命令，打开【云盘账号绑定】对话框，如图 1-19 所示。如果拥有金蝶云盘账号，直接输入云盘账号和云盘密码，单击【绑定账号】按钮即可；如果没有金蝶云盘账号，则单击【去金蝶云盘注册】超链接，免费注册金蝶云盘账号，注册成功后返回对话框，单击【绑定账号】按钮。

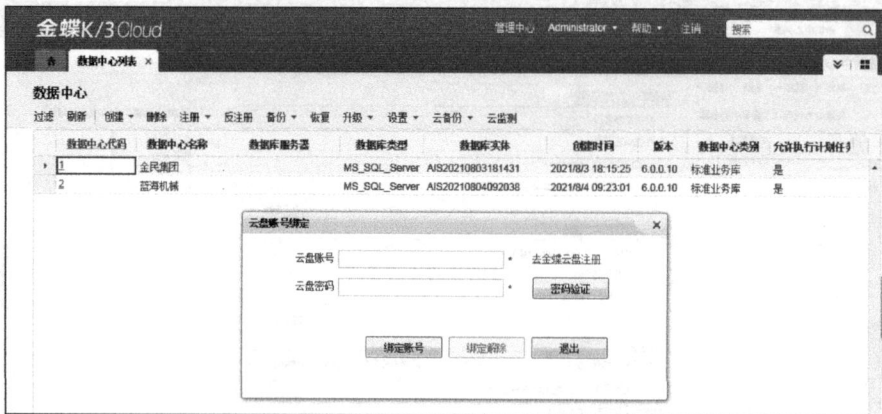

图 1-19 【云盘账号绑定】对话框

（2）执行【云备份】—【云备份】命令，打开【金蝶云备份数据中心】对话框，填写对应的数据库管理员名称和密码，以及数据中心在云盘中的备份文件名称。如果要求对备份文件保密，则勾选【文件加密】，然后输入安全密钥，如图 1-20 所示。输入完成后单击【执行云备份】按钮，系统开始备份数据中心，并将备份文件保存到金蝶云盘中。

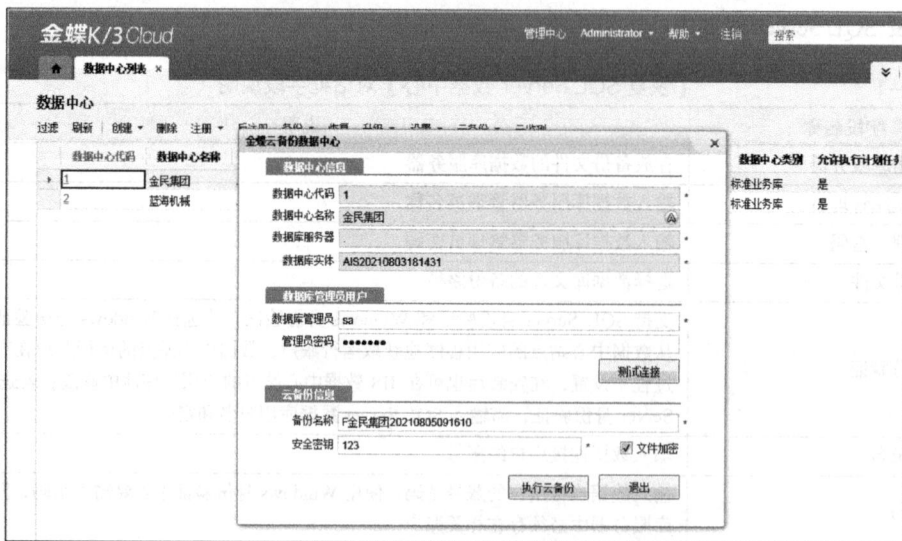

图 1-20 【金蝶云备份数据中心】对话框

（3）当需要云恢复的时候，执行【云备份】—【云恢复】命令，打开【恢复金蝶云盘数据中心】对话框。选择之前备份在云盘上的数据中心备份文件，并填写对应的数据库服务器信息和恢复数据中心信息。如果之前使用的云盘文件是加密的，则勾选【文件加密】，并输入云备份安全密钥，如图 1-21 所示。单击【执行恢复】按钮，系统开始恢复数据中心。

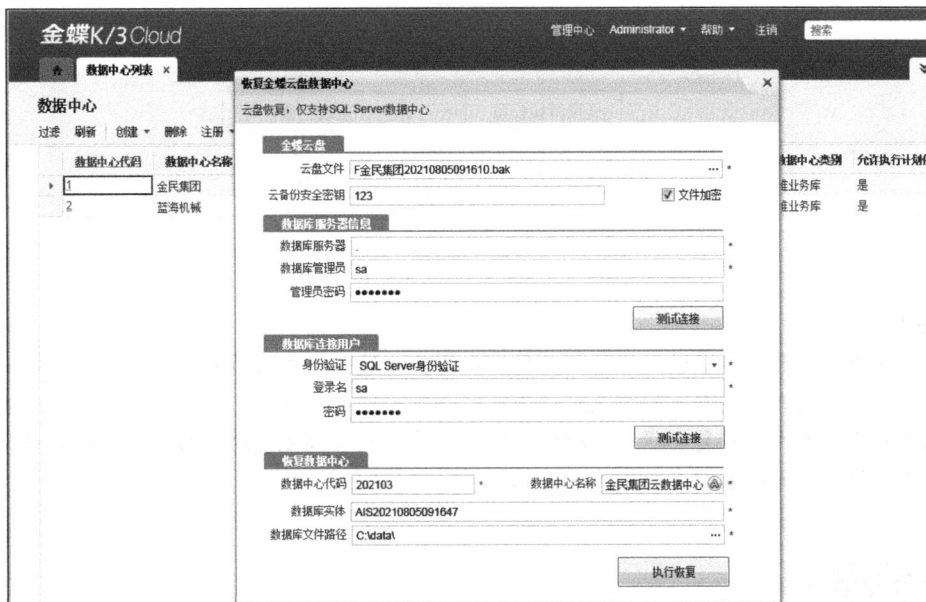

图 1-21　【恢复金蝶云盘数据中心】对话框

常见问题解答

（1）数据中心列表里数据太多，无法快速准确定位到想要查找的数据中心，该如何处理？

【问题分析】无法快速准确定位到想要查找的数据中心是因为不了解数据中心的排序规划。

【解决方案】登录业务站点的时候，【数据中心】下拉列表里的顺序是按数据中心名称排序的。排序时，数字优先于字母，字母优先于中文字符。也就是说，如果是数字开头的数据中心，会排在登录页面前面。根据上述规则，调整数据中心的名称即可调整数据中心的排序。

（2）为什么数据中心列表中的数据无法直接进行备份与恢复？

【问题分析】目前，SQL Server 数据中心库可以直接备份与恢复数据中心，且 SQL Server 数据中心库的备份文件可以直接在 SQL Server 中进行恢复。而 Oracle 数据中心库不能直接备份与恢复数据中心，需要使用专门的 Oracle 工具才能实现。

【解决方案】根据使用的数据库选择合适的方式进行备份与恢复。

课后练习

（1）【判断题】数据中心备份文件除了可以运用管理中心的数据中心列表中的恢复功能进行恢复，也可以通过数据库进行恢复后，在管理中心的数据中心列表中注册。（　　　）

（2）【判断题】恢复的数据中心反注册后数据中心实体将会丢失。（　　　）

任务四　搭建组织机构

任务描述

金民集团作为一家多组织、多法人的集团型公司，其组织机构如图 1-22 所示。请在金蝶 K/3 Cloud 系统上线之后，以系统管理员身份根据集团的组织信息搭建组织机构。

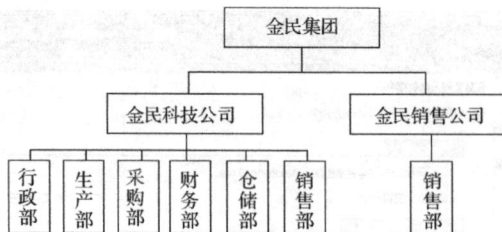

图 1-22　金民集团组织机构

> 📖 **小贴士**
>
> 　　组织机构良好是组织实现内部高效运转、取得良好绩效的先决条件。生产企业选择哪一种组织机构形式，或具体按哪一种方式组织生产经营，一定要结合本企业的实际情况，如企业规模、人员素质、生产工艺复杂程度、所处环境等。要以能有效完成企业目标为依据来选择具体的生产组织形式，并设置相应的生产管理机构。

💻 任务分解

1. 新增组织机构
2. 建立组织间业务关系

💻 理论认知

1. 搭建组织机构的原因

　　金民集团是一家多组织、多地点、多法人的集团型公司，在使用金蝶 K/3 Cloud 系统进行业务处理前，需要进行组织机构的搭建。搭建合理的组织机构既是系统运行的基础，又是企业业务运作的基石。

2. 组织形态的类型

　　金蝶 K/3 Cloud 系统内置的组织形态主要包括总公司、公司、工厂、事业部、分公司、事业部、部门等多种形态，基本能满足各类组织机构搭建的需要。

3. 核算组织和业务组织的区别

　　核算组织即会计主体，是会计记账、财务报告的主体。核算组织分法人和利润中心两个类型，需要进行财务核算的组织都需要在系统中设置成核算组织。法人公司设置成法人，其他则可设置成利润中心。

　　业务组织是核算组织的下级组织。一个核算组织可以包含多个业务组织。业务组织记录业务的发生。通过业务组织与核算组织的从属关系，可以确定业务的财务归属。

4. 业务组织的职能类型

　　金蝶 K/3 Cloud 系统的业务组织的职能包含销售职能、采购职能、库存职能、工厂职能、质检职能、结算职能、资产职能、资金职能、收付职能、营销职能、服务职能。组织只有勾选了相应职能，才能从事相应的业务。例如 A 组织需要从事销售业务，则 A 组织必须在业务组织中勾选【销售职能】。

5. 组织关系

　　金蝶 K/3 Cloud 系统的组织关系包含组织隶属关系和组织业务关系。

　　组织隶属关系即组织的上下级业务数据汇总关系，突破原来的行政框架汇总关系，按照组织的职能类型设置隶属关系，例如采购职能隶属关系。

组织业务关系即组织相互之间工作协作的关系或者工作上的委托关系。金蝶 K/3 Cloud 系统提供九大类组织业务关系类型，例如委托销售、委托采购、应收委托、应付委托等，从委托方和受托方的角度均可设置。

案例场景

根据具体任务，该案例需要完成金民集团的组织机构搭建和组织业务关系设置。组织机构信息如表 1-2 所示。

表 1-2 组织机构信息

组织编码	组织名称	组织形态	核算组织类型	业务组织类型
100	金民集团	总公司	法人	结算职能、收付职能、资金职能、服务职能、资产职能
101	金民科技公司	公司	法人	销售职能、采购职能、库存职能、工厂职能、结算职能、质检职能、收付职能、资金职能、资产职能、服务职能
102	金民销售公司	公司	法人	销售职能、采购职能、库存职能、结算职能、质检职能、收付职能、资金职能、营销职能、资产职能

在销售业务中，金民科技公司可以委托金民销售公司销售自己库存中的产品，也可以实现公司之间的库存调拨，因此设置对应的业务关系如表 1-3 所示。

表 1-3 组织业务关系信息

业务关系	委托方	受托方
委托销售	金民科技公司	金民销售公司
库存调拨	金民科技公司	金民销售公司

任务实施

1. 新增组织机构

（1）打开金蝶 K/3 Cloud 登录页面，选择数据中心为【金民集团】，输入用户名 "Administrator" 和默认密码 "888888"，单击【登录】按钮，如图 1-23 所示。

扫码看视频

图 1-23 金蝶 K/3 Cloud 登录页面

（2）单击右上角的【所有功能】按钮，打开系统功能菜单，如图 1-24 所示。

（3）执行【系统管理】—【组织机构】—【组织机构】—【启用多组织】命令，打开【启用多组织】页面，勾选【启用多组织】，如图 1-25 所示，并单击【保存】按钮。

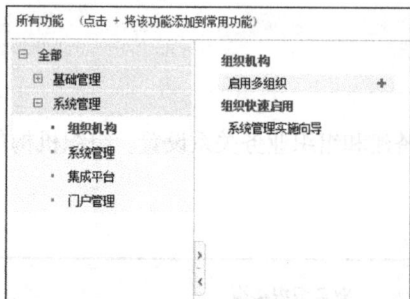

图 1-24　金蝶 K/3 Cloud 系统功能菜单

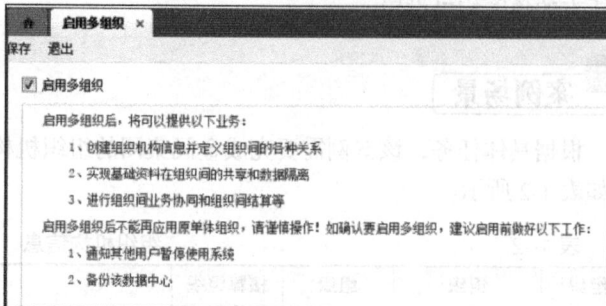

图 1-25　【启用多组织】页面

（4）系统弹出对话框，提示"启用多组织成功，建议重新登录系统!"，单击【是】按钮，系统自动重新登录。重新登录后，组织机构的主控台菜单按照多组织模式显示，如图 1-26 所示。

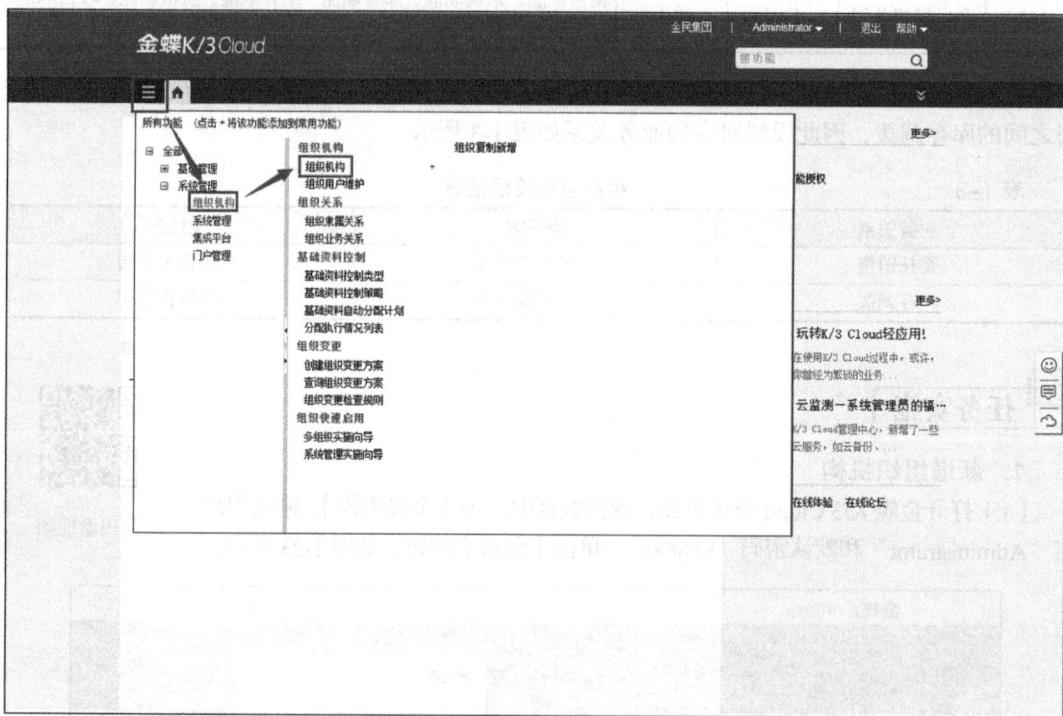

图 1-26　组织机构的主控台菜单

（5）执行【系统管理】—【组织机构】—【组织机构】—【组织机构】命令，打开【组织机构】页面，如图 1-27 所示。单击【新增】按钮，打开【组织机构-新增】页面。根据表 1-2 的内容填写组织信息，输入编码"101"，名称为【金民科技公司】，形态选择【公司】，核算组织选中【法人】，业务组织勾选【销售职能】【采购职能】【库存职能】【工厂职能】【质检职能】【结算职能】【收付职能】【资金职能】【资产职能】【服务职能】，如图 1-28 所示。依次单击【保存】【提交】【审核】按钮，完成组织机构的审核。

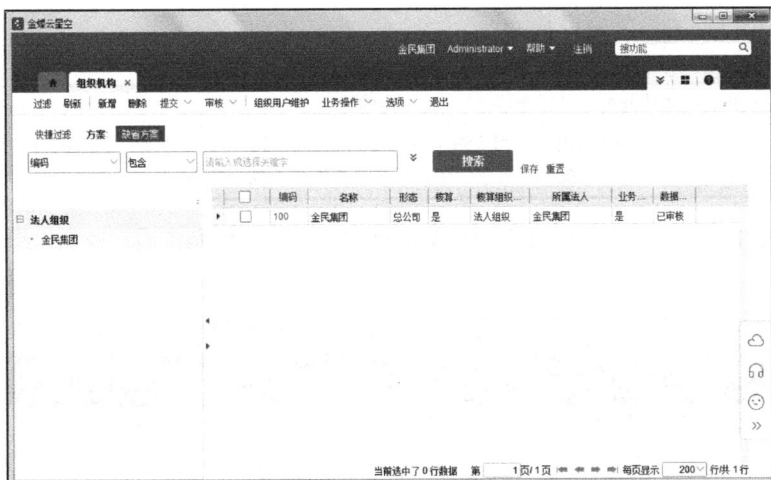

图 1-27 【组织机构】页面

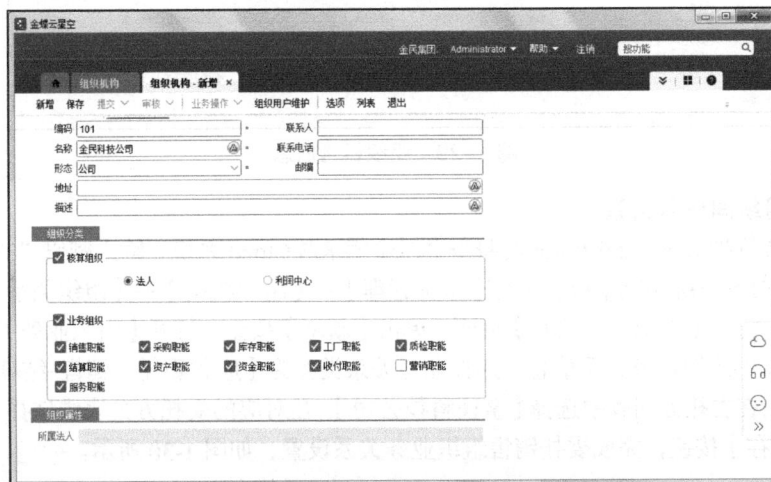

图 1-28 新增金民科技公司的组织机构信息

（6）参考上述方法，完成金民销售公司的组织机构新增和审核。

组织机构字段属性说明如表 1-4 所示。

表 1-4　　　　　　　　　　　　　　组织机构字段属性说明

字段名称	说明
编码	组织机构的编码，不能重复
描述	对组织的描述信息，可以不填写
形态	来源于组织形态基础资料，默认为公司
组织分类	分为核算组织和业务组织两种类型，至少选择一个
核算组织	财务上独立核算的组织，分为法人和利润中心两种，当选中核算组织时，可以选中法人或利润中心
法人	独立核算的法人组织，当核算组织被选中时，才可选择
利润中心	独立核算的利润中心，当核算组织被选中时，才可选择
业务组织	业务上独立运作的组织，当组织为业务组织时，才可以选择具体的组织职能，包括销售职能、采购职能、库存职能、工厂职能、质检职能、结算职能、资产职能、资金职能、营销职能、服务职能

续表

字段名称	说明
组织属性	在组织属性分类下可以进行所属法人的设置
所属法人	来源于法人属性的组织。当组织本身为法人时，所属法人就为本身；当组织为业务组织或者利润中心时，必须从系统的法人组织中选择一个组织作为所属法人

（7）根据表 1-2 的内容完成全部组织机构信息的新增和审核操作后，查询组织机构信息，结果如图 1-29 所示。

图 1-29　组织机构信息

2. 建立组织间业务关系

（1）以系统管理员 Administrator 的身份登录金蝶 K/3 Cloud 系统，输入密码"888888"，单击【登录】按钮，打开系统功能菜单。执行【系统管理】—【组织机构】—【组织关系】—【组织业务关系】命令，打开【组织业务关系】页面。单击【新增】按钮，打开【组织业务关系-新增】页面。根据表 1-3 的组织业务关系信息，选择业务关系类型为【应收委托（销售-结算）-应收受托（结算-销售）】，在委托方列表中选择【金民科技公司】，在对应的受托方列表中选择【金民销售公司】，单击【保存】按钮，完成委托销售组织业务关系设置，如图 1-30 所示。

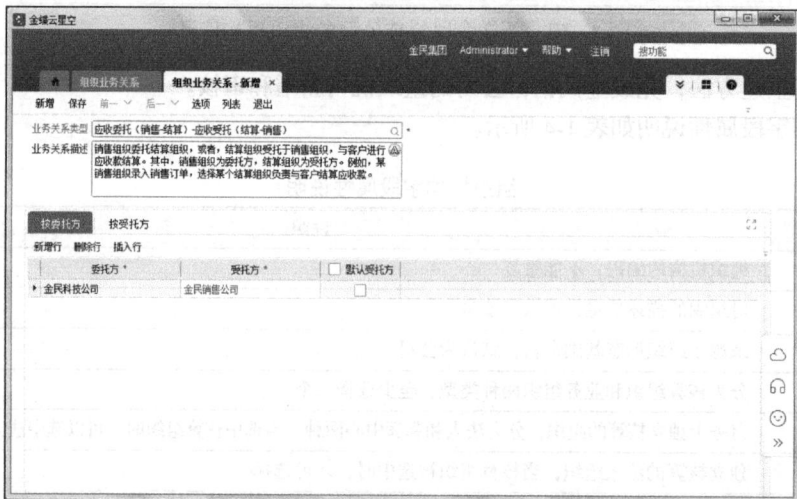

图 1-30　委托销售组织业务关系设置

（2）参考上述方法，根据表 1-3 的内容设置库存调拨组织业务关系，完成设置后，执行【系统管理】—【组织机构】—【组织关系】—【组织业务关系】命令，打开【组织业务关系】页面，可以查询组织业务关系，结果如图 1-31 所示。

图 1-31 查询组织业务关系

常见问题解答

（1）搭建错误或者不想使用的组织无法删除，应怎么处理？

【问题分析】出现这种现象，很可能是新建的组织机构被审核了，导致无法删除。

【解决方案】金蝶 K/3 Cloud 系统规定组织机构被审核后，就不允许再删除了。如果是还未启用的组织机构，可以反审核删除。对于搭建错误或者不想使用的组织，一旦启用，就只能禁用该组织。

（2）在搭建组织的过程中，忘记勾选业务组织中的某一项职能（如采购职能），导致该组织在后续业务过程中无法从事相应业务，应如何处理？

【问题分析】在金蝶 K/3 Cloud 系统中，只有勾选了业务组织中相应的职能，组织后续才能从事相应业务。

【解决方案】忘记勾选某一项职能（如采购职能），可以系统管理员 Administrator 的身份登录系统，找到该组织，并反审核该组织的单据，再在该组织的业务组织中勾选【采购职能】，然后再重新提交和审核该组织单据。

（3）为什么按照案例信息搭建了一个组织（如金民集团），但是在后续业务过程中普通用户（非系统管理员用户）看不到所搭建的组织（如金民集团）？

【问题分析】出现该现象的原因一般有两个：①可能是组织机构为"金民集团"的单据没有被审核，而没有被审核的组织机构还没生效，在后续的业务过程中是看不到的；②可能是登录的普通用户不是该组织机构——金民集团的员工，只有组织内的员工才能在后续业务过程中看到自己的组织。

【解决方案】以系统管理员 Administrator 的身份登录系统，执行【系统管理】—【系统管理】—【用户管理】—【查询用户】命令，查询该普通用户是哪个组织的员工。

课后练习

（1）【判断题】在金蝶 K/3 Cloud 系统创建组织机构过程中，必须提交和审核后，组织机构才能生效。（　　　）

（2）【简答题】如何修改企业组织机构名称？请写出操作过程。

任务五　管理用户权限

任务描述

用户权限管理模块主要用来解决什么人在什么组织做什么事情的问题。金蝶 K/3 Cloud 系统是企业数据共享平台，但是业务数据是企业内部哪个组织机构产生的、由哪个用户输入、有哪些用户有权限查看等一系列问题，都需要在用户权限管理模块进行相应设置才能解决，它能防止企业的一些关键信息被无关人员随意获取。作为系统管理员，请为金民集团中操作软件系统的每一位人员设置账号并分配权限。

> **小贴士**
>
> 权限管理是 ERP 系统内部控制的重点，如果权限管理不到位，造成授权不当，企业运营的风险会大大提高。这种风险主要包括两个方面：一是让更多原本没有必要了解这些信息的员工可随时掌握这些信息，大大增加了泄密的可能性；二是让原本没有必要操作或加工这些信息的员工拥有了这些权利，增加了管理失控的可能性。用户在使用 ERP 系统时，只能根据系统设置的安全规则或者安全策略各司其职，只能访问自己被授权的资源。操作人员必须具有良好的职业道德，遵纪守法，维护企业数据安全。

任务分解

1. 新增角色
2. 新增用户
3. 授予用户权限

理论认知

1. 针对用户授权的原因

企业的基础数据和业务数据通过金蝶 K/3 Cloud 系统实现流转，企业数据信息的保密性和安全性是非常重要的。例如企业的资金状况只有财务部的相关工作人员可以查看，其他人员没有权限了解这些信息；如果企业是多组织企业，每个组织下的财务人员只能看到自己所属组织下的资金情况，只有企业中特定的财务主管才能看见所有组织的资金情况。针对使用人员的数据安全性，金蝶 K/3 Cloud 系统提供了系统管理模块，以实现用户权限管理。

2. 角色、角色类型及角色属性

在金蝶 K/3 Cloud 系统中，角色既是用户职责的体现，同时也是权限的载体，起到很重要的桥梁作用。例如，采购部门的职员通常都放在"采购员"角色中。角色有普通角色和系统管理员两种类型：普通角色可以进行业务对象授权和权限查询，系统管理员可以设置授权范围。角色包括私有和公有两种属性：私有属性的角色必须指定一个组织，只有其可使用；而公有属性的角色则可以被全部组织使用。

3. 用户

用户是指管理系统的操作对象，在设置用户时要设置用户隶属的组织和角色，如"张三"就是一个用户。

案例数据

用户详细信息如表 1-5 所示。

表 1-5　　　　　　　　　　　　　　用户详细信息

用户名称	密码	组织	角色	注意
信息管理员	123456	金民集团	Administrator 全功能角色	通过创建方式生成的数据中心，尚缺少全功能角色，需手动新增一个属性为公有的全功能角色，并对全功能角色进行全功能批量授权
		金民科技公司		
		金民销售公司		
科技公司会计	123456	金民科技公司	会计	通过创建方式生成的数据中心，尚缺少会计角色，需手动新增一个属性为公有的会计角色
		金民销售公司	资产会计	
科技公司出纳	123456	金民科技公司	出纳	
科技公司采购	123456	金民科技公司	采购主管	
科技公司销售	123456	金民科技公司	销售主管	
科技公司生产	123456	金民科技公司	生产主管	
科技公司仓管	123456	金民科技公司	仓库主管	
		金民销售公司	仓库主管	
销售公司会计	123456	金民销售公司	会计	
销售公司出纳	123456	金民销售公司	出纳	
销售公司销售	123456	金民科技公司	销售主管	
	123456	金民销售公司	销售主管	
集团公司出纳	123456	金民集团	出纳	
集团公司会计	123456	金民集团	会计	
		金民科技公司		
		金民销售公司		

任务实施

1. 新增角色

（1）在金蝶 K/3 Cloud 系统功能菜单中，执行【系统管理】—【系统管理】—【角色管理】—【创建角色】命令，打开【角色-新增】页面，如图 1-32 所示。

扫码看视频

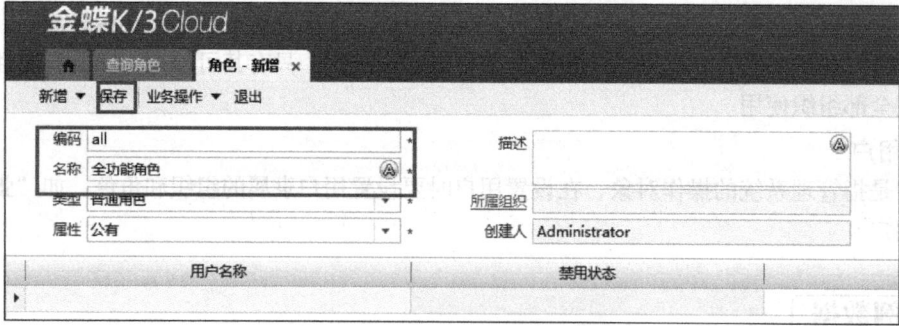

图 1-32 【角色-新增】页面

（2）输入相应的编码和名称，属性选择【公有】，单击【保存】按钮。执行【系统管理】—【系统管理】—【批量授权】—【全功能批量授权】命令，如图 1-33 所示，打开【全功能批量授权】页面。选择刚刚新增的【全功能角色】，将全功能、权限组、权限项都设置为【有权】，如图 1-34、图 1-35 和图 1-36 所示。会计角色亦参考此方法新增。

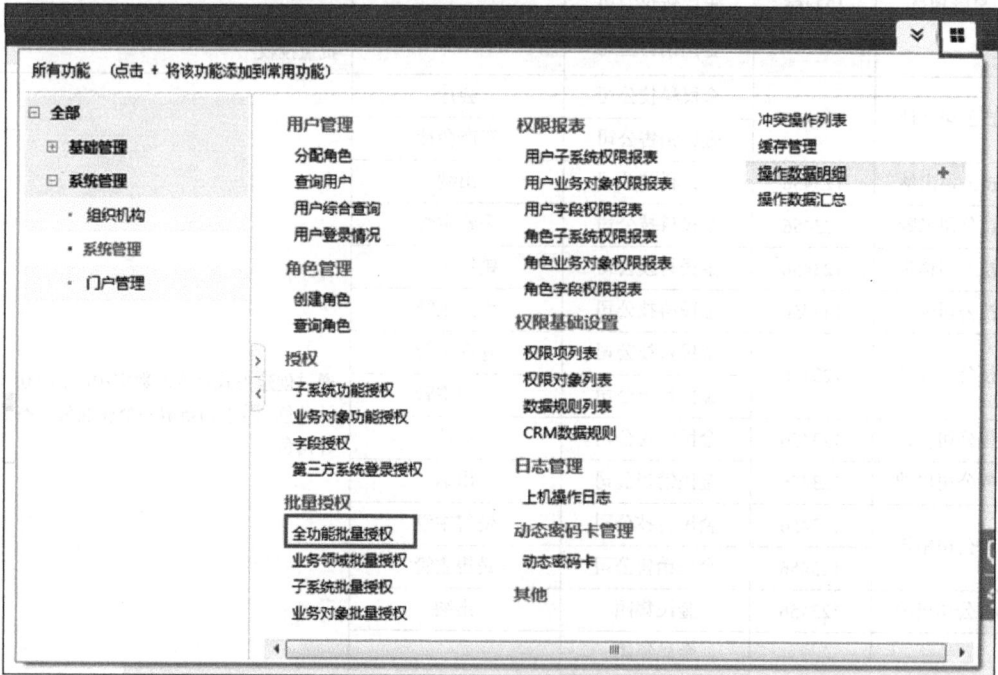

图 1-33 批量授权

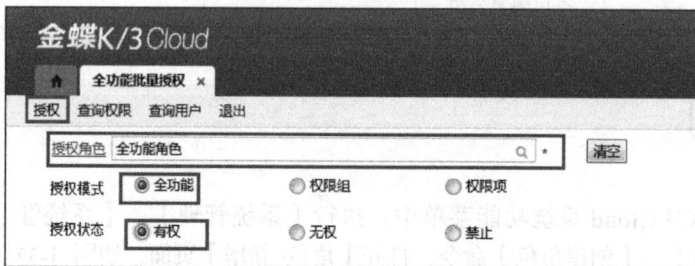

图 1-34 【全功能批量授权】页面

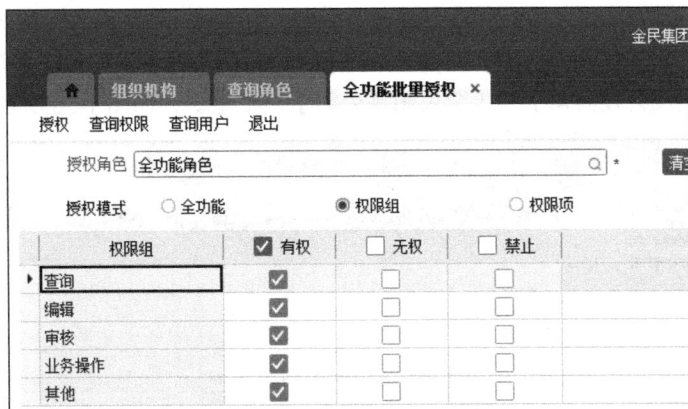

图 1-35 权限组批量授权

图 1-36 权限项批量授权

2. 新增用户

（1）在金蝶 K/3 Cloud 系统功能菜单中，执行【系统管理】—【系统管理】—【用户管理】—【查询用户】命令，打开【查询用户】页面，如图 1-37 所示。

图 1-37 【查询用户】页面

（2）单击【新增】按钮，打开【用户-新增】页面。根据表 1-5 的内容，设置信息管理员的信息。输入用户名称为"信息管理员"，在左下方的【组织编码】列表中，单击【新增行】按钮，增加【金民集团】【金民科技公司】和【金民销售公司】三个组织，如图 1-38 所示。

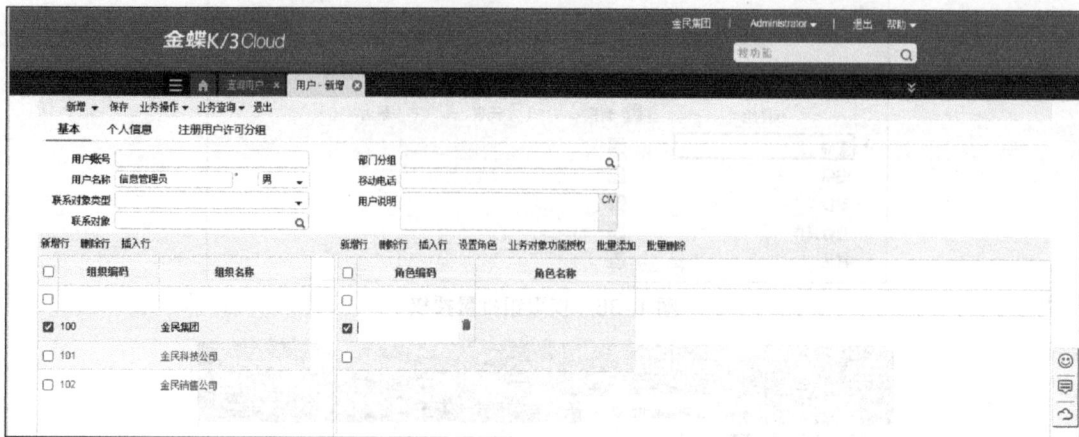

图 1-38 【用户-新增】页面

（3）勾选添加的【金民集团】组织，在右边的【角色编码】列表中添加全功能角色和 administrator 角色。使用同样的方法，为【金民科技公司】和【金民销售公司】组织添加全功能角色和 administrator 角色，完成后单击【保存】按钮。信息管理员添加完毕的结果如图 1-39 所示。

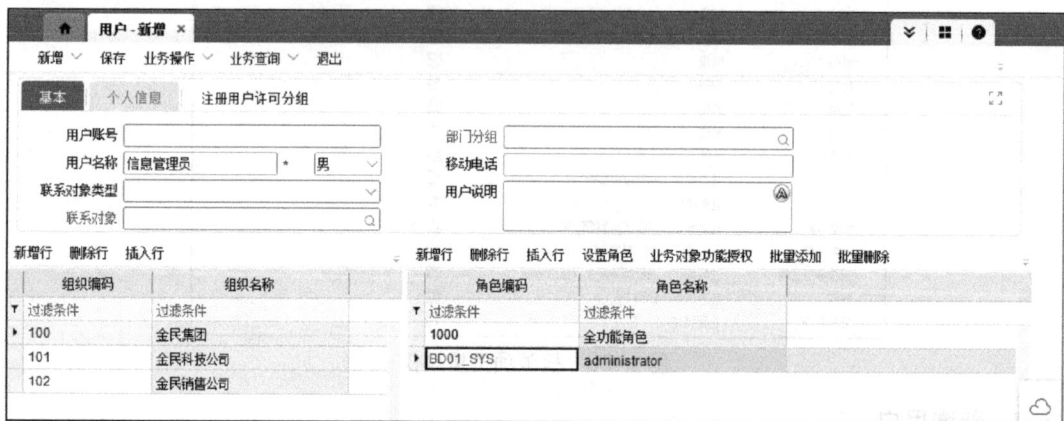

图 1-39 新增用户

3. 授予用户权限

（1）在【用户-新增】页面，从左侧【组织名称】列表中选择对应组织机构，右侧【角色名称】列表中选择【全功能角色】，再单击【业务对象功能授权】按钮，打开【业务对象功能授权】页面，即可查看全功能角色的功能权限。勾选【显示全部业务对象】，便可以给角色授予相应的子系统中业务对象的有权、无权或禁止权限，勾选权限后再单击【授权】按钮，即可为角色授权，如图 1-40 所示。

（2）单击【查询用户】按钮，进入【查询用户】页面，选择新建的"信息管理员"用户，执行【密码策略】—【重置密码】命令，打开【重置用户密码-修改】对话框。根据表 1-5 的内容，修改密码为"123456"，单击"确定"按钮，如图 1-41 所示。

图 1-40 【业务对象功能授权】页面

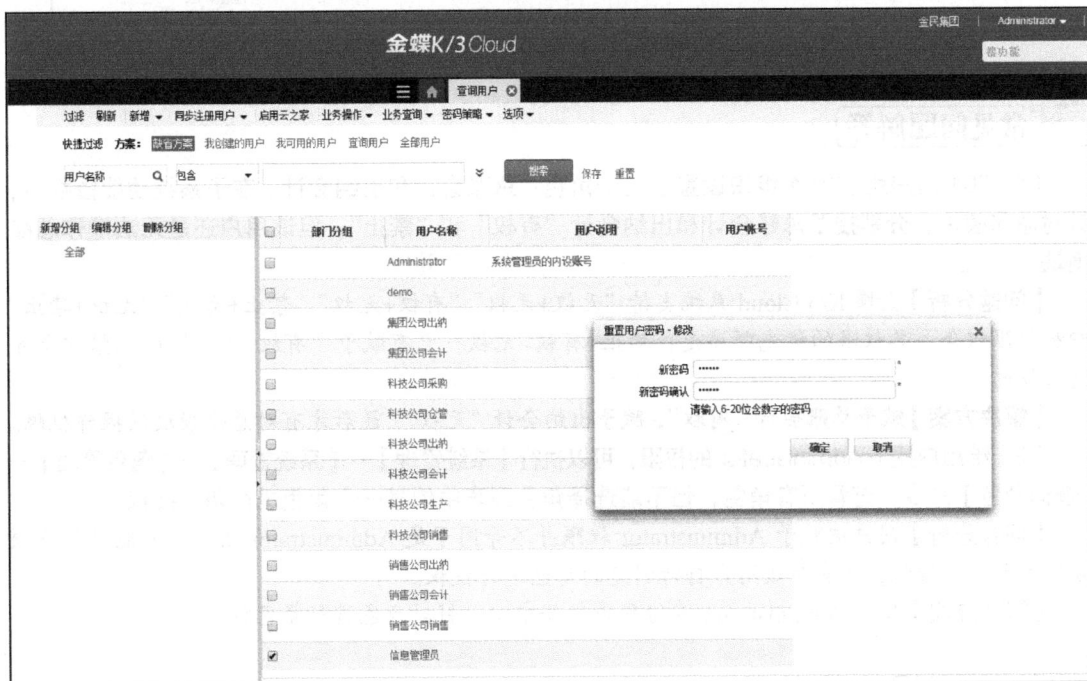

图 1-41 重置用户密码

（3）参考上述方法，根据表 1-5 中的内容，新增其他用户信息并修改登录密码。完成后，执行【系统管理】—【系统管理】—【用户管理】—【查询用户】命令，打开【查询用户】页面，如图 1-42 所示，查看新增的全部用户信息。

图 1-42 【查询用户】页面

常见问题解答

（1）001 用户所在的 A 组织设置了两个角色：总账会计和出纳会计。在子系统功能授权中，针对总账模块，分别授予总账会计和出纳会计"有权"和"禁止"，但该用户还是无法操作总账模块。

【问题分析】金蝶 K/3 Cloud 系统支持"无权+无权""有权+无权""禁止+有权""无权+禁止"四种权限组合。各权限的优先顺序是：禁止>有权>无权；只有赋予"有权+无权"的权限组合才是有权的。

【解决方案】赋予总账会计"有权"，赋予出纳会计"无权"，最后才有对总账模块的操作权限。

（2）给用户授予 Administrator 的权限，可以执行【系统管理】—【系统管理】—【角色管理】—【查询角色】命令，查看所有角色，但不能选择角色列表中的某一个角色进行角色授权。

【问题分析】用户被赋予 Administrator 权限并不等同于是 Administrator 用户。不能对系统预置的角色进行授权，只能对该用户自行创建的角色进行授权。

【解决方案】使用 Administrator 身份登录数据中心，针对角色进行角色授权。

课后练习

（1）【单选题】批量功能授权不包含以下（　　）功能。

    A. 业务对象功能授权　　　　　　　　B. 全功能批量授权
    C. 业务领域批量授权　　　　　　　　D. 子系统批量授权

（2）【填空题】业务对象功能授权有_____、_____、_____几种权限。

任务六　设置基础资料控制策略

任务描述

搭建完组织机构后，请根据金民集团的真实管控情况设置基础资料的共享和隔离关系。

任务分解

1. 变更基础资料控制类型
2. 设置基础资料控制策略

理论认知

1. 设置基础资料控制的原因

金蝶 K/3 Cloud 系统是一款新型云时代下的 ERP 产品，可以实现多法人、多事业部、多地点等多组织应用模式，通过设置控制策略可以控制基础资料在多个组织之间的共享和隔离关系，能够帮助企业实现不同程度的集权管理。

2. 基础资料控制类型

受控的基础资料根据控制的级别，可以细分为 3 种类型：共享型、分配型、私有型。基础资料控制类型列表里显示的是所有受控的基础资料。除非有约定的控制类型锁定，这 3 种类型之间是可以相互转换的。

（1）共享型：此类资料由创建组织定义，其他任意组织均可见，但只有创建组织才可修改。

（2）分配型：此类资料由创建组织定义，分配到目标组织后，目标组织才可用，创建组织可以修改，目标组织可按照控制策略进行修改。

（3）私有型：此类资料由创建组织定义，只有创建组织可使用和修改，不能分配，其他组织不可用。

3. 各控制类型间的转换规则

（1）共享型转换为分配型、私有型，前提条件："不可修改"处于未选中状态，且没有输入基础数据。

（2）分配型转换为共享型、私有型，前提条件："不可修改"处于未选中状态，且基础资料不存在分配记录。

（3）私有型转换为共享型、分配型，前提条件："不可修改"处于未选中状态。

案例数据

金民集团的基础资料由集团创建，然后由集团根据业务需要选择性地分配给下属公司使用，根据该情况整理的基础资料控制策略信息如表 1-6 所示。

表 1-6　　　　　　　　　　　　　　基础资料控制策略信息

基础资料名称	创建组织	分配组织	注意事项
物料	金民集团	金民科技公司、金民销售公司	
供应商	金民集团	金民科技公司、金民销售公司	

续表

基础资料名称	创建组织	分配组织	注意事项
客户	金民集团	金民科技公司、金民销售公司	
部门	金民集团	金民科技公司、金民销售公司	通过创建方式生成的数据中心，基础资料"部门"默认的基础资料控制类型为"私有"，需要手动改为"分配"
银行账号	金民集团	金民科技公司、金民销售公司	
岗位信息	金民集团	金民科技公司、金民销售公司	
内部账户	金民集团	金民科技公司、金民销售公司	

任务实施

1. 变更基础资料控制类型

（1）打开金蝶 K/3 Cloud 登录页面，选择数据中心为【金民集团】，用户名输入"Administrator"，密码输入"888888"（系统管理员默认的密码），单击【登录】按钮。

（2）执行【系统管理】—【组织机构】—【基础资料控制】—【基础资料控制类型】命令，打开【基础资料控制类型】页面，如图 1-43 所示。

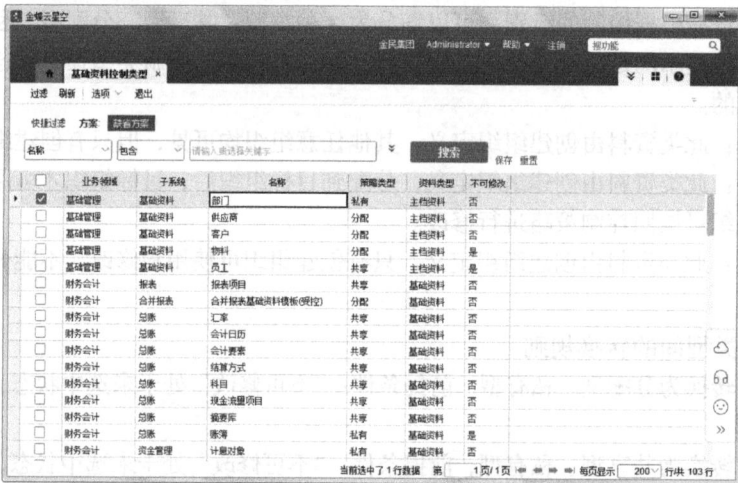

扫码看视频

图 1-43　基础资料控制类型列表

（3）双击【名称】列下的【部门】，打开【基础资料控制类型-修改】页面，将策略类型设置为【分配】，然后单击【保存】按钮，如图 1-44 所示。

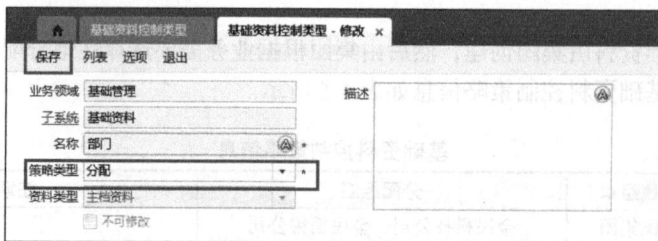

图 1-44　【基础资料控制类型–修改】页面

2. 设置基础资料控制策略

（1）执行【系统管理】—【组织机构】—【基础资料控制】—【基础资料控制策略】命令，打开【基础资料控制策略】页面。单击【新增】按钮，打开【基础资料控制策略-新增】页面，根据表 1-6 输入相关数据，然后单击【保存】按钮，结果如图 1-45 所示。

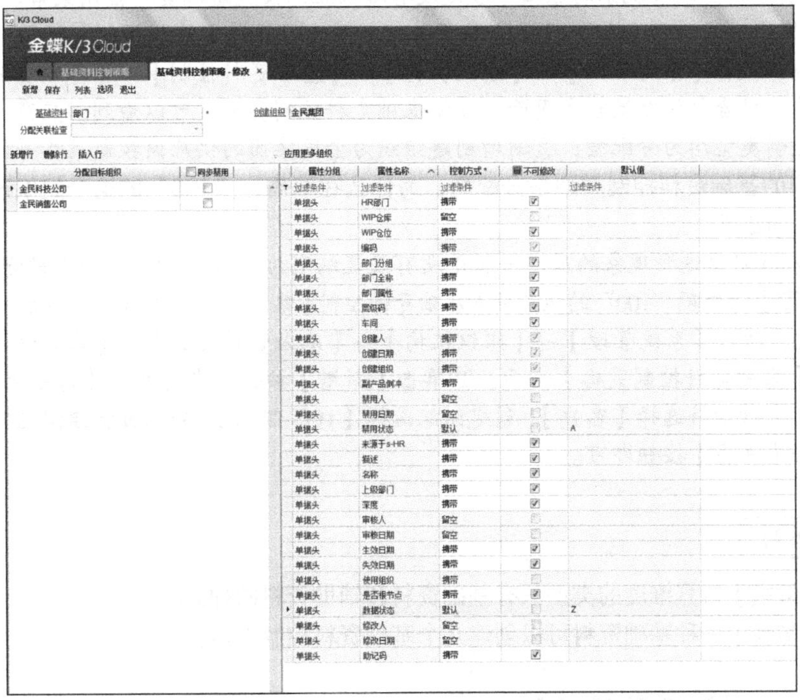

图 1-45　基础资料控制策略设置完成

（2）余下数据按照同样的方法输入，最终结果如图 1-46 所示。

图 1-46　基础资料控制策略列表

常见问题解答

（1）新增供应商、客户、物料、银行账号等基础资料时，在创建组织中没有发现当前登录的金民集团。

【问题分析】产生这种现象的原因一般是没有给该组织设置基础资料控制策略。

【解决方案】为当前登录组织设置基础资料控制策略。操作方法如下：①使用 Administrator 身份登录系统，执行【系统管理】—【组织机构】—【基础资料控制】—【基础资料控制策略】命令，打开【基础资料控制策略】页面，查询基础资料控制类型，可以看到供应商、客户、物料的基础资料控制类型均为分配型；②新增创建组织为金民集团的供应商控制策略并保存。

（2）客户的基础资料控制类型是分配型，为什么在编码为"100"的这个组织进行分配的时候无法选择任何组织？

【问题分析】产生这种现象的原因一般是没有设置编码为"100"的组织的基础资料控制策略。

【解决方案】为编码"100"的组织设置基础资料控制策略。操作方法如下：①使用 Administrator 身份登录系统，执行【系统管理】—【组织机构】—【基础资料控制】—【基础资料控制策略】命令，打开【基础资料控制策略】页面；②单击【新增】按钮，在打开的【基础资料控制策略-新增】页面，基础资料选择【客户】，创建组织选择【100 组织】，分配目标组织选择其他需分配的组织，单击【保存】按钮即可。

课后练习

（1）【判断题】核算维度的类型只有基础资料和辅助资料两种。（　　　）

（2）【简答题】一种基础资料可以创建几个基础资料控制策略？

任务七　维护基础资料

任务描述

基础资料是一个企业的基石，基础资料错误会影响企业的业务处理流程，甚至导致业务数据流转失败。请认真整理企业目前用到的基础资料，并输入系统，为后续业务数据流转做准备。

> 📖 **小贴士**
>
> 基础数据涉及面广，涵盖了企业中所有可见和不可见的信息。物料基本信息，产品结构数据，会计科目，供应商客户信息，部门、工厂、仓库、车间信息等，这些信息都属于可见信息，在手工作业中会用到。不可见信息包括单据类型、仓库性质、计划参数等，在手工管理信息时不会涉及，但它们会影响系统计算。如果输入的数据本身是错误的，那么系统也只能输出错误的数据。因此，在基础数据采集输入过程中，确保数据源真实准确尤为重要。

任务分解

1. 设置物料信息
2. 设置客户信息
3. 设置供应商信息
4. 设置仓库信息
5. 设置部门信息
6. 设置岗位信息
7. 设置员工信息
8. 设置会计核算体系信息

理论认知

1. 基础资料

基础资料亦称基本资料，指资料中最基本、最重要、最常用和最稳定的部分，如客户、部门、员工、供应商等资料，均属此类资料。这类资料要求完整、系统。

2. 基础资料的控制类型及分配

基础资料的控制类型有私有、分配和共享三种，可以执行【系统管理】—【组织机构】—【基础资料控制】—【基础资料控制类型】命令查看并维护基础资料的控制类型。在基础资料创建后，需要分配给使用组织，该组织才可以使用基础资料，才能实现基础资料的差异化管理。不管分配与否，基础资料的创建组织都可以新增、维护该基础资料。

案例数据

（1）物料信息均由金民集团创建，根据业务需求，分配给不同的组织使用。全部物料的增值税税率均为 13%，详细信息如表 1-7 所示。

表 1-7　　　　　　　　　　　　　物料信息

物料编码	物料名称	物料属性/存货类别	分配组织	控制
001	红外体温计 K 型	自制/产成品	金民科技公司 金民销售公司	允许销售、允许库存、允许生产
002	红外体温计 M 型	自制/产成品	金民科技公司 金民销售公司	允许销售、允许库存、允许生产
003	传感器	外购/原材料	金民科技公司	允许采购、允许销售、允许库存
004	芯片	外购/原材料	金民科技公司	允许采购、允许销售、允许库存
005	显示器	外购/原材料	金民科技公司	允许采购、允许销售、允许库存
006	外壳	外购/原材料	金民科技公司	允许采购、允许销售、允许库存
007	电脑	资产/资产	金民科技公司 金民销售公司	允许采购、允许库存、允许资产
008	电力	费用/服务	金民科技公司 金民销售公司	允许采购

（2）客户信息均由金民集团创建，根据业务需求分配给不同的组织使用，全部客户的结算币别均为人民币，详细信息如表 1-8 所示。

表 1-8　　　　　　　　　　　　　客户信息

编码	客户名称	客户类别	对应组织	分配组织
001	麦瑞科技	普通销售客户	—	金民销售公司
002	恒健科技	普通销售客户	—	金民科技公司、金民销售公司
003	天康医疗	寄售客户	—	金民科技公司
004	金民销售公司	内部结算客户	金民销售公司	金民科技公司

（3）供应商信息均由金民集团创建，根据业务需求分配给不同的组织使用，全部供应商的结算币别均为人民币，详细信息如表 1-9 所示。

表 1-9   供应商信息

编码	供应商名称	对应组织	分配组织
001	兴盛电子	—	金民科技公司
002	华强制造	—	金民科技公司、金民销售公司
003	供电公司	—	金民科技公司、金民销售公司
004	金民科技公司	金民科技公司	金民销售公司

（4）仓库详细信息如表 1-10 所示。

表 1-10   仓库信息

编号	创建组织	仓库名称	仓库属性	使用组织
001	金民科技公司	科技公司原料仓	普通仓库	金民科技公司
002	金民科技公司	科技公司成品仓	普通仓库	金民科技公司
003	金民科技公司	客户仓	客户仓库	金民科技公司

（5）部门信息均由金民集团创建，根据业务需求分配给不同的组织使用，详细信息如表 1-11 所示。

表 1-11   部门信息

创建组织	部门名称	生效日期	部门属性	分配组织
金民集团	行政部	2021-1-1	管理部门	金民科技公司
金民集团	财务部	2021-1-1	管理部门	金民科技公司
金民集团	采购部	2021-1-1	管理部门	金民科技公司
金民集团	生产部	2021-1-1	基本生产部门	金民科技公司
金民集团	仓储部	2021-1-1	辅助生产部门	金民科技公司
金民集团	销售部	2021-1-1	销售部门	金民科技公司、金民销售公司

（6）岗位信息均由金民集团创建，根据业务需求分配给不同的组织使用，详细信息如表 1-12 所示。

表 1-12   岗位信息

创建组织	岗位名称	所属部门	生效日期	分配组织
金民集团	行政经理	行政部	2021-1-1	金民科技公司
金民集团	财务主管	财务部	2021-1-1	金民科技公司
金民集团	采购主管	采购部	2021-1-1	金民科技公司
金民集团	生产主管	生产部	2021-1-1	金民科技公司
金民集团	仓管主管	仓储部	2021-1-1	金民科技公司
金民集团	销售员（业务员）	销售部	2021-1-1	金民科技公司、金民销售公司

（7）员工详细信息如表 1-13 所示，其中，刘秀在金民科技公司中业务员类型为销售员，赵义在金民销售公司中业务员类型为销售员，其他员工没有特殊的业务员类型要求。

表 1-13　　　　　　　　　　　　员工信息

员工编码	创建组织	员工姓名	工作组织	所属部门	就任岗位
001	金民科技公司	刘海	金民科技公司	行政部	行政经理
002	金民科技公司	李红	金民科技公司	财务部	财务主管
003	金民科技公司	王艳	金民科技公司	采购部	采购主管
004	金民科技公司	徐青	金民科技公司	生产部	生产主管
005	金民科技公司	陈宏	金民科技公司	仓储部	仓管主管
006	金民科技公司	刘秀	金民科技公司	销售部	销售员（业务员）
007	金民销售公司	赵义	金民销售公司	销售部	销售员（业务员）

（8）会计核算体系详细信息如表 1-14 所示。

表 1-14　　　　　　　　　　　会计核算体系信息

编码	名称	核算组织	适用会计政策	默认会计政策	下级组织
KJHSTX01_SYS	财务会计核算体系	金民集团	中国准则会计政策	中国准则会计政策	金民集团
		金民科技公司	中国准则会计政策	中国准则会计政策	金民科技公司
		金民销售公司	中国准则会计政策	中国准则会计政策	金民销售公司

任务实施

1. 设置物料信息

（1）打开金蝶 K/3 Cloud 登录页面，选择数据中心为【金民集团】，输入用户名"信息管理员"、密码"123456"（该用户的密码），单击【登录】按钮。

（2）选择组织为【金民集团】，执行【基础管理】—【基础资料】—【主数据】—【物料】命令，如图 1-47 所示。打开【物料–新增】页面，新增表 1-7 中的信息（注意案例中的税率），依次单击【保存】【提交】【审核】按钮，结果如图 1-48 所示。

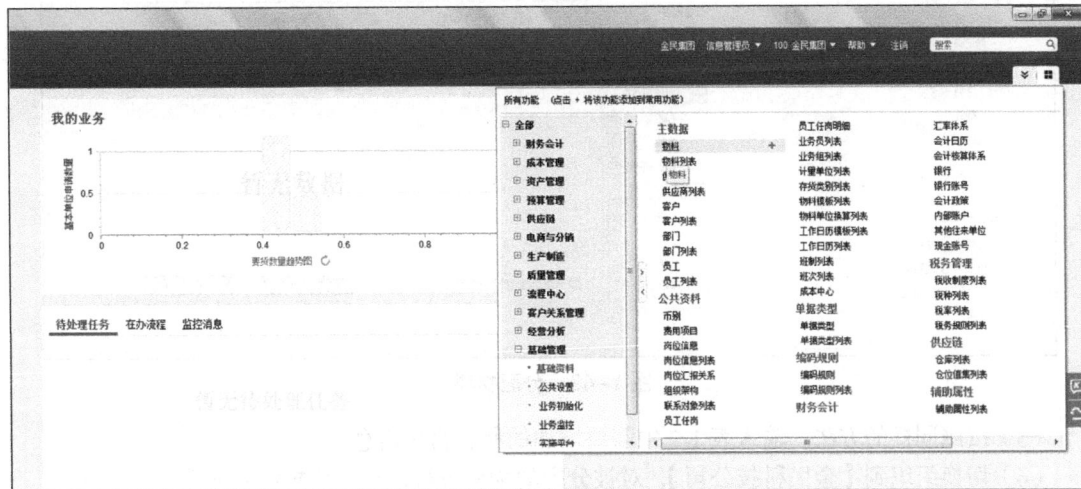

扫码看视频

图 1-47　打开【物料–新增】页面的菜单命令

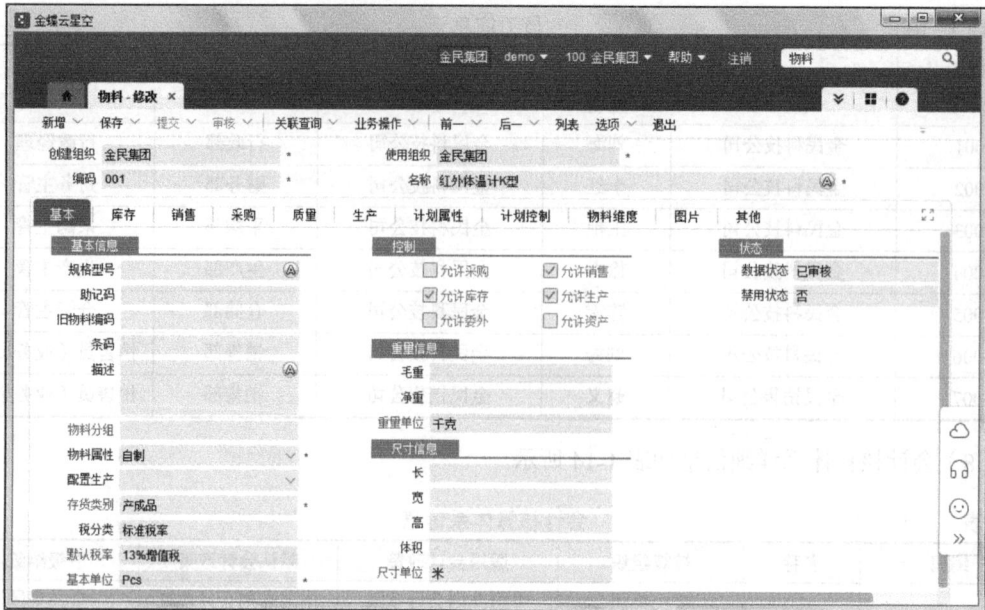

图 1-48　新增物料结果

（3）执行【基础管理】—【基础资料】—【主数据】—【物料列表】命令，可以看到新增的红外体温计 K 型物料信息。

（4）单击物料编码"001"链接，打开【物料-修改】页面。执行【业务操作】—【分配】命令，打开【请选择分配组织】对话框，如图 1-49 所示，根据表 1-7 中的信息将物料分配给相应组织。

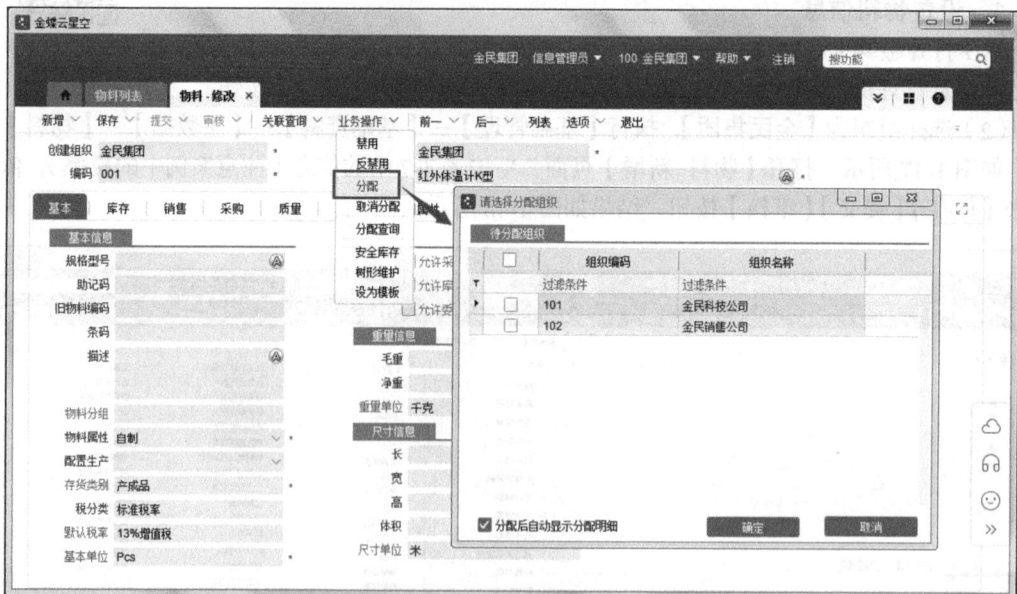

图 1-49　分配物料

（5）按照同样的方法，输入表 1-7 中需要增加的所有物料信息。

（6）切换组织到【金民科技公司】，对被分配的物料进行审核。审核结果如图 1-50 所示。

（7）切换组织到【金民销售公司】，对被分配的物料进行审核。审核结果如图 1-51 所示。

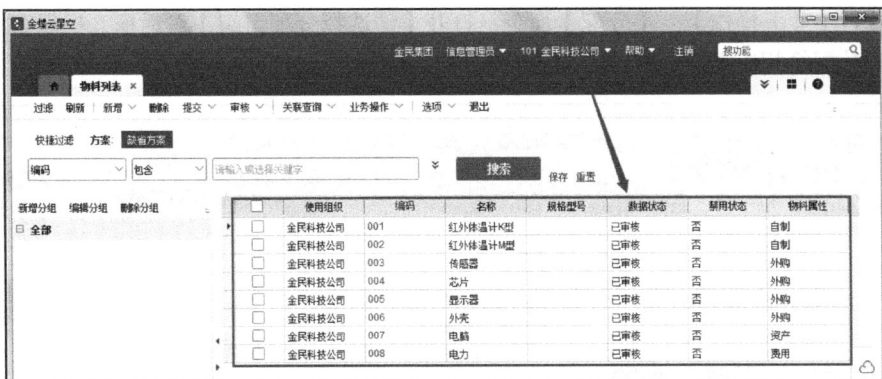

图 1-50 审核金民科技公司被分配的物料

图 1-51 审核金民销售公司被分配的物料

2. 设置客户信息

（1）打开金蝶 K/3 Cloud 登录页面，选择数据中心为【金民集团】，输入用户名"信息管理员"、密码"123456"（该用户的密码），单击【登录】按钮。

（2）选择组织【金民集团】，执行【基础管理】—【基础资料】—【主数据】—【客户】命令，打开【客户-新增】页面，新增表 1-8 中的信息（注意要求中的结算币别），依次单击【保存】【提交】【审核】按钮，结果如图 1-52 所示。

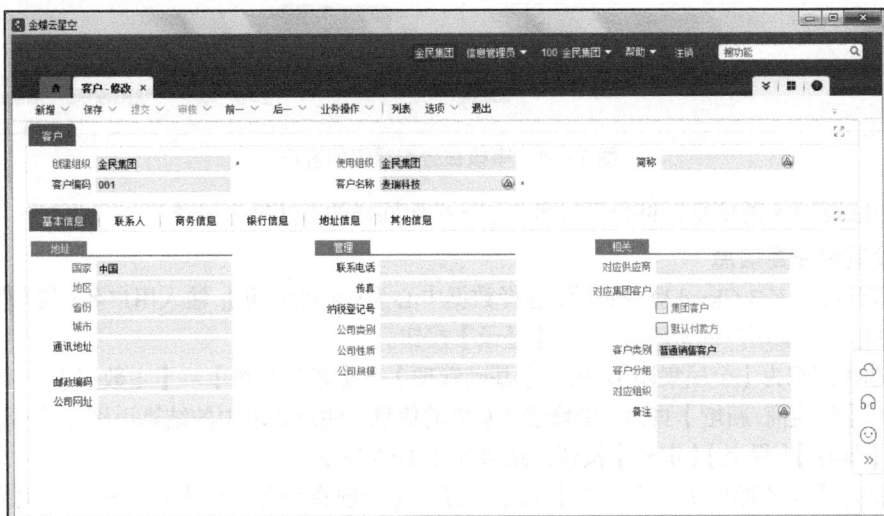

图 1-52 新增客户结果

（3）执行【业务操作】—【分配】命令，打开【请选择分配组织】对话框，根据表 1-8 中的信息将客户分配给相应组织，如图 1-53 所示。

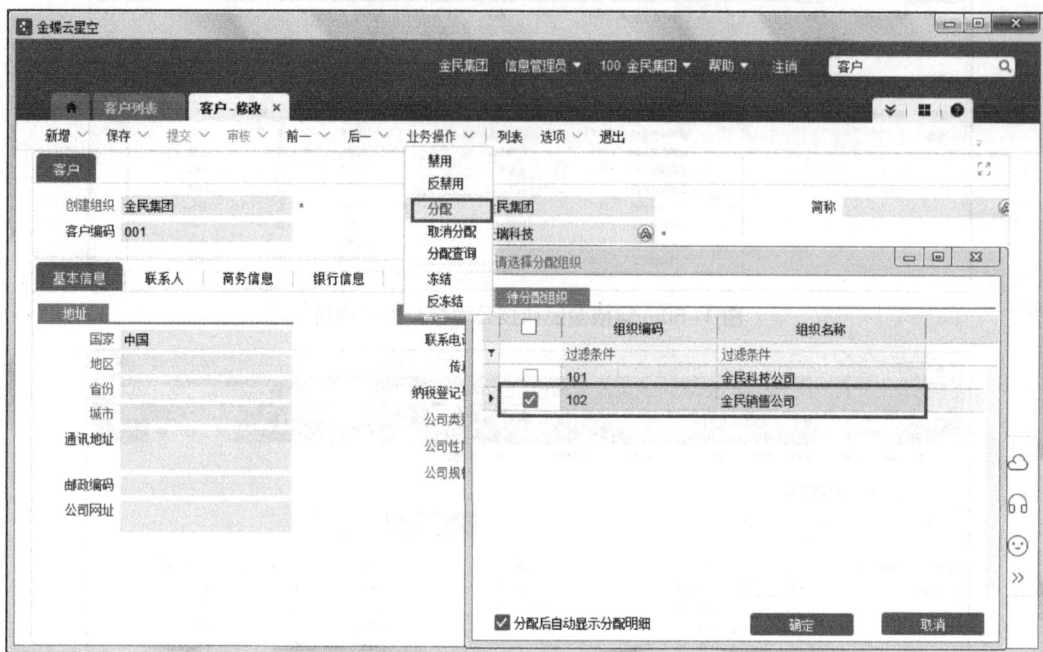

图 1-53　分配客户

（4）依次单击【提交】和【审核】按钮，对被分配组织的客户进行审核，如图 1-54 所示。

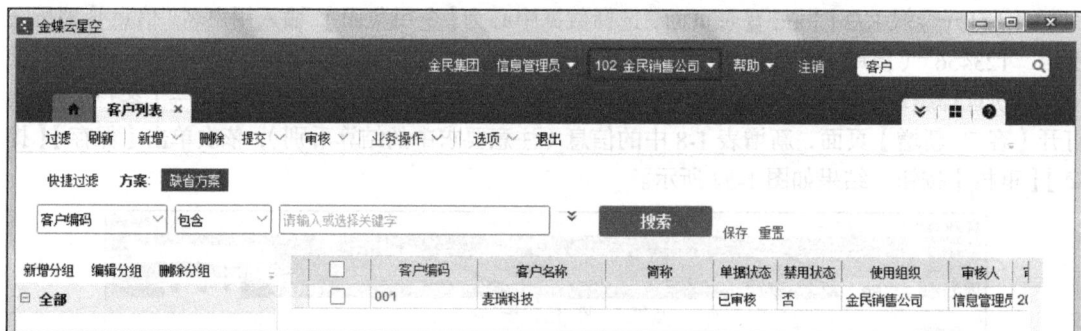

图 1-54　审核被分配组织的客户

（5）根据表 1-8 的信息，将余下的客户信息按照同样的方法输入系统。

3. 设置供应商信息

（1）打开金蝶 K/3 Cloud 登录页面，选择数据中心为【金民集团】，输入用户名"信息管理员"、密码"123456"（该用户的密码），单击【登录】按钮。

（2）选择组织为【金民集团】，执行【基础管理】—【基础资料】—【主数据】—【供应商】命令，打开【供应商-新增】页面，新增表 1-9 中的信息（注意要求中的结算币别）。设置完成后，依次单击【保存】【提交】【审核】按钮，结果如图 1-55 所示。

（3）执行【业务操作】—【分配】命令，打开【请选择分配组织】对话框，根据表 1-9 中的信息将供应商分配给相应组织，如图 1-56 所示。

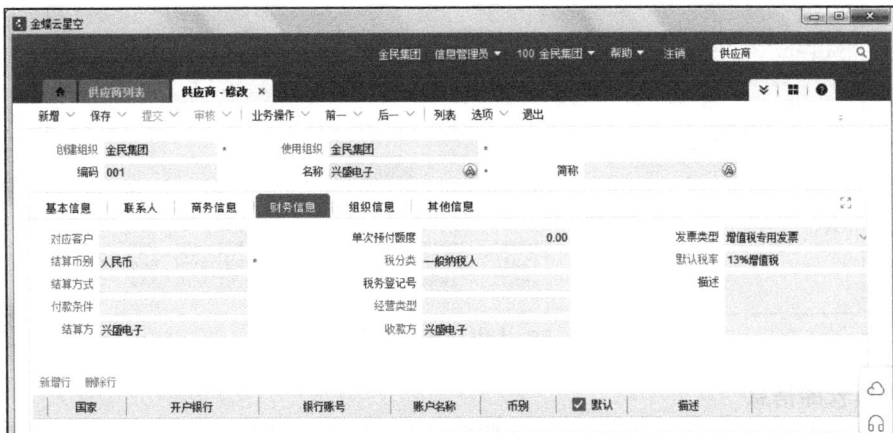

图 1-55　新增供应商结果

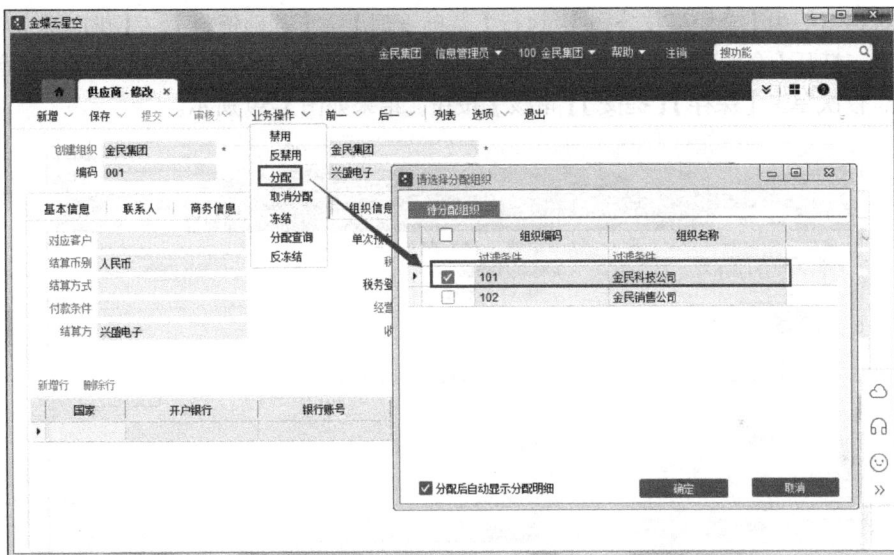

图 1-56　分配供应商

（4）对被分配组织的供应商进行审核，审核结果如图 1-57 所示。

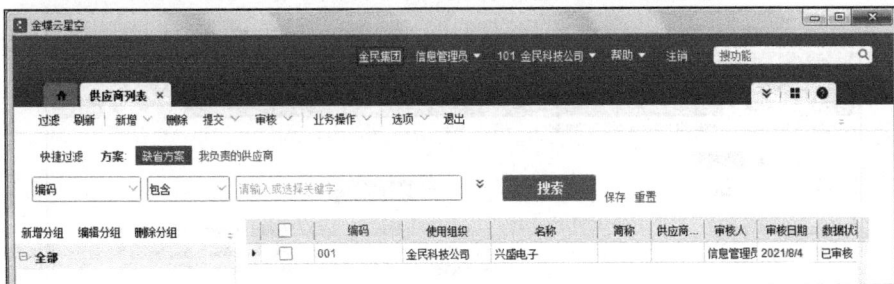

图 1-57　审核被分配组织的供应商

（5）余下的供应商按照相同的方法输入系统，执行【基础管理】—【基础资料】—【主数据】—【供应商列表】命令，可以看到新增的供应商信息，如图 1-58 所示。

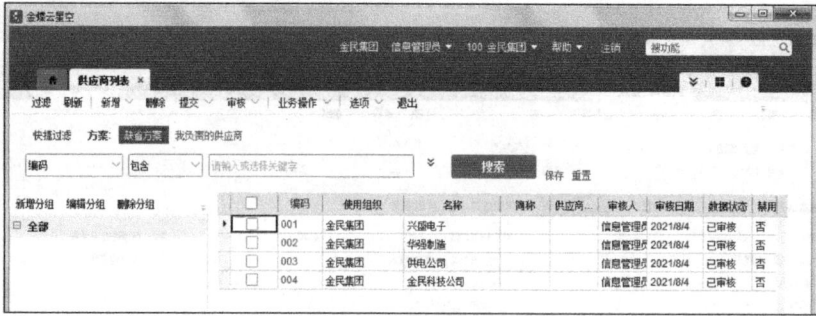

图 1-58 【供应商列表】页面

4. 设置仓库信息

（1）打开金蝶 K/3 Cloud 登录页面，选择数据中心为【金民集团】，输入用户名"信息管理员"、密码"123456"（该用户的密码），单击【登录】按钮。

（2）选择组织为【金民科技公司】，执行【基础管理】—【基础资料】—【供应链】—【仓库列表】命令，打开【仓库列表】页面，单击【新增】按钮，打开【仓库-新增】页面，新增表 1-10 中的信息，依次单击【保存】【提交】【审核】按钮，结果如图 1-59 所示。

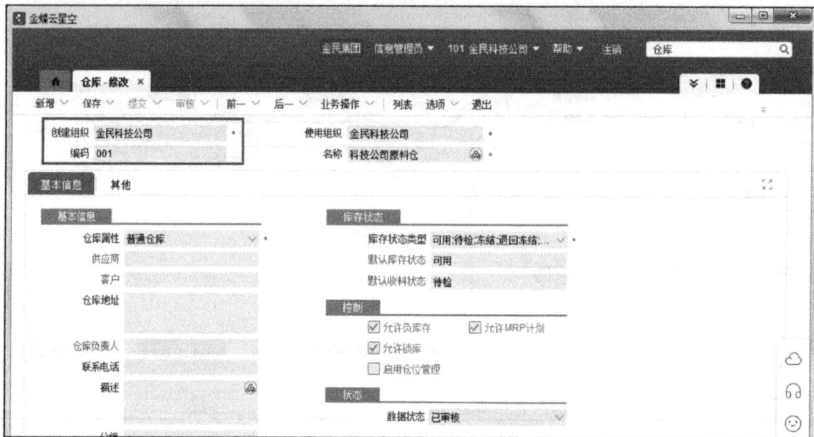

图 1-59　新增仓库结果

（3）余下仓库按相同的方法输入，最终结果如图 1-60 所示。

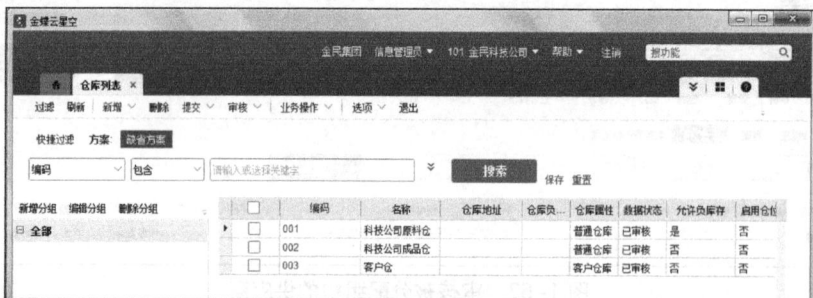

图 1-60 【仓库列表】页面

5. 设置部门信息

（1）打开金蝶 K/3 Cloud 登录页面，选择数据中心为【金民集团】，输入用户名"信息管理员"、

密码 "123456" (该用户的密码),单击【登录】按钮。

(2)选择组织为【金民集团】,执行【基础管理】—【基础资料】—【主数据】—【部门】命令,打开【部门-新增】页面,新增表 1-11 中的信息,依次单击【保存】【提交】【审核】按钮,结果如图 1-61 所示。

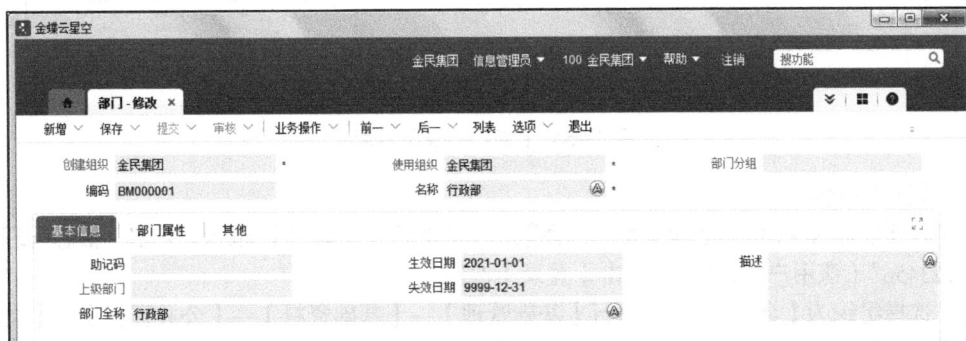

图 1-61 新增部门结果

(3)执行【业务操作】—【分配】命令,打开【请选择分配组织】对话框,根据表 1-11 中的信息将部门分配给相应组织,如图 1-62 所示。

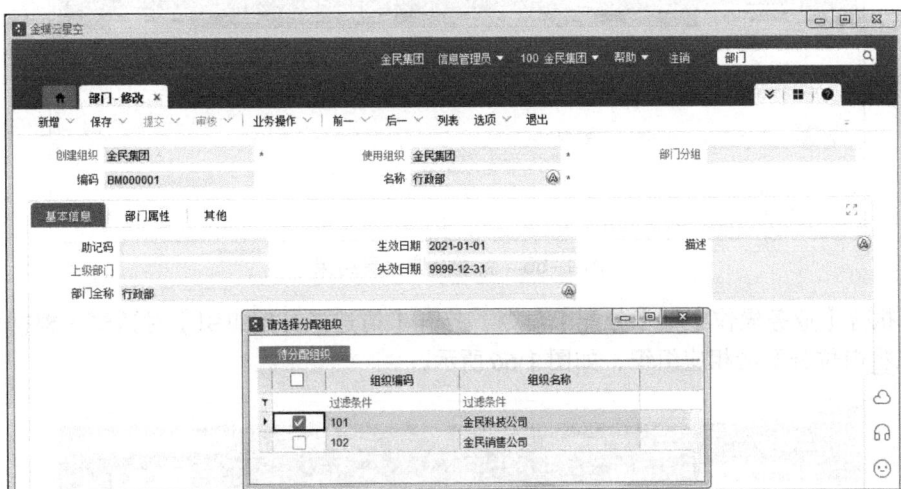

图 1-62 分配部门

(4)对被分配组织的部门进行审核,如图 1-63 所示。

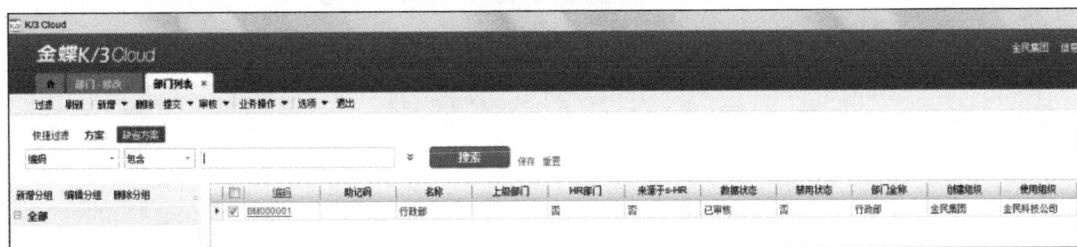

图 1-63 审核被分配组织的部门

(5)按照相同的方法将余下的部门输入系统,最终结果如图 1-64 所示。

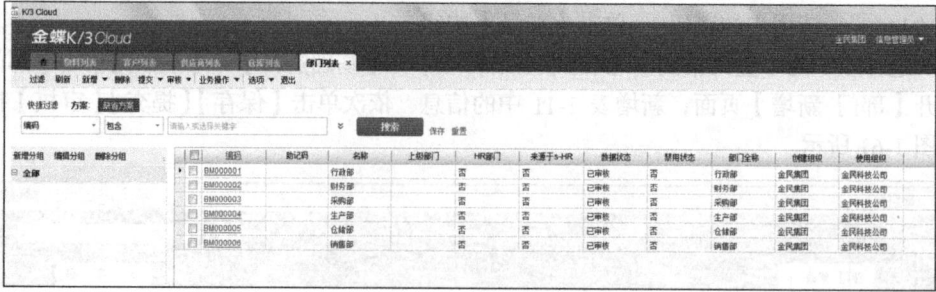

图 1-64 【部门列表】页面

6. 设置岗位信息

（1）打开金蝶 K/3 Cloud 登录页面，选择数据中心为【金民集团】，输入用户名"信息管理员"、密码"123456"（该用户的密码），单击【登录】按钮。

（2）选择组织为【金民集团】，执行【基础管理】—【基础资料】—【公共资料】—【岗位信息】命令，在打开的【岗位信息-新增】页面中新增表 1-12 中的信息，依次单击【保存】【提交】【审核】按钮，结果如图 1-65 所示。

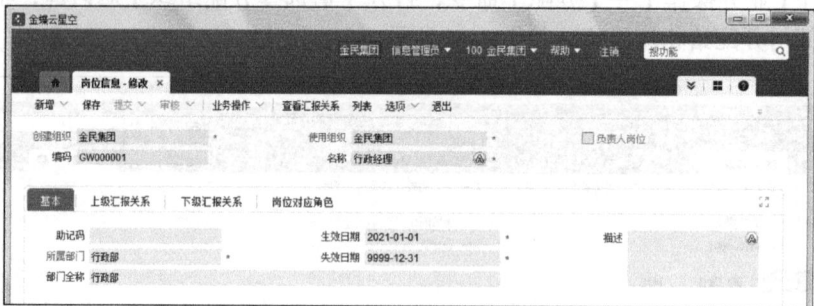

图 1-65 新增岗位信息结果

（3）执行【业务操作】—【分配】命令，打开【请选择分配组织】对话框，根据表 1-12 中的信息将岗位分配给相应组织，如图 1-66 所示。

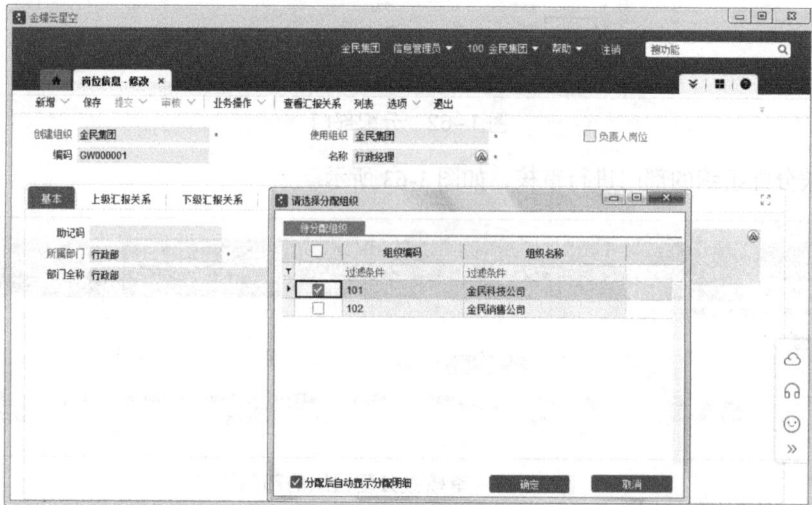

图 1-66 分配岗位

（4）切换到被分配的组织，执行【基础管理】—【基础资料】—【公共资料】—【岗位信息】命令，打开的岗位信息如图 1-67 所示。

图 1-67 审核被分配组织的岗位信息

（5）按相同的方法将余下的岗位信息输入系统，最终结果如图 1-68 所示。

图 1-68 【岗位信息列表】页面

7. 设置员工信息

（1）打开金蝶 K/3 Cloud 登录页面，选择数据中心为【金民集团】，输入用户名"信息管理员"、密码"123456"（该用户的密码），单击【登录】按钮。

（2）选择组织为【金民科技公司】，执行【基础管理】—【基础资料】—【主数据】—【员工】命令，在打开的【员工-新增】页面中新增表 1-13 中的信息，依次单击【保存】【提交】【审核】按钮，结果如图 1-69 所示。

（3）其他员工按相同的方法输入。注意编号 007 的员工，其创建组织是金民销售公司。最终结果如图 1-70 所示。

> ✒️**注意**
>
> 因为要求员工刘秀在金民科技公司中的业务员类型为销售员，赵义在金民销售公司中的业务员类型为销售员，所以这里要新增"业务员"岗位。

（4）执行【基础管理】—【基础资料】—【公共资料】—【业务员列表】命令，单击【新增】按钮，在【业务员-新增】页面中输入表 1-13 中的相关信息，单击【保存】按钮，如图 1-71 所示。最终得到的业务员列表如图 1-72 所示。

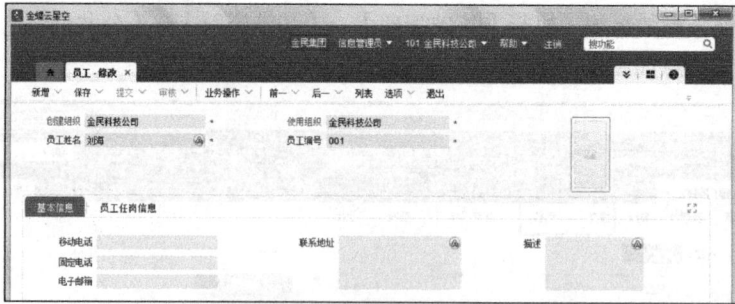

图 1-69　新增员工结果

图 1-70　【员工列表】页面

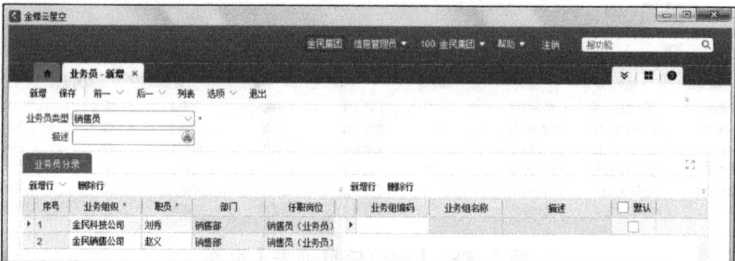

图 1-71　【业务员-新增】页面

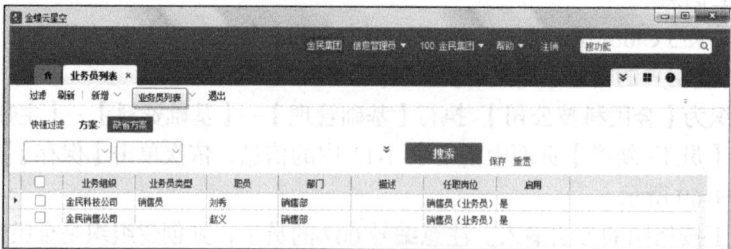

图 1-72　【业务员列表】页面

8. 设置会计核算体系信息

（1）打开金蝶 K/3 Cloud 登录页面，选择数据中心为【金民集团】，输入用户名"信息管理员"、密码"123456"（该用户的密码），单击【登录】按钮。

（2）选择组织为【金民集团】，执行【基础管理】—【基础资料】—【财务会计】—【会计核算体系】命令，单击已有的会计核算体系，打开【会计核算体系-修改】页面。

（3）在【核算组织】页签下，单击【新增行】按钮，根据表 1-14 输入核算组织的相关信息（分别给核算组织添加下级组织），单击【保存】按钮，如图 1-73 所示。最终得到的会计核算体系如图 1-74 所示。

图 1-73　【会计核算体系-修改】页面

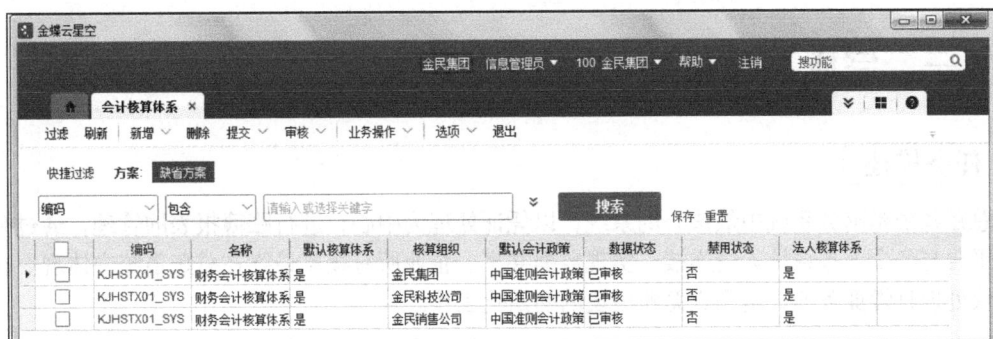

图 1-74　【会计核算体系】页面

常见问题解答

（1）在新建客户基础资料填写创建组织时，无法选择某一个组织。

【问题分析】该现象产生的原因一般是基础资料的控制类型被设置成分配型。

【解决方案】①检查对应组织的角色是否有新增客户资料的权限；②检查该组织是否设置了基础资料控制策略，但是该组织不是创建组织；③检查该组织是否未添加到对应的用户中。

（2）新增部门基础资料时，无法选择自己需要的部门属性类型。

【问题分析】部门属性需要自定义新增。

【解决方案】使用有权限的非管理员用户身份登录系统后，执行【基础管理】—【基础资料】—【辅助属性】—【辅助资料列表】—【基础管理】—【部门属性】命令，在打开的页面中单击【新增】按钮，然后输入对应信息。

课后练习

（1）【单选题】员工被禁用后，对应的员工任岗明细是否自动禁用？（　　）

　　A. 是　　　　　　　B. 否

（2）【简答题】基础资料控制类型有哪几种？

项目二

初始化财务系统

系统初始化是首次使用系统时，企业根据自身的实际情况进行参数设置，并输入基础资料与初始数据的过程。系统初始化是系统运行的基础，进行系统日常业务操作之前，需要完成对各系统的初始化操作。只有完成各系统初始化之后，才可以进行系统的日常业务处理。初始化财务系统的任务如下：总账模块初始化—出纳管理模块初始化—应收应付款管理模块初始化—费用报销模块初始化—固定资产模块初始化。

任务一　完成总账模块的初始化工作

📃 任务描述

总账系统是财务系统中最核心的系统，以凭证处理为中心，进行账簿报表的管理，通过智能会计平台与各个业务系统无缝连接，实现数据共享。企业所有核算最终在总账系统中体现。在总账模块处理日常业务前，请完成总账模块的初始化工作。

> 📖 **小贴士**
>
> ERP 实施靠"三分技术、七分管理、十二分数据"，保证动态数据、静态数据的准确性是成功实施 ERP 项目的重中之重。在项目实施过程中，基础数据初始化是一项复杂的工作，往往要耗时几周甚至几个月，有时候第一遍数据整理完以后，会发现大量数据错误问题，不得已还要推翻再来一遍。因此，操作人员要有足够的耐心，保持细致严谨的工作态度，树立坚定的信念，不惧困难，勇往直前。

📃 任务分解

1. 新建账簿
2. 设置总账模块参数
3. 修改科目设置
4. 输入初始余额
5. 设置自动转账模板
6. 结束初始化

📃 理论认知

1. 总账模块初始化涉及的操作

总账模块初始化涉及的操作包括：①新建账簿；②设置总账模块参数；③输入初始余额；④设置自动转账模板；⑤结束初始化。

2. 科目初始数据输入的方式

金蝶 K/3 Cloud 系统输入科目初始数据有四种方式：①手工输入；②从外部 Excel 文件批量导入；③直接从业务系统引入；④使用数据引入工具，即先在 Excel 文件中输入账簿期初科目及核算维度数据，然后直接把该文件引入系统。

案例数据

（1）新建账簿。根据金民集团的实际情况新建账簿，具体信息如表 2-1 所示。

表 2-1　账簿信息

编码	账簿名称	创建组织	核算组织	账簿类型	启用期间
01	金民集团	金民集团	金民集团	主账簿	2021 年 1 月
02	金民科技公司	金民集团	金民科技公司	主账簿	2021 年 1 月
03	金民销售公司	金民集团	金民销售公司	主账簿	2021 年 1 月

（2）设置总账模块参数。根据金民集团的实际业务需要对总账模块参数进行设置，如表 2-2 所示。

表 2-2　总账模块参数信息

组织机构	账簿名称	利润分配科目名称及编码	本年利润科目名称及编码	凭证过账前必须审核	凭证过账前必须出纳复核
金民集团	金民集团	利润分配（4104）	本年利润（4103）	√	√
金民科技公司	金民科技公司	利润分配（4104）	本年利润（4103）	√	√
金民销售公司	金民销售公司	利润分配（4104）	本年利润（4103）	√	√

（3）输入初始余额。金民集团会计科目及初始余额情况如表 2-3 所示。

表 2-3　金民集团会计科目及初始余额　　　　　　　　　　　　　　　　　　金额单位：元

科目名称及编码	核算维度	余额方向	币别	汇率	期初余额	注意事项
库存现金（1001）		借方	人民币	1	250,335.20	通过创建方式生成的数据中心，"长期股权投资"科目缺少相应的核算维度，需要手动添加【组织机构】的核算维度
银行存款（1002）		借方	人民币	1	22,089,000.80	
长期股权投资（1511）	金民科技公司	借方	人民币	1	72,000,664.00	
	金民销售公司	借方	人民币	1	27,000,000.00	
实收资本（4001）		贷方	人民币	1	94,000,000.00	
盈余公积（4101）		贷方	人民币	1	27,340,000.00	

金民科技公司会计科目及初始余额情况如 2-4 所示。

表 2-4　金民科技公司会计科目及初始余额

科目名称及编码	核算维度	余额方向	币别	汇率	期初余额	注意事项
库存现金（1001）		借方	人民币	1	457,445.30	
银行存款（1002）		借方	人民币	1	7,447,454.70	
应收账款（1122）	金民销售公司	借方	人民币	1	3,300,000.00	

续表

科目名称及编码	核算维度	余额方向	币别	汇率	期初余额	注意事项
原材料（1403）	传感器	借方	人民币	1	12,000.00	通过创建方式生成的数据中心，"原材料"科目默认的核算维度为"费用项目"，需要手动把该科目的核算维度调整为"物料"
	芯片	借方	人民币	1	30,000.00	
	显示器	借方	人民币	1	16,000.00	
库存商品（1405）	红外体温计 K 型	借方	人民币	1	112,500.00	通过创建方式生成的数据中心，"库存商品"科目默认的核算维度为"费用项目"，需要手动把该科目的核算维度调整为"物料"
	红外体温计 M 型	借方	人民币	1	141,600.00	
固定资产（1601）	房屋及建筑物	借方	人民币	1	19,000,000.00	
	机器设备	借方	人民币	1	19,000,000.00	
	电子设备	借方	人民币	1	23,000.00	
	其他设备	借方	人民币	1	22,000.00	
明细应付款（2202.02）	兴盛电子	贷方	人民币	1	900,000.00	
	华强制造	贷方	人民币	1	900,000.00	
实收资本（4001）		贷方	人民币	1	24,200,000.00	
资本公积（4002）		贷方	人民币	1	6,200,000.00	
盈余公积（4101）		贷方	人民币	1	8,100,000.00	
利润分配（4104）		贷方	人民币	1	9,262,000.00	

金民科技公司原材料和库存商品的初始明细数据如表 2-5 和表 2-6 所示。

表 2-5　　　　　　　金民科技公司原材料的初始明细数据　　　　　金额单位：元

名称	单价	数量	期初余额（原币）
传感器	60.00	200	12,000.00
芯片	100.00	300	30,000.00
显示器	50.00	320	16,000.00

表 2-6　　　　　　　金民科技公司库存商品的初始明细数据　　　　　金额单位：元

名称	单价	数量	期初余额（原币）
红外体温计 K 型	500.00	225	112,500.00
红外体温计 M 型	600.00	236	141,600.00

金民销售公司会计科目及初始余额情况如表 2-7 所示。

表 2-7　　　　　　　金民销售公司会计科目及初始余额　　　　　金额单位：元

科目名称及编码	核算维度	余额方向	币别	汇率	期初余额
库存现金（1001）		借方	人民币	1	149,384.04
银行存款（1002）		借方	人民币	1	27,742,931.32
应收账款（1122）	麦瑞科技	借方	人民币	1	1,200,000.00
	恒健科技	借方	人民币	1	2,800,000.00
固定资产（1601）	电子设备	借方	人民币	1	10,001.00
明细应付款（2202.02）	金民科技公司	贷方	人民币	1	3,300,000.00

续表

科目名称及编码	核算维度	余额方向	币别	汇率	期初余额
已交税金（2221.01.05）		贷方	人民币	1	552,076.76
实收资本（4001）		贷方	人民币	1	16,050,239.60
资本公积（4002）		贷方	人民币	1	6,500,000.00
盈余公积（4101）		贷方	人民币	1	900,000.00
利润分配（4104）		贷方	人民币	1	4,600,000.00

（4）设置自动转账模板。自动转账模板的应用便于定期使用转账模板自动生成记账凭证，金民集团在总账模块初始化时对自动转账模板进行设置，具体信息如表 2-8 所示。

表 2-8 自动转账模板信息

账簿	名称	摘要	科目名称	核算维度	转账方式	方向	转账比例
金民科技公司	归集制造费用	归集制造费用	生产成本	生产部/组装费用	转入	自动判定	100%
			制造费用	生产部/所有费用类型	按比例转出余额	自动判定	100%
金民科技公司与金民销售公司	结转增值税	结转增值税	应交税费——应交增值税（销项税额）		按比例转出余额	自动判定	100%
			应交税费——应交增值税（进项税额）		按比例转出余额	自动判定	100%
			应交税费——应交增值税（已交税金）		转入	自动判定	100%

（5）结束初始化。在总账模块完成各组织初始余额输入后，就可以结束金民集团、金民科技公司、金民销售公司各组织的初始化。

任务实施

扫码看视频

1. 新建账簿

（1）信息管理员登录金蝶 K/3 Cloud 系统，打开功能菜单，执行【财务会计】—【总账】—【基础资料】—【账簿】命令，打开【账簿】页面。根据表 2-1 的信息，先建立组织【金民集团】，将组织切换到【金民集团】，然后单击【新增】按钮，打开【账簿-新增】页面。输入编码"01"，核算体系选择【财务会计核算体系】，核算组织选择【金民集团】，名称输入"金民集团"，账簿类型选择【主账簿】，启用期间为【2021.1】。依次单击【保存】【提交】和【审核】按钮，完成金民集团账簿的建立，结果如图 2-1 所示。

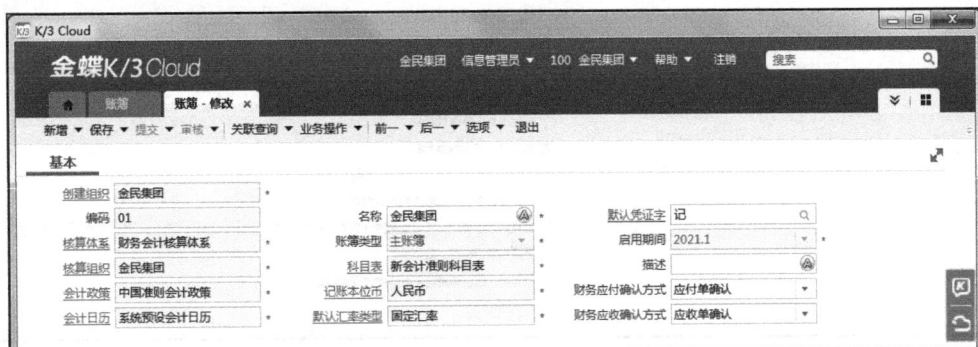

图 2-1 金民集团账簿建立完成

（2）按照上述步骤和方法，根据表 2-1 所示的账簿信息，继续完成金民科技公司和金民销售公司账簿的建立。

2. 设置总账模块参数

（1）信息管理员登录金蝶 K/3 Cloud 系统，打开功能菜单，执行【财务会计】—【总账】—【参数设置】—【总账管理参数】命令，打开【总账管理参数】页面。按照表 2-2 所示的总账模块参数信息，设置金民集团的总账模块参数。组织机构选择【金民集团】，账簿选择【金民集团】，【账簿参数】页签下的利润分配科目选择【利润分配】，本年利润科目选择【本年利润】，如图 2-2 所示。在【凭证参数】页签中，勾选【凭证过账前必须审核】和【凭证过账前必须出纳复核】，如图 2-3 所示，然后单击【保存】按钮，完成金民集团总账模块参数设置。

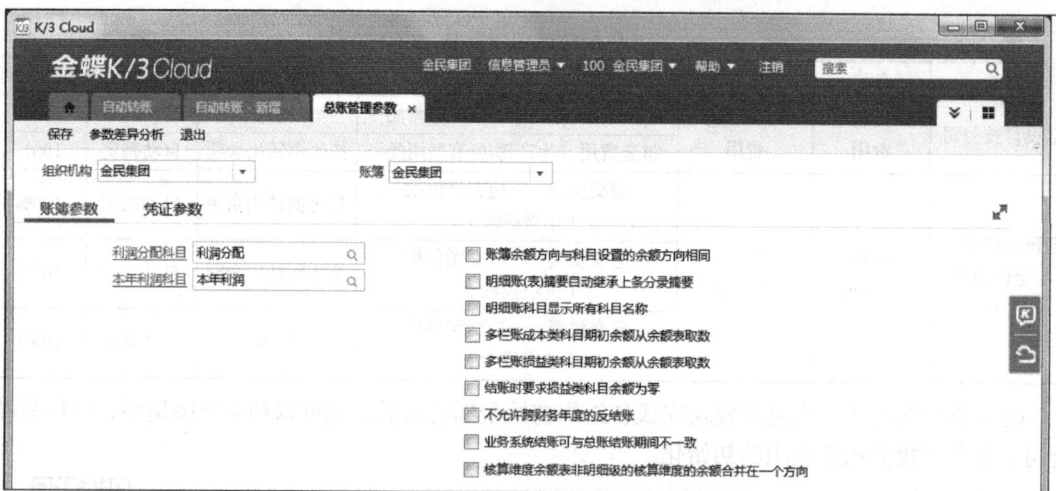

图 2-2　总账模块【账簿参数】设置

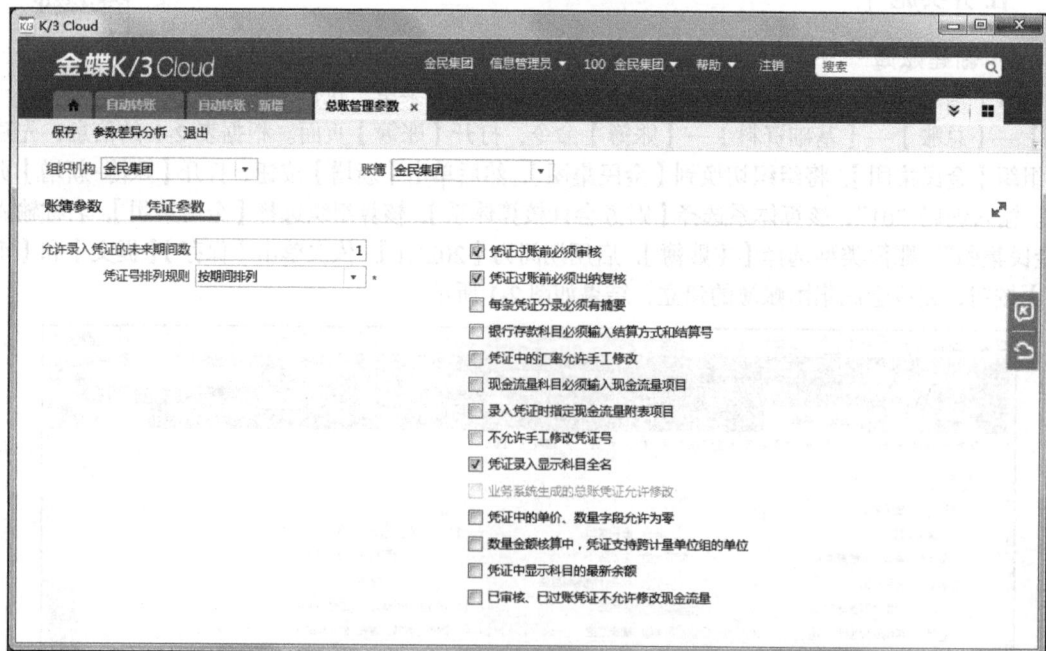

图 2-3　总账模块【凭证参数】设置

（2）按照上述步骤和方法，根据表 2-2 所示的总账模块参数信息，继续完成金民科技公司和金民销售公司的总账模块参数设置。

3. 修改科目设置

（1）信息管理员登录金蝶 K/3 Cloud 系统，打开功能菜单，执行【财务会计】—【总账】—【基础资料】—【科目】命令，打开【科目列表】页面。将左侧科目表展开，先选中新增科目所属科目类别，再单击左上方的【新增】按钮，输入科目编码和科目名称，依次单击【保存】【提交】【审核】按钮。

> **注意**
>
> 各级科目之间用"."区分。例如，一级科目为"1001"，新增二级科目格式为"1001.01""1001.02"等，新增三级科目格式为"1001.01.01""1001.01.02"等，依次类推。
>
> 也可以直接在【科目列表】页面单击【新增】按钮，如果新增一级科目，则科目类别需手工选择；如果新增二级科目，默认带出上级科目的科目类别。若该科目需要设置核算维度，则打开相应科目，在【核算维度】栏下单击【新增行】按钮，选择相应的核算维度。若必录类型为【必录】，则选择该科目时必须输入核算维度。若必录类型为【可选】，则选择该科目时核算维度可以录，也可以不录。

（2）根据表 2-3 的数据，在科目列表双击【1511 长期股权投资】科目，在【科目-修改】页面的【核算维度】栏下单击【新增行】按钮，添加【组织机构】核算维度，然后依次单击【保存】【提交】【审核】按钮，如图 2-4 所示。

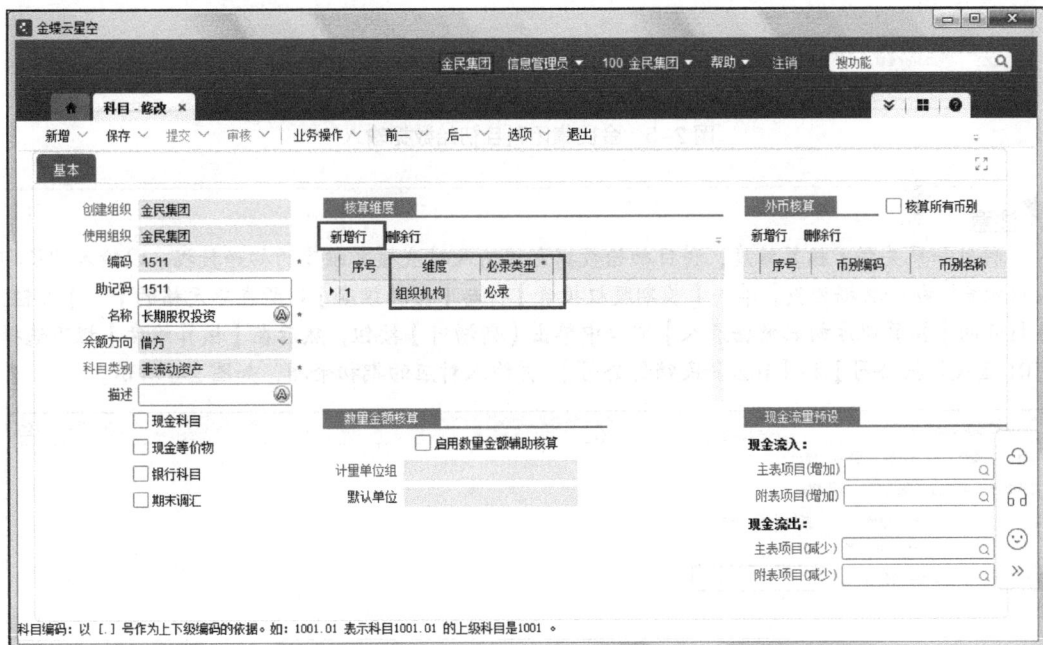

图 2-4　【科目-修改】页面

（3）双击【1403 原材料】科目，在【科目-修改】页面的【核算维度】栏下选中【费用项目】，单击【删除行】按钮，然后单击【新增行】按钮，添加【物料】核算维度。按照相同的方法对【1405 库存商品】科目进行操作，然后依次单击【保存】【提交】【审核】按钮。

4. 输入初始余额

（1）信息管理员登录金蝶 K/3 Cloud 系统，打开功能菜单，执行【财务会计】—【总账】—【初始化】—【科目初始数据录入】命令，打开【科目初始数据录入】页面。账簿选择【金民集团】，币别选择【人民币】，再根据表 2-3 的数据，在相关科目中输入对应的初始数据，然后单击【试算平衡】按钮，如图 2-5 所示。试算平衡后再单击【保存】按钮，完成金民集团科目初始数据输入。

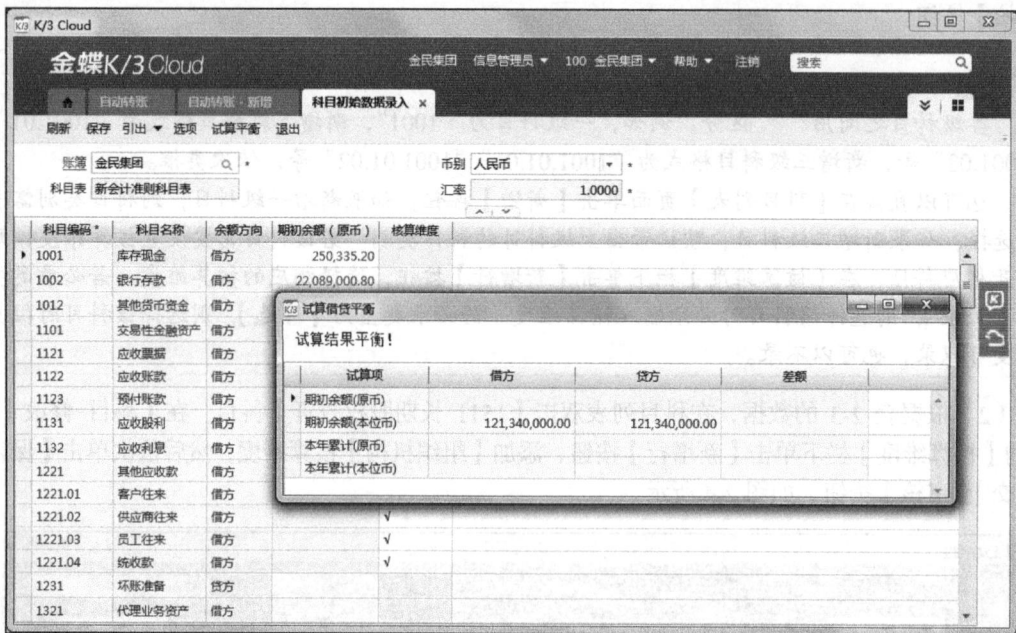

图 2-5　金民集团科目初始数据输入

> **注意**
>
> 科目如果关联了核算维度，科目初始数据允许输入对应核算维度的初始数据。以输入"长期股权投资"初始数据为例，单击【长期股权投资】行与【核算维度】列所在单元格的【…】按钮，在打开的【核算维度初始数据录入】窗口中单击【新增行】按钮，然后在【核算维度】栏下选择【101/金民科技公司】和【102/金民销售公司】，并输入对应的期初余额，如图 2-6 所示。

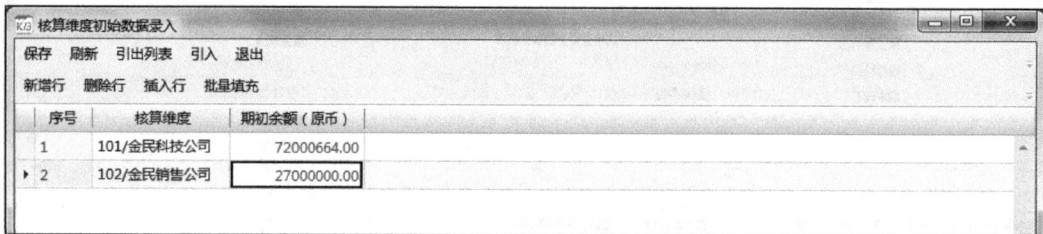

图 2-6　金民集团科目初始数据–核算维度

（2）按照上述步骤和方法，根据表 2-4～表 2-6 的数据，继续完成金民科技公司账簿的初始数据输入。数据输入完成后，单击【试算平衡】按钮，然后单击【保存】按钮，结果如图 2-7 所示。

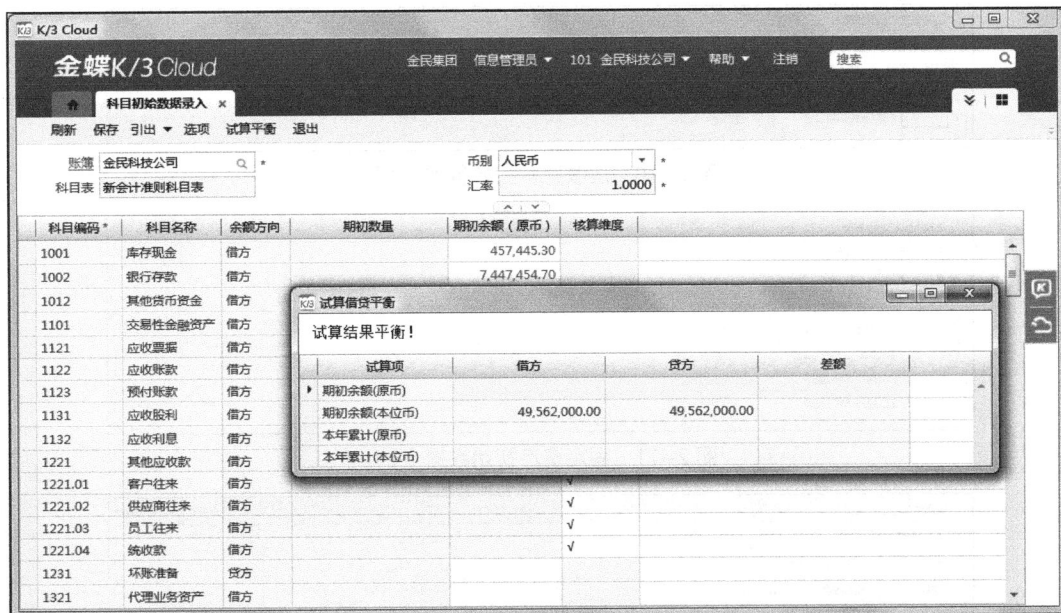

图 2-7　试算平衡结果

注意

在输入"原材料"科目初始数据时，请参照表 2-5 原材料的初始明细数据，输入原材料（传感器、芯片、显示器）明细数据（期初数量、期初余额），结果如图 2-8 所示。

图 2-8　原材料初始明细数据

在输入"库存商品"科目初始数据时，请参照表 2-6 库存商品的初始明细数据，输入库存商品（红外体温计 K 型、红外体温计 M 型）明细数据（期初数量、期初余额），结果如图 2-9 所示。

图 2-9　库存商品初始明细数据

（3）参照表 2-4 金民科技公司会计科目及初始余额，输入"应收账款""固定资产""明细应付款"科目初始数据，结果分别如图 2-10～图 2-12 所示。

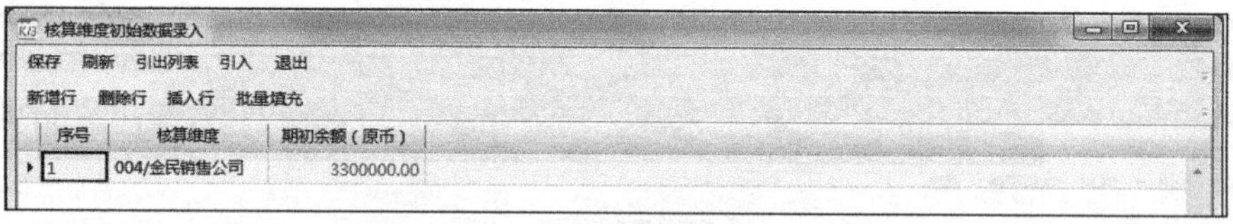

图 2-10 应收账款初始数据（1）

图 2-11 固定资产初始数据（1）

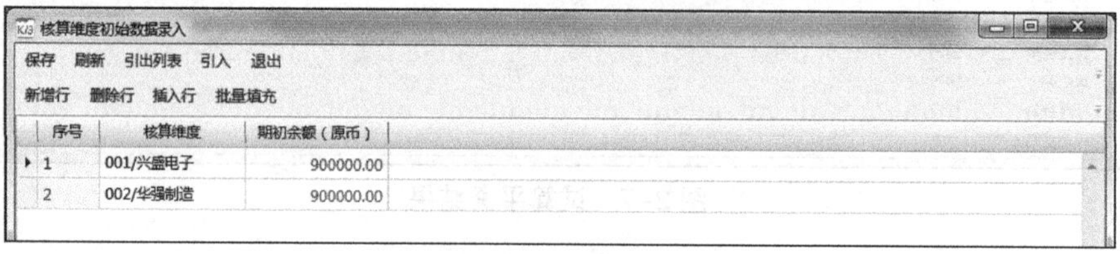

图 2-12 明细应付款初始数据（1）

（4）按照上述步骤和方法，根据表 2-7 金民销售公司会计科目及初始余额，继续完成金民销售公司账簿的初始数据输入。数据输入完成后，单击【试算平衡】按钮，试算平衡后单击【保存】按钮，"应收账款""固定资产""明细应付款"科目需选择核算维度，结果分别如图 2-13、图 2-14、图 2-15 所示。

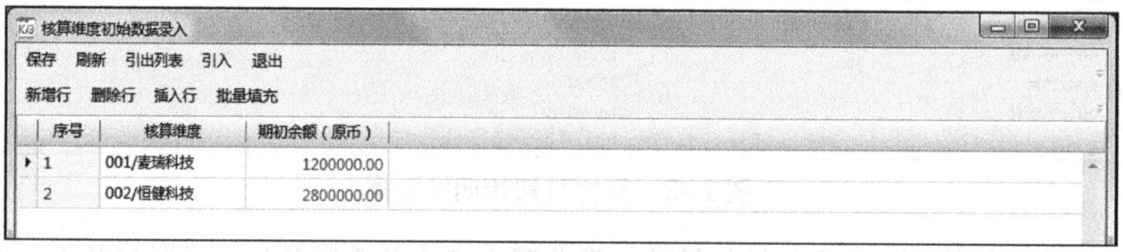

图 2-13 应收账款初始数据（2）

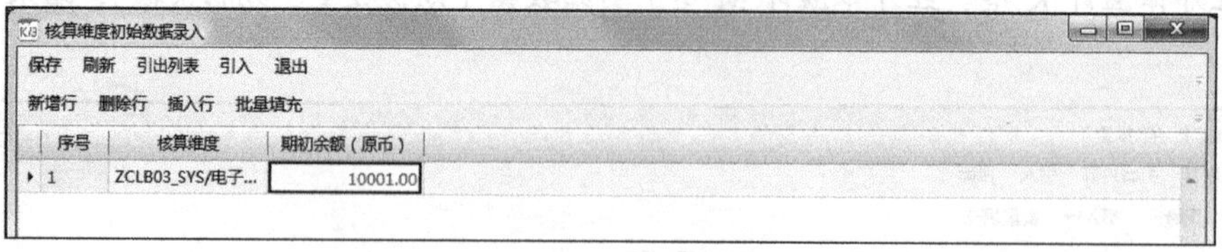

图 2-14 固定资产初始数据（2）

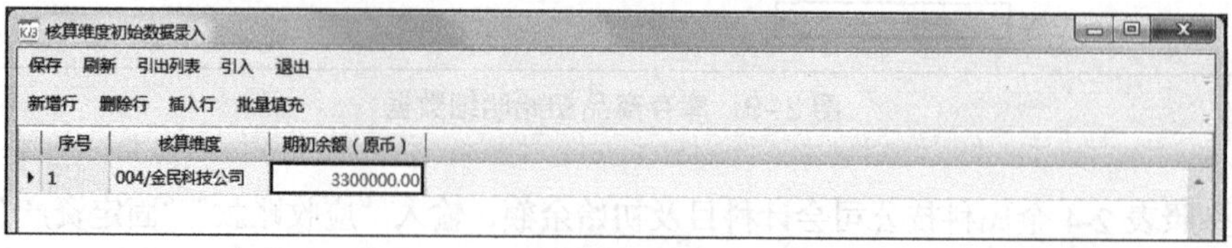

图 2-15 明细应付款初始数据（2）

5. 设置自动转账模板

（1）信息管理员登录金蝶 K/3 Cloud 系统，打开功能菜单，执行【财务会计】—【总账】—【期末处理】—【自动转账】命令，打开【自动转账】页面。单击【新增】按钮，打开【自动转账-新增】页面，账簿选择【金民科技公司】，按照表2-8自动转账模板信息，输入相关数据后，单击【保存】按钮，完成金民科技公司账簿的自动转账模板设置，结果分别如图 2-16、图 2-17、图 2-18 所示。

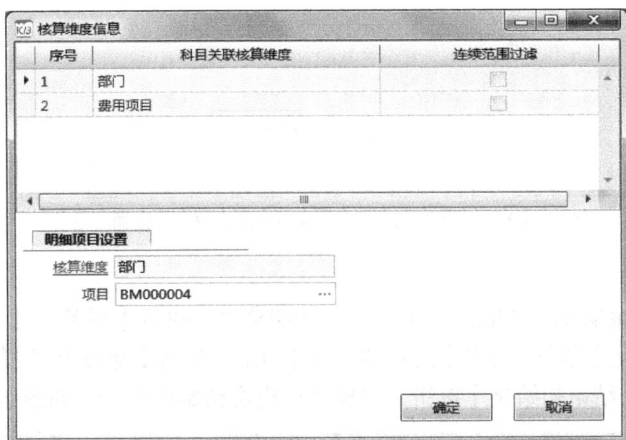

图 2-16 金民科技公司自动转账模板【部门】核算维度设置

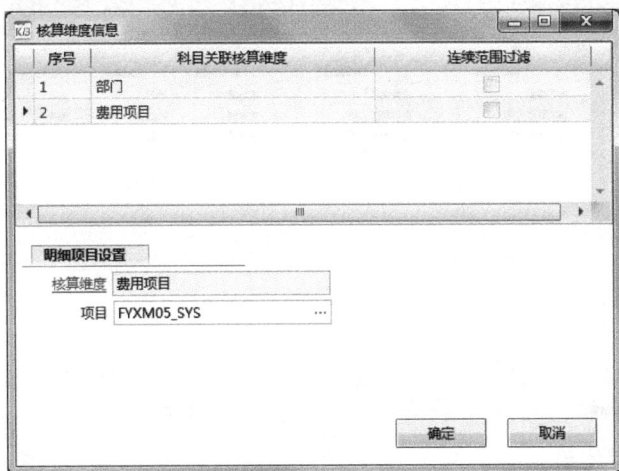

图 2-17 金民科技公司自动转账模板【费用项目】核算维度设置

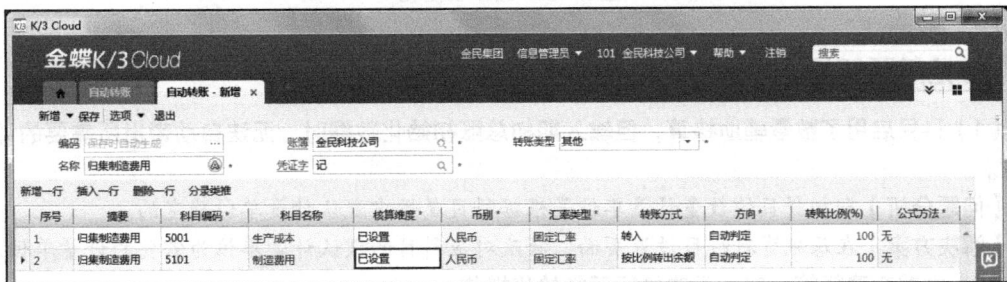

图 2-18 金民科技公司账簿自动转账模板设置（1）

（2）按照上述步骤和方法，继续完成金民科技公司与金民销售公司账簿的自动转账模板设置。根据表 2-8 自动转账模板信息输入相关数据。数据输入完成后单击【保存】按钮，如图 2-19 所示。

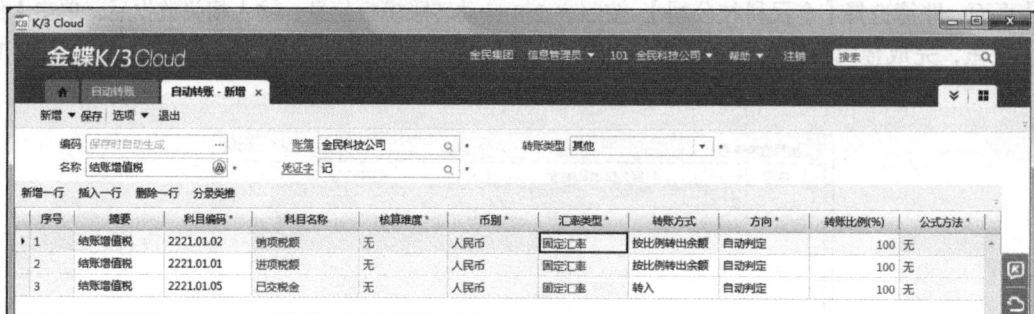

图 2-19　金民科技公司账簿自动转账模板设置（2）

6. 结束初始化

信息管理员登录金蝶 K/3 Cloud 系统，打开功能菜单，执行【财务会计】—【总账】—【初始化】—【总账初始化】命令，打开【总账初始化】页面。勾选【金民集团】【金民科技公司】【金民销售公司】，单击【结束初始化】按钮，完成总账模块初始化操作，如图 2-20 所示。

图 2-20　结束初始化

常见问题解答

（1）科目启用了数量辅助核算，但输入期初总账初始化数据时，无法自动带出所需要的计量单位。

【问题分析】期初科目的数量计量单位是根据科目属性中默认计量单位确定的。

【解决方案】在基础资料科目设置页面，修改对应科目的默认计量单位为需要的计量单位。

（2）本期在建账第一期，无法执行反初始化操作。

【问题分析】出现该现象一般是因为存在已过账的凭证数据。

<del>54</del>

【解决方案】需要确认反初始化的前提条件是否满足：总账必须为启用的第一期，不能存在已过账的凭证。

课后练习

（1）【简答题】请简要描述总账模块初始化的四个关键步骤。

（2）【简答题】总账如何反初始化？

（3）【简答题】反审核账簿报错"账簿×××存在余额不全为零的记录[科目 1002]，不允许反审核！"，该怎么办？

任务二　完成出纳管理模块的初始化工作

任务描述

在进行出纳日常业务处理前，请完成出纳管理模块的初始化工作。

任务分解

1. 系统启用日期设置

2. 基础资料设置

3. 输入期初余额

4. 结束初始化

理论认知

1. 出纳管理模块

出纳管理模块是出纳人员的工作平台，支持出纳人员在系统中完成货币资金、票据以及有价证券的收付、保管、核算等日常工作，并提供出纳管理报表查询功能。在出纳管理模块进行日常业务处理之前，需要完成出纳管理模块初始化。

2. 出纳管理模块初始化的步骤

出纳管理模块初始化的步骤一般包括：①系统启用日期设置；②基础资料设置；③输入期初余额；④结束初始化。

案例数据

（1）系统启用日期设置。金民集团从 2021 年 1 月起上线实施金蝶 K/3 Cloud 系统，于 2021 年 1 月 1 日对集团各组织启用了出纳管理模块，具体信息如表 2-9 所示。

表 2-9　　　　　　　　　　　　　系统启用日期设置

启用系统	启用组织	启用日期
出纳模块	金民集团	2021-1-1
	金民科技公司	2021-1-1
	金民销售公司	2021-1-1

（2）基础资料设置。金民集团根据企业的实际情况创建开户的银行账号，银行账号信息如表 2-10 所示。

表 2-10　　　　　　　　　　银行账号信息

账号	创建/使用组织	开户行	账户名称	账户收支属性	分配
66668881	金民集团	长沙银行雨花支行	金民集团人民币户	收支	
66668882	金民集团	长沙银行雨花支行	金民科技公司人民币户	收支	金民科技公司
66668883	金民集团	长沙银行雨花支行	金民销售公司人民币户	收支	金民销售公司

金民集团根据企业内部的实际情况创建内部账号，内部账号信息如表 2-11 所示。

表 2-11　　　　　　　　　　内部账号信息

创建组织	组织开设	内部账号	账户名称	对应组织	使用分配	透支策略
金民集团	在资金组织开设	0068	销售公司收付账户	金民销售公司	金民销售公司	额度内允许透支

金民集团根据企业内部的实际情况创建内部银行账号，内部银行账号信息如表 2-12 所示。

表 2-12　　　　　　　　　　内部银行账号信息

银行账号	开户银行	账户名称	账户收支属性	上划方式	内部账户	使用分配
66668884	长沙银行雨花支行	销售公司收付款账户	收支	手工	销售公司收付账户	金民销售公司

（3）输入期初余额。金民集团出纳管理模块初始化之前需要输入各组织现金期初余额，各组织现金期初余额如表 2-13 所示。

表 2-13　　　　　　　　　　各组织现金期初余额　　　　　　　　　　金额单位：元

对应组织	币别	期初余额
金民集团	人民币	250,335.20
金民科技公司	人民币	457,445.30
金民销售公司	人民币	149,384.04

金民集团出纳管理模块初始化之前需要输入各组织银行存款期初余额，各组织银行存款期初余额如表 2-14 所示。

表 2-14　　　　　　　　　　各组织银行存款期初余额　　　　　　　　　　金额单位：元

对应组织	银行	银行账号	币别	企业方/银行方期初余额
金民集团	长沙银行雨花支行	66668881	人民币	22,089,000.80
金民科技公司	长沙银行雨花支行	66668882	人民币	7,447,454.70
金民销售公司	长沙银行雨花支行	66668883	人民币	27,742,931.32

（4）结束初始化。金民集团在各组织的现金期初余额和银行存款期初余额全部输入完毕后，就可以结束初始化。

任务实施

1. 系统启用日期设置

（1）打开金蝶 K/3 Cloud 登录页面，选择数据中心为【金民集团】，输入用户名"信息管理员"，默认密码"123456"，单击【登录】按钮，打开功能菜单。

（2）执行【财务会计】—【出纳管理】—【初始化】—【启用日期设置】命令，打开【启用日期设置】页面，修改启用日期，根据表 2-9 的内容填写组织信息，启用日期选择 2021-1-1，单击【启用】按钮，如图 2-21 所示。

扫码看视频

图 2-21 启用日期设置

2. 基础资料设置

（1）新增银行信息。执行【财务会计】—【出纳管理】—【基础资料】—【银行】命令，进入【银行】页面。单击【新增】按钮，打开【银行-新增】页面，输入名称为"长沙银行雨花支行"，依次单击【保存】【提交】【审核】按钮，如图 2-22 所示。

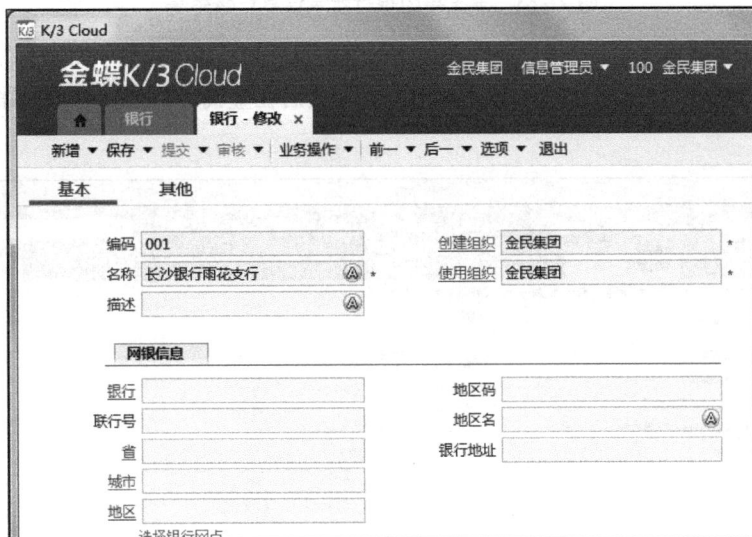

图 2-22 银行信息审核结果

（2）新增银行账号信息。

① 执行【财务会计】—【出纳管理】—【基础资料】—【银行账号】命令，进入【银行账号】页面。单击【新增】按钮，打开【银行账号-新增】页面，根据表 2-10 的内容填写银行账号信息，输入银行账号为"66668881"，选择开户银行为【长沙银行雨花支行】，账户名称为【金民集团人民币户】，账户收支属性为【收支】，依次单击【保存】【提交】【审核】按钮，如图 2-23 所示。

② 执行【财务会计】—【出纳管理】—【基础资料】—【银行账号】命令，进入【银行账号】页面。单击【新增】按钮，打开【银行账号-新增】页面，根据表 2-10 的内容填写银行账号信息，输入银行账号为"66668882"，选择开户银行为【长沙银行雨花支行】，账户名称为【金民科技公司人民币户】，账户收支属性为【收支】，依次单击【保存】【提交】【审核】按钮，如图 2-24 所示。

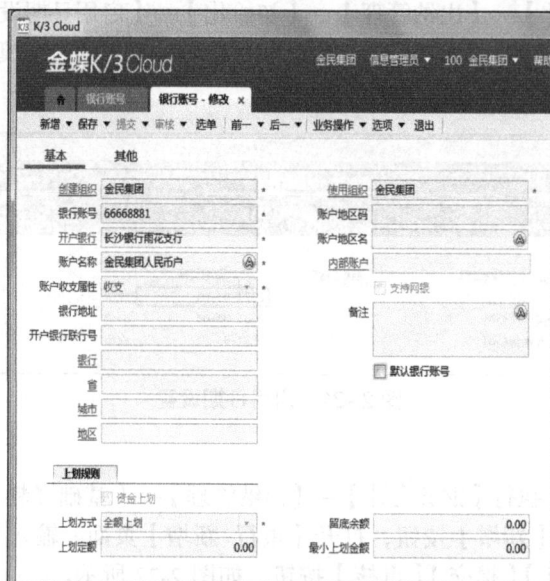

图 2-23　金民集团银行账号信息审核结果

③ 执行【业务操作】—【分配】命令，打开【请选择分配组织】窗口，勾选【金民科技公司】，单击【确定】按钮，进行分配处理，如图 2-25 所示。之后在金民科技公司的银行账号列表中注意提交审核处理。

图 2-24　金民科技公司银行账号信息审核结果

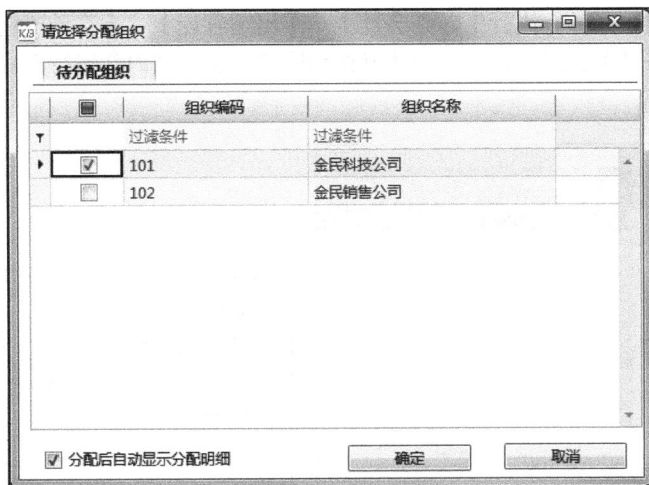

图 2-25　选择分配组织（金民科技公司）

新增银行账号"66668883"的方法与前述方法相同，不再赘述。

（3）新增内部账户信息。

① 执行【财务会计】—【出纳管理】—【基础资料】—【内部账户】命令，进入【内部账户】页面。单击【新增】按钮，打开【内部账户-新增】页面，根据表 2-11 的内容填写相关信息。勾选【在资金组织开设】，输入内部账号"0068"，账户名称为【销售公司收付账户】，对应组织为【金民销售公司】，透支策略勾选【额度内允许透支】，依次单击【保存】【提交】【审核】按钮，如图 2-26 所示。

② 执行【业务操作】—【分配】命令，打开【请选择分配组织】窗口，勾选【金民销售公司】，单击【确定】按钮进行分配，如图 2-27 所示。之后在金民销售公司的内部账户列表注意提交审核处理。

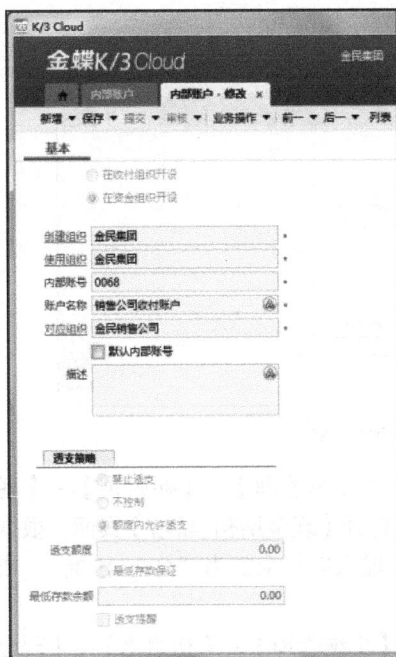

图 2-26　金民销售公司内部账户审核结果

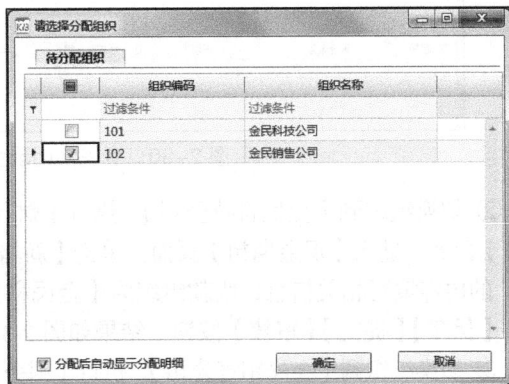

图 2-27　选择分配组织（金民销售公司）

（4）新增内部银行账号。执行【财务会计】—【出纳管理】—【基础资料】—【银行账号】命令，进入【银行账号】页面，按照与前述操作相同的方法增加内部银行账号信息，最终结果如图 2-28、图 2-29 所示。

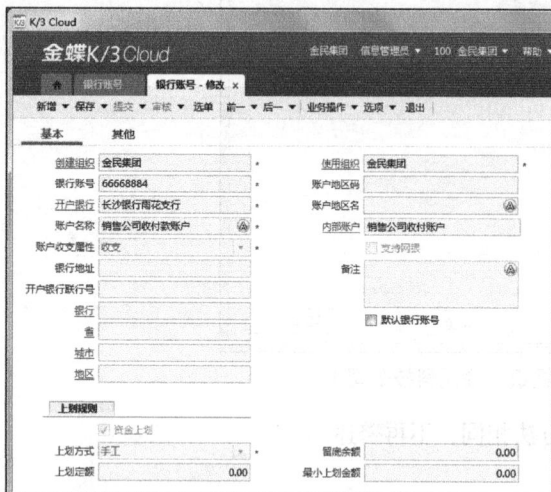

图 2-28　金民集团内部银行账号审核结果

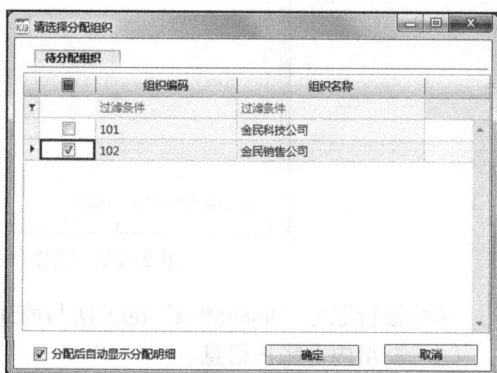

图 2-29　选择分配组织（金民集团）

3. 输入期初余额

（1）输入现金期初余额。

① 在金民集团组织下，执行【财务会计】—【出纳管理】—【初始化】—【现金期初】命令，进入【现金期初】页面。单击【新增】按钮，打开【现金期初-新增】页面，根据表 2-13 的内容填写相关信息，收款组织为【金民集团】，输入期初余额为"250,335.20"，依次单击【保存】【提交】【审核】按钮，结果如图 2-30 所示。

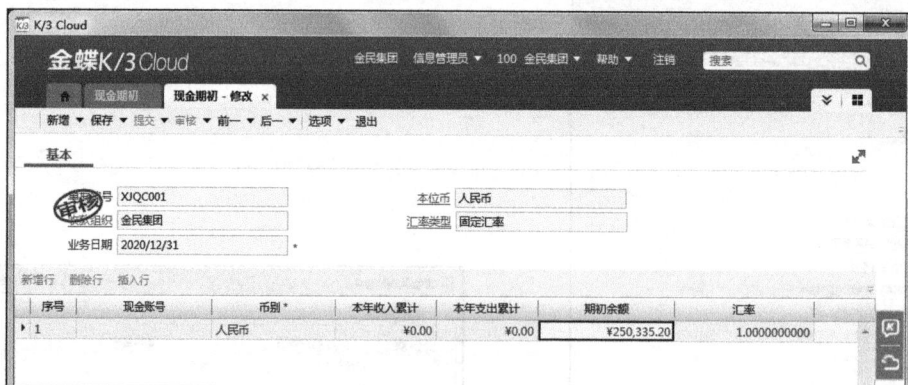

图 2-30　金民集团现金期初余额审核结果

② 切换组织到【金民科技公司】，执行【财务会计】—【出纳管理】—【初始化】—【现金期初】命令，进入【现金期初】页面。单击【新增】按钮，打开【现金期初-新增】页面，根据表 2-13 的内容填写相关信息，收款组织为【金民科技公司】，输入期初余额为"457,445.30"，依次单击【保存】【提交】【审核】按钮，结果如图 2-31 所示。

③ 切换组织到【金民销售公司】，执行【财务会计】—【出纳管理】—【初始化】—【现金期初】命令，进入【现金期初】页面。单击【新增】按钮，打开【现金期初-新增】页面，根据表 2-13

的内容填写相关信息，收款组织为【金民销售公司】，输入期初余额为"149,384.04"，依次单击【保存】【提交】【审核】按钮，结果如图2-32所示。

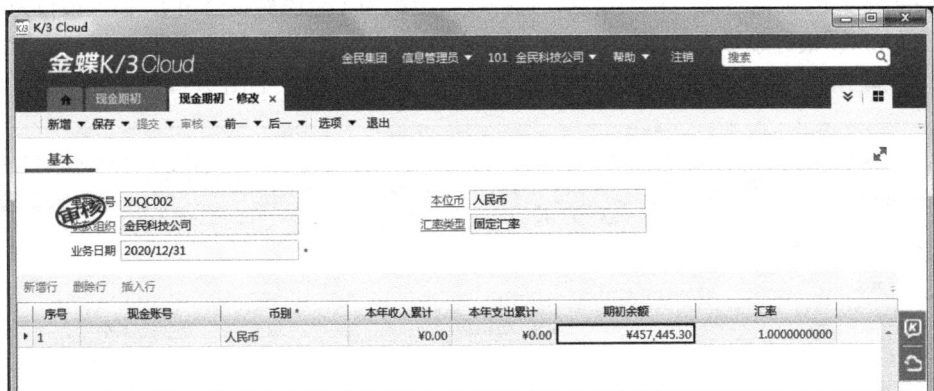

图2-31 金民科技公司现金期初余额审核结果

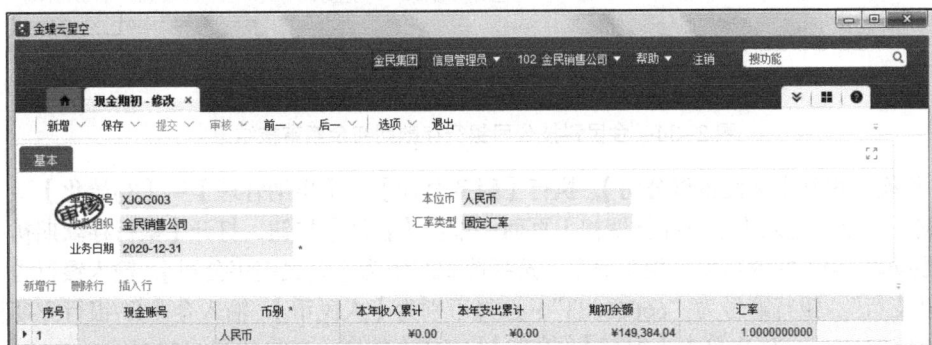

图2-32 金民销售公司现金期初余额审核结果

（2）输入银行存款期初余额。

① 在金民集团组织下，执行【财务会计】—【出纳管理】—【初始化】—【银行存款期初】命令，进入【银行存款期初】页面。单击【新增】按钮，打开【银行存款期初-新增】页面，根据表2-14的内容填写相关信息，选择收款组织为【金民集团】，输入银行为"长沙银行雨花支行"、银行账号为"66668881"，选择币别为【人民币】，输入企业方/银行方期初余额为"22,089,000.80"，依次单击【保存】【提交】【审核】按钮，结果如图2-33所示。

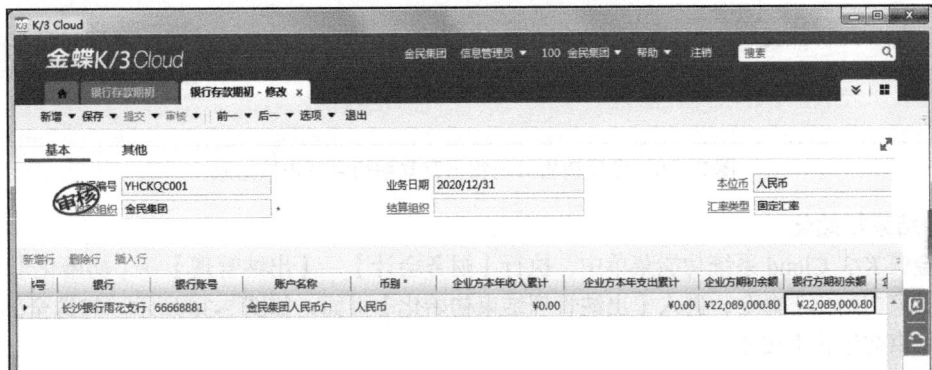

图2-33 金民集团银行存款期初余额审核结果

② 切换组织到【金民科技公司】，执行【财务会计】—【出纳管理】—【初始化】—【银行存款期初】命令，进入【银行存款期初】页面。单击【新增】按钮，打开【银行存款期初-新增】页面，根据表 2-14 的内容填写相关信息，选择收款组织为【金民科技公司】，输入银行为"长沙银行雨花支行"、银行账号为"66668882"，选择币别为【人民币】，输入企业方/银行方期初余额为"7,447,454.70"，依次单击【保存】【提交】【审核】按钮，结果如图 2-34 所示。

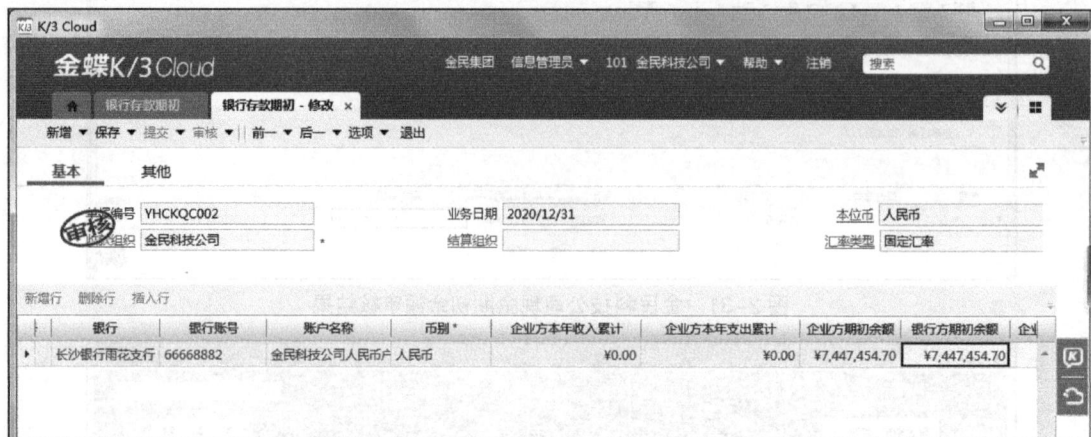

图 2–34　金民科技公司银行存款期初余额审核结果

③ 切换组织到【金民销售公司】，执行【财务会计】—【出纳管理】—【初始化】—【银行存款期初】命令，进入【银行存款期初】页面。单击【新增】按钮，打开【银行存款期初-新增】页面，根据表 2-14 的内容填写相关信息，选择收款组织为【金民销售公司】，输入银行为"长沙银行雨花支行"、银行账号为"66668883"，选择币别为【人民币】，输入企业方/银行方期初余额为"27,742,931.32"，依次单击【保存】【提交】【审核】按钮，结果如图 2-35 所示。

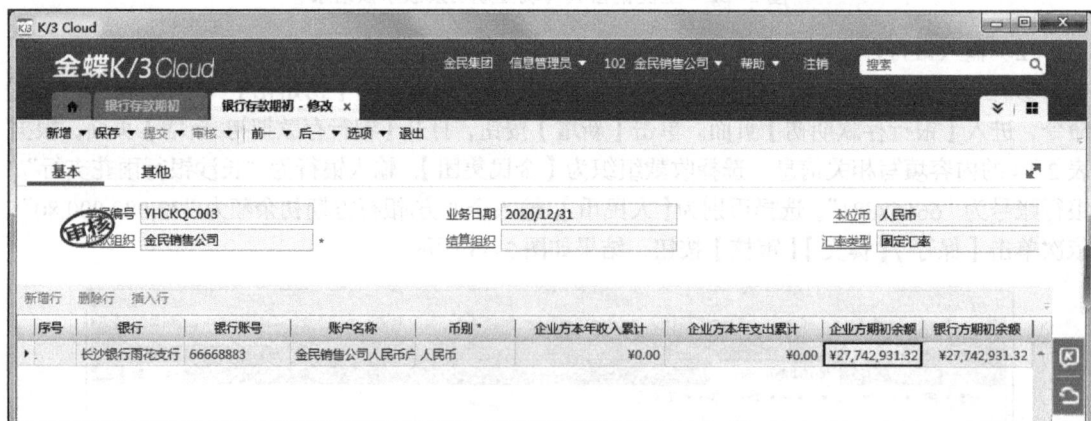

图 2–35　金民销售公司银行存款期初余额审核结果

4. 结束初始化

在金蝶 K/3 Cloud 系统功能菜单中，执行【财务会计】—【出纳管理】—【初始化】—【出纳管理结束初始化】命令，进入【出纳管理结束初始化】页面，如图 2-36 所示。勾选全部组织，单击【结束初始化】按钮。

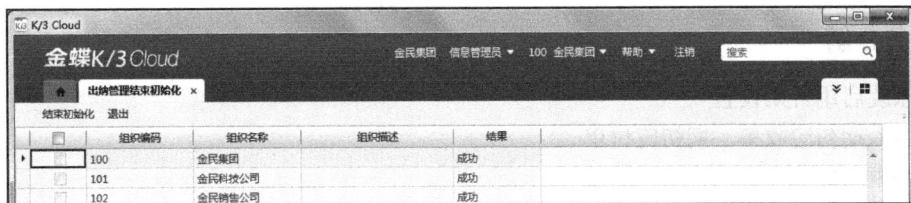

图 2-36 【出纳管理结束初始化】页面

常见问题解答

（1）新增银行账号时，把账户收支属性录错了。

【问题分析】出现这种情况可以通过反审核银行账号基础资料，修改账户收支属性，或者填制银行账户变更单来解决。

【解决方案】①使用有权限的用户身份登录金蝶 K/3 Cloud 系统，打开功能菜单；②执行【财务会计】—【出纳管理】—【日常处理】—【银行账户变更单】命令；③单击【新增】按钮，在银行账户变更单中修改账户收支属性，依次单击【保存】【提交】【审核】按钮。审核后会自动更新银行账户收支属性。

（2）在新增收款单时无法选择自己想要的销售员。

【问题分析】在金蝶 K/3 Cloud 产品中，员工不等同于销售员，需在业务员列表中新增销售员。

【解决方案】①使用有权限的用户身份登录金蝶 K/3 Cloud 系统，打开功能菜单；②执行【基础管理】—【基础资料】—【公共资料】—【业务员列表】命令；③在【业务员列表】页面，单击【新增】按钮，填写必录等相关信息之后依次单击【保存】【提交】【审核】按钮。

课后练习

（1）【简答题】银行账号销户如何处理？

（2）【简答题】内部账户可选类型有哪几种？

（3）【简答题】如何新增内部账户？

任务三 完成应收、应付款管理模块的初始化工作

任务描述

在进行应收应付款日常业务处理前，请完成应收、应付款管理模块的初始化工作。

📖 小贴士

在激烈的商业竞争中，企业为了获得利润，就要满足市场需求，而企业为了提高市场占有率，与供应商或者客户之间会经常通过赊销的方式来交易，因此形成大量的应收应付账款是不可避免的。积累太多应付账款长期未还会直接影响企业与供应商之间的合作关系，给企业带来严重的信用危机；积累太多应收账款长期未收回会直接影响企业的资金循环，致使企业的长期发展受阻。对于个人而言，我们要珍惜自己的信用记录，加强个人应收应付账款管理，如发生恶意拖欠助学贷款、利用信用卡套现等行为，都将记录到个人征信信息中，严重违约的还要承担法律责任。

📺 **任务分解**

1. 系统启用日期设置
2. 输入期初应收单、期初应付单
3. 结束初始化

📺 **理论认知**

1. 应收、应付款管理模块的作用

应收款管理及应付款管理是通过对应收单、应付单等单据的输入，对企业往来账款进行综合管理，准确地提供客户或供应商的往来账款增减变动情况。在应收应付款管理模块进行日常业务处理之前，需要完成应收应付款管理模块初始化。

2. 应收、应付款管理模块初始化的步骤

应收应付款管理模块初始化的步骤是：①系统启用日期设置；②输入期初应收单；③输入期初应付单；④结束初始化。

📺 **案例数据**

（1）系统启用日期设置。金民集团于 2021 年 1 月 1 日对集团各组织启用了应收、应付款管理模块，具体信息如表 2-15 所示。

表 2-15　　　　　　　　　　系统启用时间设置

启用模块	启用组织	启用日期
应收款管理	金民科技公司	2021-1-1
	金民销售公司	2021-1-1
应付款管理	金民科技公司	2021-1-1
	金民销售公司	2021-1-1

（2）输入期初应收单。金民集团在应收款管理模块初始化之前需要输入客户期初应收单，具体数据如表 2-16 所示。

表 2-16　　　　　　　　　　客户期初应收单　　　　　　　　　　金额单位：元

结算/收款/销售组织	业务日期	客户	产品	含税单价	数量	税率	价税合计
金民科技公司	2020-12-8	金民销售公司	红外体温计 M 型	300.00	6,000	13%	1,800,000.00
金民科技公司	2020-12-13	金民销售公司	红外体温计 K 型	250.00	6,000	13%	1,500,000.00
金民销售公司	2020-12-8	麦瑞科技	红外体温计 M 型	600.00	2,000	13%	1,200,000.00
金民销售公司	2020-12-13	恒健科技	红外体温计 K 型	500.00	5,600	13%	2,800,000.00

（3）输入期初应付单。金民集团在应付款管理模块初始化之前需要输入供应商期初应付单，具体数据如表 2-17 所示。

表 2-17　　　　　　　　　　　供应商期初应付单　　　　　　　　　　金额单位：元

结算/付款/采购组织	业务日期	供应商	产品	数量	含税单价	税率	价税合计
金民科技公司	2020-12-8	兴盛电子	传感器	5,000	60.00	13%	300,000.00
金民科技公司	2020-12-13	兴盛电子	芯片	6,000	100.00	13%	600,000.00
金民科技公司	2020-12-15	华强制造	显示器	18,000	50.00	13%	900,000.00
金民销售公司	2020-12-8	金民科技公司	红外体温计 M 型	6,000	300.00	13%	1,800,000.00
金民销售公司	2020-12-13	金民科技公司	红外体温计 K 型	6,000	250.00	13%	1,500,000.00

（4）结束初始化。金民集团在各组织的期初应收单、期初应付单全部输入完毕后，就可以结束初始化。

任务实施

1. 系统启用日期设置

（1）打开金蝶 K/3 Cloud 登录页面，选择数据中心为【金民集团】，输入用户名"信息管理员"、密码"123456"，如图 2-37 所示，单击【登录】按钮后，打开金蝶 K/3 Cloud 信息管理员页面。

扫码看视频

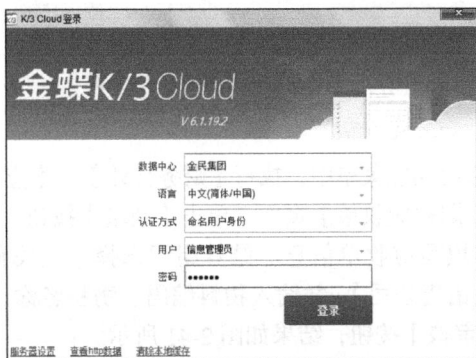

图 2-37　金蝶 K/3 Cloud 登录页面

（2）单击右上角的【所有功能】按钮，打开功能菜单，如图 2-38 所示。

图 2-38　金蝶 K/3 Cloud 功能菜单

（3）执行【财务会计】—【应收款管理】—【初始化】—【启用日期设置】命令，打开【应收款启用日期设置】页面，根据表 2-15 的内容，启用日期选择 2021-1-1，单击【启用】按钮，如图 2-39 所示。

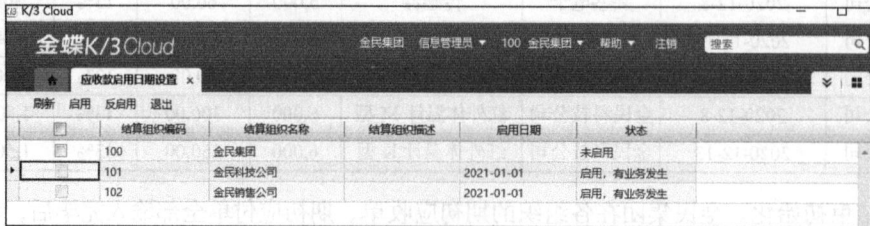

图 2-39　应收款启用日期设置

（4）参考上述方法，根据表 2-15 的内容，完成应付款管理系统的启用日期设置，结果如图 2-40 所示。

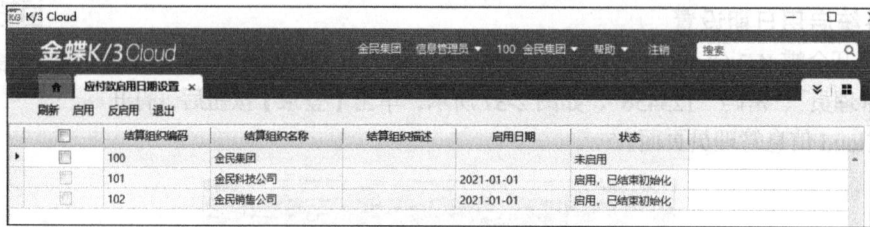

图 2-40　应付款启用日期设置

2. 输入期初应收单

（1）在金蝶 K/3 Cloud 系统功能菜单中，执行【财务会计】—【应收款管理】—【初始化】—【期初应收单】命令，打开【期初应收单】页面。单击【新增】按钮，打开【期初应收单-新增】页面，根据表 2-16 的内容填写应收单信息。结算组织选择【金民科技公司】，业务日期选择 2020-12-8，客户选择【金民销售公司】，并输入物料编码、物料名称、单价和计价数量等信息，依次单击【保存】【提交】【审核】按钮，结果如图 2-41 所示。

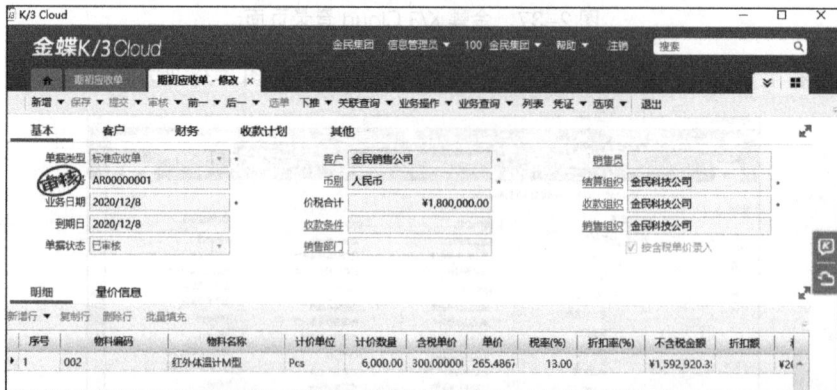

图 2-41　期初应收单审核结果（1）

（2）单击【新增】按钮，根据表 2-16 的内容填写应收单信息，结算组织选择【金民科技公司】，业务日期选择 2020-12-13，客户选择【金民销售公司】，并输入物料编码、物料名称、单价和计价数量等信息，依次单击【保存】【提交】【审核】按钮，结果如图 2-42 所示。

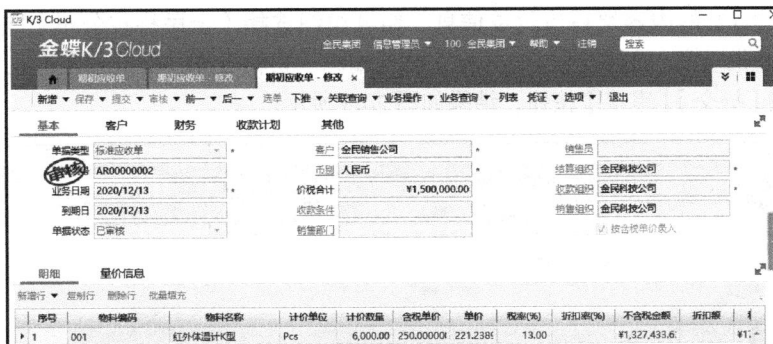

图 2-42　期初应收单审核结果（2）

（3）单击【新增】按钮，根据表 2-16 的内容填写应收单信息，结算组织选择【金民销售公司】，业务日期选择 2020-12-8，客户选择【麦瑞科技】，并输入物料编码、物料名称、单价和计价数量，依次单击【保存】【提交】【审核】按钮，结果如图 2-43 所示。

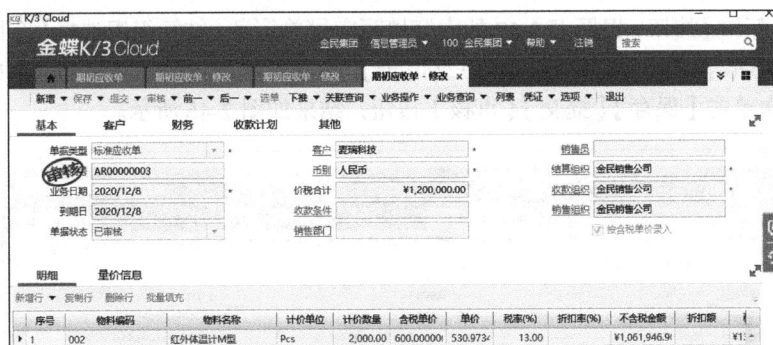

图 2-43　期初应收单审核结果（3）

（4）单击【新增】按钮，根据表 2-16 的内容填写应收单信息，结算组织选择【金民销售公司】，业务日期选择 2020-12-13，客户选择【恒健科技】，并输入物料编码、物料名称、单价和计价数量等信息，依次单击【保存】【提交】【审核】按钮，结果如图 2-44 所示。

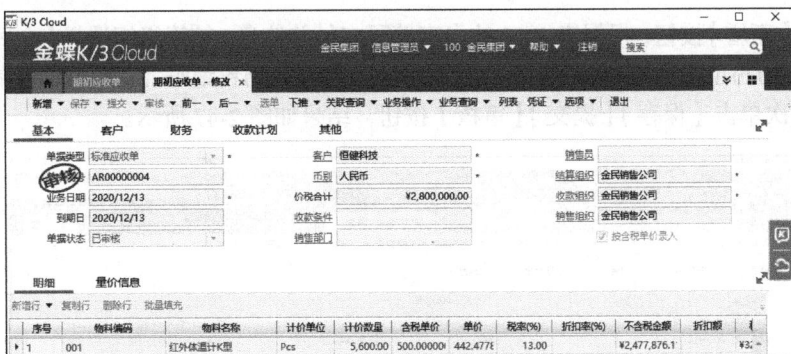

图 2-44　期初应收单审核结果（4）

3. 输入期初应付单

（1）在金蝶 K/3 Cloud 系统功能菜单中，执行【财务会计】—【应付款管理】—【初始化】—【期初应付单】命令，打开【期初应付单】页面。单击【新增】按钮，打开【期初应付单-新增】

页面，根据表 2-17 的内容填写应付单信息，结算组织选择【金民科技公司】，业务日期选择 2020-12-8，输入供应商"兴盛电子"，并输入物料编码、物料名称、单价和计价数量等信息，依次单击【保存】【提交】【审核】按钮，结果如图 2-45 所示。

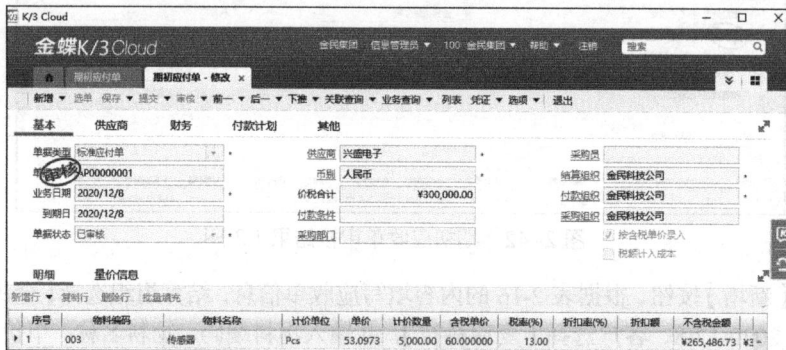

图 2-45 期初应付单审核结果（1）

（2）单击【新增】按钮，根据表 2-17 的内容填写应付单信息，结算组织选择【金民科技公司】，业务日期选择 2020-12-13，供应商选择【兴盛电子】，并输入物料编码、物料名称、单价和计价数量等信息，依次单击【保存】【提交】【审核】按钮，结果如图 2-46 所示。

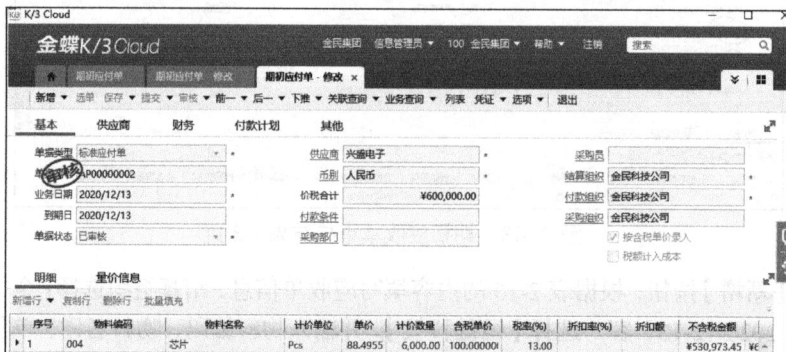

图 2-46 期初应付单审核结果（2）

（3）单击【新增】按钮，根据表 2-17 的内容填写应付单信息，结算组织选择【金民科技公司】，业务日期选择 2020-12-15，供应商选择【华强制造】，并输入物料编码、物料名称、单价和计价数量等信息，依次单击【保存】【提交】【审核】按钮，结果如图 2-47 所示。

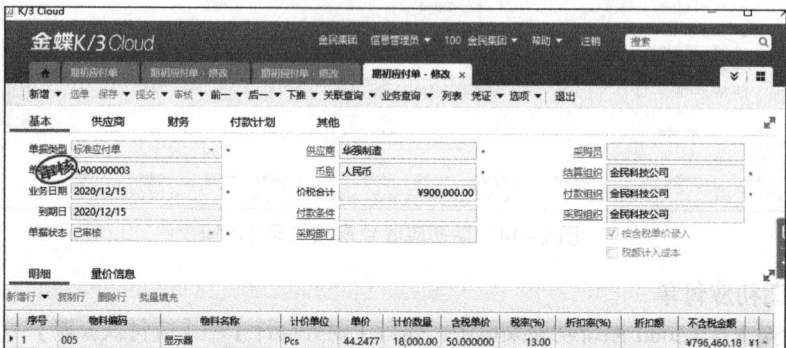

图 2-47 期初应付单审核结果（3）

（4）单击【新增】按钮，根据表2-17的内容填写应付单信息，结算组织选择【金民销售公司】，业务日期选择 2020-12-8，供应商选择【金民科技公司】，并输入物料编码、物料名称、单价和计价数量等信息，依次单击【保存】【提交】【审核】按钮，结果如图2-48所示。

图 2-48 期初应付单审核结果（4）

（5）单击【新增】按钮，根据表2-17的内容填写应付单信息，结算组织选择【金民销售公司】，业务日期选择 2020-12-13，供应商选择【金民科技公司】，并输入物料编码、物料名称、单价和计价数量等信息，依次单击【保存】【提交】【审核】按钮，结果如图2-49所示。

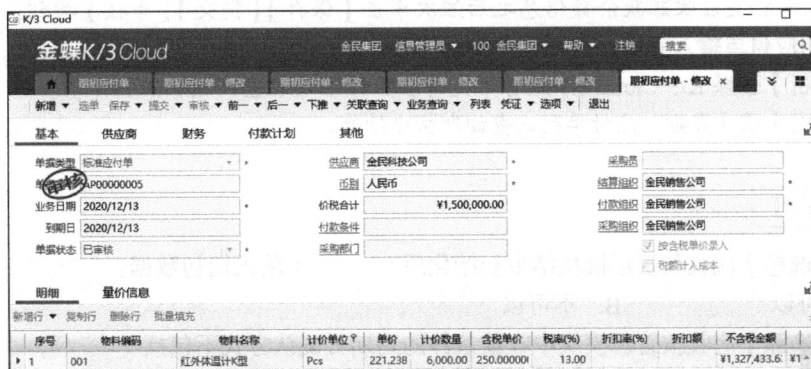

图 2-49 期初应付单审核结果（5）

4. 结束初始化

（1）执行【财务会计】—【应付款管理】—【应付款结束初始化】命令，打开【应付款结束初始化】页面，勾选【金民科技公司】【金民销售公司】，然后单击【结束初始化】按钮，如图2-50所示。

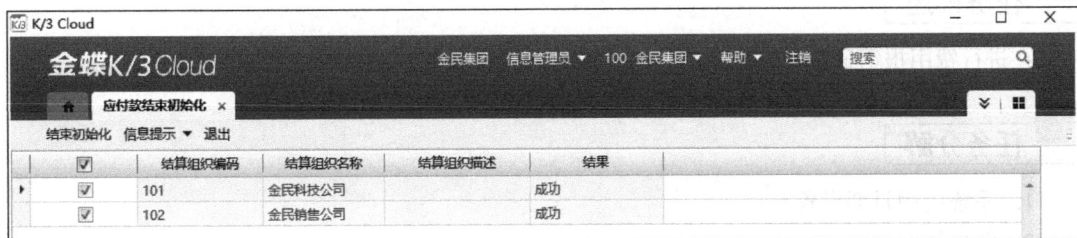

图 2-50 应付款结束初始化

（2）执行【财务会计】—【应收款管理】—【应收款结束初始化】命令，打开【应收款结束初始化】页面，勾选【金民科技公司】【金民销售公司】，然后单击【结束初始化】按钮，如图 2-51 所示。

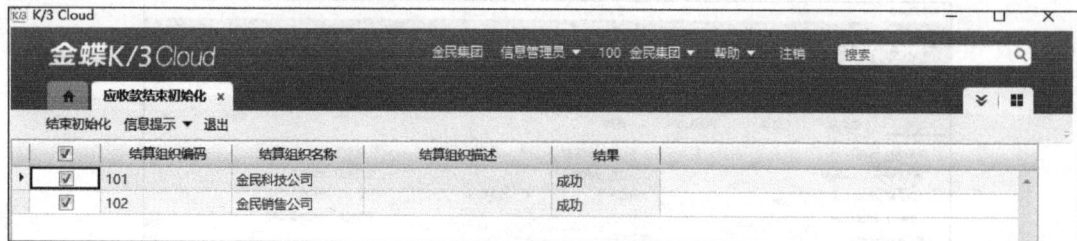

图 2-51　应收款结束初始化

常见问题解答

（1）在总账的科目初始数据中已录入了应收账款的期初余额，在应收款管理模块如何录入期初应收单？

【解决方案】①使用有权限的用户身份登录金蝶 K/3 Cloud 系统，打开功能菜单；②执行【财务会计】—【应收款管理】—【初始化】—【期初应收单】命令；③在期初应收单列表，单击【新增】按钮，输入相关应收账款余额信息之后依次单击【保存】【提交】【审核】按钮。

（2）期初应付单输入完毕，在应付单列表查不到。

【问题分析】金蝶 K/3 Cloud 6.1 版暂不支持在应付单列表查询期初应付单。

【解决方案】需要在期初应付单列表查询期初应付单。

课后练习

（1）【单选题】应收款管理模块结束初始化后，（　　　）输入期初数据。

　　A. 可以　　　　　　　　B. 不可以

（2）【单选题】应收款管理模块中收款条件的到期日确认方式不包括（　　　）。

　　A. 订单日期　　　　B. 出库日期　　　　C. 应收单业务日期　　D. 收料日期

（3）【简答题】在应付款管理模块下手工新增应付单，发现金额和税额有错误，如何做回冲？

任务四　完成费用报销模块的初始化工作

任务描述

在进行费用报销日常业务处理前，请完成对费用报销模块的初始化工作。

任务分解

1. 系统启用日期设置
2. 结束初始化

1. 费用报销模块

费用报销模块面向企业全员提供完整的费用报销流程，支持费用申请、借款和费用报销、退款，以及费用二次分配与移转业务。在费用报销模块进行日常业务处理之前需要完成费用报销模块初始化。

2. 费用报销模块初始化的步骤

（1）系统启用日期设置；（2）结束初始化。

案例数据

金民集团于 2021 年 1 月 1 日对集团各组织启用了费用报销管理模块，具体信息如表 2-18 所示。

表 2-18　　　　　　　　　　　　　　　　系统启用日期设置

启用模块	启用组织	启用日期	注意事项
费用报销	金民科技公司	2021-1-1	通过创建方式生成的数据中心，启用日期"2021-1-1"不在会计政策对应的会计日历范围内，需要在总账模块找到"系统预设会计日历"并手动追加会计期间至 2021 年
	金民销售公司	2021-1-1	

任务实施

1. 系统启用日期设置

（1）打开金蝶 K/3 Cloud 登录页面，选择数据中心为【金民集团】，输入用户名"信息管理员"，默认密码"123456"，单击【登录】按钮，如图 2-52 所示，打开金蝶 K/3 Cloud 信息管理员页面。

扫码看视频

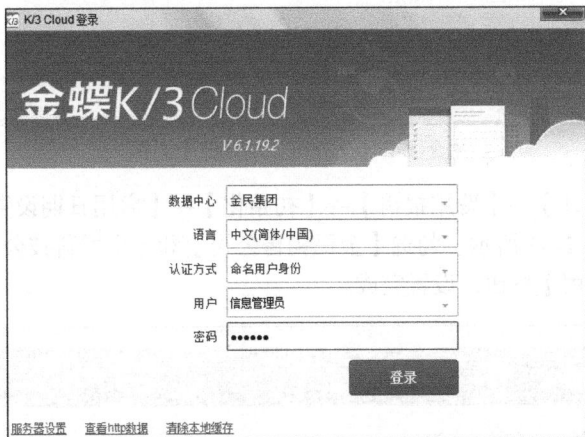

图 2-52　金蝶 K/3 Cloud 登录页面

（2）单击右上角的【所有功能】按钮，打开功能菜单，如图 2-53 所示。

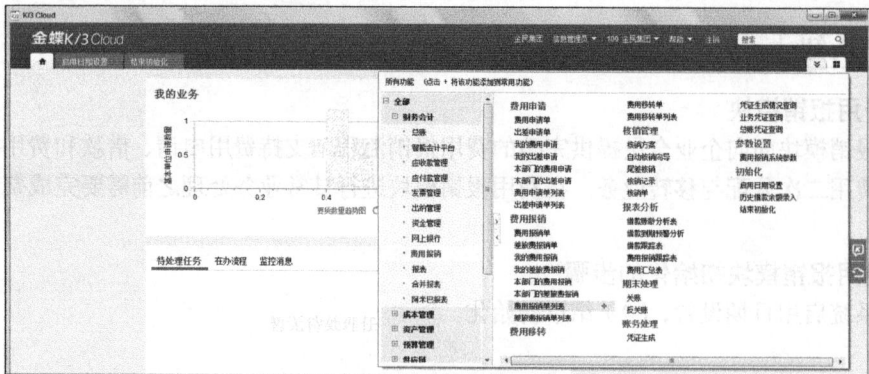

图 2-53　打开功能菜单

（3）执行【财务会计】—【总账】—【基础资料】—【会计日历】命令，打开【会计日历】页面。双击【系统预设会计日历】，打开【会计日历-修改】页面。单击【追加会计期间】按钮，追加会计期间至 2021 年，然后依次单击【保存】【提交】【审核】按钮，如图 2-54 所示。

图 2-54　【会计日历-修改】页面

（4）执行【财务会计】—【费用报销】—【初始化】—【启用日期设置】命令，打开【启用日期设置】页面，如图 2-55 所示。勾选【金民销售公司】和【金民科技公司】，启用日期都设置为 2021-1-1，单击【启用】按钮，设置完成。

图 2-55　【启用日期设置】页面

2. 结束初始化

执行【财务会计】—【费用报销】—【初始化】—【结束初始化】命令，打开【结束初始化】页面。单击【结束初始化】按钮，勾选【金民销售公司】和【金民科技公司】，然后单击【反初始化】按钮，结果如图 2-56 所示。

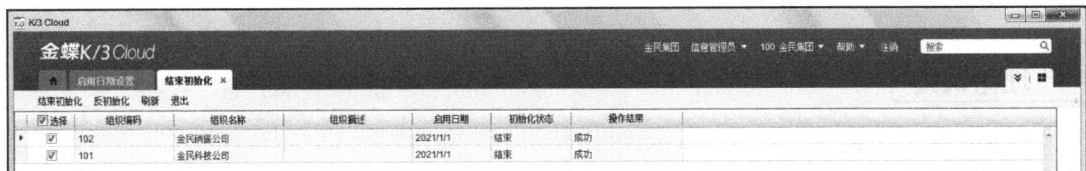

图 2-56　【结束初始化】页面

常见问题解答

（1）费用报销模块启用日期为 2021 年 1 月 1 日，输入 2020 年 12 期的历史借款单后自动生成费用报销付款单，但费用报销付款单的日期是 2021 年 1 月。

【问题分析】因为出纳模块当期在 2021 年 1 月。

【解决方案】需要将出纳模块反初始化到 2020 年 12 期启用，才能保证历史借款单自动生成的费用报销付款单业务日期在 2020 年 12 期；但历史借款余额生成的付款单是不计入流水的，所以这个日期显示是不影响系统数据的，可以不做修改。

（2）期初实报实付的业务怎么做？

【问题分析】费用报销模块目前仅支持对有历史借款余额的期初数据输入历史借款余额单。

【解决方案】如果历史已审核单据已挂往来科目：①可以在应付款管理模块输入期初的其他应付单，后续付款时下推付款单；②在付款时直接新增不计入往来的付款单，生成凭证后修改分录冲销已挂往来科目；③在当期新增实报实付的报销单下推付款单，付款单生成凭证后需要修改分录冲销已挂往来科目。

如果历史已审核单据没有挂往来科目，在付款时可直接新增不计入往来的付款单，或者在当期新增实报实付的报销单下推付款单。

课后练习

（1）【单选题】如果启用了费用报销模块，（　　　　）手工在出纳模块新增费用报销付款单。

　　　A. 能　　　　　　　　　B. 不能

（2）【单选题】费用报销模块中输入历史借款余额单据的时候必须输入【事由】字段吗？（　　）

　　　A. 是　　　　　　　　　B. 不是

任务五　完成固定资产模块的初始化工作

任务描述

在进行固定资产日常业务处理前，请完成对固定资产模块的初始化工作。

任务分解

1. 系统启用期间设置
2. 新增资产位置
3. 期初固定资产卡片输入

理论认知

1. 固定资产模块

固定资产模块以固定资产卡片管理为中心，对固定资产购入到资产退出的整个生命周期进行管理。在固定资产模块进行日常业务处理之前，需要完成固定资产模块初始化。

2. 固定资产模块初始化的步骤

固定资产模块初始化包括以下步骤：①系统启动期间设置；②新增资产位置；③期初固定资产卡片输入。

案例数据

根据具体任务，该案例需要完成金民集团固定资产模块的初始化操作。启用日期设置信息如表 2-19 所示，资产位置信息如表 2-20 所示，历史卡片数据如表 2-21 所示。

表 2-19　　　　　　　　　　启用日期设置信息

启用模块	启用组织	启用年度	启用期间
固定资产	金民科技公司	2021	1
	金民销售公司	2021	1

表 2-20　　　　　　　　　　资产位置信息

创建/使用组织	地址
金民集团	本部大楼
金民集团	驻外办公室

表 2-21　　　　　　　　历史卡片数据　　　　　　　　金额单位：元

资产/货主组织	资产类别	资产名称	单位	数量	开始使用日期	资产位置	使用部门	会计政策	入账日期	购买单价	未税成本	初始化	费用项目
金民科技公司	电子设备	打印机	台	1	2020-12-3	本部大楼	财务部	中国准则会计政策	2021-1-1	10,000.00	10,000	是	折旧费用
金民科技公司	房屋及建筑物	办公大厦	栋	1	2020-12-3	本部大楼	行政部	中国准则会计政策	2021-1-1	20,000,000	20,000,000	是	折旧费用
金民科技公司	机器设备	生产设备	台	1	2020-12-3	本部大楼	生产部	中国准则会计政策	2021-1-1	2,000,000	2,000,000	是	折旧费用
金民科技公司	机器设备	组装设备	台	7	2020-12-3	本部大楼	生产部	中国准则会计政策	2021-1-1	2,000,000	14,000,000	是	折旧费用
金民科技公司	机器设备	电机	台	1	2020-12-3	本部大楼	生产部	中国准则会计政策	2021-1-1	2,000,000	2,000,000	是	折旧费用

续表

资产/货主组织	资产类别	资产名称	单位	数量	开始使用日期	资产位置	使用部门	会计政策	入账日期	购买单价	未税成本	初始化	费用项目
金民科技公司	电子设备	电脑	台	3	2020-12-3	本部大楼	财务部	中国准则会计政策	2021-1-1	5,000	15,000	是	折旧费用
金民科技公司	其他设备	办公家具	套	1	2020-12-3	本部大楼	行政部	中国准则会计政策	2021-1-1	20,000	20,000	是	折旧费用
金民销售公司	电子设备	电脑	台	2	2020-12-3	本部大楼	销售部	中国准则会计政策	2021-1-1	5,000	10,000	是	折旧费用

任务实施

扫码看视频

1. 系统启用日期设置

信息管理员登录金蝶 K/3 Cloud 系统，打开功能菜单，执行【资产管理】—【固定资产】—【启用期间设置】—【启用固定资产模块】命令，打开【启用固定资产系统】页面。勾选名称为【金民销售公司】【金民科技公司】【金民集团】的货主组织，系统会根据货主组织的形式找到其适用的会计政策，在需要启用的会计政策下设置启用时间，启用年度输入"2021"，启用期间输入"1"。信息输入完成后单击【启用】按钮，完成金民销售公司、金民科技公司和金民集团固定资产模块启用期间的设置，如图 2-57 所示。

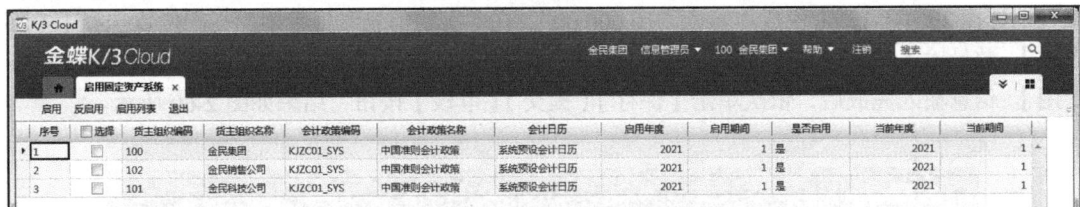

图 2-57　固定资产模块启用期间设置

2. 新增资产位置

（1）在金民集团组织下，单击右上角的【所有功能】按钮，执行【资产管理】—【固定资产】—【基础资料】—【资产位置】命令，打开【资产位置】页面，单击【新增】按钮，打开【资产位置-新增】页面。

（2）根据表 2-20 的内容，先完成"本部大楼"资产位置的新增。在【基本】页签下，地址输入"本部大楼"，然后依次单击【保存】【提交】【审核】按钮，如图 2-58 所示。

图 2-58　"本部大楼"固定资产位置

（3）按照上述步骤和方法，根据表 2-20 的内容，再完成"驻外办公室"资产位置的新增，结果如图 2-59 所示。

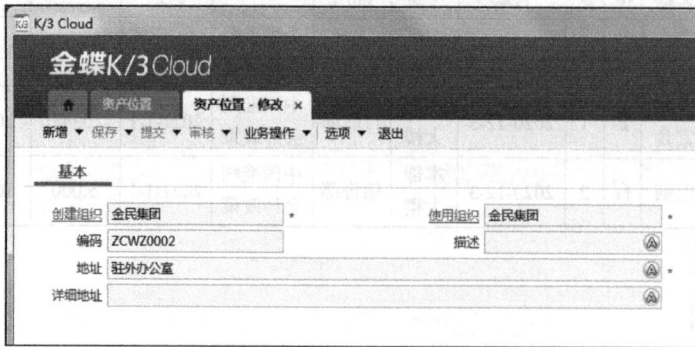

图 2-59 "驻外办公室"固定资产位置

3. 期初固定资产卡片输入

组织切换到【金民科技公司】，在金蝶 K/3 Cloud 系统功能菜单中，执行【资产管理】—【固定资产】—【日常管理】—【资产卡片】命令，打开【资产卡片】页面。单击【新增】按钮，打开【资产卡片-新增】页面，根据表 2-21 的内容，先输入名称为"打印机"的固定资产期初卡片，资产类别选择【电子设备】，资产名称输入"打印机"，计量单位选择【台】，资产数量输入"1"，开始使用日期选择 2020-12-3。在【财务信息】页签中，会计政策选择【中国准则会计政策】，入账日期选择 2021-1-1，未税成本输入"10,000.00"。在"实物信息"页签中，资产位置选择【本部大楼】，数量输入"1"。在【使用分配】页签中，使用部门选择【财务部】，费用项目选择【折旧费用】。信息输入完成后，依次单击【保存】【提交】【审核】按钮，结果如图 2-60 所示。

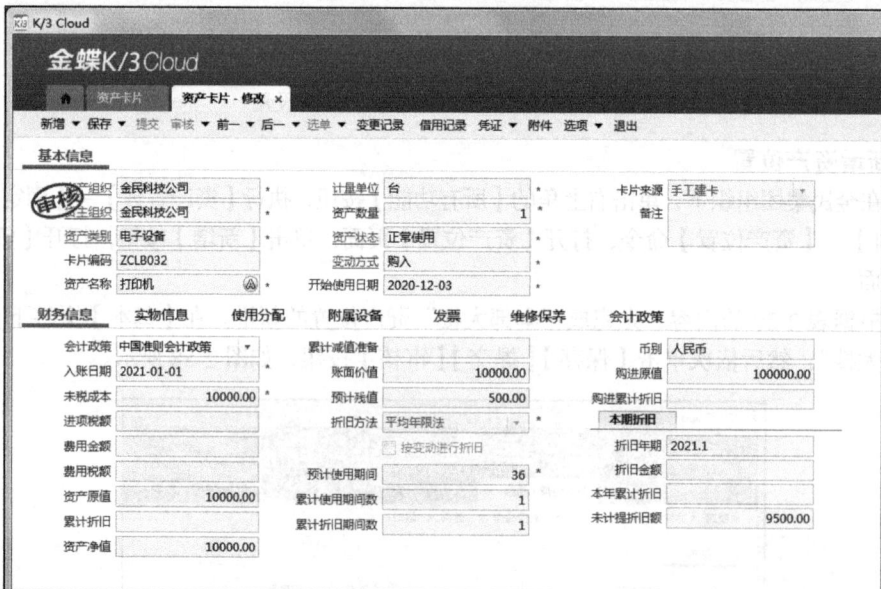

图 2-60 "打印机"固定资产卡片

按照以上步骤和方法，依次新增表 2-21 中其他固定资产卡片，结果分别如图 2-61～图 2-66 所示。

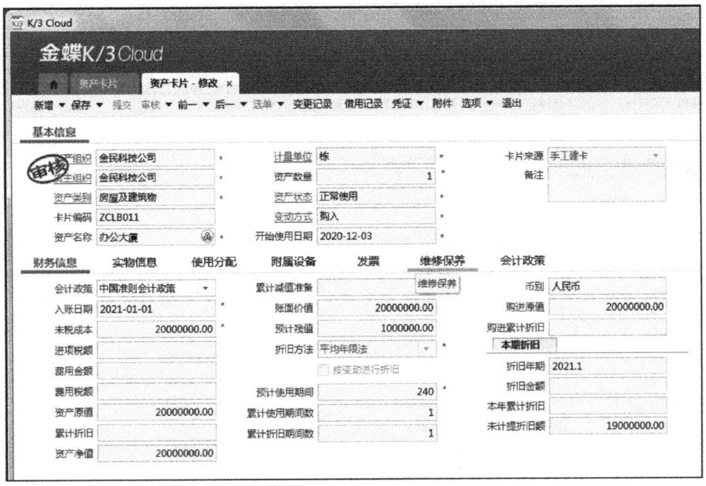

图 2-61 "办公大厦"固定资产卡片

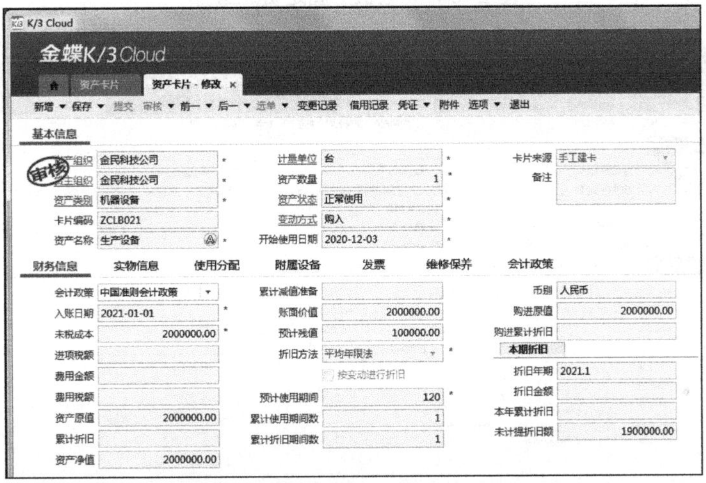

图 2-62 "生产设备"固定资产卡片

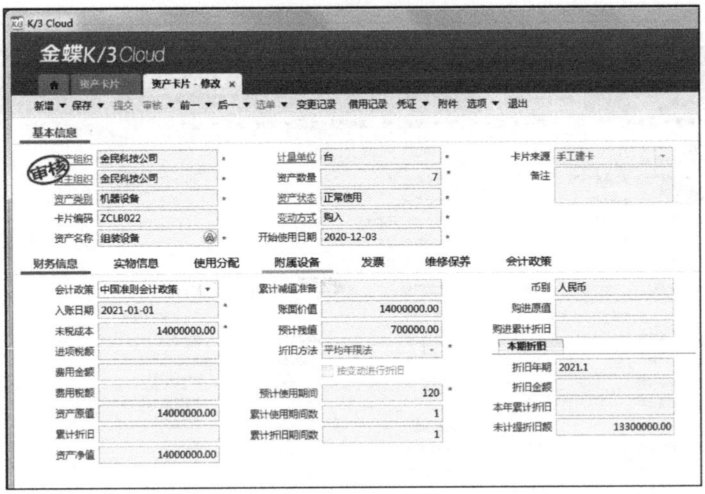

图 2-63 "组装设备"固定资产卡片

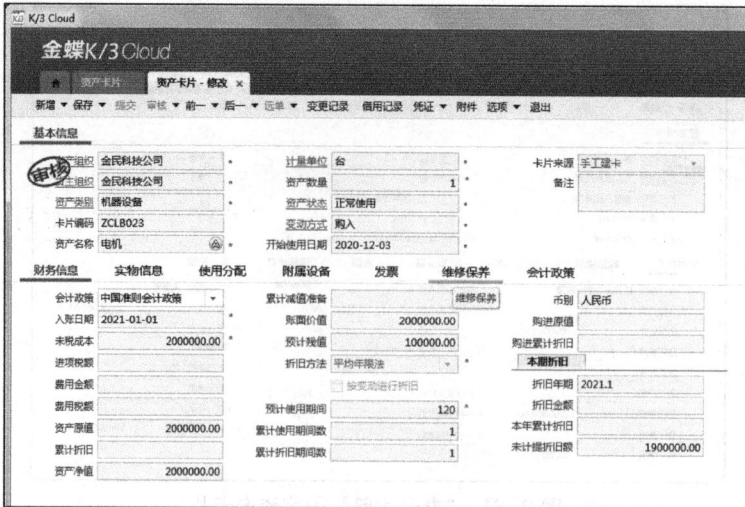

图 2-64 "电机"固定资产卡片

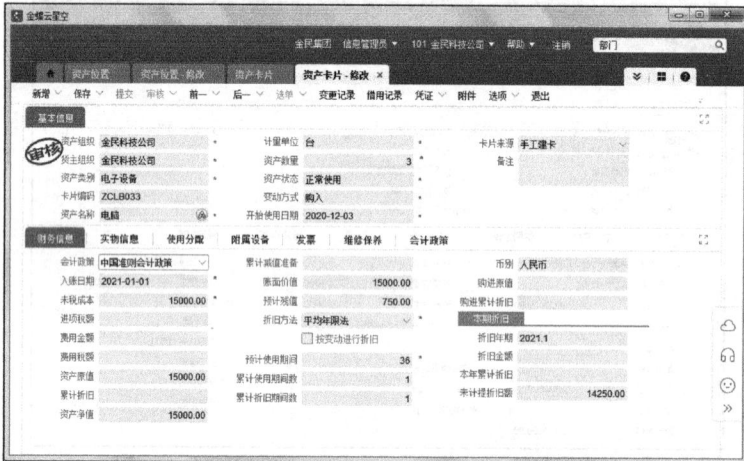

图 2-65 "电脑"固定资产卡片（金民科技公司）

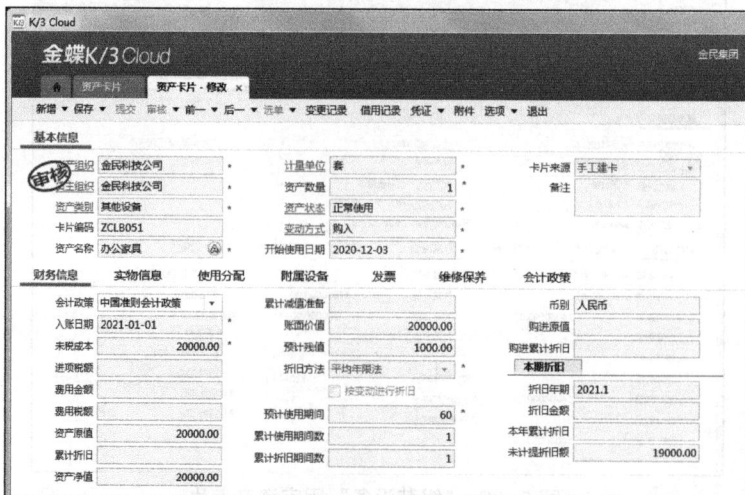

图 2-66 "办公家具"固定资产卡片

注意

有一笔资产卡片是在金民销售公司下输入的，需要把组织切换到【金民销售公司】，再打开【资产卡片-新增】页面，按照以上步骤和方法新增固定资产卡片，结果如图2-67所示。

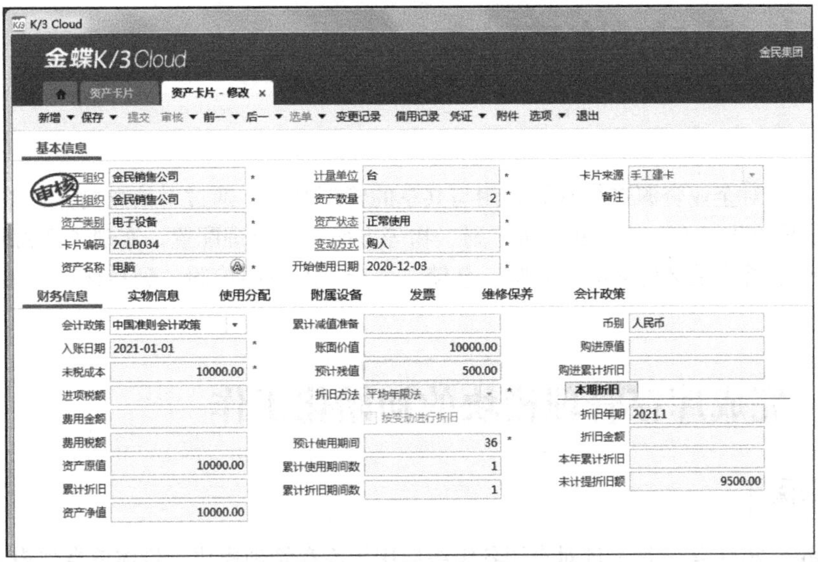

图2-67　"电脑"固定资产卡片的新增（金民销售公司）

常见问题解答

（1）反启用固定资产模块提示：会计政策中国准则会计政策，已经存在卡片不允许反启用。

【问题分析】系统中已输入卡片数据，不支持反启用系统。

【解决方案】执行【资产管理】—【固定资产】—【日常管理】—【资产卡片】命令，在打开的页面中反审核删除所有卡片后再执行反启用操作。

（2）新增卡片，资产组织中无法选择想要的组织。

【问题分析】①检查固定资产模块是否启用；②如果在固定资产模块启用列表中没有出现该组织，检查该组织是否有资产职能；③对应组织是否已经添加到默认核算体系中。

【解决方案】①在启用固定资产模块页面检查对应组织是否已经启用；②使用Administrator登录系统，执行【系统管理】—【组织机构】—【组织机构】—【组织机构】命令，找到对应组织机构，双击打开查看是否未勾选【资产职能】，反审核组织机构，重新勾选【资产职能】；③在默认会计核算体系中检查是否未将组织加入进来，在核算组织下新增行，加入对应组织。

课后练习

（1）【判断题】固定资产模块的启用期间必须晚于总账账簿的启用期间吗？（　　　）

（2）【单选题】固定资产模块启用页面的启用期间默认是（　　　）。

　　A. 系统当前期间　　B. 账簿对应期间　　C. 会计政策开始期间　　D. 为空

（3）【简答题】固定资产模块启用页面看不到想要的组织该怎么办？

项目三

初始化供应链系统

ERP 是一个对企业资源进行有效利用与共享的管理系统。通过对信息的充分整理与有效传递，企业的资源在购、存、产、销、人、财、物等方面得到合理配置，实现了经营效率的提高。企业的供应链是指从原材料采购、检验、仓储、生产，产成品检验，到最终产品运输与配送的整个过程。

任务一　完成库存管理模块的初始化工作

任务描述

金民集团于 2021 年 1 月 1 日对集团各组织启用了库存管理模块，具体信息如表 3-1 所示。

表 3-1　　　　　　　　　　　　　库存管理模块启用信息

启用模块	启用组织	启用日期
库存管理	金民科技公司	2021-1-1
	金民销售公司	2021-1-1

📖小贴士

零库存（Zero Inventory）概念是由日本丰田汽车公司提出来的，是准时生产（Just In Time）体系的一部分。零库存管理理念能够成功的一个关键因素是企业之间高度配合，合作意愿强烈，很多零件供应商都在丰田汽车公司旁边建立了工厂。办企业如此，做人更是如此，要懂得合理调节压力，力争放下压力，轻装上阵。同时，要有合作共赢的理念，通过合作可以增强自身的竞争力，打破自身局限，在竞争和发展中共赢。

任务分解

1. 系统启用日期设置
2. 输入初始库存
3. 结束初始化

理论认知

1. 库存管理模块的初始化

库存管理是企业的基础和核心，支持企业采购、销售、生产业务的有效运作。在库存管理模块进行日常业务处理之前，需要完成库存管理模块初始化操作。其内容和步骤如下：系统启用日期设置—输入初始库存—结束初始化。

2. 期初库存

期初库存是企业在建立账套之初统计的现有库存，需要在库存管理模块启用期初输入，这样在后续执行采购需求计划时，才会考虑到这部分库存，避免重复采购。

案例数据

（1）金民科技公司原料仓初始库存数据如表 3-2 所示。

表 3-2 　　　　　　　　　　金民科技公司原料仓初始库存数据

库存组织	仓库	物料	期初数量
金民科技公司	科技公司原料仓	传感器	200
金民科技公司	科技公司原料仓	芯片	300
金民科技公司	科技公司原料仓	显示器	320

（2）金民科技公司成品仓初始库存数据如表 3-3 所示。

表 3-3 　　　　　　　　　　金民科技公司成品仓初始库存数据

库存组织	仓库	物料	期初数量
金民科技公司	科技公司成品仓	红外体温计 K 型	250
金民科技公司	科技公司成品仓	红外体温计 M 型	272

任务实施

1. 系统启用日期设置

信息管理员登录金蝶 K/3 Cloud 系统，打开功能菜单，执行【供应链】—【库存管理】—【初始化】—【启用库存管理】命令，打开【启用库存管理】

扫码看视频

页面。勾选库存组织【金民科技公司】和【金民销售公司】，库存启用日期均设置为 2021-1-1，然后单击【保存】按钮，完成库存组织金民科技公司和金民销售公司的库存管理模块启用日期设置，如图 3-1 所示。

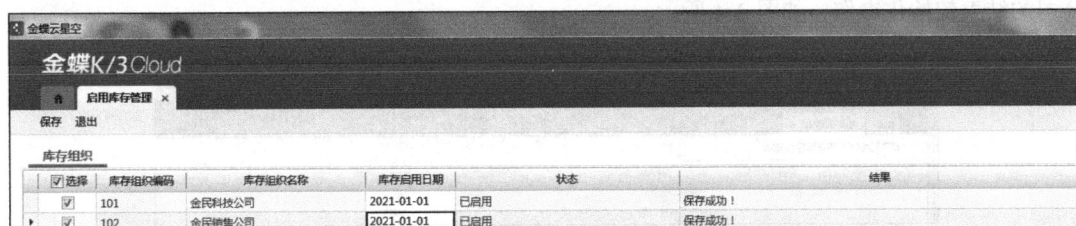

图 3-1　库存管理模块启用日期设置

2. 输入初始库存

（1）信息管理员登录金蝶 K/3 Cloud 系统，先把组织切换到【金民科技公司】，打开功能菜单，然后执行【供应链】—【库存管理】—【初始化】—【初始库存】命令，打开【初始库存-新增】页面。根据表 3-2 的数据，在【基本信息】页签下，仓库选择【科技公司原料仓】。在【明细信息】页签下，依次输入各物料的物料名称和期初数量。信息输入完成后，依次单击【保存】【提交】【审核】按钮，完成原材料初始库存输入，如图 3-2 所示。

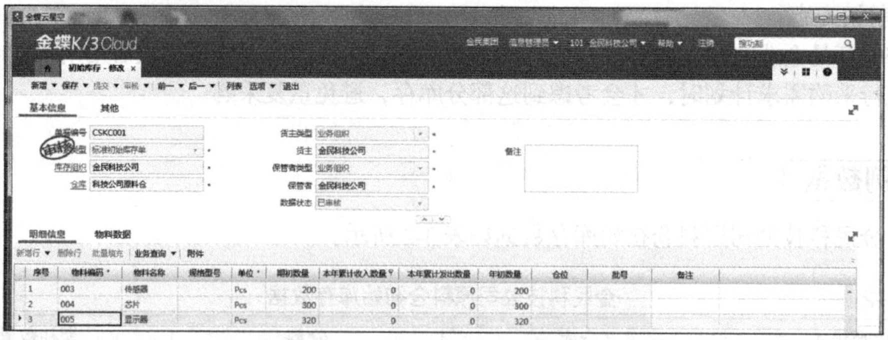

图 3-2　输入原材料初始库存

（2）按照上述步骤和方法，根据表 3-3 的数据，再完成金民科技公司成品仓初始库存输入，结果如图 3-3 所示。

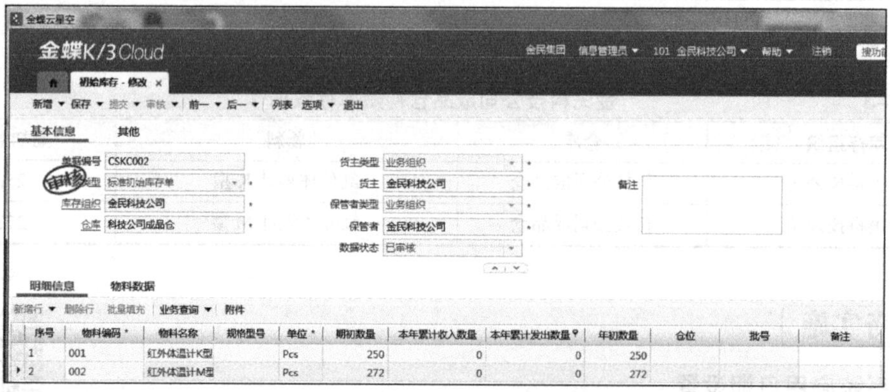

图 3-3　输入成品仓初始库存

3. 结束初始化

信息管理员登录金蝶 K/3 Cloud 系统，打开功能菜单，执行【供应链】—【库存管理】—【初始化】—【库存管理结束初始化】命令，打开【结束初始化】页面。勾选库存组织【金民科技公司】和【金民销售公司】，然后单击【结束初始化】按钮，完成库存组织金民科技公司和金民销售公司的结束初始化操作，如图 3-4 所示。

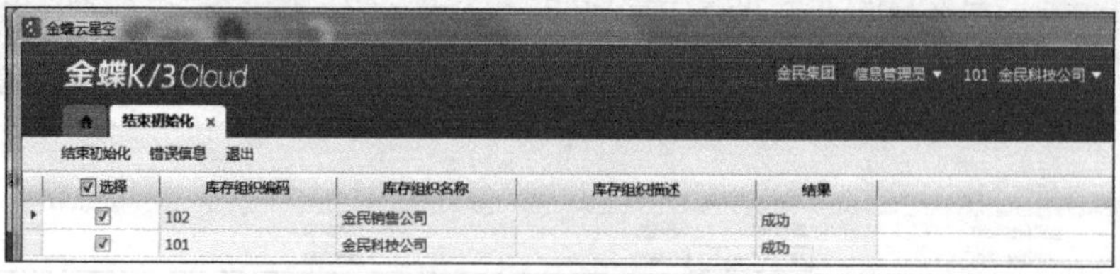

图 3-4　结束初始化

常见问题解答

（1）无法调整库存管理模块的启用日期。

【问题分析】无法调整库存管理模块启用日期的原因主要有以下几种：①系统已经启用了库存管理账期；②单据已经使用了该期间日期；③库存记录也有记录日期，如果直接修改启用日期，而单据日期仍是之前日期，这样将导致系统启用日期与单据日期不一致，故系统无法直接修改。

【解决方案】①使用有权限的用户身份登录金蝶K/3 Cloud系统，先删除所有库存单据，再执行【供应链】—【库存管理】—【库存查询】—【清除零库存记录】命令；②清除零库存记录后，执行【供应链】—【库存管理】—【初始化】—【库存管理反初始化】命令，对库存组织进行反初始化操作；③执行【供应链】—【库存管理】—【初始化】—【启用库存管理】命令，修改库存启用日期。

（2）导入期初库存时无法导入负库存。

【问题分析】期初库存是不可直接输入负库存的。

【解决方案】建议进行库存初始化后，在具体的仓库设置中勾选【允许负库存】，然后再做其他出库单出库，这样可以达到与输入期初负库存同样的效果。

（3）在输入初始库存时无法选择货主。

【问题分析】无法选择货主的原因通常是存货核算模块已经结束初始化，货主不能被维护更改。

【解决方案】将存货核算模块进行反初始化操作，反启用系统。如果存货核算模块已经结账，则要对存货核算模块反结账到第一期，再进行初始化、反启用操作，才能重新维护初始库存。

课后练习

（1）【判断题】物料启用了批号管理，已经发生过业务，后续能取消批号管理。（　　　）

（2）【判断题】库存管理模块已经结束初始化，后续能反初始化。（　　　）

任务二　完成存货核算模块的初始化工作

任务描述

金民集团对期初库存进行了价值（成本）计量，需要维护初始库存对应的成本。

任务分解

1. 新增核算范围
2. 启用存货核算模块
3. 输入初始核算数据
4. 结束存货核算模块初始化

理论认知

1. 存货核算模块初始化

在账套启用前，存在未消耗完的库存，在进行库存管理模块初始化时已经将其作为期初库存输入系统，如果需要了解这批货物的账面价值，则需要在存货核算模块里进行成本计量，这就是存货核算模块初始化。

2. 核算范围

核算范围是指将存货按照货主及储存位置划分不同价值区域，每个存货价值区域都可有其独立的计价方式，每一种计价方式都是针对具体核算范围下的存货类型、物料属性或具体物料来设置的。

📇 **案例数据**

根据具体任务，完成金民集团相关资料设置。

（1）金民集团为了对企业存货价值（即成本）进行计量，在存货核算模块启用前对存货核算范围进行设置，金民集团存货核算范围信息如表 3-4 所示。

表 3-4 存货核算范围信息

核算范围编码	核算范围名称	划分依据	核算体系	核算组织	会计政策	计价方法	核算范围
001	金民科技公司核算范围	货主+库存组织	财务会计核算体系	金民科技公司	中国准则会计政策	加权平均法	金民科技公司
002	金民销售公司核算范围	货主+库存组织	财务会计核算体系	金民销售公司	中国准则会计政策	加权平均法	金民销售公司

（2）金民集团于 2021 年 1 月 1 日对集团各组织启用库存核算模块，系统启用日期设置信息如表 3-5 所示。

表 3-5 系统启用日期设置信息

启用模块	启用组织	启用日期
存货核算	金民科技公司	2021-1-1
	金民销售公司	2021-1-1

（3）金民科技公司在启用存货核算模块后，使用获取存货核算模块数据的功能，核算出初始存货数据，如表 3-6 所示。

表 3-6 金民科技公司初始核算数据 金额单位：元

核算体系	核算组织	物料	期初数量	期初金额
财务会计核算体系	金民科技公司	传感器	200	6,000,000.00
财务会计核算体系	金民科技公司	芯片	300	150,000.00
财务会计核算体系	金民科技公司	显示器	320	160,000.00
财务会计核算体系	金民科技公司	红外体温计 K 型	250	11,815,000.00
财务会计核算体系	金民科技公司	红外体温计 M 型	272	11,815,000.00

（4）金民集团在完成各组织初始库存核算后，就可以结束系统的初始化。

任务实施

1. 新增核算范围

（1）信息管理员登录金蝶 K/3 Cloud 系统，打开功能菜单，执行【成本管理】—【存货核算】—【基础资料】—【核算范围】命令，打开【存货核算范围】页面。根据表 3-4 存货核算范围信息，设置金民科技公司的核算范围。先把组织切换到【金民科技公司】，然后单击【新增】按钮，进入【核算范围设置-新增】页面。在【基本】页签下，核算范围编码输入"001"，核算范围名称输入"金民科技公司核算范围"，计价方法选择【加权平均法】，划分依据选择【货主+库存组织】。在【核算范围】页签下，货主名称选择【金民科技公司】，库存组织名称选择【金民科技公司】，如图 3-5 所示。信息输入完成后，依次单击【保存】【提交】【审核】按钮，完成金民科技公司核算范围的设置。

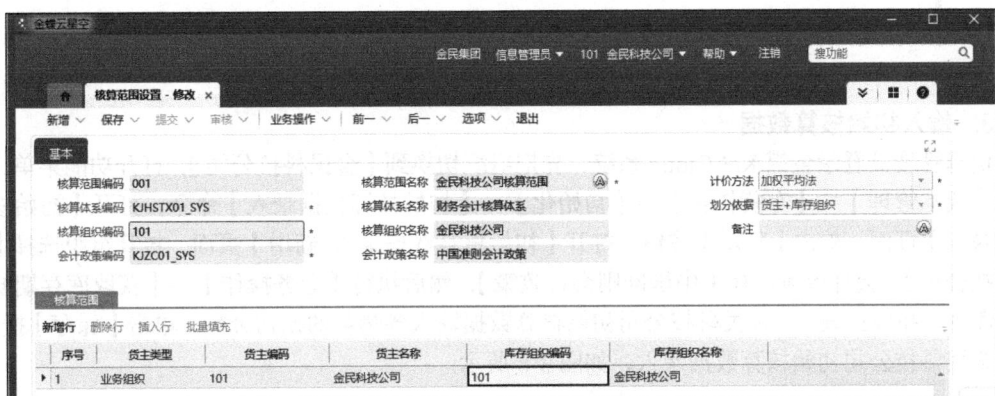

图 3-5 设置金民科技公司核算范围

（2）按照上述步骤和方法，根据表 3-4 存货核算范围信息，完成金民销售公司核算范围的设置，结果如图 3-6 所示。

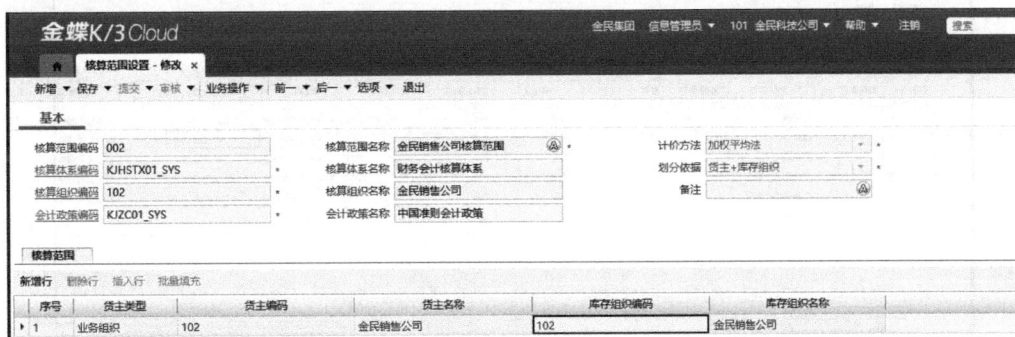

图 3-6 设置金民销售公司核算范围

2. 启用存货核算模块

信息管理员登录金蝶 K/3 Cloud 系统，打开功能菜单，执行【成本管理】—【存货核算】—【初始化】—【启用存货核算模块】命令，打开【启用存货核算系统】页面。勾选核算组织【金民科技公司】和【金民销售公司】，启用会计年度均输入"2021"，启用会计期间均输入"1"，单击【启用】按钮，完成核算组织金民科技公司和金民销售公司存货核算模块的启用，如图 3-7 所示。

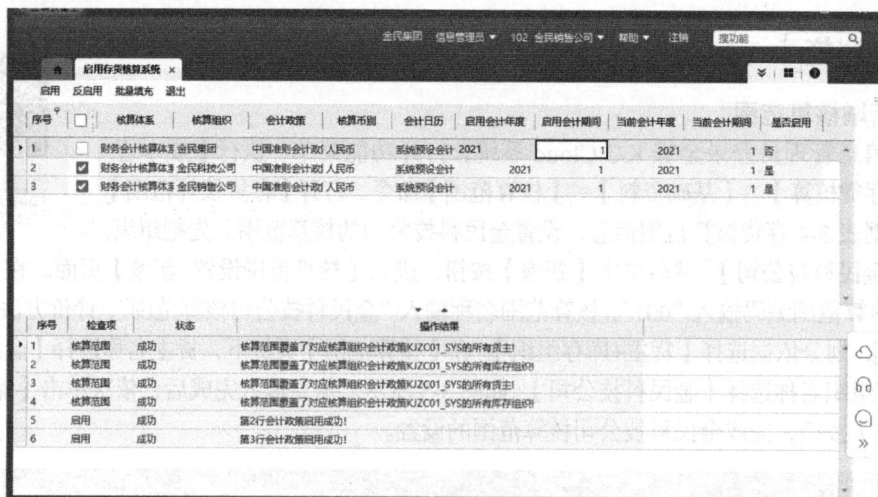

图 3-7　启用存货核算模块

3. 输入初始核算数据

信息管理员登录金蝶 K/3 Cloud 系统，先把组织切换到【金民科技公司】，打开功能菜单，再执行【成本管理】—【存货核算】—【初始化】—【初始核算数据录入】命令，打开【初始核算数据录入】页面。单击【新增】按钮，打开【初始核算数据录入-新增】页面，核算组织选择【金民科技公司】，会计政策选择【中国准则会计政策】，然后执行【业务操作】—【获取库存期初数据】命令，并根据表 3-6 金民科技公司初始核算数据输入各物料的期初金额，单击【保存】按钮，完成金民科技公司初始核算数据录入，如图 3-8 所示。

图 3-8　金民科技公司初始核算数据

4. 结束存货核算模块初始化

信息管理员登录金蝶 K/3 Cloud 系统，先把组织切换到【金民科技公司】，打开功能菜单，再执行【成本管理】—【存货核算】—【初始化】—【存货核算初始化】命令，打开【存货核算初始化】页面。勾选核算组织【金民科技公司】和【金民销售公司】，然后单击【结束初始化】按钮，完成核算组织金民科技公司和金民销售公司的存货核算模块结束初始化操作，如图 3-9 所示。

图 3-9 存货核算模块结束初始化

常见问题解答

（1）初始核算数据输入时是否可以不维护单价？

【问题分析】在初始核算数据输入时可以不维护单价，不维护单价是指不进行价值管理，只进行数量管理。

【解决方案】在初始核算数据输入页面，勾选【零成本】即可不输入单价，操作方法如下：①使用有权限的用户身份登录金蝶 K/3 Cloud 系统，执行【成本管理】—【存货核算】—【初始化】—【初始化核算数据录入】命令；②在【初始核算数据录入】页面中双击打开任意数据，勾选明细行中【零成本】。

（2）核算范围设置为"货主+仓库"，出库核算却不是分仓核算的。

【问题分析】应先查看是否将所有"货主+仓库"的组合设置在一个核算范围编码里。如果核算范围是"货主+仓库"，如有三个仓库，必须要一个仓库对应一个核算范围，这样才是分仓核算。如果全部放在一起，还是总仓核算。

【解决方案】①假如需要将每一个仓库都作为一个核算范围，正确的方法是新增一个核算范围，里面只添加一个仓库。②如果已经启用系统，则在物料的【物料维度】页签中勾选【仓库影响成本】。

（3）启用存货核算模块提示期间不能小于库存组织的启用日期，无法启用。

【问题分析】出现该问题的原因一般是将核算范围划分依据设置为货主，此时要求存货核算模块启用日期大于所有组织的库存启用日期。

【解决方案】可以将核算范围的划分依据修改为"货主+库存组织"，然后再启用存货核算模块。

课后练习

（1）【单选题】初始核算数据（　　　）从 Excel 引入。

　　A. 能　　　　　　　B. 不能

（2）【单选题】核算范围中是否支持仓库这个核算范围？（　　　）

　　A. 是　　　　　　　B. 否

项目四

处理金民集团日常采购业务

采购管理系统作为企业管理系统的核心，其功能非常强大，包括多途径采购、订单管理、发票管理、购货与质检、供应商供货管理、集团内部采购业务、业务流程设计、资料联查、多级审核管理等多种与采购相关的功能，正因为有了这些分工明确的功能，采购管理系统才可以极大提升企业的采购效率，减少采购时冗余的资金浪费，提高企业效益。

任务一　处理标准采购业务

任务描述

金民集团的各个经营实体共享供应商，集中下单采购，以获取最大的价格优惠。金民科技公司的采购部执行采购业务，同时由金民科技公司的财务部统一将采购货款支付给供应商，主要材料供应商的结算方式为月结，30天付款。请按标准采购流程完成金民科技公司原材料采购业务处理。

小贴士

企业的经营活动是由许多流程构成的，如采购管理流程、销售管理流程、仓存管理流程、财务管理流程、生产管理流程等。"先流程标准化，后信息化"是实施ERP的一条基本原则，只有将企业所有的业务流程都整理出来，实现标准化、程序化和书面化，把企业的业务流程从"人治"提升到"法治"的层面，ERP实施才有可能成功。ERP上线是规范化制度和随心所欲的管理习惯发生冲突的过程。经验告诉我们，基础管理薄弱的企业，普遍会存在"无法可依"或"有法不依"的"人治"管理方式，这种非规范化的管理方式是与ERP实施所要求的"法治"方式相违背的。俗话说："没有规矩，不成方圆。"只有制定并遵守规章制度，才能保证活动有序进行。实施ERP也是如此，规则是为了保证ERP实施活动能被正确地执行，规则面前人人平等。

任务分解

1. 新增采购订单
2. 根据采购订单下推生成采购入库单
3. 进行采购入库核算
标准采购业务流程如图 4-1 所示。

4. 根据采购入库单生成应付单
5. 根据应付单下推生成采购增值税专用发票
6. 根据业务单据生成凭证

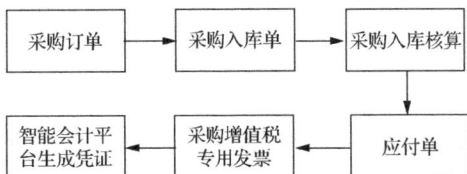

图 4-1 标准采购业务流程

理论认知

1. 标准采购

标准采购指企业向供应商购买符合质量要求的正常生产运营所需要的物质的过程，即生产性物料的常规采购。标准采购是企业常见的采购业务类型，适用于各种工业和商业企业。标准采购通常情况下就是赊购，即购销双方利用商业信用进行购销交易。

2. 标准采购的流程

标准采购业务处理流程涉及的单据包括：采购申请单—采购订单—收料通知单—采购入库单—应付单—采购增值税专用发票。

案例数据

（1）2021 年 1 月 1 日，金民科技公司向兴盛电子购入一批原材料，1 月 5 日到货。采购订单明细信息如表 4-1 所示。采购入库单明细信息如表 4-2 所示。

表 4-1　　　　　　　　　　　　　　采购订单　　　　　　　　　　　　　金额单位：元

供应商	采购日期	物料名称	采购数量	税率	含税单价
兴盛电子	2021-1-1	传感器	7	13%	3,000.00
		芯片	8	13%	500.00

表 4-2　　　　　　　　　　　　　　采购入库单

入库时间	物料名称	仓库
2021-1-5	传感器	科技公司原料仓
	芯片	科技公司原料仓

（2）应付单的业务日期为 2021-1-5，到期日为 2021-2-1。

（3）采购增值税专用发票的业务日期为 2021-1-5，发票日期为 2021-1-5。

（4）凭证数据如表 4-3 所示。

表 4-3　　　　　　　　　　　　　　凭证数据　　　　　　　　　　　　　金额单位：元

对应组织	凭证来源	会计科目	借方金额	贷方金额
金民科技公司	采购入库单	原材料（传感器）	18,584.07	
		原材料（芯片）	3,539.82	
		应付账款——暂估应付款		22,123.89
金民科技公司	应付单	应付账款——暂估应付款	22,123.89	
		应交税费——应交增值税（进项税额）	2,876.11	
		应付账款——明细应付款（兴盛电子）		25,000.00

任务实施

1. 新增采购订单

金民科技公司采购员根据企业生产经营需要，向供应商采购原材料，下达采购订单。

金民科技公司采购员登录金蝶 K/3 Cloud 系统，选择组织【金民科技公司】，打开功能菜单，执行【供应链】—【采购管理】—【订单处理】—【采购订单】命令，打开【采购订单-新增】页面。根据案例数据输入正确信息，信息输入完毕后，依次单击【保存】【提交】【审核】按钮，结果如图 4-2 所示。

图 4-2　新增采购订单

2. 根据采购订单下推生成采购入库单

供应商收到采购订单，在规定的交货时间将原材料送达金民科技公司。金民科技公司仓管员根据物料到货情况，生成采购入库单。

金民科技公司仓管员登录金蝶 K/3 Cloud 系统，选择组织【金民科技公司】，执行【供应链】—【采购管理】—【收料处理】—【采购入库单】命令，进入【采购入库单-新增】页面。单击【选单】按钮，进入采购订单列表。选择前面提交审核的采购订单，单击【返回数据】按钮，生成采购入库单，根据案例数据输入正确信息。信息输入完毕后，依次单击【保存】【提交】【审核】按钮，结果如图 4-3 所示。

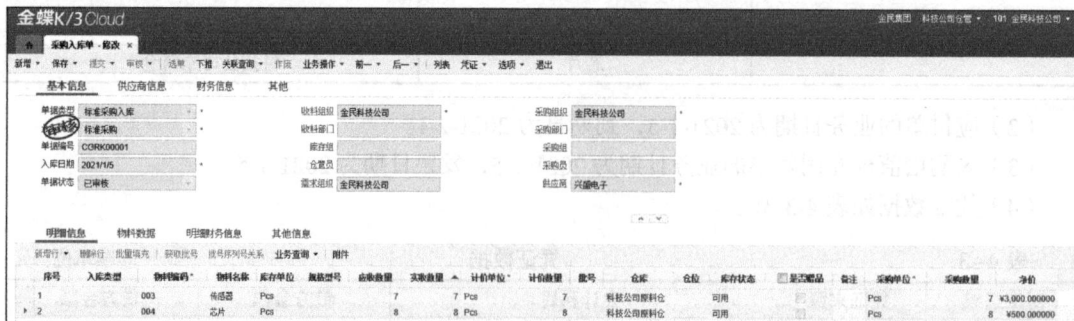

图 4-3　生成采购入库单

3. 进行采购入库核算

金民科技公司会计员根据日常会计业务规定，对采购的原材料进行入库成本核算。

（1）金民科技公司会计员登录金蝶 K/3 Cloud 系统，选择组织【金民科技公司】，打开功能菜单，执行【成本管理】—【存货核算】—【存货核算】—【采购入库核算】命令，打开【采购入库核算】页面。选择核算体系名称为【财务会计核算体系】，核算组织名称为【金民科技公司】，会计政策名称为【中国准则会计政策】，如图4-4所示。

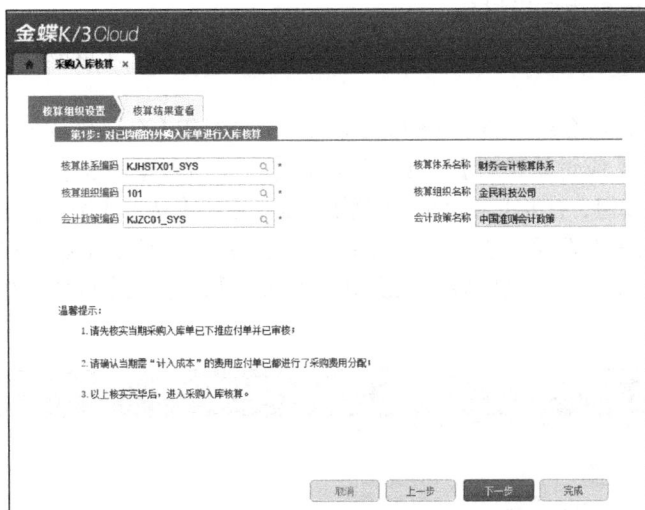

图 4-4 【采购入库核算】页面设置

（2）单击【下一步】按钮，核算完成后自动进入【核算结果查看】页面，如图4-5所示。

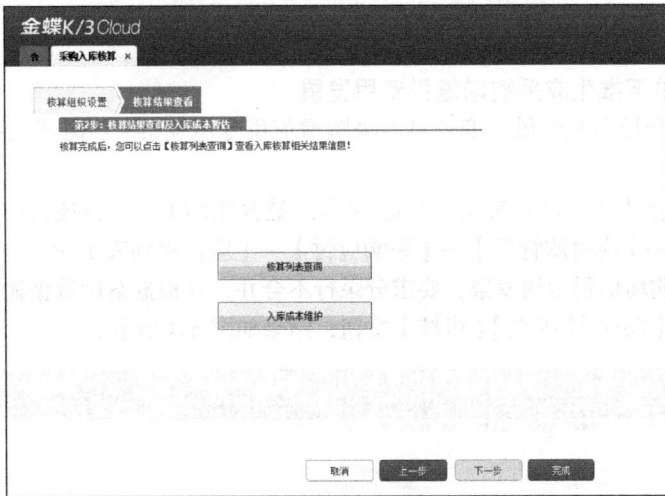

图 4-5 【核算结果查看】页面

（3）单击【入库成本维护】按钮，打开【入库成本维护】页面，即可查看入库核算成本详情，如图4-6所示。

图 4-6 【入库成本维护】页面

（4）入库成本维护查看完成后，关闭页面，返回【采购入库核算】页面。单击【完成】按钮，完成入库成本核算的处理。

4. 根据采购入库单生成应付单

金民科技公司会计员根据原材料采购入库的数量和采购价格，生成应付单，便于在应付账款到期时与供应商结算。

金民科技公司会计员登录金蝶 K/3 Cloud 系统，选择组织【金民科技公司】，打开功能菜单，执行【财务会计】—【应付款管理】—【采购应付】—【应付单列表】命令，打开【应付单】列表。单击【新增】按钮，打开【应付单-新增】页面。单击【选单】按钮，选中【采购入库单】，进入【采购入库单列表】页面。选择前面提交的采购入库单，单击【返回数据】按钮，并根据案例数据输入正确信息，输入完毕后，依次单击【保存】【提交】【审核】按钮，结果如图 4-7 所示。

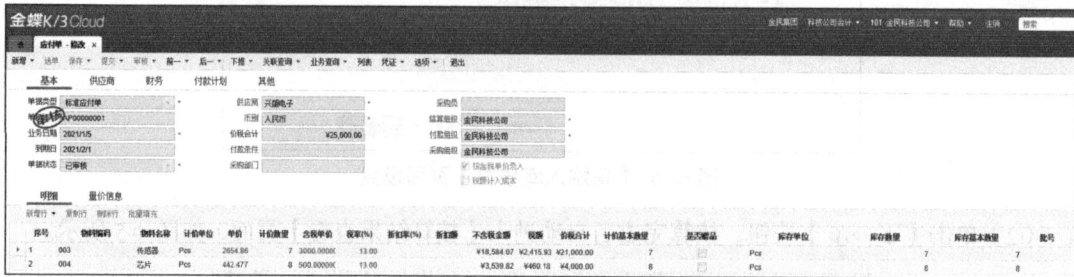

图 4-7　生成应付单

5. 根据应付单下推生成采购增值税专用发票

金民科技公司会计员收到供应商开具的采购增值税专用发票后，需要在系统中记录发票的信息。

金民科技公司会计员登录金蝶 K/3 Cloud 系统，选择组织【金民科技公司】，打开功能菜单，执行【财务会计】—【应付款管理】—【采购应付】—【应付单列表】命令，选择前面提交的应付单并下推生成采购增值税专用发票，要求分录行不合并，并根据案例数据输入正确信息，输入完毕后，依次单击【保存】【提交】【审核】按钮，结果如图 4-8 所示。

图 4-8　生成采购增值税专用发票

6. 根据业务单据生成凭证

金民科技公司会计员根据日常会计业务规定和本次采购所发生的相关业务，根据业务单据在系统中生成相关凭证，便于后续编制财务报表。

（1）金民科技公司会计员登录金蝶 K/3 Cloud 系统，选择组织【金民科技公司】，打开功能菜单，执行【财务会计】—【智能会计平台】—【财务处理】—【凭证生成】命令，打开【凭证生成】页面。勾选账簿【金民科技公司】，在【选择单据】页签下的来源单据中选择【应付单】和【采购入库单】，单据范围选择相应的采购入库单和应付单，如图4-9所示。单击【凭证生成】按钮，系统会自动打开【凭证生成报告列表】页面。

图4-9 凭证生成

（2）执行【财务会计】—【智能会计平台】—【账务处理】—【总账凭证查询】命令，在【列表过滤】对话框中选择审核状态为【全部】，查看生成的凭证，如图4-10所示。双击打开每个凭证，与案例数据中的凭证内容进行核对，确保生成的凭证正确。在生成的凭证确认无误后，勾选凭证并依次单击【提交】【审核】按钮。

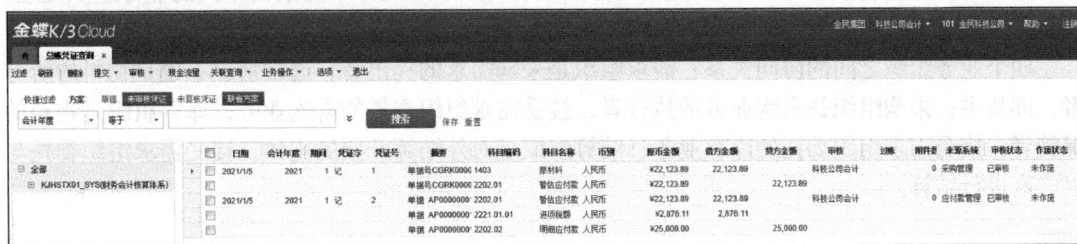

图4-10 【总账凭证查询】页面

常见问题解答

（1）新增采购入库单时无法选择采购组织。

【解决方案】产生此现象时，需要从以下几个方面排查：①该组织是否有采购职能；②该组织是否被审核；③该组织是否启用了库存管理模块。

（2）供应商列表中有相关供应商，但进行标准采购订单处理时却无法选择。

【解决方案】产生此现象时，需要从以下几个方面排查：①该供应商是否被审核；②该供应商对应的供应类别是否为综合或者采购；③该采购组织下是否有该供应商。

（3）**新增价目表，输入物料后辅助属性是灰显的，无法选择。**

【解决方案】产生此现象时，需要从以下两个方面排查：①在【物料维度】页签中，辅助属性控制里是否勾选【启用】；②在【物料维度】页签中，辅助属性控制里是否勾选【影响价格】。

课后练习

（1）【判断题】固定资产采购物料必须为资产方可进行采购。（　　）

（2）【判断题】资产采购业务，固定资产凭证必须通过固定资产卡片生成。（　　）

（3）【判断题】供应商中的价目表只能选择一个，不能选择对应多个。（　　）

（4）【多选题】采购订单选单无法选择采购申请单的原因不包括（　　）。

    A. 采购申请单已经全部下推采购订单

    B. 采购申请单上建议供应商和采购订单上不一样

    C. 采购申请单上没有输入采购部门，而采购订单输入采购部门

    D. 没有采购订单的新增权限

（5）【多选题】采购订单能选择（　　）情况下的物料。

    A. 选项设置了按货源清单过滤，但是货源清单没有维护该物料

    B. 物料处于重新审核状态

    C. 物料没有勾选【允许采购】

    D. 自制类物料勾选【允许采购】

任务二　处理集中采购业务

任务描述

集中采购业务包括申请、下达订单、收料入库、结算四个环节，分别由不同的业务组织处理，系统将这些业务组织分别定义为需求组织、采购组织、库存组织、结算组织。

四个业务组织之间的协同关系：需求组织是采购需求的提出者，通常情况下也是物料的所有者，即货主；采购组织是采购业务的执行者，接受需求组织委托的采购业务；库存组织是物料的保管者，接受需求组织委托的库存业务；结算组织是对外结算开票的主体，接受需求组织委托与供应商进行结算。

任务分解

1. 新增采购申请单
2. 根据采购申请单下推生成采购订单
3. 根据采购订单下推生成收料通知单
4. 根据收料通知单生成应付单

5. 根据应付单下推生成采购增值税专用发票
6. 新增固定资产卡片
7. 生成凭证

集中采购业务流程如图 4-11 所示。

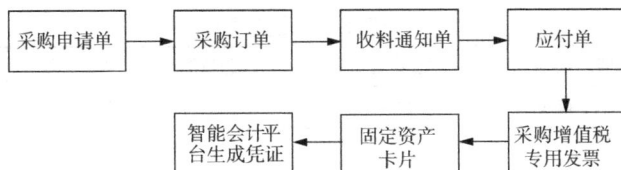

图 4-11　集中采购业务流程

理论认知

1. 集中采购

集中采购业务由相关的多个组织共同完成采购业务，体现了多组织之间的业务协同。例如由集团统一采购，分公司各自收料。

2. 集中采购的特点

集中采购最主要的特点就是可以实现多个组织协同操作。在入库这个环节可以体现该特点，当采购入库单上的采购组织、结算组织、货主这三个组织中的任意两个不相同，保存或者审核单据的时候，系统会产生内部交易单据，该单据可作为后续成本核算的依据。

案例数据

2021 年 1 月 1 日，信息部根据各公司新入职人员的报备情况，集中申请采购一批电脑供新员工使用，5 台供金民科技公司财务部使用，5 台供金民销售公司销售部使用。电脑含税单价为 58,5000 元，税率为 13%，供应商为华强制造，1 月 4 日到货后马上投入本部大楼使用，应付款到期日为 2 月 1 日。

（1）采购申请。需求组织为金民科技公司/金民销售公司，采购组织为金民科技公司，收货组织为金民科技公司/金民销售公司。采购申请单数据如表4-4所示。

表 4-4　　　　　　　　　　　　采购申请单数据

单据类型	需求组织	采购组织	收货组织	物料编码	名称	单位	数量
资产采购申请单	金民科技公司	金民科技公司	金民科技公司	007	电脑	Pcs	5
	金民销售公司	金民科技公司	金民销售公司	007	电脑	Pcs	5

（2）采购订单。采购订单信息如表4-5所示。

表 4-5　　　　　　　　　　　　采购订单数据　　　　　　　　　　金额单位：元

供应商	税率	含税单价	结算组织
华强制造	13%	58,500.00	金民科技公司

（3）收料通知单。收料通知单数据如表4-6所示。

表 4-6　　　　　　　　　　　　收料通知单数据

物料编码	名称	收料单位	交货数量	供应商交货数量	收料组织
007	电脑	Pcs	5	5	金民科技公司
007	电脑	Pcs	5	5	金民销售公司

（4）对采购入库的固定资产新增卡片。金民科技公司的固定资产卡片信息如表 4-7 所示，金民销售公司的固定资产卡片信息如表 4-8 所示。

表 4-7 金民科技公司固定资产卡片

资产组织	资产类别	开始使用日期	入账日期	资产位置	数量	费用项目
金民科技公司	电子设备	2021-1-4	2021-1-4	本部大楼	5	折旧费用

表 4-8 金民销售公司固定资产卡片

资产组织	资产类别	开始使用日期	入账日期	资产位置	数量	费用项目
金民销售公司	电子设备	2021-1-4	2021-1-4	本部大楼	5	折旧费用

（5）凭证数据如表 4-9 所示。

表 4-9 凭证数据 金额单位：元

对应组织	凭证来源	会计科目	借方金额	贷方金额
金民科技公司	应付单	应付账款——暂估应付款	450,398.23	
		应交税费——应交增值税（进项税额）	58,551.77	
		应付账款——明细应付款（华强制造）		508,950.00
金民科技公司	固定资产卡片	固定资产/电子设备	258,849.56	
		应付账款——暂估应付款		258,849.56
金民销售公司	固定资产卡片	固定资产/电子设备	258,849.56	
		应付账款——暂估应付款		258,849.56

任务实施

1. 新增采购申请单

信息管理员根据集团各个公司新入职人员的报备情况，提交电脑集中采购申请单。

扫码看视频

信息管理员登录金蝶 K/3 Cloud 系统，选择组织【金民科技公司】，打开功能菜单，执行【资产管理】—【固定资产】—【资产采购】—【采购申请单】命令，打开【采购申请单-新增】页面。单据类型选择【资产采购申请单】，依据案例数据输入其他信息。输入时，注意将【货源安排】页签中的建议采购日期设置为 2021-1-4，两笔采购业务的采购组织均为【金民科技公司】。信息输入完成后，依次单击【保存】【提交】【审核】按钮，结果如图 4-12 所示。

图 4-12 采购申请单审核结果

2. 根据采购申请单下推生成采购订单

金民科技公司采购员根据采购申请单，向供应商下达采购订单，确保电脑能按时送货。

以用户名"科技公司采购员"登录金蝶 K/3 Cloud 系统，选择组织【金民科技公司】，执行【供应链】—【采购管理】—【采购申请】—【采购申请单列表】命令，进入【采购申请单列表】页面，选择前面提交的资产采购申请单，在图 4-12 中注意勾选该申请单的两条分录，合并下推生成采购订单。打开【采购订单-新增】页面。供应商选择【华强制造】，信息输入完成后，依次单击【保存】【提交】【审核】按钮，结果如图 4-13 所示。

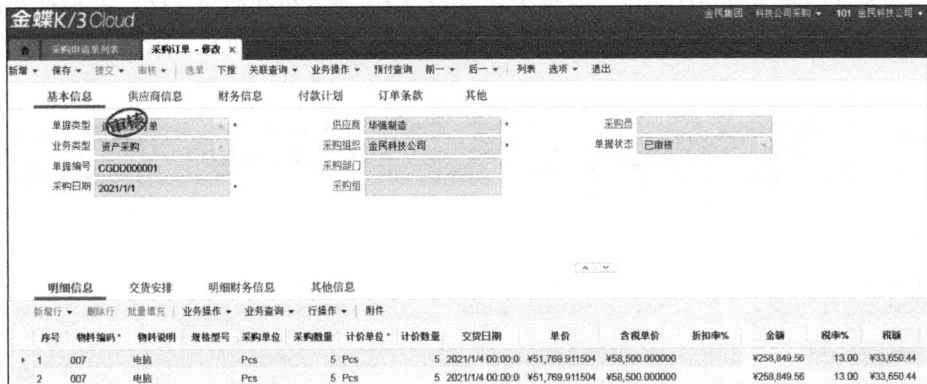

图 4-13　采购订单审核结果

3. 根据采购订单下推生成收料通知单

供应商将电脑送达后，金民科技公司仓管员进行收货处理。

以用户名"科技公司仓管员"登录金蝶 K/3 Cloud 系统，选择组织【金民科技公司】，执行【供应链】—【采购管理】—【订单处理】—【采购订单列表】命令，进入【采购订单列表】页面，选择前面提交的采购订单，下推生成收料通知单，单击【确定】按钮后，进入【收料通知单-生成】页面。选择序号为【1】的收料通知单行，将收料日期和预计到货日期修改为 2021-1-4，依次单击【保存】【提交】【审核】按钮；按照同样的方法，选择序号为【2】的收料通知单行，根据案例数据输入正确的信息后，依次单击【保存】【提交】【审核】按钮，结果如图 4-14 所示。

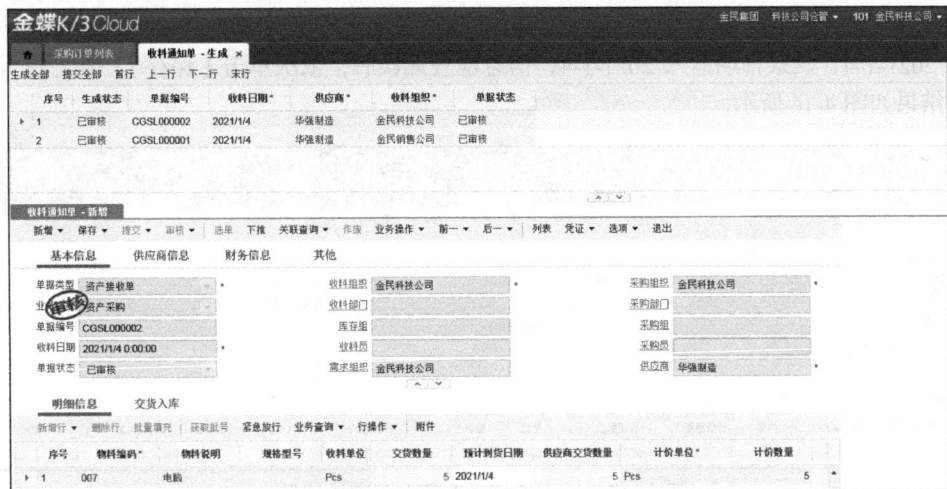

图 4-14　收料通知单审核结果

4. 根据收料通知单生成应付单

金民科技公司会计员根据到货的电脑数量以及采购价格，生成应付单，便于在应付款到期时与供应商结算货款。

金民科技公司会计员登录金蝶 K/3 Cloud 系统，选择组织【金民科技公司】，打开功能菜单，执行【财务会计】—【应付款管理】—【采购应付】—【应付单列表】命令，打开【应付单列表】页面。单击【新增】按钮，打开【应付单-新增】页面。单击【选单】按钮，进入【收料通知单列表】页面，分两次选择两个组织的收料通知单，单击【返回数据】按钮，进入【应付单-修改】页面，将业务日期修改为 2021-1-4，到期日为 2021-2-1，录入折扣率为 13%，并根据案例数据完成应付单的信息输入。输入完成后，依次单击【保存】【提交】【审核】按钮，结果如图 4-15 所示。

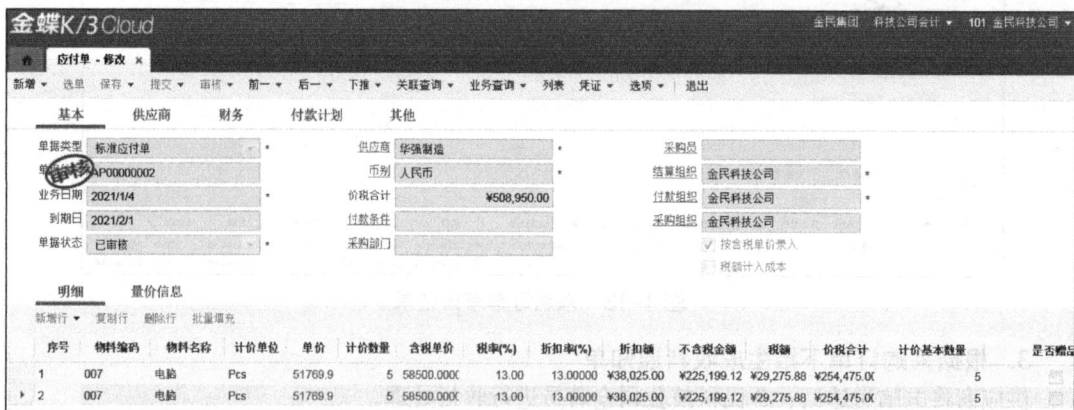

图 4-15　应付单审核结果

5. 根据应付单下推生成采购增值税专用发票

金民科技公司会计员收到供应商开具的电脑采购增值税专用发票，在系统中记录该发票信息。

金民科技公司会计员登录金蝶 K/3 Cloud 系统，选择组织【金民科技公司】，执行【财务会计】—【应付款管理】—【采购应付】—【应付单列表】命令，打开【应付单列表】页面，选择相应的应付单，下推生成采购增值税专用发票。打开【采购增值税专用发票-修改】页面，业务日期输入 2021-1-4，发票日期输入 2021-1-4，信息检查无误后，依次单击【保存】【提交】【审核】按钮，结果如图 4-16 所示。

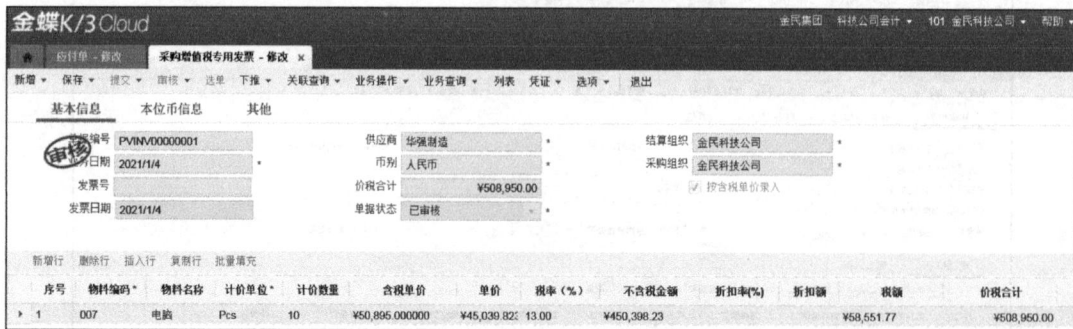

图 4-16　采购增值税专用发票审核结果

6. 新增固定资产卡片

金民科技公司会计员和金民销售公司会计员根据电脑分配使用情况，在系统中增加固定资产卡片，便于后续的固定资产业务处理。

（1）金民科技公司会计员登录金蝶 K/3 Cloud 系统，选择组织【金民科技公司】，打开功能菜单，执行【资产管理】—【固定资产】—【日常管理】—【资产卡片】命令，打开【资产卡片】页面。单击【新增】按钮，打开【资产卡片-新增】页面。输入资产类别为"电子设备"，单击【选单】按钮，选择【收料通知单】，选中收料组织为【金民科技公司】的行，再单击【返回数据】按钮，根据案例数据填入正确信息（注意：【实物信息】页签中的资产位置、【使用分配】页签中的使用部门和费用项目需要调整）。依次单击【保存】【提交】【审核】按钮，结果如图 4-17 所示。

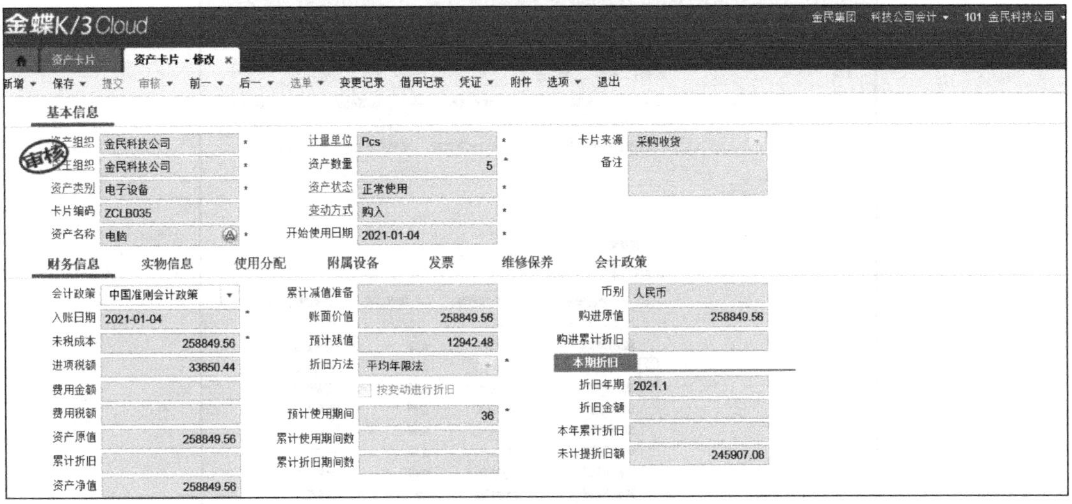

图 4-17　金民科技公司固定资产卡片审核结果

（2）金民销售公司会计员登录金蝶 K/3 Cloud 系统，选择组织【金民销售公司】，参照以上步骤，完成金民销售公司固定资产卡片的新增。信息输入完成后，依次单击【保存】【提交】【审核】按钮，结果如图 4-18 所示。

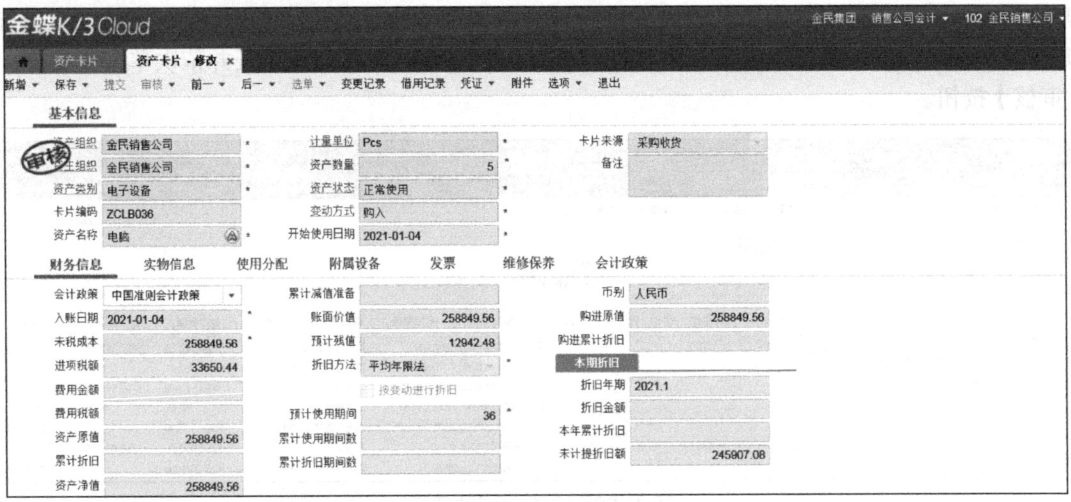

图 4-18　金民销售公司固定资产卡片

7. 生成凭证

金民科技公司会计员和金民销售公司会计员根据本次采购所发生的相关业务数据，生成凭证，便于后续财务报表编制。

（1）金民科技公司会计员登录金蝶 K/3 Cloud 系统，选择组织【金民科技公司】，打开功能菜单，执行【财务会计】—【智能会计平台】—【账务处理】—【凭证生成】命令，打开【凭证生成】页面。勾选账簿【金民科技公司】，在【选择单据】页签下的来源单据中勾选【应付单】和【资产卡片】，单据范围选择前几步生成的应付单和资产卡片，单击【凭证生成】按钮，如图 4-19 所示，系统会自动打开【凭证生成报告列表】页面。

图 4-19 【凭证生成】页面设置

（2）执行【财务会计】—【智能会计平台】—【账务处理】—【总账凭证查询】命令，打开【列表过滤】对话框，选择审核状态为【全部】，查看生成的凭证，如图 4-20 所示。双击打开每个凭证，与案例数据中的凭证内容进行核对。核对无误后，勾选凭证并依次单击【提交】【审核】按钮。

图 4-20 查看生成的凭证

（3）金民销售公司会计员按照同样的方法登录金蝶 K/3 Cloud 系统，选择组织【金民销售公司】，执行【财务会计】—【智能会计平台】—【账务处理】—【凭证生成】命令，打开【凭证生成】页面。勾选账簿【金民销售公司】，在【选择单据】页签下的来源单据中勾选【资产卡片】，单据范围选择前几步生成的资产卡片，如图 4-21 所示。单击【凭证生成】按钮，生成凭证。

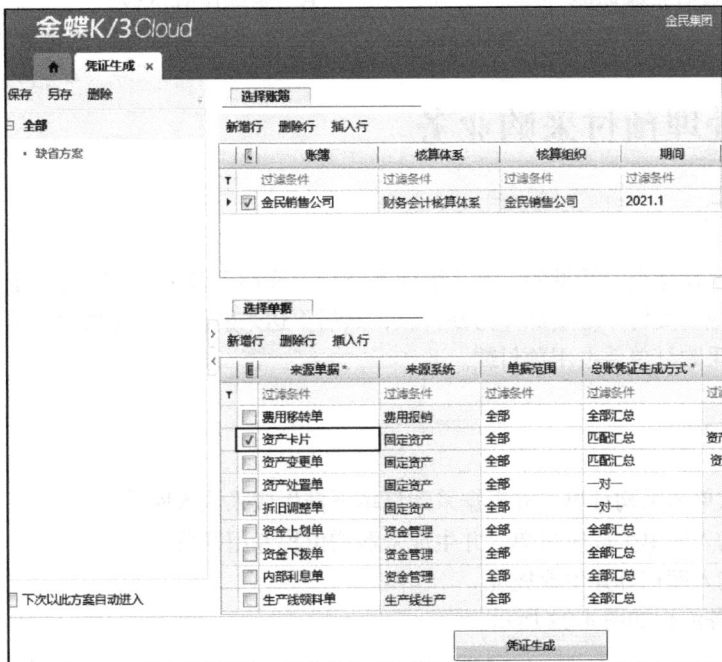

图 4-21　凭证生成

（4）执行【财务会计】—【智能会计平台】—【账务处理】—【总账凭证查询】命令，在【过滤条件】对话框中选择审核状态为【全部】，查看生成的凭证。双击打开每个凭证，与案例数据中的凭证内容进行核对。核对无误后，勾选凭证并依次单击【提交】【审核】按钮。

常见问题解答

（1）在采购入库单列表看不到跨法人组织产生的内部交易单据，如采购入库单。

【问题分析】因为这张采购入库单是跨组织生成的内部交易单据，所以系统默认不在列表中显示。

【解决方案】①使用有权限的用户身份登录金蝶 K/3 Cloud 系统，打开功能菜单；②执行【供应链】—【采购管理】—【收料处理】—【采购入库单列表】命令，进入【采购入库单列表】页面；③单击【选项】按钮，单击【业务参数】页签，勾选【显示内部交易单据】。

（2）跨组织审核采购入库单时提示内部销售出库单客户必填，无法审核。

【问题分析】产生这一现象的原因一般是没有建立内部客户和内部供应商。

【解决方案】①使用有权限的用户身份登录金蝶 K/3 Cloud 系统，打开功能菜单；②执行【基础管理】—【基础资料】—【主数据】—【客户】命令，双击打开【客户】页面；③选择对应组织创建客户，然后维护对应组织；④执行【供应链】—【采购管理】—【收料处理】—【采购入库单列表】命令，单击【获取往来单位】按钮。

📺 课后练习

（1）【判断题】期初有跨月未到票的采购业务，需要生成期初采购入库单更新库存。（ ）

（2）【单选题】采购入库单，采购组织无法选择，（ ）不会影响选择组织。

    A. 组织没有采购职能   B. 组织没有审核

    C. 组织没有在默认会计核算体系中   D. 组织没有在库存管理模块启用

任务三　处理预付采购业务

📺 任务描述

支付定金的采购是企业常见的一种采购业务类型，适用于各种工业和商业企业。该业务通常是企业先期向供应商支付一定金额作为预付款，然后下达采购订单；在采购订单上选择预付类型的付款单，审核采购订单后占用预付款。

📺 任务分解

1. 新增付款单和采购订单，并根据采购订单下推生成采购入库单
2. 根据采购入库单生成应付单，并生成采购增值税专用发票
3. 进行采购入库核算并生成凭证

预付采购业务流程如图 4-22 所示。

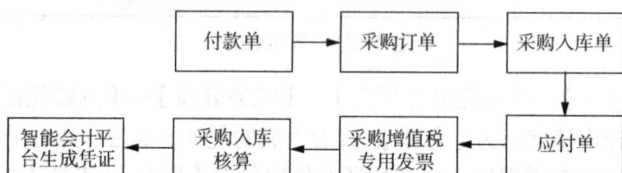

图 4-22　预付采购业务流程

📺 理论认知

1. 预付

预付是指企业在购买商品前，预先支付一部分定金给商家，等商家将货物全部送来后，企业将剩余尾款支付给商家的一种采购模式。

2. 处理预付业务的操作流程

处理预付业务需要先生成付款单，付款单类型是预付单；然后生成采购订单，采购订单可以和预付单关联，也可以不关联；采购订单下推生成采购入库单；采购入库单下推生成应付单；应付单下推生成采购增值税专用发票。后续再将应付单和预付单进行核销。

📺 案例数据

2021 年 1 月 1 日，金民科技公司向华强制造购入一批显示器，支付 25% 的预付款 1,000 元后，于 1 月 8 日入库科技公司原料仓，应付款到期日为 2021 年 2 月 1 日。

（1）付款单明细如表 4-10 所示。

表 4-10　　　　　　　　　　　　　　　　付款单　　　　　　　　　　　　　　　金额单位：元

业务日期	付款组织	往来单位	收款单位	结算方式	付款用途	应付金额	我方银行账号
2021-1-1	金民科技公司	华强制造	华强制造	网银支付	预付款	1,000.00	66668882

（2）金民科技公司的采购订单如表 4-11 所示。

表 4-11　　　　　　　　　　　　　　　　采购订单　　　　　　　　　　　　　　金额单位：元

采购日期	供应商	物料名称	采购数量	税率	应付比例	含税单价	是否预付	预付单号
2021-1-1	华强制造	显示器	8	13%	25%	500.00	是	付款单号

（3）采购入库单的入库时间为 2021-1-8，入料仓库为科技公司原料仓。

（4）应付单的业务日期为 2021-1-8，到期日为 2021-2-1。

（5）采购增值税专用发票的业务日期为 2021-1-8，发票日期为 2021-1-8。

（6）凭证数据如表 4-12 所示。

表 4-12　　　　　　　　　　　　　　　　凭证数据

对应组织	凭证来源	会计科目	借方金额	贷方金额
金民科技公司	采购入库单	原材料——显示器	3,539.82	
		应付账款——暂估应付款		3,539.82
金民科技公司	付款单	预付账款——华强制造	1,000.00	
		银行存款		1,000.00
金民科技公司	应付核销单	应付账款——明细应付款（华强制造）	1,000.00	
		预付账款——华强制造		1,000.00
金民科技公司	应付单	应付账款——暂估应付款	3,539.82	
		应交税费——应交增值税（进项税额）	460.18	
		应付账款——明细应付款（华强制造）		4,000.00

任务实施

1. 新增付款单

金民科技公司会计员根据采购部门的业务需求，向供应商预先支付一笔采购预付款作为定金，便于供应商安排相关物料的生产和发货。

金民科技公司会计员登录金蝶 K/3 Cloud 系统，选择组织【金民科技公司】，打开功能菜单，执行【财务会计】—【应付款管理】—【付款】—【付款单列表】命令，打开【付款单列表】页面。单击【新增】按钮，打开【付款单-新增】页面，根据案例数据输入单据信息，输入完成后，依次单击【保存】【提交】【审核】按钮，结果如图 4-23 所示。

扫码看视频

2. 新增采购订单

金民科技公司采购员根据企业经营需要，向供应商下达正式的原材料采购订单。金民科技公司采购员登录金蝶 K/3 Cloud 系统，选择组织【金民科技公司】，执行【供应链】—【采购管理】—【订单处理】—【采购订单】命令，打开【采购订单-新增】页面。根据案例数据输入单据信息，注意在【付款计划】页签下，与付款单号关联，勾选【是否预付】，输入应付比例 25%，再依次单击

【保存】【提交】【审核】按钮，结果如图 4-24 所示。

图 4-23　付款单新增完成并审核

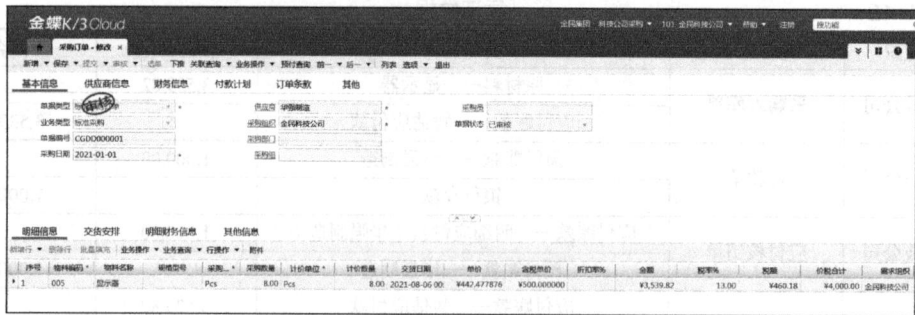

图 4-24　采购订单新增完成并审核

3. 根据采购订单下推生成采购入库单

供应商将原材料送达公司，金民科技公司仓管员接收原材料，并在系统中记录入库信息。

金民科技公司仓管员登录金蝶 K/3 Cloud 系统，选择组织【金民科技公司】，执行【供应链】—【采购管理】—【采购申请】—【采购订单列表】命令，选择前面提交的采购订单，下推生成采购入库单，根据案例数据完成采购入库单的新增。输入完成后，依次单击【保存】【提交】【审核】按钮，如图 4-25 所示。

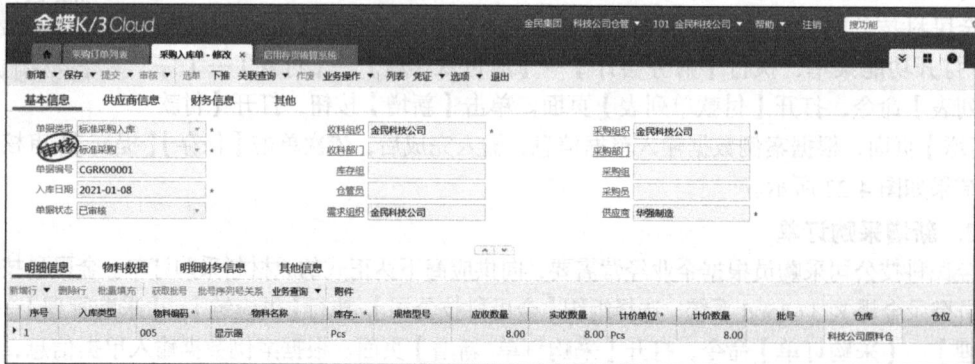

图 4-25　采购入库单新增完成并审核

4. 根据采购入库单生成应付单

金民科技公司会计员登录金蝶 K/3 Cloud 系统，选择组织【金民科技公司】，执行【财务会计】—【应付款管理】—【采购应付】—【应付单列表】命令，打开【应付单列表】页面。单击【新增】按钮，打开【应付单-新增】页面。单击【选单】按钮，进入【采购入库列表】页面，选择前面提交的采购入库单，单击【返回数据】按钮，并根据案例数据输入信息，输入完成后，依次单击【保存】【提交】【审核】按钮，如图 4-26 所示。

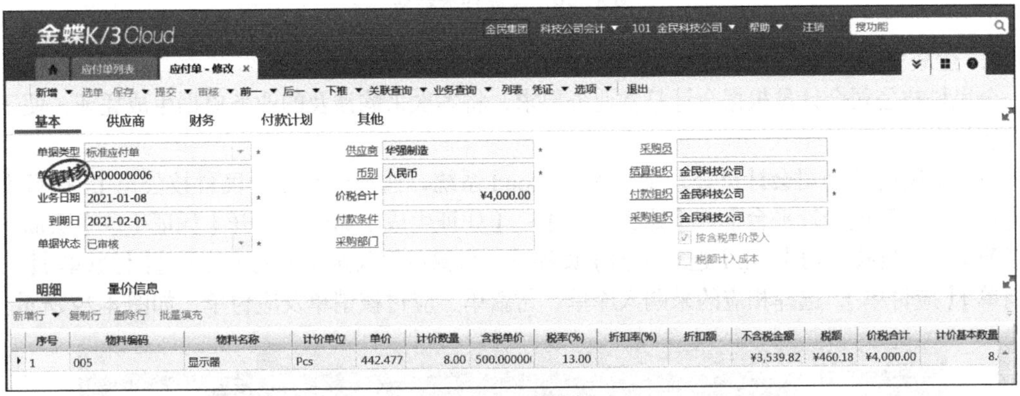

图 4-26 应付单审核结果

5. 根据应付单下推生成采购增值税专用发票

金民科技公司会计员收到供应商开具的采购增值税专用发票，在系统中记录该发票的相关信息。金民科技公司会计员登录金蝶 K/3 Cloud 系统，选择组织【金民科技公司】，执行【财务会计】—【应付款管理】—【采购应付】—【应付单列表】命令，选择前面提交的应付单，并下推生成采购增值税专用发票。根据案例数据输入信息，输入完成后，依次单击【保存】【提交】【审核】按钮，结果如图 4-27 所示。

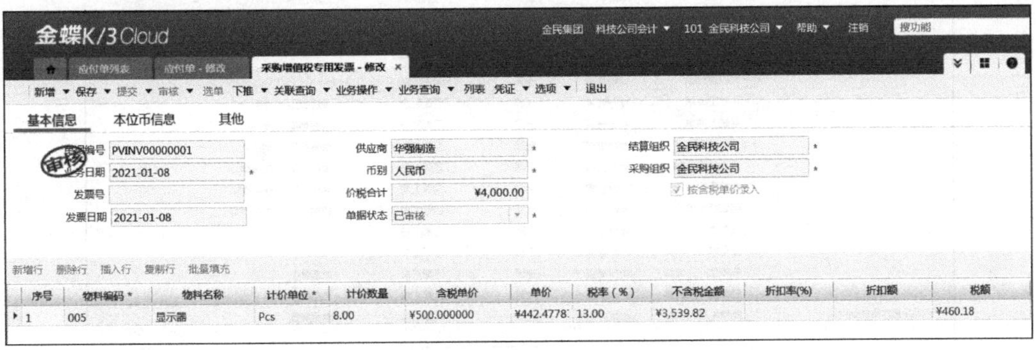

图 4-27 采购增值税专用发票新增完成并审核

6. 进行采购入库核算

金民科技公司会计员根据会计日常业务规则，进行原材料采购成本的入库核算。会计员登录金蝶 K/3 Cloud 系统，选择组织【金民科技公司】，执行【成本管理】—【存货核算】—【存货核算】—【采购入库核算】命令，打开【采购核算向导】页面。选择核算体系名称为【财务会计核算体系】，核算组织名称为【金民科技公司】，会计政策名称为【中国准则会计政策】，然后单击【下一步】按钮，完成采购入库核算。单击【核算列表查询】按钮，可查看入库核算成本详情，如图 4-28 所示。

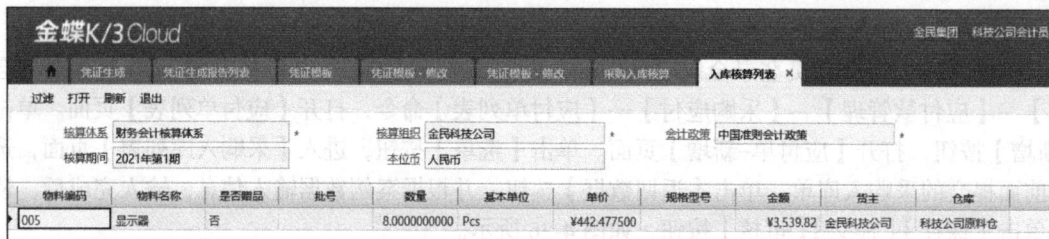

图 4-28　入库成本核算

7. 生成凭证

金民科技公司会计员根据会计日常业务要求,将本次采购涉及的业务单据生成凭证,便于后续编制报表。

(1)金民科技公司会计员登录金蝶 K/3 Cloud 系统,选择组织【金民科技公司】,执行【财务会计】—【智能会计平台】—【账务处理】—【凭证生成】命令,打开【凭证生成】页面。勾选账簿【金民科技公司】,在【选择单据】页签下,来源单据勾选【采购入库单】【付款单】【应付核销单】【应付单】,选择相应的采购入库单、付款单、应付核销单及应付单,如图 4-29 所示。

图 4-29　【凭证生成】页面

(2)单击【凭证生成】按钮,系统会自动生成【凭证生成报告列表】页面,如图 4-30 所示。

(3)执行【财务会计】—【智能会计平台】—【账务处理】—【总账凭证查询】命令,在【列表过滤】对话框中选择审核状态为【创建】,查看生成的凭证,如图 4-31 所示。双击打开每个凭证,与案例数据中的凭证内容进行核对。核对无误后,勾选凭证并依次单击【提交】【审核】按钮。

图 4-30 【凭证生成报告列表】页面

图 4-31 凭证查询

常见问题解答

（1）在填制付款申请单进行选单时，发现【采购订单列表】页面为空。

【解决方案】产生此现象时，需要从以下几个方面排查：①没有采购订单或采购订单未审核；②采购订单【付款计划】页签中未勾选【是否预付】；③采购订单已执行完毕，处于"业务关闭"状态。

（2）如何判断采购订单中的业务是预付业务还是货到付款业务？

【解决方案】打开【采购订单】页面中的【付款计划】页签，如果勾选【预付】，就是预付业务；没有勾选【预付】，就是货到付款业务。

（3）勾选【是否预付】的采购订单，下推生成付款申请单时系统提示不符合条件。

【解决方案】产生此现象时，需要从以下两个方面排查：①检查采购订单付款计划中勾选【预付】的金额是否已经完全下推过付款单或者付款申请；②如果确实没有下推过付款单或者付款申请单，检查该采购订单是否已经完全下推采购入库单，已经入库意味着"非预付"，建议通过采购入库单下推生成应付单，再由应付单下推生成付款单。

课后练习

（1）【多选题】下面关于采购管理说法错误的有（　　　）。

    A. 采购管理对整个采购业务过程进行组织、实施与控制

    B. 采购管理的最终目标是物美价廉不断货

    C. 采购管理模块管理不善将直接影响后续生产，影响订单交期

    D. 采购管理在 ERP 中属于管理层

（2）【判断题】采购管理中货源清单也是一种基础资料，需要审核后才能使用。（　　　）

（3）【简答题】如何设置"采购入库单不允许手工新增，必须关联采购订单下推"？

任务四　处理采购退料业务

任务描述

2021 年 1 月 5 日，金民科技公司向兴盛电子购入一批原材料。1 月 10 日上午进行入库前质量检查，其中有 1 件未通过检查进行退料扣款，余下的原材料进入科技公司原料仓。1 月 10 日下午，供应商根据实收数量开具发票送达金民科技公司，应付款到期日为 2 月 5 日。

任务分解

1. 新增采购订单，根据采购订单下推生成收料通知单

2. 入库前对原材料进行质量检查：对未通过质量检查的原材料进行退料扣款，并根据收料通知单下推退料单；将余下合格的原材料入到科技公司原料仓，并根据收料通知单下推生成采购入库单

3. 根据采购入库单生成采购应付单，并生成采购专用发票

4. 生成相关凭证，并对凭证进行审核

采购退料业务流程如图 4-32 所示。

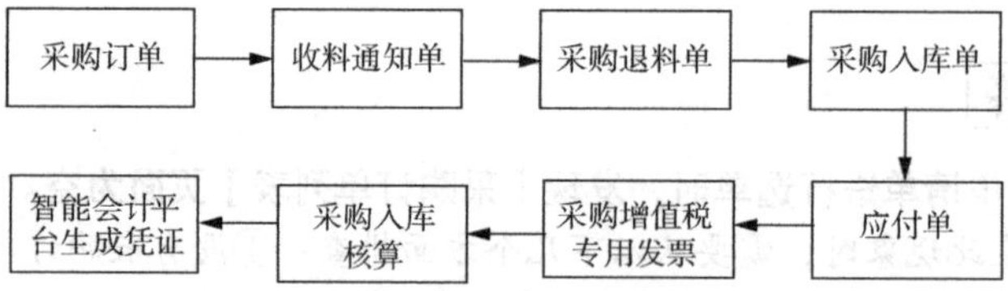

图 4-32　采购退料业务流程

理论认知

1. 采购退料

采购退料是企业常见的一种采购业务类型，是指将供应商检验不合格的货物或生产过程发现的不合格货物退给供应商的业务活动。采购退料单是记录退料信息的业务单据。

2. 采购退料的模式

采购退料有以下两种模式：一种是通过采购入库单下推生成采购退料单，另一种是通过收料通知单下推生成采购退料单。

案例数据

（1）采购订单的相关信息如表 4-13 所示。

表 4-13　　　　　　　　　　　　　采购订单　　　　　　　　　　　　金额单位：元

采购日期	供应商	物料名称	含税单价	采购数量	税率
2021-1-5	兴盛电子	传感器	3,000.00	5	13%

（2）收料通知单的收料日期为 2021-1-10，仓库为科技公司原料仓。

（3）采购退料单的退料日期为 2021-1-10，实退数量为 1。

（4）采购入库单的入库日期为 2021-1-10。

（5）应付单的业务日期为 2021-1-10，到期日为 2021-2-5。

（6）采购增值税专用发票的业务日期为 2021-1-10，发票日期为 2021-1-10。

（7）凭证数据如表 4-14 所示。

表 4-14　　　　　　　　　　　　　凭证数据　　　　　　　　　　　　金额单位：元

对应组织	凭证来源	会计科目	借方金额	贷方金额
金民科技公司	采购入库单	原材料——传感器	10,619.47	
		应付账款——暂估应付款		10,619.47
金民科技公司	应付单	应付账款——暂估应付款	10,619.47	
		应交税费——应交增值税（进项税额）	1,380.53	
		应付账款——明细应付款（兴盛电子）		12,000.00

任务实施

1. 新增采购订单

金民科技公司采购员根据生产经营的需要，向供应商发出采购订单，采购原材料。

金民科技公司采购员登录金蝶 K/3 Cloud 系统，选择组织【金民科技公司】，执行【供应链】—【采购管理】—【订单处理】—【采购订单】命令，打开【采购订单-新增】页面。根据案例数据输入单据信息，输入完成后，依次单击【保存】【提交】【审核】按钮，如图 4-33 所示。

扫码看视频

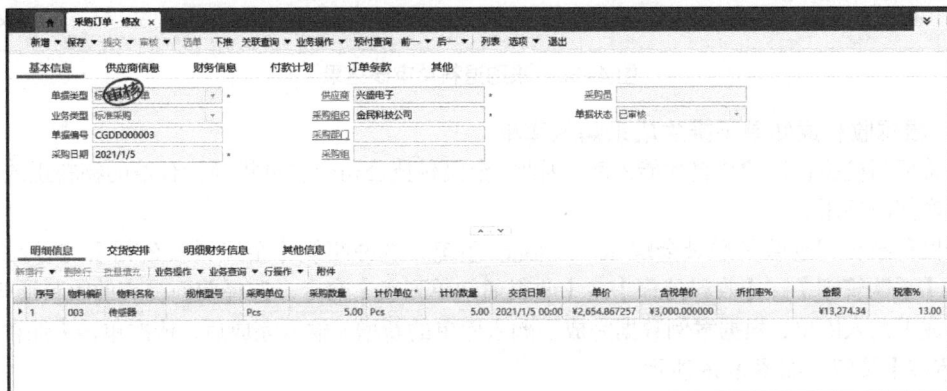

图 4-33　采购订单审核结果

2. 根据采购订单下推生成收料通知单

供应商将原材料送到公司后，金民科技公司仓管员接收原材料，并在系统中记录收料信息。

金民科技公司仓管员登录金蝶 K/3 Cloud 系统，选择组织【金民科技公司】，执行【供应链】—【采购管理】—【订单处理】—【采购订单列表】命令，选择前面提交的采购订单，下推生成收料通知单。单击【确定】按钮，根据案例数据输入正确的信息，依次单击【保存】【提交】【审核】按钮，结果如图 4-34 所示。

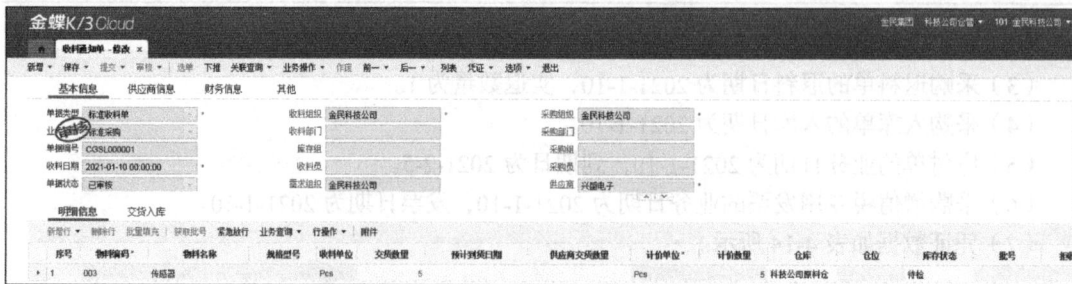

图 4-34　收料通知单审核结果

3. 根据收料通知单下推生成采购退料单

金民科技公司的质检部门对供应商所送达的原材料进行质检，发现有不合格的原材料。金民科技公司仓管员需要将不合格的原材料退还给供应商，并在系统中记录退料信息，以避免后续与供应商结算时出现差异。

金民科技公司仓管员登录金蝶 K/3 Cloud 系统，选择前面提交的收料通知单，单击【下推】按钮，下推生成采购退料单，单击【确定】按钮后，打开【采购退料单–新增】页面。根据案例数据输入正确的信息后，依次单击【保存】【提交】【审核】按钮，结果如图 4-35 所示。

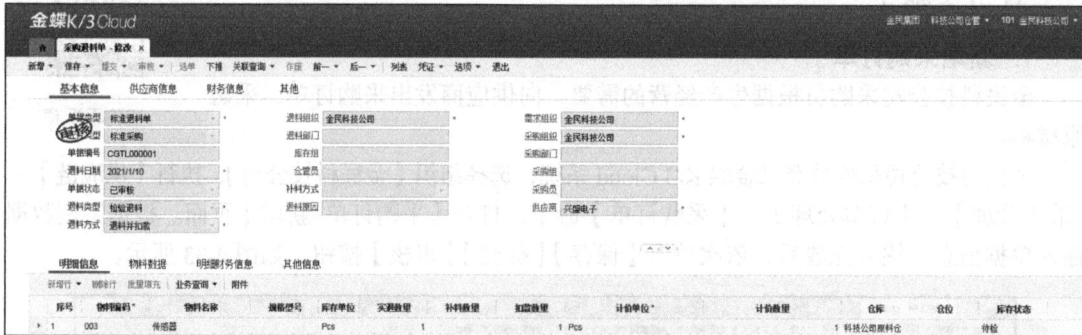

图 4-35　采购退料单审核结果

4. 根据收料通知单下推生成采购入库单

质检部门检验合格的物料才能入库。因此，金民科技公司仓管员将检验合格的物料正式入库，便于生产部门领用。

金民科技公司仓管员登录金蝶 K/3 Cloud 系统，选择组织【金民科技公司】，执行【供应链】—【采购管理】—【收料处理】—【收料通知单列表】命令，选择前面提交的收料通知单，下推生成采购入库单，根据案例数据完成采购入库单的新增。输入完成后，依次单击【保存】【提交】【审核】按钮，如图 4-36 所示。

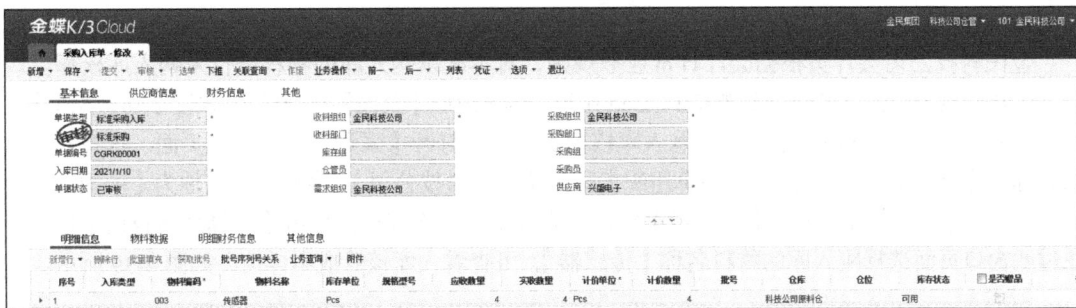

图 4-36　采购入库单审核结果

5. 根据采购入库单下推生成应付单

金民科技公司会计员根据采购入库产品的数量和价格生成应付单，以便在应付账款到期时与供应商结算货款。

金民科技公司会计员登录金蝶 K/3 Cloud 系统，选择组织【金民科技公司】，执行【财务会计】—【应付款管理】—【采购应付】—【应付单列表】命令，进入【应付单列表】页面。单击【新增】按钮，打开【应付单-新增】页面。单击【选单】按钮，选择【采购入库单】，进入【采购入库单列表】页面。选择前面提交的采购入库单，单击【返回数据】按钮，并根据案例数据输入信息，然后依次单击【保存】【提交】【审核】按钮，结果如图 4-37 所示。

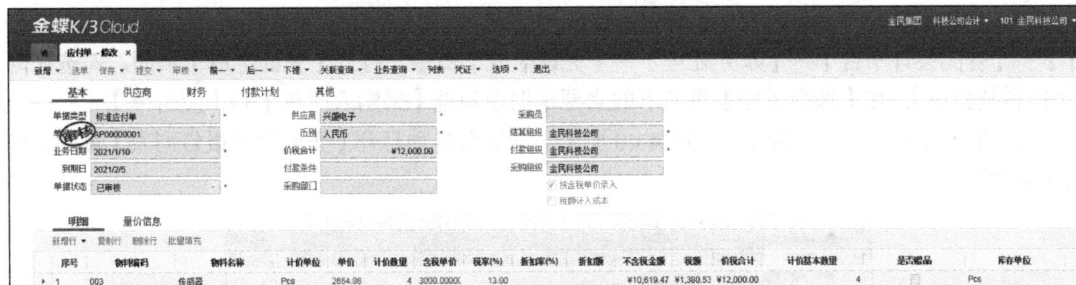

图 4-37　应付单审核结果

6. 根据应付单下推生成采购增值税专用发票

金民科技公司会计员收到供应商开具的采购增值税专用发票，在系统中记录该发票的相关信息。

金民科技公司会计员登录金蝶 K/3 Cloud 系统，执行【财务会计】—【应付款管理】—【采购应付】—【应付单列表】命令，进入【应付单列表】页面。选择前面提交的应付单，单击【下推】按钮，下推生成采购增值税专用发票，并根据案例数据输入信息。输入完成后，依次单击【保存】【提交】【审核】按钮，如图 4-38 所示。

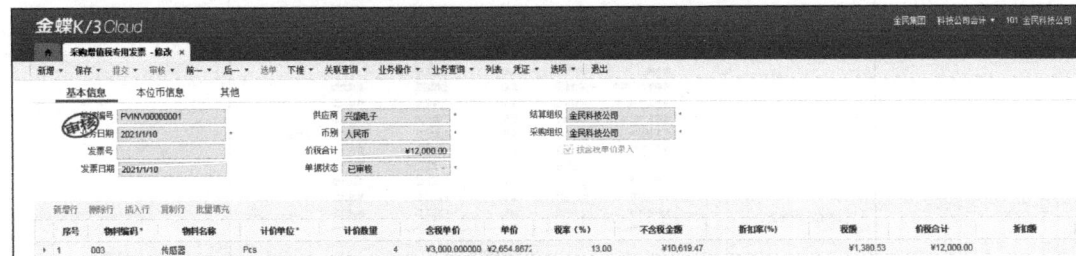

图 4-38　采购增值税专用发票审核结果

7. 进行采购入库核算

金民科技公司会计员根据会计日常业务规则，对本次采购入库的物料进行采购入库核算。

金民科技公司会计员登录金蝶 K/3 Cloud 系统，选择组织【金民科技公司】，执行【成本管理】—【存货核算】—【存货核算】—【采购入库核算】命令，打开【采购入库核算】页面。选择核算体系名称为【财务会计核算体系】，核算组织名称为【金民科技公司】，会计政策名称为【中国准则会计政策】。设置完成后，单击【下一步】按钮，完成采购入库核算。单击【核算列表查询】按钮，在过滤窗口页面选择刚入库的物料名称【传感器】，可查看入库核算成本详情，如图 4-39 所示。

图 4-39　采购入库核算

8. 根据业务单据生成凭证

金民科技公司会计员根据会计日常业务规则，将本次采购涉及的相关业务单据生成凭证，便于后续编制财务报表。

（1）金民科技公司会计员登录金蝶 K/3 Cloud 系统，选择组织【金民科技公司】，执行【财务会计】—【智能会计平台】—【账务处理】—【凭证生成】命令，打开【凭证生成】页面。勾选账簿【金民科技公司】，在【选择单据】页签下的来源单据中勾选【采购入库单】和【应付单】。

（2）单击【凭证生成】按钮，如图 4-40 所示。系统会自动打开【凭证生成报告列表】页面，如图 4-41 所示。

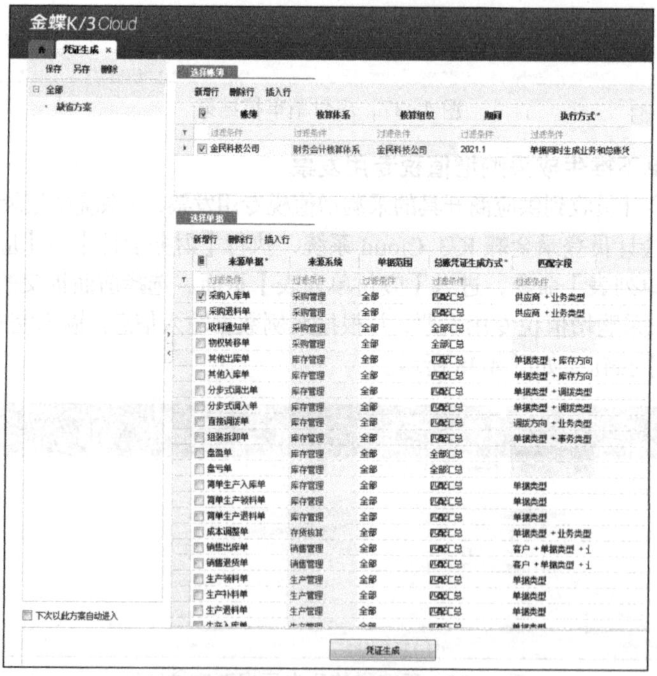

图 4-40　凭证生成

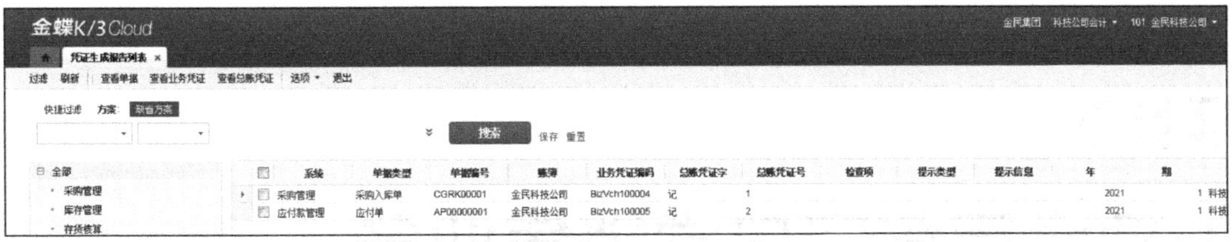

图 4-41 【凭证生成报告列表】页面

（3）执行【财务会计】—【智能会计平台】—【账务处理】—【总账凭证查询】命令，在【列表过滤】对话框中选择【未审核凭证】过滤方案，查看生成的凭证，如图 4-42 所示。双击打开每个凭证，与案例数据中的凭证内容进行核对，确保生成的凭证正确。在生成的凭证核对无误后，勾选凭证并依次单击【提交】【审核】按钮。

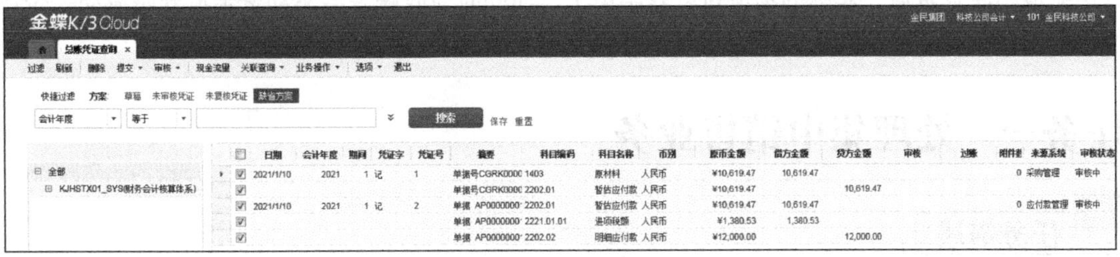

图 4-42 总账凭证查询

常见问题解答

（1）采购入库单/退料单输入后无法更新即时库存。

【问题分析】按系统默认设置，在保存单据时是不会更新库存的，在单据审核以后才能更新即时库存。

【解决方案】库存管理模块中有库存更新时点的管控。在启用库存管理模块时，就要确定是在保存环节还是审核环节更新库存，一旦确定后，不能更改。

（2）采购退料单被审核后不能自动生成应付单。

【问题分析】产生该现象的原因是没有勾选【退料单审核时自动生成应付单】。

【解决方案】登录金蝶 K/3 Cloud 系统，执行【财务会计】—【应付款管理】—【参数设置】—【应付款管理参数】命令，在打开的对话框中勾选【退料单审核时自动生成应付单】。

课后练习

（1）【填空题】采购退料业务下退料单退料方式分为（　　　　）（　　　　）两种。

（2）【单选题】A 公司向供应商采购 100 台手机，当天收料，发现有 2 台手机不合格，当即退料，余下 98 台手机合格入库。下列说法正确的是（　　　）。

    A. 退料方式为库存退料，通过采购入库单下推生成采购退料单

    B. 退料方式为检验退料，通过采购入库单下推生成采购退料单

    C. 退料方式为检验退料，通过收料通知单下推生成采购退料单

    D. 退料方式为库存退料，通过收料通知单下推生成采购退料单

项目五

处理金民集团日常销售业务

销售管理模块是对企业与客户之间的销售过程进行管理的模块，当企业与客户达成销售协议后，就会通过销售合同或者销售订单来驱动企业内部的生产、采购、发货等业务的开展。当销售订单完成出库发货后，实际的物流过程就结束了，而同时应收账款会驱动资金流开始流动，企业与供应商在应收账款到期后，进行对账，并收取应收账款。

任务一　处理集中销售业务

任务描述

2021 年 1 月 9 日，金民销售公司销售一批红外体温计 K 型给讯腾科技，从科技公司成品仓调货，要货日期为 2021 年 1 月 12 日上午 10 点。出库后，金民销售公司结转销售成本 1,324,786.32元，应收款到期日为 2021 年 2 月 9 日。

> **小贴士**
>
> ERP 系统以现代企业的管理理念和管理手段，有效地对企业的内部资源和外部资源进行整合，改善了企业的管理和运营模式。在使用 ERP 系统之前，销售部门产生销售订单后，财务部门要根据相应的单证另行制作凭证，登记账表。使用 ERP 系统，一旦销售订单（或合同）在系统中生成，其相应的凭证也能自动生成，确保了业务数据与财务数据的一致性，使企业的决策由经验化向科学化转变，全面提高企业的综合管理水平。当今世界，高质量发展对加快企业管理创新提出了更为迫切的要求，青年一代要勇挑重担，积极主动地参与到企业管理创新工作中。

任务分解

1. 新增销售订单，并根据销售订单下推发货通知单
2. 通过发货通知单下推生成销售出库单；进行出库成本核算，并通过应收组织间结算单生成应收单
3. 与客户进行结算，然后再通过组织间结算完成金民科技公司与金民销售公司之间的结算
4. 通过销售订单生成应收单，然后根据应收单下推生成销售增值税专用发票，再通过应付组织间结算单生成应付单
5. 结转销售成本，输入凭证

集中销售业务流程如图 5-1 所示。

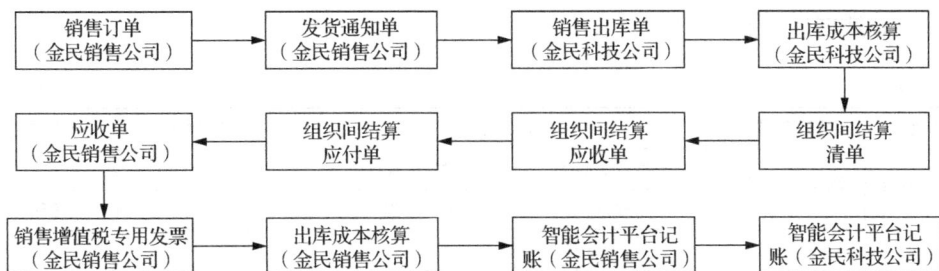

图 5-1　集中销售业务流程

理论认知

1. 集中销售

集中销售是一种常见的跨组织业务，例如，金民科技公司生产的产品，由金民销售公司进行销售，金民销售公司与客户进行集中结算，然后再通过组织间结算完成金民科技公司与金民销售公司之间的结算。

2. 集中销售的特点

集中销售最主要的特点是当销售出库单上面的销售组织、结算组织、货主这三个组织中的任意两个不同，保存或者审核单据的时候，系统会产生内部交易单据。

3. 集中销售业务中产生的内部交易单据

集中销售业务中会产生何种内部交易单据要根据组织内容来确定，分以下两种情况。

① 当组织内容是法人性质时，集中销售业务的销售出库单上面的销售组织、结算组织、货主这三个组织中的任意两个不同，就会产生内部交易单据采购入库单和销售出库单。

② 当组织内容是利润中心性质时，集中销售业务的销售出库单上面的销售组织、结算组织、货主这三个组织中的任意两个不同，就会产生内部交易单据分步式调出单和分步式调入单。

案例数据

（1）销售订单。销售组织为金民销售公司，销售员为乔宇，要货日期为 2021 年 1 月 12 日上午 10 点，销售订单相关信息如表 5-1 所示。

表 5-1　　　　　　　　　　　　　　　销售订单　　　　　　　　　　　　　　金额单位：元

日期	客户	产品	含税单价	数量	税率	库存组织
2021-1-9	讯腾科技	红外体温计 K 型	76,000.00	25	13%	金民科技公司

（2）发货通知单的业务日期为 2021-1-12。

（3）销售出库单的业务日期为 2021-1-12，仓库为科技公司成品仓。

（4）组织间结算单生成的应收单，业务日期为 2021-1-12，到期日为 2021-2-9。

（5）销售应收单的业务日期为 2021-1-12，到期日为 2021-2-9，结算组织为金民销售公司。

（6）销售增值税专用发票的业务日期为 2021-1-12，发票日期为 2021-1-12。

（7）组织间结算单生成的应收单、应付单，业务日期为 2021-1-12，到期日为 2021-2-9，结算组织为金民销售公司。

（8）凭证数据如表 5-2 所示。

表 5–2　　　　　　　　　　　　　　　凭证数据　　　　　　　　　　　金额单位：元

对应组织	凭证来源	会计科目	借方金额	贷方金额
金民科技公司	销售出库单	主营业务成本——红外体温计 K 型	950,000.00	
		库存商品——红外体温计 K 型		950,000.00
金民科技公司	应收单	应收账款——金民销售公司	1,900,000.00	
		主营业务收入——红外体温计 K 型		1,681,415.93
		应交税费——应交增值税（销项税额）		218,584.07
金民销售公司	应收单	应收账款——讯腾科技	1,900,000.00	
		主营业务收入——红外体温计 K 型		1,681,415.93
		应交税费——应交增值税（销项税额）		218,584.07
金民销售公司	应付单	应付账款——暂估应付款	1,681,415.93	
		应交税费——应交增值税（进项税额）	218,584.07	
		应付账款——明细应付款（金民科技公司）		1,900,000.00
金民销售公司	销售出库单	主营业务成本——红外体温计 K 型	1,681,415.93	
		库存商品——红外体温计 K 型		1,681,415.93
金民销售公司	采购入库单	库存商品——红外体温计 K 型	1,681,415.93	
		应付账款——暂估应付款		1,681,415.93

任务实施

1. 新增销售订单

金民销售公司与讯腾科技签订销售合同，产品为红外体温计 K 型。金民销售公司销售员在系统中输入销售订单，以便启动销售发货等业务。

金民销售公司销售员登录金蝶 K/3 Cloud 系统，选择组织【金民销售公司】，执行【供应链】—【销售管理】—【订单处理】—【销售订单】命令，打开【销售订单-新增】页面。根据案例数据输入相关信息，输入完成后，依次单击【保存】【提交】【审核】按钮，结果如图 5-2 所示。

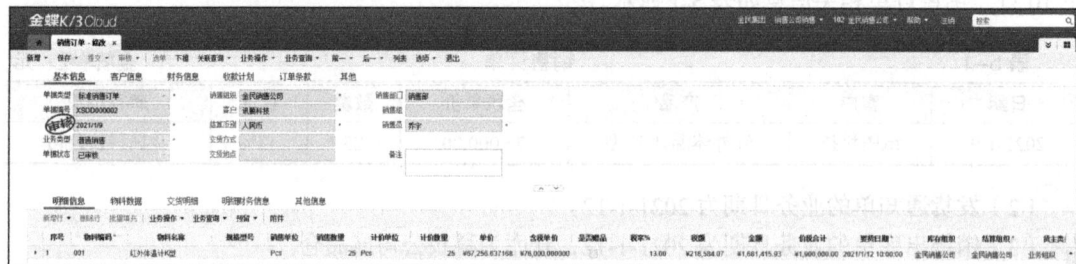

图 5–2　销售订单审核结果

2. 根据销售订单下推生成发货通知单

销售订单审核通过后，可生成发货通知单，告知金民科技公司的仓管部门拣配相关产品，准备发货。

在图 5-2 所示的【销售订单-修改】页面，单击【下推】按钮，下推生成发货通知单，然后单击【确定】按钮，打开【发货通知单-新增】页面。根据案例数据输入正确的信息后，依次单击【保存】【提交】【审核】按钮，结果如图 5-3 所示。

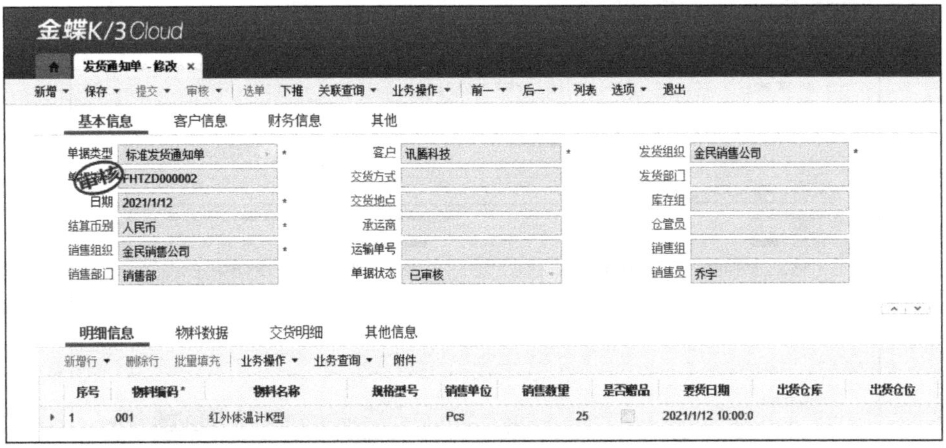

图 5-3 发货通知单审核结果

3. 根据发货通知单下推生成销售出库单

金民科技公司仓管员收到金民销售公司的发货通知，在仓库中拣配产品，从成品仓直接发货给客户讯腾科技。

金民科技公司仓管员登录金蝶 K/3 Cloud 系统，选择组织【金民科技公司】，执行【供应链】—【销售管理】—【出货处理】—【发货通知单列表】命令，打开【发货通知单列表】页面。选择相关的发货通知单，单击【下推】按钮，下推生成销售出库单。根据案例数据输入正确的信息后，依次单击【保存】【提交】【审核】按钮，结果如图 5-4 所示。

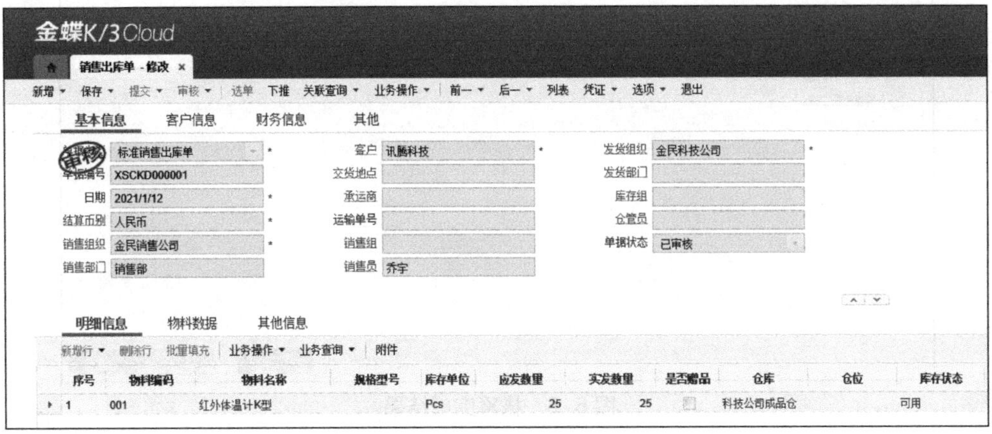

图 5-4 销售出库单审核结果

4. 进行出库成本核算

金民科技公司会计员根据销售出库的成品信息，进行出库成本核算。

（1）金民科技公司会计员登录金蝶 K/3 Cloud 系统，选择组织【金民科技公司】，执行【成本管理】—【存货核算】—【存货核算】—【出库成本核算】命令，打开【出库成本核算】页面。选择核算体系为【财务会计核算体系】，核算组织为【金民科技公司】，会计政策为【中国准则会计政策】，如图 5-5 所示。

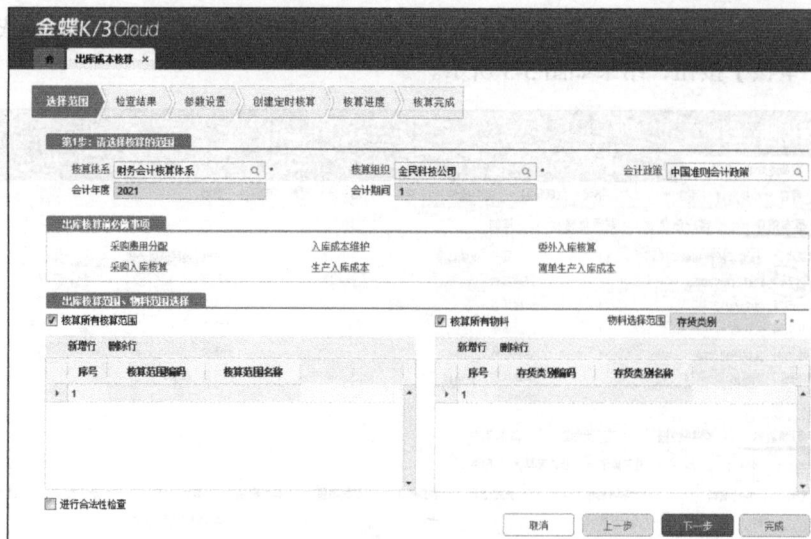

图 5-5 【出库成本核算】页面

（2）设置完成后，单击【下一步】按钮，采用系统默认的参数设置，再单击【下一步】按钮，系统自动进行核算，完成核算后的结果如图 5-6 所示。

图 5-6 核算完成结果

（3）可对核算报表进行查询，如单击【存货收发存汇总表】超链接进行查看，如图 5-7 所示。

图 5-7 【存货收发存汇总表】页面

（4）查看完成，返回【出库成本核算】页面，单击【完成】按钮，完成出库成本核算。

5. 新增组织间结算清单

因金民科技公司与金民销售公司属于两个独立核算的组织，所以需要进行组织间结算，结算的依据是组织间结算清单。

（1）金民科技公司会计员登录金蝶 K/3 Cloud 系统，选择组织【金民科技公司】，执行【供应链】—【组织间结算】—【结算清单】—【创建结算清单】命令，打开【创建结算清单】页面。选择会计核算体系为【财务会计核算体系】，核算组织为【金民科技公司】。在【结算业务时间选择】页签下，设置起始日期为 2021-1-12、截止日期为 2021-2-9。在【结算目标选择】页签下，勾选【创建应收结算清单_物料】和【创建应付结算清单_物料】，如图 5-8 所示。

图 5-8　创建结算清单向导（第一步）

（2）单击【下一步】按钮，打开参数设置页面。勾选【结算业务对方组织自动生成结算清单】【有结算价格的应收结算清单自动审核】【审核结算应收清单联动审核应付结算清单】，如图 5-9 所示。

图 5-9　创建结算清单向导（第二步）

（3）单击【下一步】按钮，打开结算取价来源页面。在该页面选择需要更改的跨组织业务进行取价来源的修改，跨组织采购的取价来源选择【结算价目表】，跨组织销售的取价来源选择【结算价目表】，如图 5-10 所示。

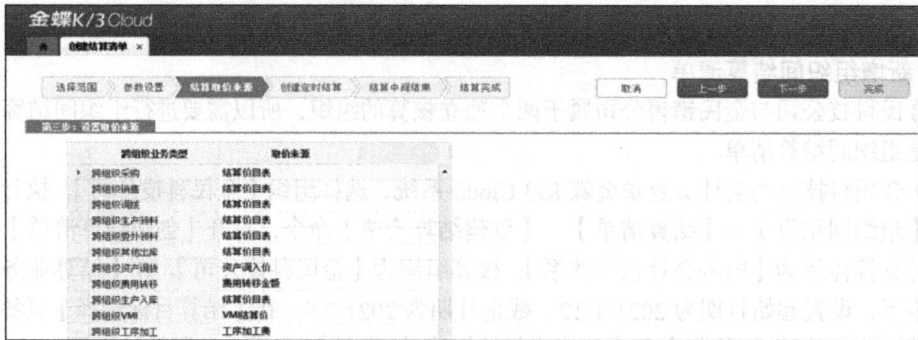

图 5-10 创建结算清单向导（第三步）

（4）单击【下一步】按钮，系统自动跳过创建定时结算页面，自动打开结算中间结果页面，并开始提取数据，创建金民科技公司核算组织下的结算数据，如图 5-11 所示。

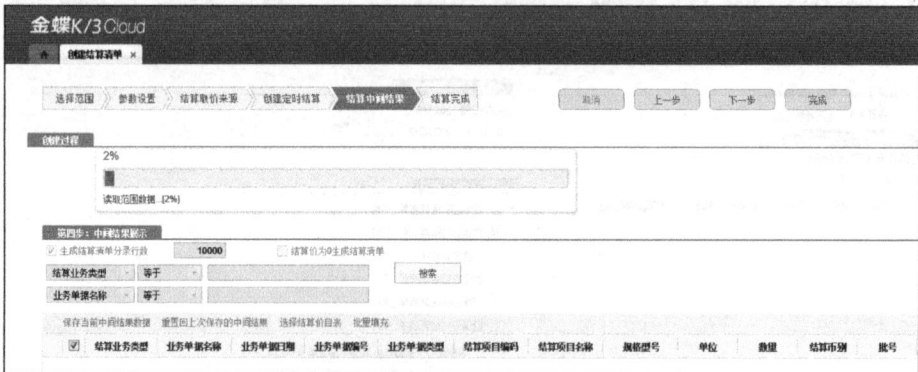

图 5-11 创建结算清单向导（第四步）

（5）创建结束后，系统会显示出内部结算的相关结果，分别如图 5-12 和图 5-13 所示。

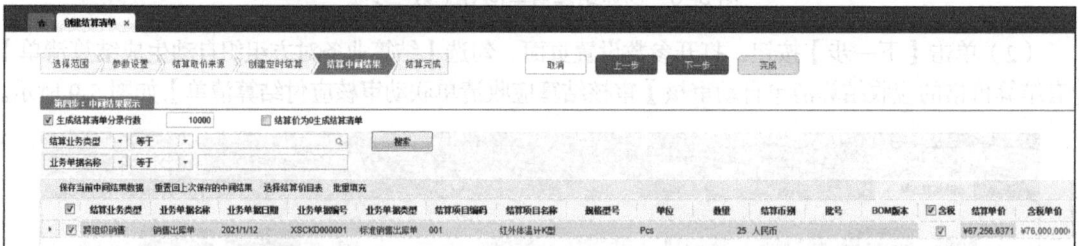

图 5-12 创建结算清单向导（第五步）

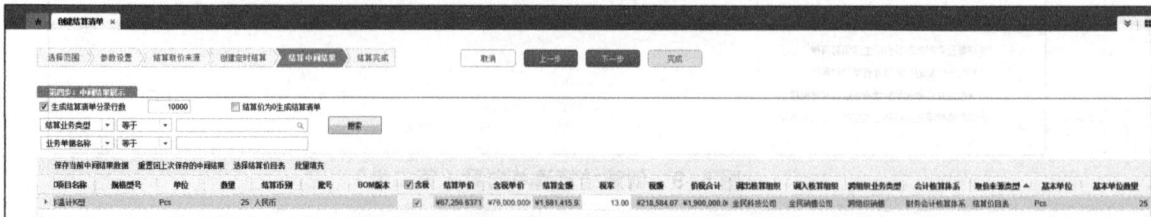

图 5-13 创建结算清单向导（第六步）

（6）单击【下一步】按钮，系统会显示【创建结算清单成功】，如图 5-14 所示。

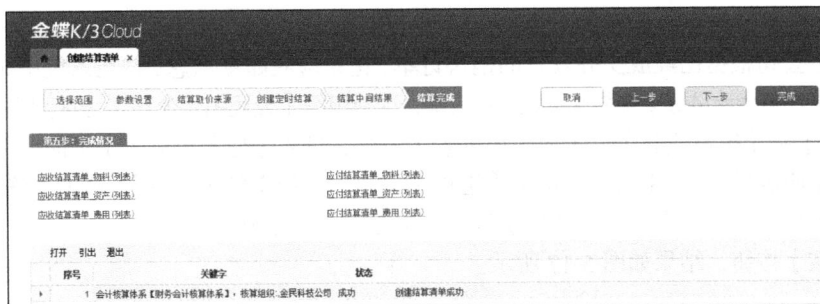

图 5-14　创建结算清单向导（完成）

6. 根据组织间结算清单生成应收单

金民科技公司向金民销售公司收取结算货款时，依据结算清单产生应收账款，因此需要金民科技公司会计员记录应收单。

金民科技公司会计员登录金蝶 K/3 Cloud 系统，选择组织【金民科技公司】，执行【财务会计】—【应收款管理】—【销售应收】—【应收单列表】命令，进入【应收单列表】页面。单击【新增】按钮，打开【应收单-新增】页面。单击【选单】按钮，选择【应收结算清单物料】，单击【确定】按钮。选择相应的应收结算清单，单击【返回数据】按钮，根据案例数据输入信息，然后依次单击【保存】【提交】【审核】按钮，结果如图 5-15 所示。

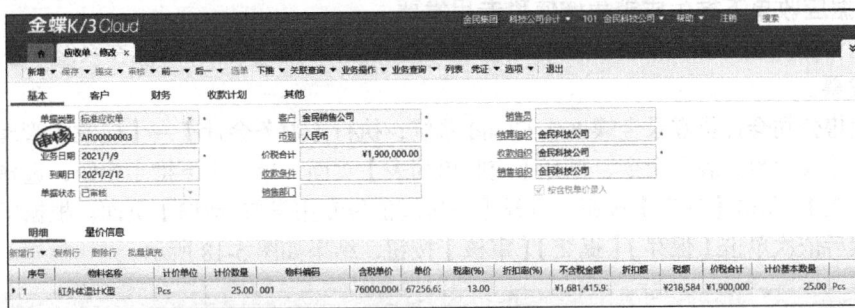

图 5-15　应收单审核结果（金民科技公司）

7. 根据组织间结算清单生成应付单

金民销售公司会计员根据与金民科技公司之间的组织间结算清单，生成应付账款记录，以便在到期时进行内部货款结算。金民销售公司会计员登录金蝶 K/3 Cloud 系统，选择组织【金民销售公司】，执行【财务会计】—【应付款管理】—【采购应付】—【应付单列表】命令，进入【应付单列表】页面。单击【新增】按钮，打开【应付单-新增】页面。单击【选单】按钮，选择【应付结算清单物料】，单击【确定】按钮。选择相应的应付结算清单，单击【返回数据】按钮，根据案例数据输入信息，然后依次单击【保存】【提交】【审核】按钮，结果如图 5-16 所示。

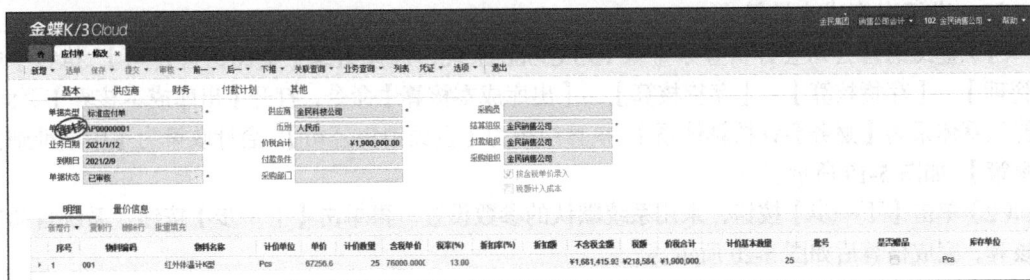

图 5-16　应付单审核结果

8. 根据销售订单生成销售应收单

金民销售公司根据已经成交并发货的销售订单，记录应收账款信息，并在系统中添加应收单。

金民销售公司会计员登录金蝶 K/3 Cloud 系统，选择组织【金民销售公司】，执行【财务会计】—【应收款管理】—【销售应收】—【应收单列表】命令，进入【应收单列表】页面。单击【新增】按钮，打开【应收单-新增】页面。单击【选单】按钮，选择【销售订单】，单击【确定】按钮。选择相应的销售订单，单击【返回数据】按钮，根据案例数据输入信息，然后依次单击【保存】【提交】【审核】按钮，结果如图 5-17 所示。

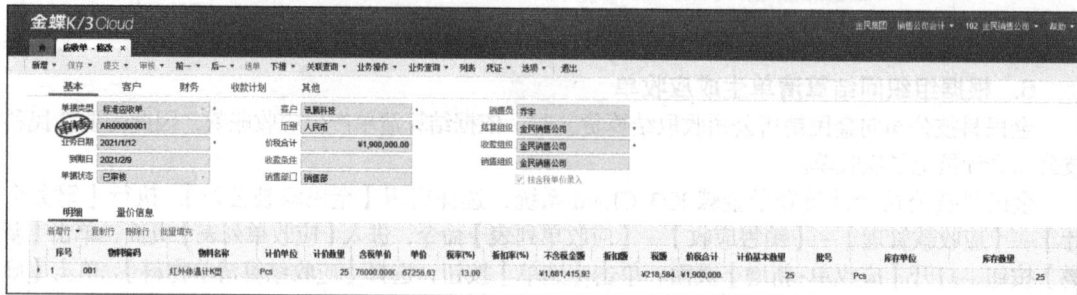

图 5-17 应收单审核结果（金民销售公司）

9. 根据应收单下推生成销售增值税专用发票

金民销售公司会计员需要开具销售增值税专用发票给讯腾科技，因此在系统中生成销售增值税专用发票。

金民销售公司会计员登录金蝶 K/3 Cloud 系统，执行【财务会计】—【应收款管理】—【销售应收】—【应收单列表】命令，打开【应收单列表】页面。单击【下推】按钮，选择【销售增值税专用发票】，单击【确定】按钮，打开【销售增值税专用发票-新增】页面。根据案例数据输入信息，然后依次单击【保存】【提交】【审核】按钮，结果如图 5-18 所示。

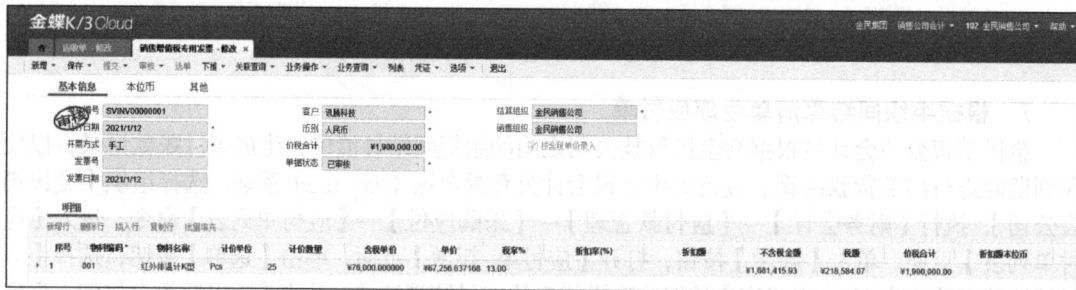

图 5-18 销售增值税专用发票审核结果

10. 进行出库成本核算

（1）金民销售公司会计员登录金蝶 K/3 Cloud 系统，选择组织【金民销售公司】，执行【成本管理】—【存货核算】—【存货核算】—【出库成本核算】命令，打开【出库成本核算】页面。选择核算体系为【财务会计核算体系】，核算组织为【金民销售公司】，会计政策为【中国准则会计政策】，如图 5-19 所示。

（2）单击【下一步】按钮，采用系统默认的参数设置。再单击【下一步】按钮，系统自动进行核算，完成核算后如图 5-20 所示。

（3）可对核算报表进行查询，如单击【存货收发存汇总表】超链接进行查看，如图 5-21 所示。

（4）查看完成，返回【出库成本核算】页面，单击【完成】按钮，完成出库成本核算。

图 5-19　【出库成本核算】页面

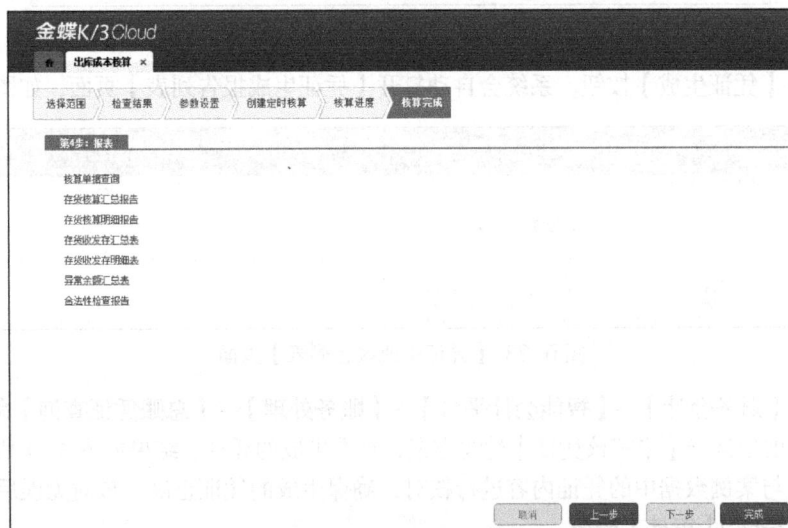

图 5-20　核算完成

图 5-21　存货收发存汇总表

11. 金民销售公司会计员生成凭证

（1）金民销售公司会计员登录金蝶 K/3 Cloud 系统，选择组织【金民销售公司】，执行【财务会计】—【智能会计平台】—【账务处理】—【凭证生成】命令，打开【凭证生成】页面。勾选账簿【金民销售公司】，在【选择单据】页签下的来源单据中勾选【采购入库单】【销售出库单】

【应收单】和【应付单】，单据范围选择之前生成的单据，如图 5-22 所示。若【采购入库单】单据范围为空，需在页面右上角选择【采购入库单列表】，然后在菜单栏执行【选项】—【选项】命令，打开【选项设置】对话框。在【业务参数】页签下，勾选【显示内部交易单据】。

图 5-22 【凭证生成】页面

（2）单击【凭证生成】按钮，系统会自动打开【凭证生成报告列表】页面，如图 5-23 所示。

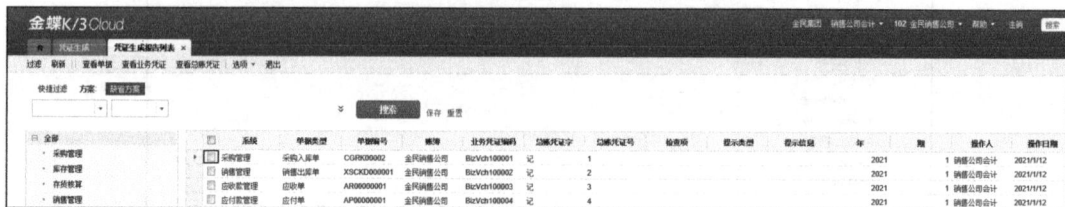

图 5-23 【凭证生成报告列表】页面

（3）执行【财务会计】—【智能会计平台】—【账务处理】—【总账凭证查询】命令，在【列表过滤】对话框中选择【未审核凭证】过滤方案，查看生成的凭证，结果如图 5-24 所示。双击打开每个凭证，与案例数据中的凭证内容进行核对，确保生成的凭证正确。核对无误后，勾选凭证并依次单击【提交】【审核】按钮。

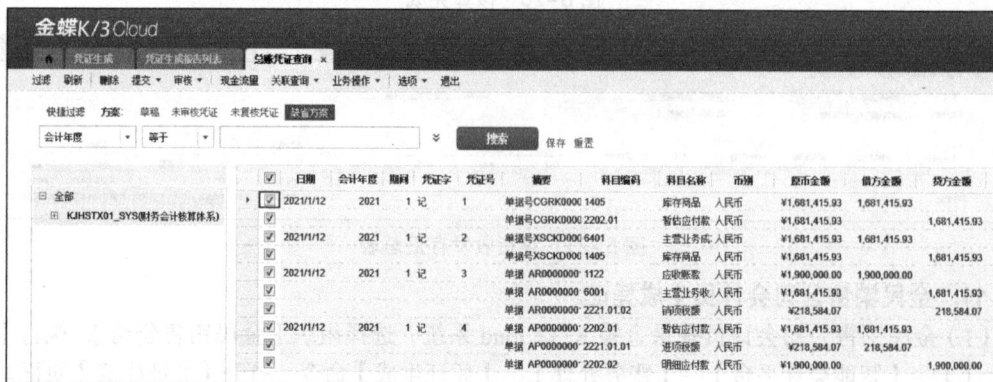

图 5-24 【总账凭证查询】页面

12. 金民科技公司会计员生成凭证

（1）金民科技公司会计员登录金蝶 K/3 Cloud 系统，选择组织【金民科技公司】。执行【财务会计】—【智能会计平台】—【账务处理】—【凭证生成】命令，进入【凭证生成】页面。勾选账簿【金民科技公司】，在【选择单据】页签下的来源单据中勾选【销售出库单】和【应收单】，如图 5-25 所示。

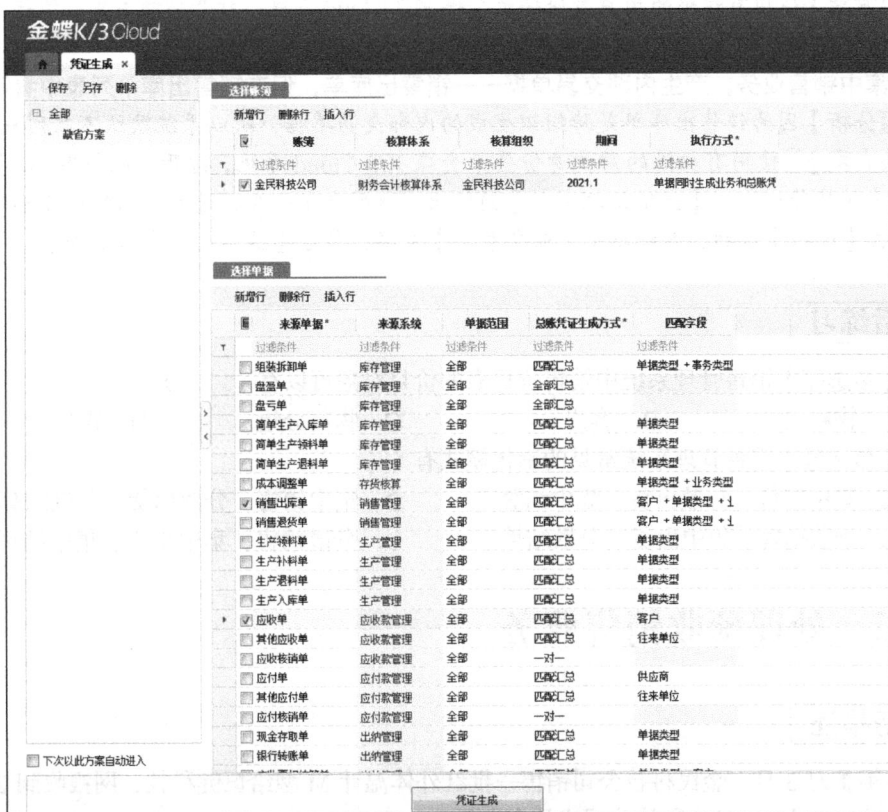

图 5-25 【凭证生成】页面

（2）单击【凭证生成】按钮，系统会自动打开【凭证生成报告列表】页面。凭证生成后，执行【财务会计】—【智能会计平台】—【账务处理】—【总账凭证查询】命令，在【列表过滤】对话框中选择【未审核凭证】过滤方案，查看生成的凭证，如图 5-26 所示。双击打开每个凭证，与案例数据中的凭证内容进行核对。核对无误后，勾选凭证并依次单击【提交】【审核】按钮。

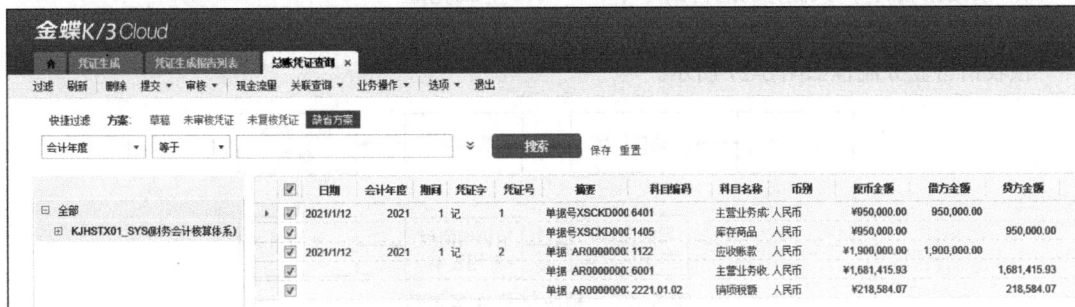

图 5-26 【总账凭证查询】页面

![常见问题解答]

（1）创建结算清单时无法选择核算组织。

【问题分析】产生此现象的原因是对应的核算组织在存货核算时没有启用并且结束初始化。

【解决方案】使用有权限的用户身份登录金蝶 K/3 Cloud 系统，打开功能菜单；执行【成本管理】—【存货核算】命令，启用存货核算模块并且结束初始化。

（2）集中销售业务，产生内部交易单据——销售出库单，但在销售出库单列表中看不到。

【问题分析】因为销售出库单是跨组织生成的内部交易单据，所以系统默认不在列表中显示。

【解决方案】①使用有权限的用户身份登录金蝶 K/3 Cloud 系统，打开功能菜单；②执行【供应链】—【销售管理】—【出货处理】—【销售出库单列表】命令，进入【销售出库单列表】页面；③单击【选项】按钮，继续单击【业务参数】页签，勾选【显示内部交易单据】。

![课后练习]

（1）【多选题】销售管理系统中销售价目表的价目对象可以有（　　　）。

  A. 物料属性   B. 客户   C. 物料分组   D. 物料

（2）【多选题】销售管理系统常见的销售模式有（　　　）。

  A. 集中销售、分散出货、集中结算   B. 集中销售、分散出货、分散结算

  C. 分散销售、集中出货、分散结算   D. 分散销售、集中出货、集中结算

任务二　处理预收销售业务

![任务描述]

2021 年 1 月 3 日，金民科技公司销售一批红外体温计 M 型给恒健科技，网银收到 20%的定金 568,000 元，1 月 10 日从科技公司成品仓发货。

![任务分解]

1. 新增收款单
2. 新增销售订单
3. 根据销售订单下推生成销售出库单
4. 进行出库成本核算

5. 根据销售订单下推生成应收单
6. 根据应收单下推生成销售增值税专用发票
7. 生成凭证

预收销售业务流程如图 5-27 所示。

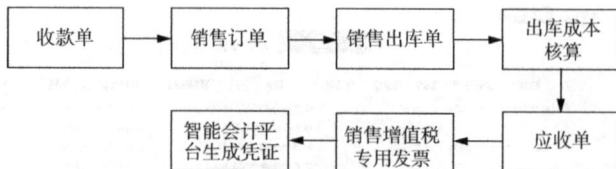

图 5-27　预收销售业务流程

理论认知

1. 预收销售

企业和客户签订销售订单，需要预先交定金后发货，后续发货后确定应收和预收进行核销，可以根据销售订单来管理每笔收款。

2. 预收的流程

预收的流程是：先生成收款单（收款单类型是预收单），然后再生成销售订单，销售订单可以和预收单关联，也可以不关联，销售订单下推生成销售出库单，销售出库单下推生成应收单，应收单下推生成销售增值税专用发票。后续对应收单和收款单进行核销。

案例数据

2021 年 1 月 3 日，金民科技公司销售一批红外体温计 M 型给恒健科技，网银收到 20% 的定金 568,000 元，1 月 10 日从科技公司成品仓发货。具体的单据相关信息如下。

（1）收款单，付款组织为恒健科技，业务日期为 2021-1-3。

（2）收款单明细信息如表 5-3 所示。

表 5-3　　　　　　　　　　　　　　　　　收款单明细　　　　　　　　　　　　　　　　金额单位：元

收款组织	结算方式	收款用途	收金额	我方银行账号
金民科技公司	网银支付	预收款	568,000.00	66668882

（3）销售订单，销售组织为金民科技公司，业务日期为 2021-1-3，销售员为刘秀。销售订单的相关信息如表 5-4 所示。

表 5-4　　　　　　　　　　　　　　　　销售订单相关信息　　　　　　　　　　　　　　金额单位：元

客户	物料名称	含税单价	数量	税率	是否预收	应收比例	关联单号
恒健科技	红外体温计 M 型	71,000.00	40	13%	是	20%	收款单号

（4）销售出库单的日期为 2021-1-10，仓库为科技公司成品仓。

（5）应收单的业务日期为 2021-1-10，到期日为 2021-2-3。

（6）销售增值税专用发票的业务日期为 2021-1-10，开票日期为 2021-1-10。

（7）凭证数据如表 5-5 所示。

表 5-5　　　　　　　　　　　　　　　　　凭证数据　　　　　　　　　　　　　　　　金额单位：元

对应组织	凭证来源	会计科目	借方金额	贷方金额
金民科技公司	收款单	银行账款	568,000.00	
		预收账款		568,000.00
金民科技公司	销售出库单	主营业务成本——红外体温计 M 型	1,737,500.00	
		库存商品——红外体温计 M 型		1,737,500.00
金民科技公司	应收单	应收账款——恒健科技	2,840,000.00	
		主营业务收入		2,513,274.34
		应交税费——应交增值税（销项税额）		326,725.66
金民科技公司	应收核销	预收账款	568,000.00	
		应收账款——恒健科技		568,000.00

任务实施

1. 新增收款单

2021 年 1 月 3 日，客户恒健科技先支付一笔销售预付款，购买金民科技公司一批红外体温计 M 型。金民科技公司会计员先记录该笔预付款，以便后续结算货款时扣减。

金民科技公司会计员登录金蝶 K/3 Cloud 系统，选择组织为【金民科技公司】，执行【财务会计】—【应收款管理】—【收款】—【收款单列表】命令，打开【收款单列表】页面。单击【新增】按钮，打开【收款单–新增】页面，根据案例数据输入单据信息。信息输入完成后，依次单击【保存】【提交】【审核】按钮，如图 5-28 所示。

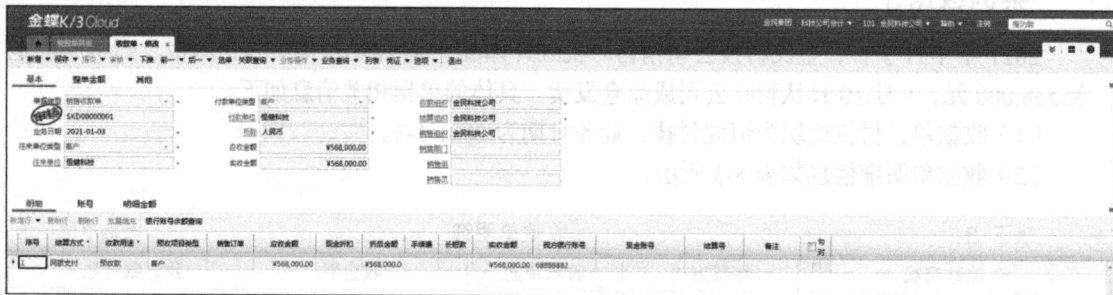

图 5-28　新增收款单

2. 新增销售订单

金民科技公司与客户恒健科技签订销售合同，并产生销售订单，以便后续销售发货与结算。金民科技公司销售员在系统中输入销售订单。

金民科技公司销售员登录金蝶 K/3 Cloud 系统，选择组织为【金民科技公司】，执行【供应链】—【销售管理】—【订单处理】—【销售订单】命令，打开【销售订单–新增】页面，根据案例数据输入相关信息。

> **注意**
>
> 在【收款计划】页签中，新增行，勾选【是否预收】，输入应收比例"20%"，关联单号选择上一步生成的收款单，单击【返回数据】按钮，再新增行，系统会自动算出应收金额。信息输入完成后，依次单击【保存】【提交】【审核】按钮，结果如图 5-29 和图 5-30 所示。

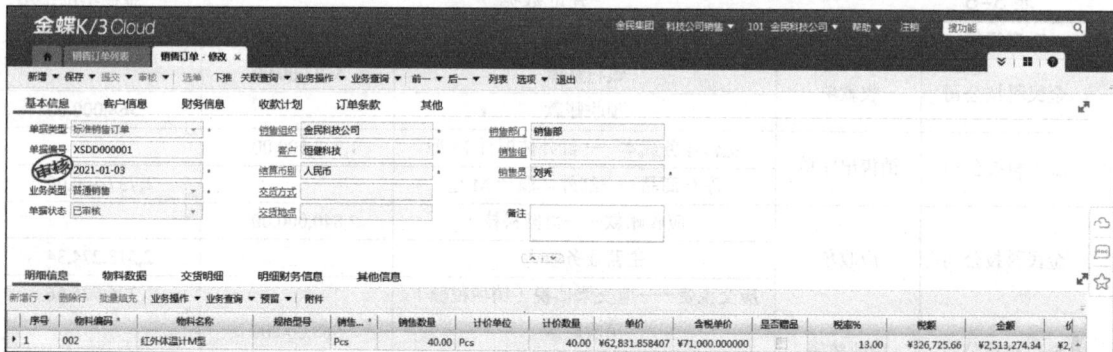

图 5-29　销售订单（基本信息）

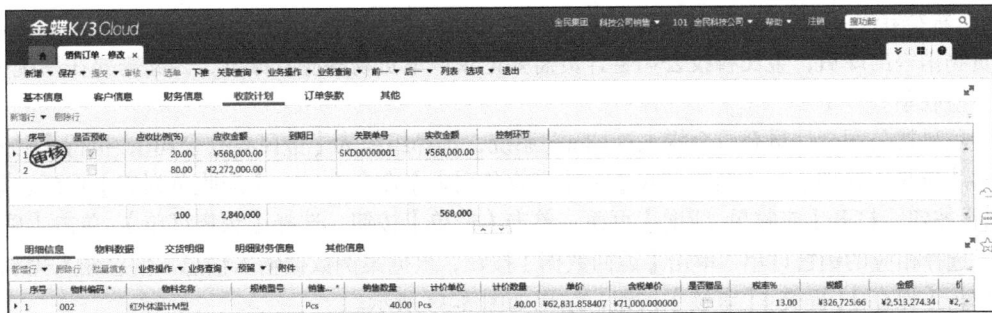

图 5-30 销售订单（收款计划）

3. 根据销售订单下推生成销售出库单

金民科技公司仓管员根据销售订单，准备拣配恒健科技所需的产品并销售出库。

金民科技公司仓管员登录金蝶 K/3 Cloud 系统，选择组织为【金民科技公司】，执行【供应链】—【销售管理】—【出货处理】—【销售出库单】命令，打开【销售出库单-新增】页面。单击【选单】按钮，选择【销售订单】，单击【确定】按钮。选择相应的销售订单，单击【返回数据】按钮，根据案例数据完成销售出库单的信息输入。信息输入完成后，依次单击【保存】【提交】【审核】按钮，结果如图 5-31 所示。

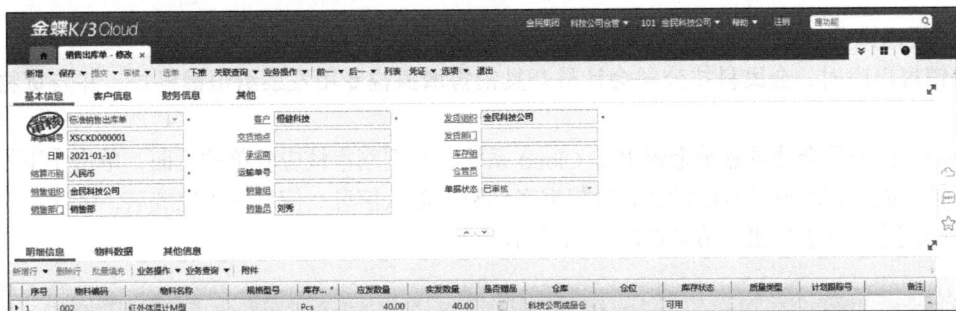

图 5-31 销售出库单审核结果

4. 进行出库成本核算

金民科技公司会计员根据会计日常业务规定，对销售给恒健科技的货物进行出库成本核算。

（1）金民科技公司会计员登录金蝶 K/3 Cloud 系统，选择组织为【金民科技公司】，执行【成本管理】—【存货核算】—【存货核算】—【出库成本核算】命令，打开【出库成本核算】页面。选择核算体系为【财务会计核算体系】，核算组织为【金民科技公司】，会计政策为【中国准则会计政策】。设置完成后，单击【下一步】按钮，采用系统默认的参数设置，再单击【下一步】按钮完成核算。可对核算报表进行查询，如单击【核算单据查询】超链接进行查看，结果如图 5-32 所示。

（2）查看完成后，返回【出库成本核算】页面，单击【完成】按钮，完成出库成本核算。

图 5-32 【核算单据查询】页面

5. 根据销售订单下推生成销售应收单

货物销售出库后，金民科技公司会计员需要记录该笔货物的应收账款，因此需要在系统中输入销售应收单。

金民科技公司会计员登录金蝶 K/3 Cloud 系统，选择组织为【金民科技公司】，执行【财务会计】—【应收款管理】—【销售应收】—【应收单列表】命令，进入【应收单列表】页面。单击【新增】按钮，打开【应收单-新增】页面。单击【选单】按钮，选择【销售订单】，单击【确定】按钮。选择相应的销售订单，单击【返回数据】按钮，根据案例数据输入信息。信息输入完成后，依次单击【保存】【提交】【审核】按钮，结果如图 5-33 所示。

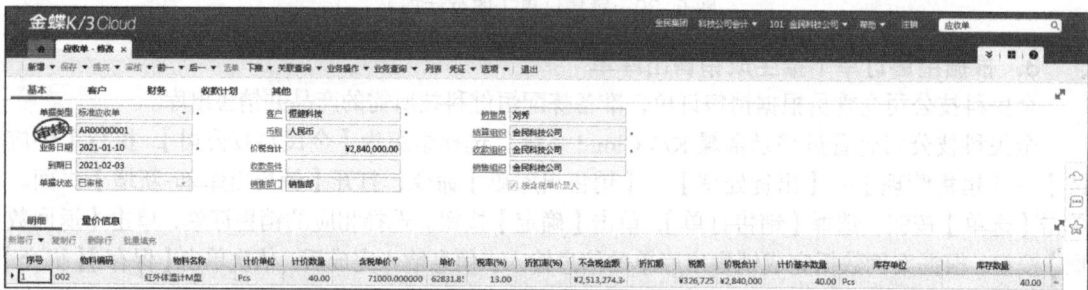

图 5-33　应收单审核结果

6. 根据销售应收单下推生成销售增值税专用发票

在销售出库时，金民科技公司会计员开具销售增值税专用发票给恒健科技，并与货物一并送达。

金民科技公司会计员登录金蝶 K/3 Cloud 系统，在刚刚审核应收单的页面，单击【下推】按钮，下推生成销售增值税专用发票，并根据案例数据输入信息。信息输入完成后，依次单击【保存】【提交】【审核】按钮，结果如图 5-34 所示。

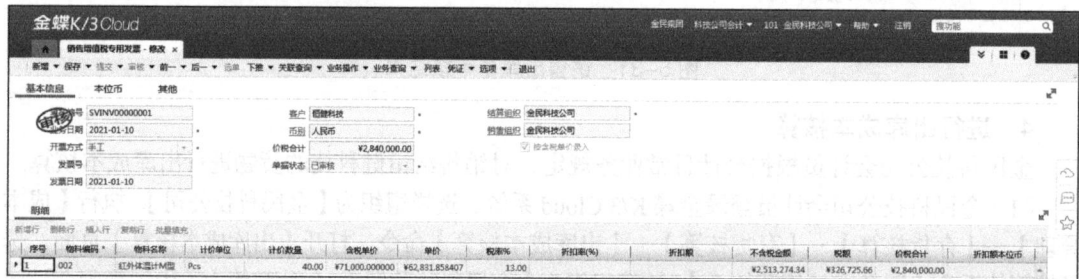

图 5-34　销售增值税专用发票审核结果

7. 生成凭证

金民科技公司会计员根据会计日常业务规定，将本次销售所发生的业务单据生成凭证，便于后续编制财务报表。

（1）金民科技公司会计员登录金蝶 K/3 Cloud 系统，选择组织为【金民科技公司】，执行【财务会计】—【智能会计平台】—【账务处理】—【凭证生成】命令，打开【凭证生成】页面。勾选账簿【金民科技公司】，在【选择单据】页签下的来源单据中勾选【收款单】【销售出库单】【应收单】【应收核销单】，如图 5-35 所示。

（2）单击【凭证生成】按钮，系统会自动打开【凭证生成报告列表】页面，如图 5-36 所示。

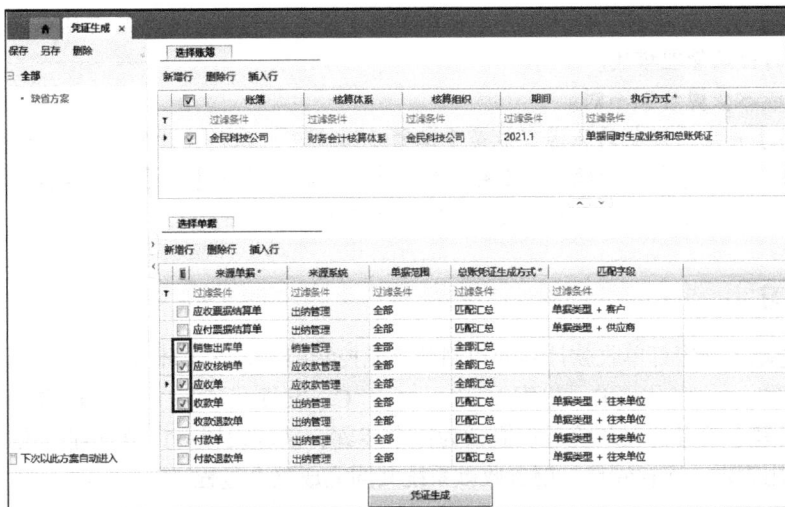

图 5-35 【凭证生成】页面

图 5-36 【凭证生成报告列表】页面

（3）执行【财务会计】—【智能会计平台】—【账务处理】—【总账凭证查询】命令，在【列表过滤】对话框中选择【未审核凭证】，查看生成的凭证，如图 5-37 所示。双击打开每个凭证，与案例数据中的凭证内容进行核对。核对无误后，勾选凭证并依次单击【提交】【审核】按钮。

图 5-37 【总账凭证查询】页面

常见问题解答

（1）收款单中的往来单位显示为灰色，无法选择收款组织。

【问题分析】产生该现象的原因可能是没有启用该组织的出纳管理模块，此时收款单中【收款组织】就不会自动出现，且不可手动选择该组织。

【解决方案】①执行【财务会计】—【出纳管理】—【初始化】—【启用日期设置】命令；②启用对应期间的出纳管理模块。

（2）出库成本核算金额不对。

【问题分析】产生该现象的原因可能是手工修改过金额，但是修改的金额不准确。

【解决方案】执行【成本管理】—【存货核算】—【报表分析】—【核算单据查询】命令，选择需要修改的单据，单击【成本维护】按钮，修改金额即可。

课后练习

（1）【多选题】销售订单收款计划的控制环节能控制到（　　）环节。

    A．订购　　　　　　B．出库　　　　　　C．发货　　　　　　D．退货

（2）【判断题】销售管理系统过程概括为四个步骤：基础设置—订单管理—销售出库—销售退货，结合信用管理、库存管理、财务收款系统共同完成整个过程。（　　）

任务三　处理寄售业务

任务描述

2021 年 1 月 9 日，金民科技公司将一批红外体温计寄售给天康医疗，当天将产品从科技公司成品仓发往客户仓。1 月 15 日，寄售商品销售完毕进行结算，并确认应收账款，应收账款到期日为 2 月 9 日。寄售业务流程如图 5-38 所示。

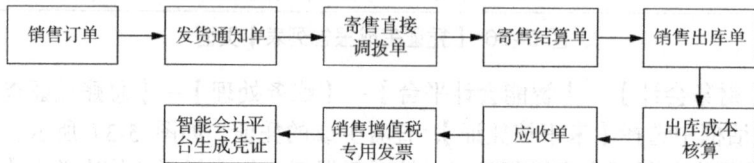

图 5-38　寄售业务流程

任务分解

1. 新增销售订单
2. 根据销售订单下推生成发货通知单
3. 根据发货通知单下推生成寄售直接调拨单
4. 根据寄售直接调拨单下推生成寄售结算单
5. 根据寄售结算单下推生成销售出库单

6. 进行出库成本核算
7. 根据寄售结算单下推生成应收单
8. 根据应收单下推生成销售增值税专用发票
9. 生成凭证

理论认知

1. 寄售

寄售（委托代销）是指由寄售人（委托人或货主）先将准备销售的货物运往寄售地，委托当地的代销人（受托人）按照寄售协议规定的条件，由代销人代替寄售人在当地市场上进行销售，货物售出后，再由代销人按协议规定的方式与寄售人结算货款的一种贸易方式。

2. 寄售业务的特点

客户寄售是先将货物送到客户处，但是这只是货物的库存地点转移，货物的所属权并没有转移，只有当客户消耗这个货物，再与公司进行结算时，货物的所属权才转移。

案例数据

（1）销售订单，单据类型为寄售销售订单，业务日期为 2021-1-9，销售员为刘秀，客户为天康医疗，要货日期为 2021-1-9。销售订单明细信息如表 5-6 所示。

表 5-6　　　　　　　　　　　　　　　　　销售订单明细　　　　　　　　　　　　　　　金额单位：元

产品	含税单价	数量	税率
红外体温计 K 型	76,000.00	22	13%
红外体温计 M 型	71,000.00	18	13%

（2）发货通知单的日期为 2021-1-9。

（3）寄售直接调拨单的日期为 2021-1-9，调出仓库为科技公司成品仓，调入仓库为客户仓。

（4）寄售结算单的日期为 2021-1-15，红外体温计 K 型结算数量为 22 台，红外体温计 M 型结算数量为 18 台。

（5）销售出库单的日期为 2021-1-15，仓库为客户仓。

（6）应收单的日期为 2021-1-15，到期日为 2021-2-9。

（7）销售增值税专用发票的业务日期为 2021-1-15，发票日期为 2021-1-15。

（8）凭证数据如表 5-7 所示。

表 5-7　　　　　　　　　　　　　　　　　凭证数据　　　　　　　　　　　　　　　　金额单位：元

对应组织	凭证来源	会计科目	借方金额	贷方金额
金民科技公司	寄售直接调拨单	发出商品——红外体温计 K 型	1,039,720.00	
		发出商品——红外体温计 M 型	781,875.00	
		库存商品——红外体温计 K 型		1,039,720.00
		库存商品——红外体温计 M 型		781,875.00
金民科技公司	销售出库单	主营业务成本——红外体温计 K 型	1,039,720.00	
		主营业务成本——红外体温计 M 型	781,875.00	
		发出商品——红外体温计 K 型		1,039,720.00
		发出商品——红外体温计 M 型		781,875.00
金民科技公司	应收单	应收账款——天康医疗	2,950,000.00	
		主营业务收入——红外体温计 K 型		1,479,646.02
		主营业务收入——红外体温计 M 型		1,130,973.45
		应交税费——应交增值税（销项税额）		339,380.53

任务实施

1. 新增销售订单

金民科技公司根据与代销商天康医疗签订的寄售协议，需要将红外体温计发给天康医疗，由其代销。销售完成后，再根据寄售协议进行结算。因此，需

扫码看视频

要先在系统中输入销售订单。

金民科技公司销售员登录金蝶 K/3 Cloud 系统，选择组织【金民科技公司】，执行【供应链】—【销售管理】—【订单处理】—【销售订单】命令，打开【销售订单-新增】页面。根据案例数据输入相关信息，输入完成后依次单击【保存】【提交】【审核】按钮，结果如图 5-39 所示。

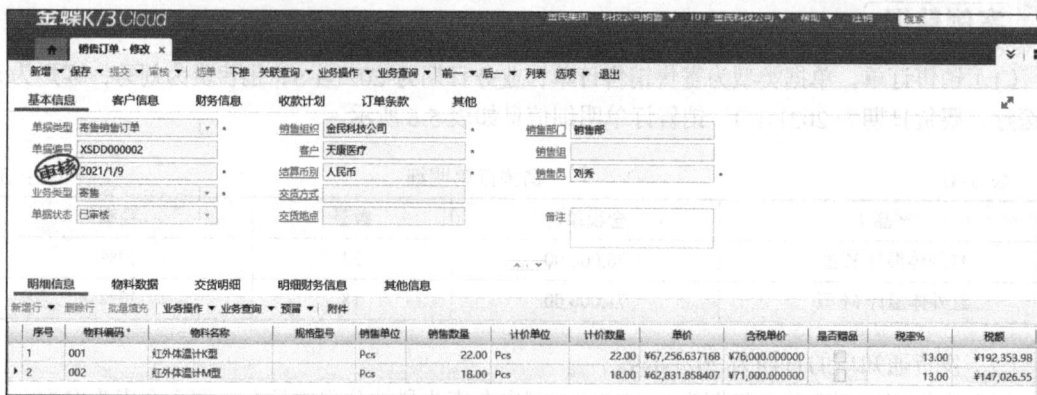

图 5-39　销售订单审核结果

2. 根据销售订单下推生成发货通知单

天康医疗希望货物能尽快送达，因此金民科技公司销售员通过发货通知单告知仓管员尽快发货。

金民科技公司销售员登录金蝶 K/3 Cloud 系统，在刚刚审核的销售订单页面中单击【下推】按钮，下推生成发货通知单，单击【确定】按钮后，打开【发货通知单-新增】页面。根据案例数据输入正确的信息，然后依次单击【保存】【提交】【审核】按钮，结果如图 5-40 所示。

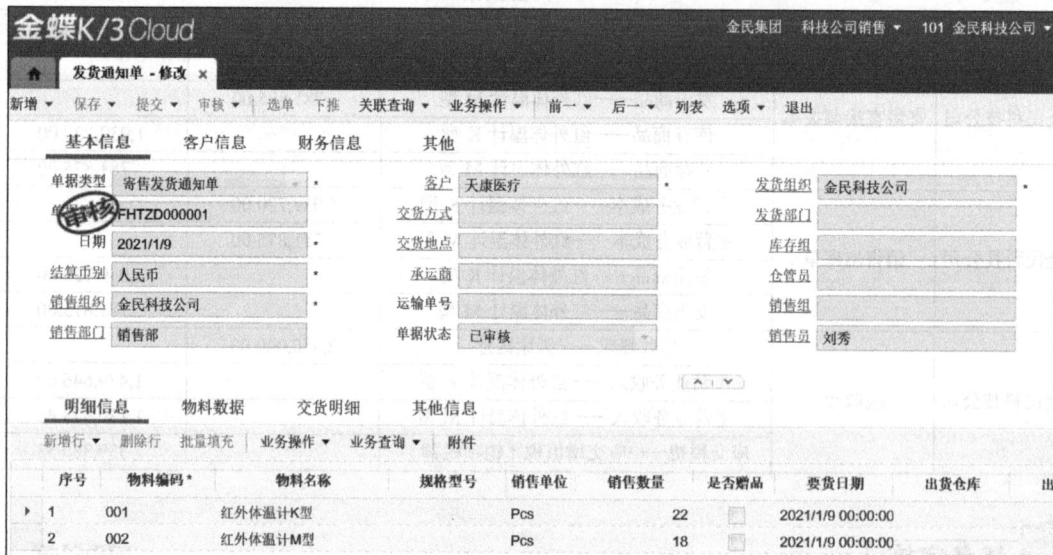

图 5-40　发货通知单审核结果

3. 根据发货通知单下推生成寄售直接调拨单

金民科技公司仓管员登录金蝶 K/3 Cloud 系统，选择组织【金民科技公司】，执行【供应链】—【销售管理】—【出货处理】—【发货通知单列表】命令，打开【发货通知单列表】页面。勾选相应的发货通知单，单击【下推】按钮，下推生成寄售直接调拨单，并根据案例数据完成寄售直接调拨单的填写。信息输入完成后，依次单击【保存】【提交】【审核】按钮，结果如图5-41所示。

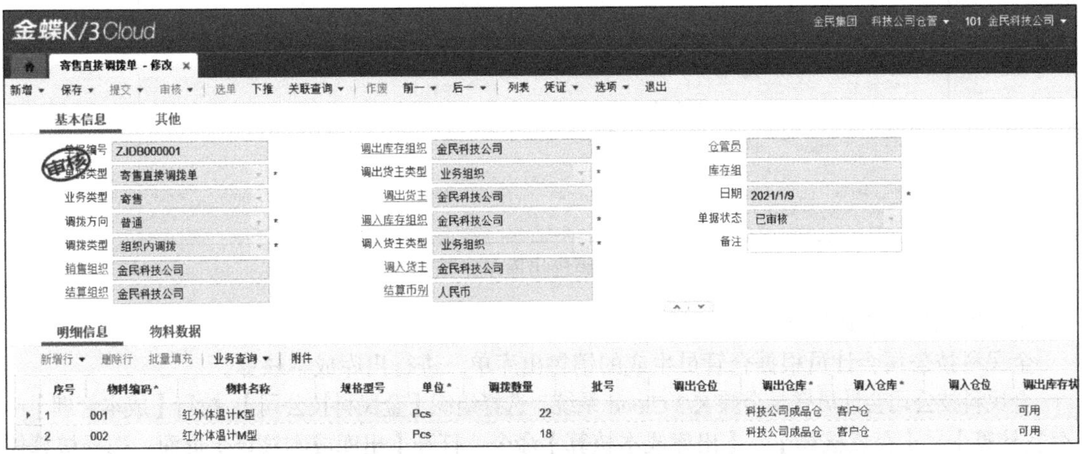

图5-41 寄售直接调拨单审核结果

4. 根据寄售直接调拨单下推生成寄售结算单

2021年1月15日，天康医疗告知金民科技公司销售员，货物销售完毕。金民科技公司销售员需要在系统中生成寄售结算单，便于进行货款结算。

金民科技公司销售员登录金蝶 K/3 Cloud 系统，选择组织【金民科技公司】，执行【供应链】—【销售管理】—【寄售】—【寄售结算单】命令，打开【寄售结算单-新增】页面。执行【选单】—【发出选单】命令，选择相应的寄售直接调拨单，单击【返回数据】按钮，根据案例数据完成寄售结算单的新增。信息输入完成后，依次单击【保存】【提交】【审核】按钮，结果如图5-42所示。

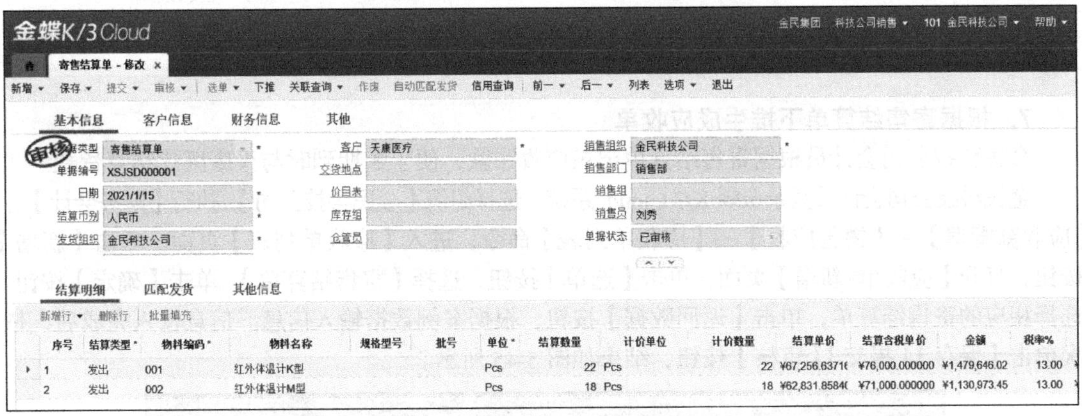

图5-42 寄售结算单审核结果

5. 根据寄售结算单下推生成销售出库单

金民科技公司仓管员根据寄售结算单，将相应的货物销售出库，便于会计员进行出库成本核算。

金民科技公司仓管员登录金蝶 K/3 Cloud 系统，选择组织【金民科技公司】，执行【供应链】—【销售管理】—【寄售】—【寄售结算单列表】命令，打开【寄售结算单列表】页面。选择前面生成的寄售结算单，单击【下推】按钮，下推生成销售出库单，根据案例数据完成销售出库单的填写。信息输入完成后，依次单击【保存】【提交】【审核】按钮，结果如图5-43所示。

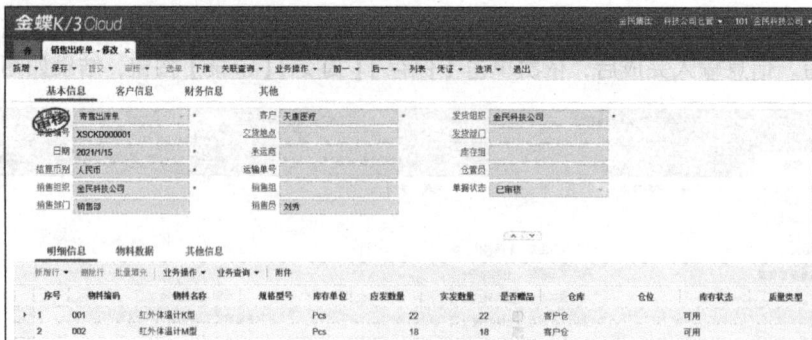

图 5-43　销售出库单审核结果

6. 进行出库成本核算

金民科技公司会计员根据仓管员生成的销售出库单，进行出库成本核算。

金民科技公司会计员登录金蝶 K/3 Cloud 系统，选择组织【金民科技公司】，执行【成本管理】—【存货核算】—【存货核算】—【出库成本核算】命令，打开【出库成本核算】页面。选择核算体系为【财务会计核算体系】，核算组织为【金民科技公司】，会计政策为【中国准则会计政策】，单击【下一步】按钮，采用系统默认的参数设置，再单击【下一步】按钮完成核算。单击【核算单据查询】超链接，可看到如图 5-44 所示的【核算单据查询】页面，可对核算报表进行查询。

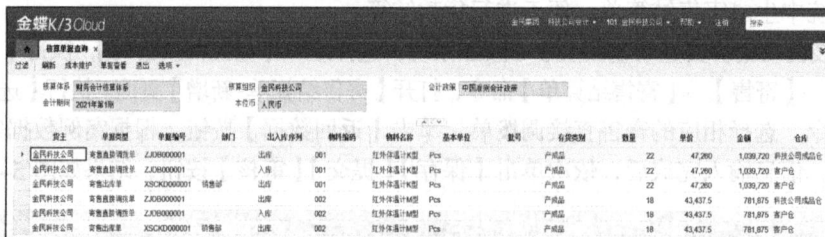

图 5-44　出库成本核算查询

7. 根据寄售结算单下推生成应收单

金民科技公司会计员根据寄售结算单记录应收账款，便于账期到时与天康医疗结算货款。

金民科技公司会计员登录金蝶 K/3 Cloud 系统，选择组织【金民科技公司】，执行【财务会计】—【应收款管理】—【销售应收】—【应收单列表】命令，进入【应收单列表】页面。单击【新增】按钮，打开【应收单-新增】页面。单击【选单】按钮，选择【寄售结算单】，单击【确定】按钮。选择相应的寄售结算单，单击【返回数据】按钮，根据案例数据输入信息。信息输入完成后，依次单击【保存】【提交】【审核】按钮，结果如图 5-45 所示。

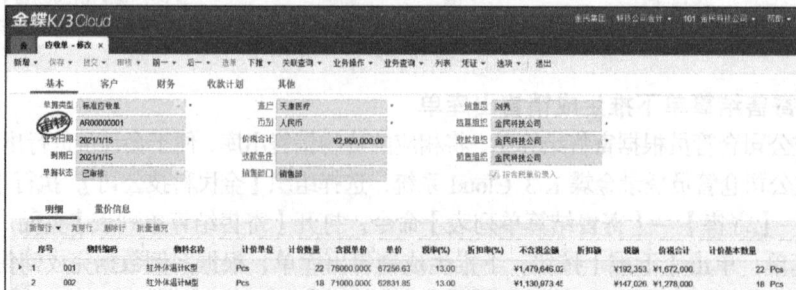

图 5-45　应收单审核结果

8. 根据应收单下推生成销售增值税专用发票

金民科技公司会计员根据应收单开具销售增值税专用发票给天康医疗。

金民科技公司会计员登录金蝶 K/3 Cloud 系统，在刚刚审核应收单的页面，单击【下推】按钮，下推生成销售增值税专用发票，并根据案例数据输入信息。信息输入完成后，依次单击【保存】【提交】【审核】按钮，结果如图 5-46 所示。

图 5-46　销售增值税专用发票审核结果

9. 生成凭证

金民科技公司会计员根据日常业务的规定，将本次寄售业务单据生成凭证，便于编制财务报表。

（1）金民科技公司会计员登录金蝶 K/3 Cloud 系统，选择组织【金民科技公司】，执行【财务会计】—【智能会计平台】—【账务处理】—【凭证生成】命令，打开【凭证生成】页面。勾选账簿【金民科技公司】，在【选择单据】页签下的来源单据中勾选【直接调拨单】【销售出库单】【应收单】，如图 5-47 所示。

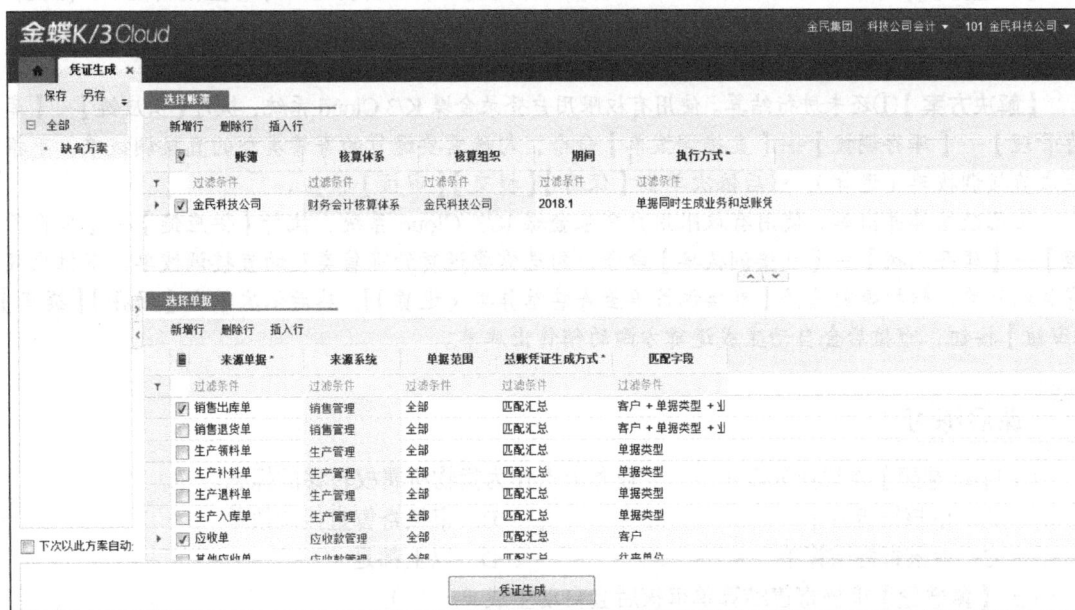

图 5-47　【凭证生成】页面

（2）单击【凭证生成】按钮，系统会自动打开【凭证生成报告列表】页面。

（3）执行【财务会计】—【智能会计平台】—【账务处理】—【总账凭证查询】命令，打开【总账凭证查询】页面，在【列表过滤】对话框中选择【未审核凭证】，查看生成的凭证，如图5-48所示。双击打开每个凭证，与案例数据中的凭证内容进行核对。核对无误后，勾选凭证并依次单击【提交】【审核】按钮。

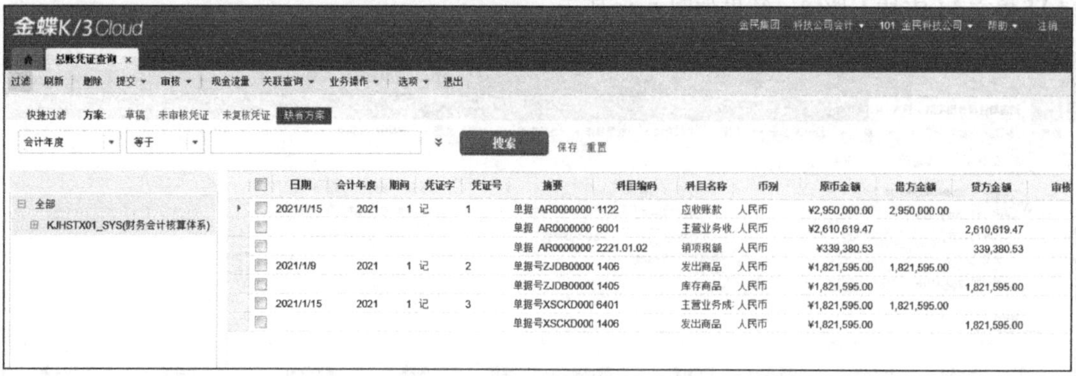

图 5-48 【总账凭证查询】页面

常见问题解答

（1）寄售业务选择不到客户。

【问题分析】产生该现象的原因可能是没有设置寄售客户类别。

【解决方案】使用 Administrator 用户身份登录系统，执行【基础管理】—【公共设置】—【参数设置】—【供应链】—【销售管理】命令，勾选【寄售业务支持非寄售客户】。

（2）寄售结算完成后需要退货该怎么处理？

【问题分析】寄售退货的两种流程如下：①还未进行结算，需要输入寄售直接调拨单，把放在客户仓的物料退回企业仓；②已经结算并出库，此时要从原来的寄售直接调拨单（非退货类型）下推生成退回类型寄售结算单，再下推生成销售退货单。

【解决方案】①还未进行结算。使用有权限用户登录金蝶 K/3 Cloud 系统，执行【供应链】—【库存管理】—【库存调拨】—【直接调拨单】命令，勾选需要退货的寄售类型的直接调拨单，下推生成直接调拨单（退货），然后依次单击【保存】【提交】【审核】按钮。

②已经结算并出库。使用有权限用户登录金蝶 K/3 Cloud 系统，执行【供应链】—【库存管理】—【库存调拨】—【直接调拨单】命令，勾选需要退货的寄售类型的直接调拨单，下推生成寄售结算单，转换规则选择【直接调拨单至寄售结算单（退货）】，然后依次单击【保存】【提交】【审核】按钮，审核后会自动生成退货方向的销售出库单。

课后练习

（1）【单选题】寄售业务以（　　）业务节点作为货物所属权转移的标志。

A. 审核销售订单　　　　　　　　　　B. 审核寄售直接调拨单

C. 审核寄售结算单　　　　　　　　　D. 以上都是

（2）【多选题】审核寄售结算单审核后会自动生成（　　）。

A. 应收单　　　B. 销售出库单　　　C. 销售退货单　　　D. 寄售直接调拨单

处理金民集团仓存管理业务

企业的仓存管理是指对原材料及产成品的出入库管理、商品的批次管理、保质期管理、存量管理等。仓存管理系统还可与供应链其他子系统结合使用，提供订单跟踪管理、供应商供货信息管理、销售价格管理、信用管理等功能，基本实现对企业存货进出全过程的有效跟踪及合理控制。

任务一　处理简单生产领料及生产入库业务

任务描述

金民集团旗下的金民科技公司准备生产一批产品，需要相关工作人员完成生产领料业务，并在产品完工入库后，维护产品的入库成本，同时生成凭证以记账。

小贴士

传统企业由于管理粗放，主管生产的领导只知道源头投入了多少原材料，最后产出了多少成品，而对中间损耗的详情并不清楚。各个流程、各个工序之间的数据完全不共享，流程进行到哪里，损耗率是多少，都需要人工计算，还经常需要盘点库存，非常耗费人力、物力。ERP 具备管控生产经营全过程的能力，能使生产过程中每一层次的物料、生产线上的每个环节和每个责任人、经营环节的每一个单据都处于受控状态，实现企业管理精细化。精细化管理也称为细节管理。对于个人来说，细节要从小事、琐事做起。收拾、打扫、整理、归类、标识、保养设备和物料、个人卫生、穿着打扮等都是细节管理的内容。

任务分解

1. 新增简单生产领料单
2. 对简单生产领料单进行出库成本核算
3. 对简单生产领料单生成凭证

4. 新增简单生产入库单
5. 对简单生产入库单进行入库成本维护
6. 对简单生产入库单生成凭证

理论认知

1. 简单生产业务概述

如果企业的生产过程比较简单（如只有单步骤生产），或者企业没有用生产管理模块进行生产过程的管理，可以采用简单生产方式进行领料、入库等业务操作，以便进行物料成本的核算、分摊。

2. 简单生产业务的功能

简单生产领料功能主要是对生产部门和仓储部门之间的领料业务进行管理。在业务发生后，财务人员根据简单生产领料单记账、核算成本，而简单生产领料单则是根据物料清单（Bill of Material，BOM）或者简单生产入库单生成的。

案例数据

（1）2021 年 1 月 5 日，金民科技公司生产部从原料仓领用原材料用于生产智能机器人，包括传感器 26Pcs（Pcs 是 pieces 的缩写词，指个数、件数、台数的复数），芯片 26Pcs，显示器 47.2Pcs（外壳在简单生产时需要裁剪，部分裁剪料将退回仓库，故最终使用物料数量有可能不是整数）。

简单生产领料单明细信息如表 6-1 所示，凭证数据如表 6-2 所示。

表 6-1　　　　　　　　　　　简单生产领料单明细信息

业务日期	生产车间	物料名称	申请数量	仓库
2021-1-5	生产部	传感器	26	科技公司原料仓
		芯片	26	
		显示器	47.2	

表 6-2　　　　　　　　　　　简单生产领料单凭证数据　　　　　　　　　金额单位：元

对应组织	凭证来源	会计科目	借方金额	贷方金额
金民科技公司	简单生产领料单	生产成本——生产部——材料成本	113,876.46	
		原材料——芯片		77,409.16
		原材料——传感器		12,950.94
		原材料——显示器		23,516.36

（2）2021 年 1 月 31 日，26 台完工产品入库，其中，13 台红外体温计 K 型的成本为 566,677.92 元，13 台红外体温计 M 型的成本为 566,677.92 元。

简单生产入库单的主要信息：单据类型为简单生产入库，日期为 2021-1-31，入库组织为金民科技公司，生产组织为金民科技公司，货主为金民科技公司。

简单生产入库单明细信息如表 6-3 所示，凭证数据如表 6-4 所示。

表 6-3　　　　　　　　　　　简单生产入库单明细信息

物料名称	应收数量	仓库	生产车间
红外体温计 K 型	13	科技公司成品仓	生产部
红外体温计 M 型	13	科技公司成品仓	生产部

表 6-4　　　　　　　　　　　简单生产入库单凭证数据　　　　　　　　　金额单位：元

对应组织	凭证来源	会计科目	借方金额	贷方金额
金民科技公司	简单生产入库单	库存商品——红外体温计 K 型	566,677.92	
		库存商品——红外体温计 M 型	566,677.92	
		生产成本		1,133,355.84

任务实施

1. 新增简单生产领料单

金民科技公司生产部采用简单方式生产产品，需要从仓库领取相应的原材料，并且填写生产领料单，再由仓管员进行审核。

（1）金民科技公司生产主管登录金蝶 K/3 Cloud 系统，选择组织为【金民科技公司】，执行【供应链】—【库存管理】—【简单生产业务】—【简单生产领料单】命令，打开【简单生产领料单-新增】页面。根据案例数据输入相关信息，然后依次单击【保存】和【提交】按钮。

（2）金民科技公司仓管员登录金蝶 K/3 Cloud 系统，选择组织为【金民科技公司】，执行【供应链】—【库存管理】—【简单生产业务】—【简单生产领料单列表】命令，审核简单生产领料单，结果如图 6-1 所示。

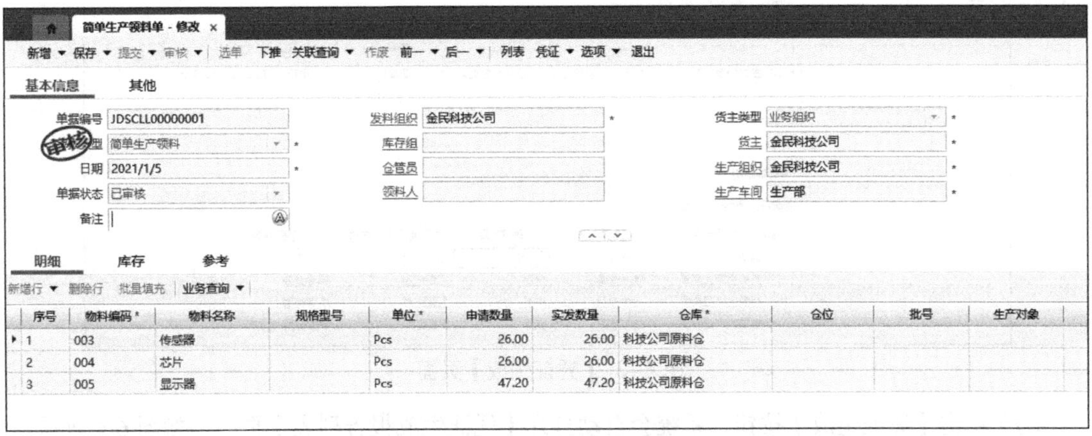

图 6-1　简单生产领料单审核结果

2. 对简单生产领料单进行出库成本核算

金民科技公司会计员按照会计日常工作规定，对本次出库业务的相关物料进行出库成本核算。

（1）金民科技公司会计员登录金蝶 K/3 Cloud 系统，选择组织【金民科技公司】，执行【成本管理】—【存货核算】—【存货核算】—【出库成本核算】命令，打开【出库成本核算】页面。选择核算体系为【财务会计核算体系】，核算组织为【金民科技公司】，会计政策为【中国准则会计政策】。设置好后，单击【下一步】按钮，采用系统默认的参数设置，再单击【下一步】按钮完成核算。这时可对核算报表进行查询，如单击【核算单据查询】超链接进行查看，结果如图 6-2 所示。

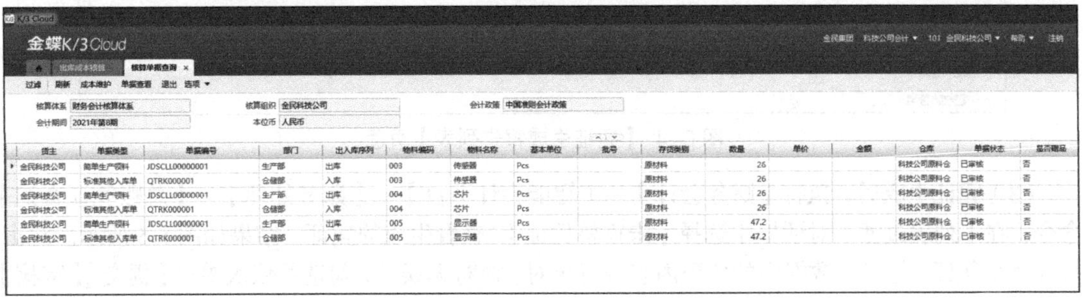

图 6-2　出库成本核算查询

（2）查看完成后，返回【出库成本核算】页面，单击【完成】按钮，完成出库成本核算。

3. 对简单生产领料单生成凭证

金民科技公司会计员根据会计日常业务规定，对本次相关业务单据生成凭证，便于后续编制财务报表。

（1）金民科技公司会计员登录金蝶 K/3 Cloud 系统，选择组织为【金民科技公司】，执行【财务会计】—【智能会计平台】—【账务处理】—【凭证生成】命令，打开【凭证生成】页面。勾选【金民科技公司】账簿，在【选择单据】页签下的来源单据中勾选【简单生产领料单】，如图 6-3 所示。

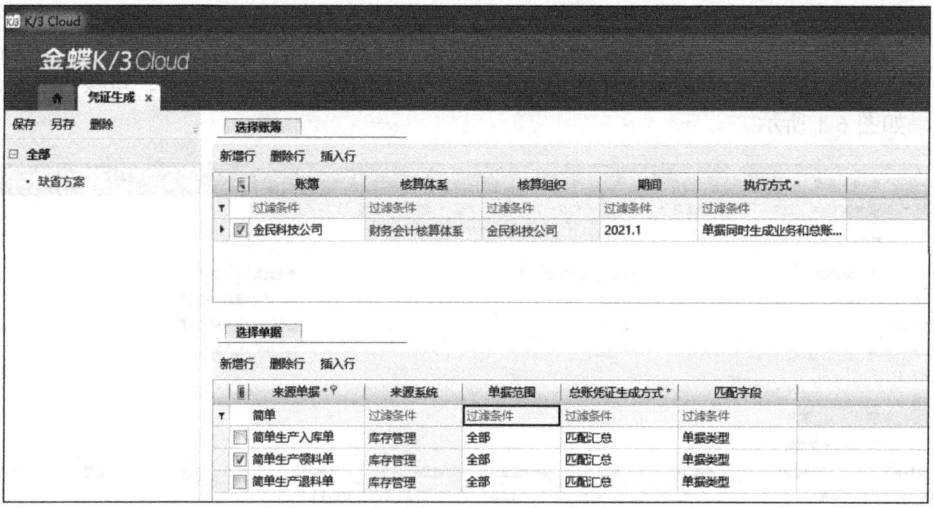

图 6-3 【凭证生成】页面

（2）单击【凭证生成】按钮，系统会自动打开【凭证生成报告列表】页面，如图 6-4 所示。

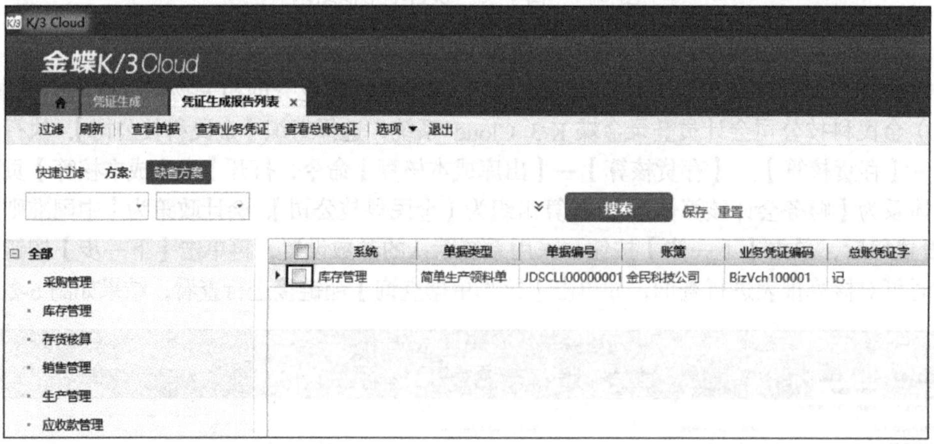

图 6-4 【凭证生成报告列表】页面

（3）凭证生成后，执行【财务会计】—【智能会计平台】—【账务处理】—【总账凭证查询】命令，在【列表过滤】对话框中选择【未审核凭证】，查看生成的凭证，结果如图 6-5 所示。双击打开每个凭证，与案例数据中的凭证内容进行核对。核对无误后，勾选并依次单击【提交】【审核】按钮。

图 6-5　总账凭证查询

4. 新增简单生产入库单

金民科技公司仓管员接受简单生产完工入库的产品，在系统中增加简单生产入库单。

金民科技公司仓管员登录金蝶 K/3 Cloud 系统，组织选择【金民科技公司】，执行【供应链】—【库存管理】—【简单生产入库业务】—【简单生产入库单】命令，打开【简单生产入库单-新增】页面。新增行，分别输入物料，其中包括 13 台红外体温计 K 型和 13 台红外体温计 M 型，仓库选择【科技公司成品仓】，依次单击【保存】【提交】【审核】命令，结果如图 6-6 所示。

图 6-6　简单生产入库单审核结果

5. 对简单生产入库单进行入库成本维护

金民科技公司会计员登录金蝶 K/3 Cloud 系统，选择组织【金民科技公司】，执行【成本管理】—【存货核算】—【存货核算】—【入库成本维护】命令，在弹出的【入库成本维护过滤条件】对话框中，选择单据类型为【简单生产入库单】，如图 6-7 所示。其中，13 台红外体温计 K 型和 13 台红外体温计 M 型的成本均为 566,677.92 元，如图 6-8 所示。

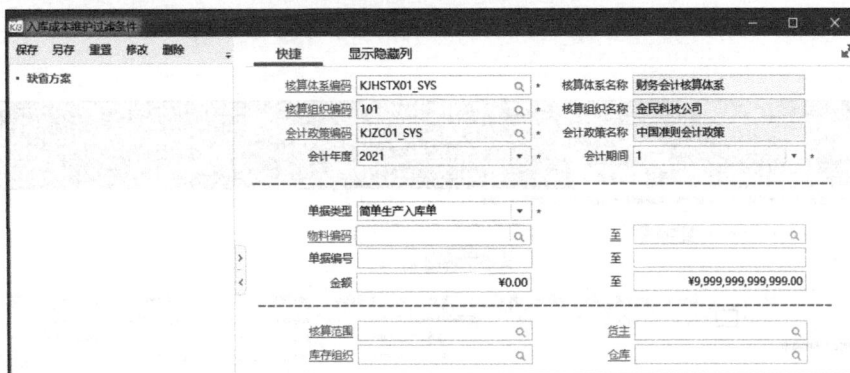

图 6-7　选择简单生产入库单进行入库成本维护

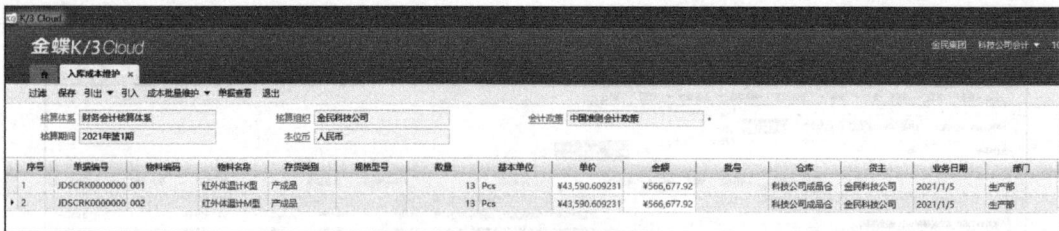

图 6-8　入库成本维护结果

6. 对简单生产入库单生成凭证

金民科技公司会计员根据会计日常业务规定,对本次简单生产入库单结转成本的业务生成凭证。

(1) 金民科技公司会计员登录金蝶 K/3 Cloud 系统,选择组织【金民科技公司】,执行【财务会计】—【智能会计平台】—【账务处理】—【凭证生成】命令,打开【凭证生成】页面,勾选【简单生产入库单】,如图 6-9 所示。

图 6-9　生成凭证

(2) 单击【凭证生成】按钮,系统自动打开【凭证生成报告列表】页面。

(3) 凭证生成后,执行【财务会计】—【智能会计平台】—【账务处理】—【总账凭证查询】命令,在【列表过滤】对话框中选择【未审核凭证】,查看生成的凭证,如图 6-10 所示。双击打开每个凭证,与案例数据中的凭证内容进行核对。核对无误后,勾选凭证并依次单击【提交】【审核】按钮。

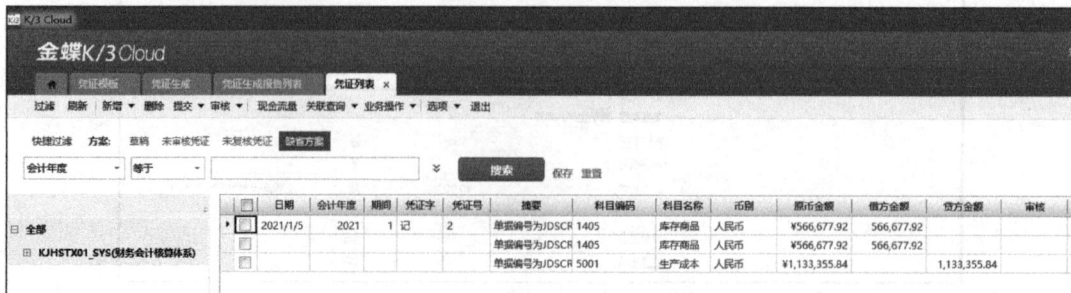

图 6-10　总账凭证查询

常见问题解答

（1）简单生产领料单无法选择发料组织。

【解决方案】产生此现象的原因一般从下面两个方面排查：①对应组织是否启用库存管理模块；②是否结束库存管理模块初始化。

（2）简单生产入库如何退库？

【解决方案】①手工新增简单生产退库单；②根据简单生产入库单下推生成简单生产退库单。

（3）简单生产入库单下推简单生产领料，提示没有找到已审核、未禁用的 BOM。

【问题分析】简单生产入库单的物料是成品，领料单上的是子项，需要通过 BOM 展开子项领料。

【解决方案】①用户登录金蝶 K/3 Cloud 系统，执行【生产制造】—【工程数据】—【物料清单】—【物料清单列表】命令；②在物料清单列表双击打开对应的物料清单，输入对应的父项和子项物料。

课后练习

（1）【多选题】单击【凭证生成】按钮，核算完成却无法生成凭证的原因有（　　）。

A. 账簿启用日期与当前会计期间不一致　　B. 单据中的物料没有输入单价

C. 对应组织中没有建立相关单据　　D. 以上内容都对

（2）【单选题】对建立的简单生产领料单进行了出库成本核算并且生成了凭证，但发现凭证的数据与想要的数据严重不符合，那么可以（　　）。

A. 删除凭证，找到对应单据更改物料单价

B. 删除凭证，再次进行出库成本核算和成本维护

C. 删除凭证与对应单据，重新操作一遍

D. 不管不顾

任务二　处理存货盘点业务

任务描述

2021 年 1 月 31 日，金民科技公司进行存货盘点，设置盘点方案名称为"金民科技公司 1 月盘点方案"，盘亏的存货经过调查发现是合理损耗，计入管理费用。

任务分解

1. 新增盘点方案并进行盘点　　3. 生成凭证

2. 进行出库成本核算　　4. 新增凭证，将盘亏金额计入管理费用

理论认知

1. 库存盘点

库存盘点是为了精确地计算当月和当年的营运状况，以月/年为周期清点公司内的成品和原材

料，制定公司仓储收发作业准则，以便对仓储货品的收发结存等活动进行有效控制，保证仓储货品完好无损、账物相符，确保生产正常进行，规范公司物料的盘点作业。

2. 定期盘点的流程

定期盘点可以针对某个时间段的库存进行盘点，将系统的账存数和实际的仓库库存数做对比，存在差异即生成盘盈单或盘亏单。

案例数据

（1）存货盘点数据如表 6-5 所示。

表 6-5　　　　　　　　　　　　　　　　存货盘点数据

仓库名称	物料名称	盘点数量
科技公司原料仓	传感器	181.00
科技公司原料仓	芯片	282.00
科技公司原料仓	显示器	160.80
科技公司成品仓	红外体温计 K 型	216.00
科技公司成品仓	红外体温计 M 型	227.00

（2）凭证数据如表 6-6 所示。

表 6-6　　　　　　　　　　　　　凭证数据　　　　　　　　　　　　金额单位：元

对应组织	凭证来源	会计科目	借方金额	贷方金额
金民科技公司	盘亏单	待处理财产损溢	114,297.70	
		原材料		114,297.70
金民科技公司	凭证输入	管理费用——销售部门	114,297.70	
		待处理财产损溢		114,297.70

任务实施

1. 新增盘点方案

金民科技公司仓管员登录金蝶 K/3 Cloud 系统，选择组织【金民科技公司】，执行【供应链】—【库存管理】—【定期盘点】—【盘点方案】命令，打开【盘点方案列表】页面。新增盘点方案，在【盘点参数】页签下，设置备份日期为 2021-1-31。信息输入完成后，依次单击【保存】【提交】【审核】按钮，如图 6-11 所示。

2. 在物料盘点作业列表中进行盘点

金民科技公司仓管员和会计员根据系统自动生成的物料盘点表进行盘点，并将盘点结果输入系统。

（1）金民科技公司仓管员登录金蝶 K/3 Cloud 系统，选择组织【金民科技公司】，执行【供应链】—【库存管理】—【定期盘点】—【物料盘点作业列表】命令，打开【物料盘点作业列表】页面。通过新建的盘点方案进行物料盘点作业，参照案例数据输入具体的盘点数量。输入完成后，依次单击【保存】【提交】【审核】按钮，如图 6-12 所示。

扫码看视频

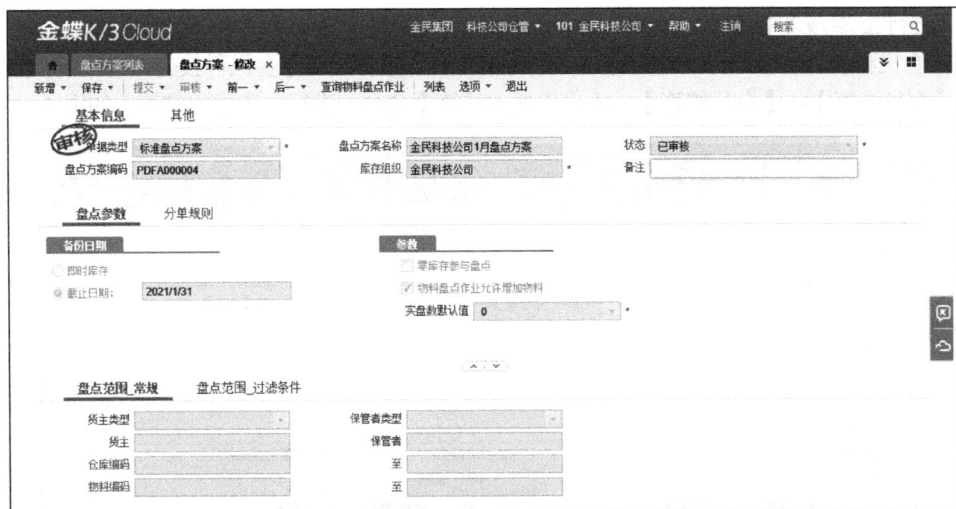

图 6-11　新增盘点方案

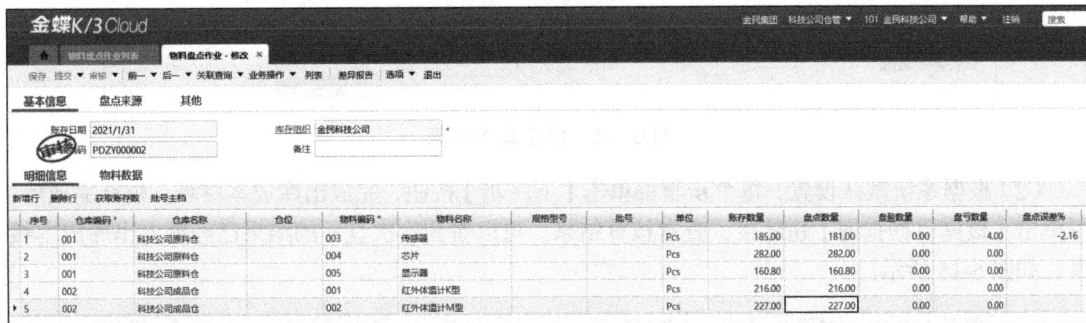

图 6-12　盘点物料

（2）如果存在数量差异，系统自动生成盘盈单或者盘亏单。执行【供应链】—【库存管理】—【定期盘点】—【盘亏单列表】命令，查看自动生成的盘亏单，如图 6-13 所示。本次盘亏量在正常的损耗范围内。

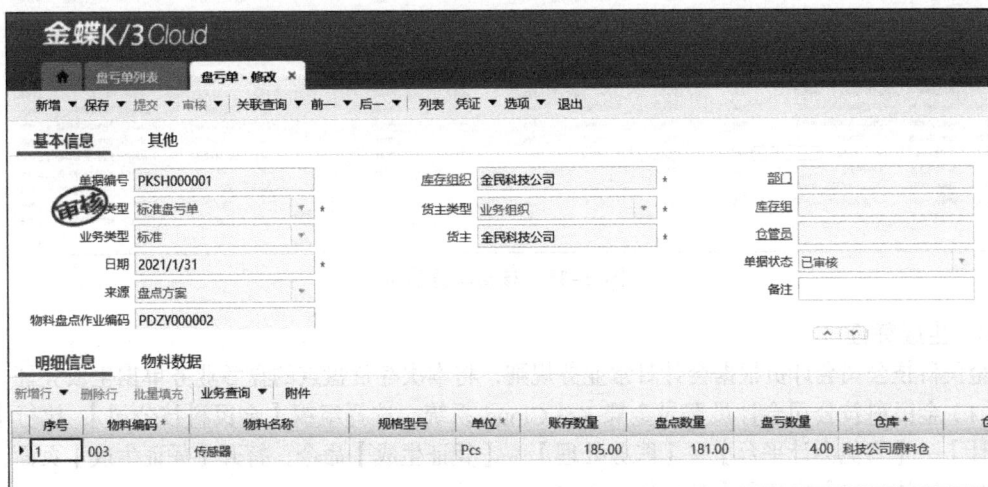

图 6-13　查看盘亏单

3. 进行出库成本核算

（1）金民科技公司会计员登录金蝶 K/3 Cloud 系统，选择组织【金民科技公司】，执行【成本管理】—【存货核算】—【存货核算】—【出库成本核算】命令，进行出库成本核算，如图 6-14 所示。

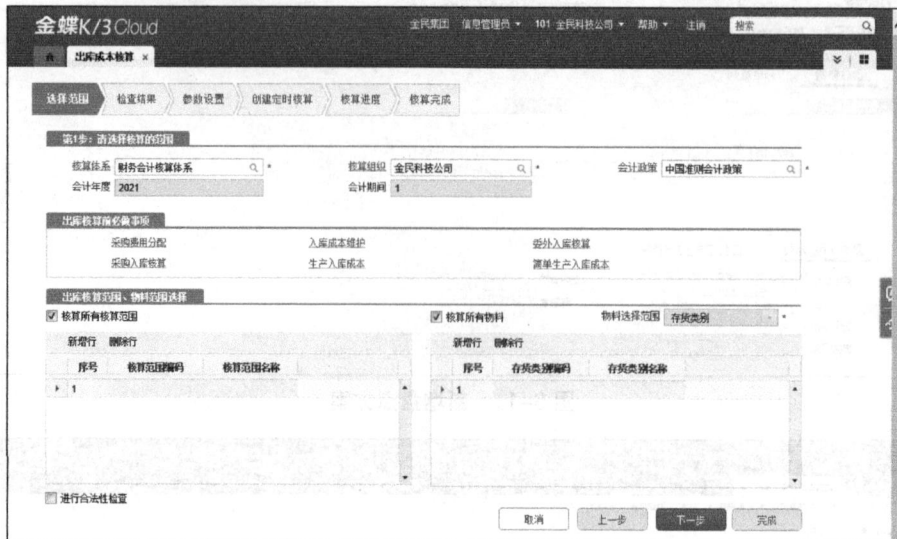

图 6-14　出库成本核算

（2）根据系统默认设置，每个步骤都单击【下一步】按钮，完成出库成本核算。核算完成后，可单击【核算单据查询】超链接，查看核算结果。可以看到本次盘亏的结果已经纳入出库成本核算，如图 6-15 所示。

图 6-15　核算单据查询

4. 生成凭证

金民科技公司会计员根据会计日常业务规则，将本次存货盘点的盘亏业务单据生成凭证。

（1）金民科技公司会计员登录金蝶 K/3 Cloud 系统，选择组织【金民科技公司】，执行【财务会计】—【智能会计平台】—【账务处理】—【凭证生成】命令，打开【凭证生成】页面，勾选【金民科技公司】账簿和【盘亏单】，如图 6-16 所示。

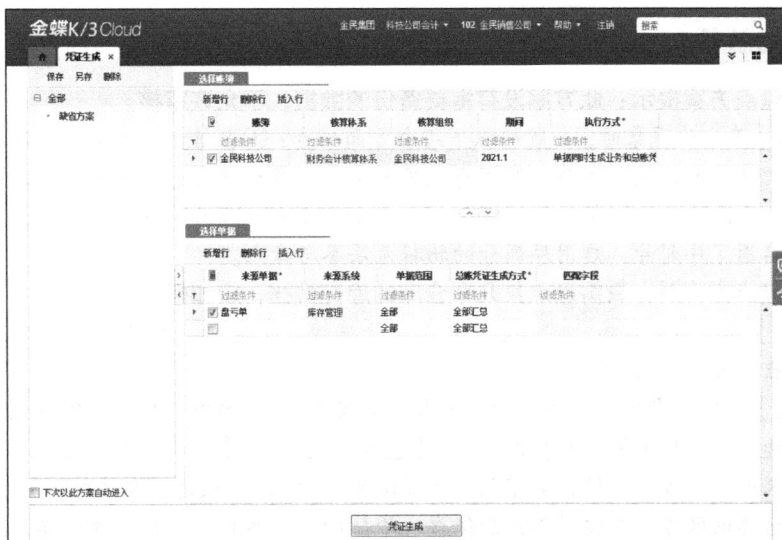

图 6-16 【凭证生成】页面

（2）单击【凭证生成】按钮，系统自动生成凭证，并打开【凭证生成报告列表】页面。执行【财务会计】—【智能会计平台】—【账务处理】—【总账凭证查询】命令，过滤条件选择【未审核凭证】，单击【确定】按钮，进入对应的【凭证列表】页面，如图 6-17 所示。双击打开每个凭证，与案例数据中的凭证内容进行核对。核对无误后，勾选凭证并依次单击【提交】【审核】按钮。

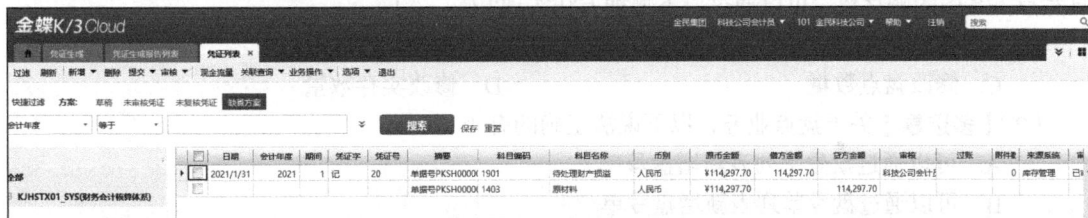

图 6-17 凭证列表

5. 新增凭证，将盘亏金额计入管理费用

盘亏的存货经过调查发现是合理损耗，根据公司财务规定，可计入管理费用，便于结转费用。

金民科技公司会计员登录金蝶 K/3 Cloud 系统，选择组织【金民科技公司】，执行【财务会计】—【总账】—【凭证管理】—【凭证录入】命令，打开【凭证录入-新增】页面。如图 6-18 所示，参考案例数据，将待处理财产损溢转入管理费用。凭证信息输入完成后，依次单击【保存】和【提交】按钮。

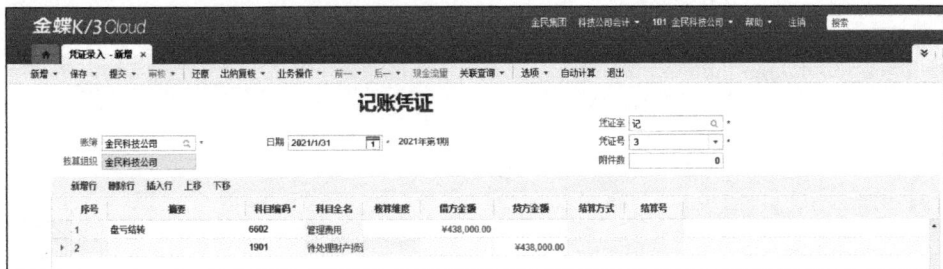

图 6-18 新增凭证

常见问题解答

（1）审核盘点方案提示：此方案没有需要备份的数据，不允许审核。

【解决方案】产生此现象时，一般从以下几个方面排查：①当前盘点方案截止时间范围内没有物料发生业务；②当前盘点方案截止时间有业务发生，但最后单击【清除零库存记录】按钮，此时即使勾选【零库存记录参与盘点】，也无法获取到物料数据；③当前盘点方案截止时间有业务发生的物料全部启用了序列号，启用序列号的物料无法参与盘点。

（2）设置盘点方案时，只需盘点某几个仓库的库存数据，应如何设置？

【问题分析】新增盘点方案，常规盘点范围是仓库按顺序盘点，如需选取其中几个仓库盘点，需要设置"盘点范围-过滤条件"。

【解决方案】①使用有权限的用户身份登录金蝶 K/3 Cloud 系统，执行【供应链】—【库存管理】—【定期盘点】—【盘点方案】命令，在【盘点方案-新增】页面打开【盘点范围_过滤条件】页签，根据需求选择字段设置值，如字段"仓库编码等于 004"或者"仓库编码等于 005"，说明只盘点这两个仓库的数据；②设置条件后保存、审核即可，然后查询物料盘点作业出现的内容，即为根据条件设置过滤出来需要盘点的内容。

课后练习

（1）【单选题】5 月 31 日在系统中按截止日期为当天备份了盘点方案。在与仓管员核对账存数的时候，发现系统中的账存数与手工账登记的账存数不一致。经核实，需要调整系统中 5 月 31 日盘点方案中的账存数。可以通过以下哪种方法实现？（　　　）

　　A. 做选单操作　　　　　　　　　　　B. 修改调整数量

　　C. 修改盘点数量　　　　　　　　　　D. 修改实存数量

（2）【多选题】关于盘点业务，以下说法正确的有（　　　）。

　　A. 可以通过盘盈单列表新增盘盈单

　　B. 可以通过盘亏单列表新增盘亏单

　　C. 审核物料盘点作业后自动生成盘盈单、盘亏单

　　D. 物料盘点作业可以在列表中删除

（3）【判断题】勾选【零库存参与盘点】后，手工新增的物料也可以参与盘点。（　　　）

项目七
处理金民集团财务数据

    金蝶 K/3 Cloud 系统的财务数据是通过总账模块来处理的，它是会计信息系统的基础和核心，是整个会计信息系统最基本和最重要的内容。其他财务和业务子系统有关资金的数据，最终要归集到总账模块中，以生成完整的会计账簿。

    金蝶 K/3 Cloud 系统总账模块的功能主要有会计凭证处理、账簿管理、辅助核算管理及期末处理等。凭证处理一般包括填制凭证、审核凭证、汇总凭证和记账等内容，其主要任务是通过输入和处理记账凭证，完成记账工作，查询和输出各种账簿；账簿管理包括总账、明细账等基本会计核算账簿的输出，以及个人往来、单位往来等各种辅助核算账簿的查询输出；期末处理包括转账、对账、结账工作。转账工作是会计自动化的重要体现，可以由计算机系统自动完成。月末必须进行对账和结账工作，这是使会计前后期间衔接的重要内容。总账模块业务处理主要包括输入日常业务的凭证、审核及过账凭证两个基本任务。

任务一　输入日常业务的凭证

任务描述

    计提税金及附加是金民集团日常期末处理工作之一。税金及附加反映企业经营的主要业务应负担的消费税、资源税、教育费附加、城市维护建设税等。请利用凭证输入功能为金民集团编制计提税金及附加的业务凭证。

小贴士

    《关于印发〈增值税会计处理规定〉的通知》（财会〔2016〕22 号）规定，全面试行营业税改征增值税后，"营业税金及附加"科目名称调整为"税金及附加"科目，该科目核算企业经营活动发生的消费税、城市维护建设税、资源税、教育费附加及房产税、土地使用税、车船使用税、印花税等相关税费；利润表中的"营业税金及附加"项目调整为"税金及附加"项目。增值税为价外税，不在"税金及附加"科目中体现，不影响企业利润。

任务分解

    1. 收集整理金民科技公司和金民销售公司应负担的消费税、资源税、教育费附加、城市维护建设税数据

    2. 根据收集的数据编制记账凭证，认真填写凭证中的摘要、会计科目、借方/贷方金额，保证凭证数据的完整性和准确性

理论认知

1. 制作凭证的意义

凭证又称会计凭证，指的是能够用来证明经济业务事项发生、明确经济责任并据以登记账簿、具有法律效力的书面证明。每个企业都必须按一定的程序填制和审核会计凭证，根据审核无误的会计凭证登记账簿，如实反映企业的经济业务。

2. 会计凭证的分类

按反映经济业务的内容不同，会计凭证可以分为收款凭证、付款凭证和转账凭证。

（1）收款凭证：用于记录现金和银行存款收款业务的会计凭证。

（2）付款凭证：用于记录现金和银行存款付款业务的会计凭证。

（3）转账凭证：用于记录不涉及现金和银行存款业务的会计凭证。

3. 会计分录

会计分录是指标明某项经济业务应借、应贷账户的名称及其金额的一种记录。在登记账户前，通过记账凭证编制会计分录，能够清楚地反映经济业务的归类情况，有助于保证账户记录准确无误，便于事后检查。每项会计分录主要包括记账符号、有关账户名称、摘要和金额。在编写会计分录时，要遵循"有借必有贷，借贷必相等"的规则。

案例数据

（1）1 月 31 日，金民科技公司计提税金及附加，其中应交城市维护建设税为 73,280.10 元，应交教育费附加为 31,405.76 元，应交地方教育附加为 20,937.17 元。

（2）1 月 31 日，金民销售公司计提税金及附加，其中应交城市维护建设税为 3,559.83 元，应交教育费附加为 1,525.64 元，应交地方教育附加为 1,017.09 元。

凭证数据如表 7-1 所示。

表 7-1　　　　　凭证数据　　　　　金额单位：元

对应组织	凭证来源	会计科目	借方金额	贷方金额
金民科技公司	凭证输入	税金及附加	125,623.03	
		应交税费——应交城市维护建设税		73,280.10
		应交税费——应交教育费附加		31,405.76
		应交税费——应交地方教育附加		20,937.17
金民销售公司	凭证输入	税金及附加	6,102.56	
		应交税费——应交城市维护建设税		3,559.83
		应交税费——应交教育费附加		1,525.64
		应交税费——应交地方教育附加		1,017.09

任务实施

1. 金民科技公司会计员编制计提本月税金及附加的凭证

金民科技公司会计员登录金蝶 K/3 Cloud 系统，选择组织为【金民科技公司】，执行【财务会计】—【总账】—【凭证管理】—【凭证录入】命令，打开

扫码看视频

【凭证录入-新增】页面，根据表 7-1 中的数据输入凭证信息，信息输入完成后，单击【保存】按钮。结果如图 7-1 所示。

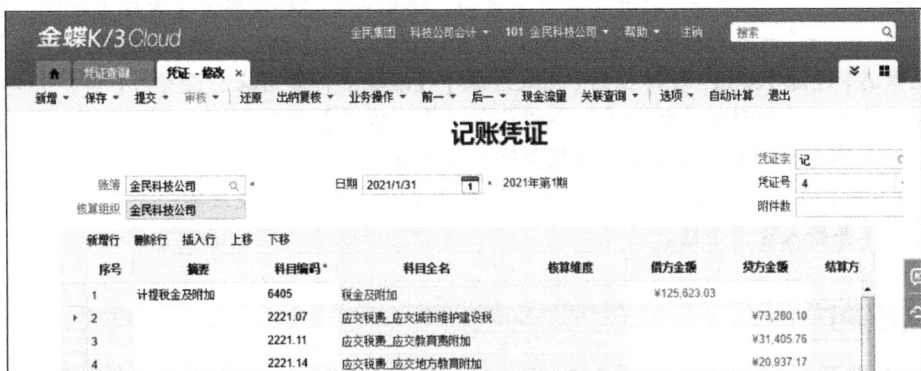

图 7-1 金民科技公司编制计提税金及附加的凭证页面

2. 金民销售公司会计员编制计提本月税金及附加的凭证

金民销售公司会计员登录金蝶 K/3 Cloud 系统，选择组织为【金民销售公司】，执行【财务会计】—【总账】—【凭证管理】—【凭证录入】命令，打开【凭证录入-新增】页面，根据表 7-1 中的数据输入凭证信息，信息输入完成后，单击【保存】按钮。结果如图 7-2 所示。

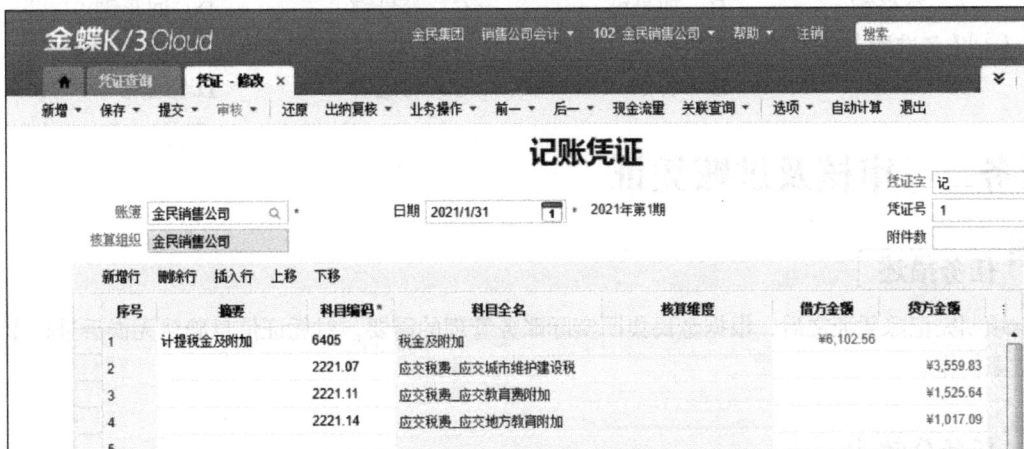

图 7-2 金民销售公司编制计提税金及附加的凭证

常见问题解答

（1）输入凭证时，后面分录行的摘要无法自动携带第一条分录的摘要。

【问题分析】自动携带第一条分录的摘要可以降低人力时间成本，提高工作效率，但该功能需要在系统参数中设置后才能实现。

【解决方案】登录金蝶 K/3 Cloud 系统，执行【财务会计】—【总账】—【凭证管理】—【凭证录入】命令，打开【凭证录入-新增】页面。执行【选项】—【选项】命令，在弹出的【选项设置】对话框中，打开【业务参数】页签，勾选【摘要】，单击【保存】按钮。

（2）凭证输入时不能选择新增的科目。

【问题分析】可能该凭证科目未被审核或者已经被禁用，只有已审核、未被禁用的科目才能被选择。

【解决方案】可以按照以下两点检查。① 保存科目后未审核。执行【财务会计】—【总账】—【基础资料】—【科目】命令，打开【科目】页面，选中对应的科目单击【审核】按钮。② 科目已经被禁用。执行【财务会计】—【总账】—【基础资料】—【科目】命令，打开【科目】页面，单击左上角的【过滤】按钮，在弹出的【列表过滤】对话框中将禁用状态设置为【全部】，单击【确定】按钮，选中对应的科目，执行【业务操作】—【反禁用】命令。

（3）输入借方金额后，如何自动计算并输入贷方金额？

【解决方案】在凭证输入页面，选中【贷方金额】列，按"="键或单击【自动计算】按钮，即可自动计算并输入贷方金额。

课后练习

（1）【单选题】总账当前期间是 2021 年 1 月，在【总账管理参数】页面中允许录入凭证的未来期间数输入"1"，下面说法理解正确是（　　）。

A. 可以输入 2021 年 3 月的凭证　　　　B. 可以输入 2020 年 12 月的凭证
C. 可以输入 2021 年 2 月的凭证　　　　D. 可以输入 2021 年 4 月的凭证

（2）【单选题】登录金蝶 K/3 Cloud 系统输入凭证，当记账凭证保存时提示借贷不平衡，按下（　　）可以使借贷平衡。

A. 空格键　　　　B. 加号键　　　　C. 等号键　　　　D. 回车键

（3）【多选题】输入凭证时，【科目】列的（　　）字段支持模糊查询。

A. 编码　　　　B. 名称　　　　C. 助记码　　　　D. 描述

任务二　审核及过账凭证

任务描述

填制完记账凭证之后，根据金民集团实际账务管理的需要，对凭证信息确认无误后进行审核及过账操作。

任务分解

1. 审核本月全部凭证
2. 过账本月全部凭证

理论认知

1. 凭证审核的作用

凭证审核是指会计主管人员对会计凭证的真实、合理、合法、正确性进行的审查。通过凭证审核，检查凭证合法性和数字正确性，可以及时发现问题，纠正差错，发挥税收会计的监督作用。

2. 凭证过账的作用

凭证过账是根据已编制的记账凭证，将每项经济业务涉及的借方账户和贷方账户的发生额，分别登记到分类账簿中开设的相应账户的过程。

案例数据

（1）金民集团本月全部凭证。
（2）金民科技公司本月全部凭证。
（3）金民销售公司本月全部凭证。

任务实施

1．审核本月全部凭证

（1）金民集团会计员登录金蝶 K/3 Cloud 系统，选择组织【金民集团】，执行【财务会计】—【总账】—【凭证管理】—【凭证审核】命令，在弹出的【凭证审核】对话框中选择【未审核凭证】方案，单击【确定】按钮，如图 7-3 所示。

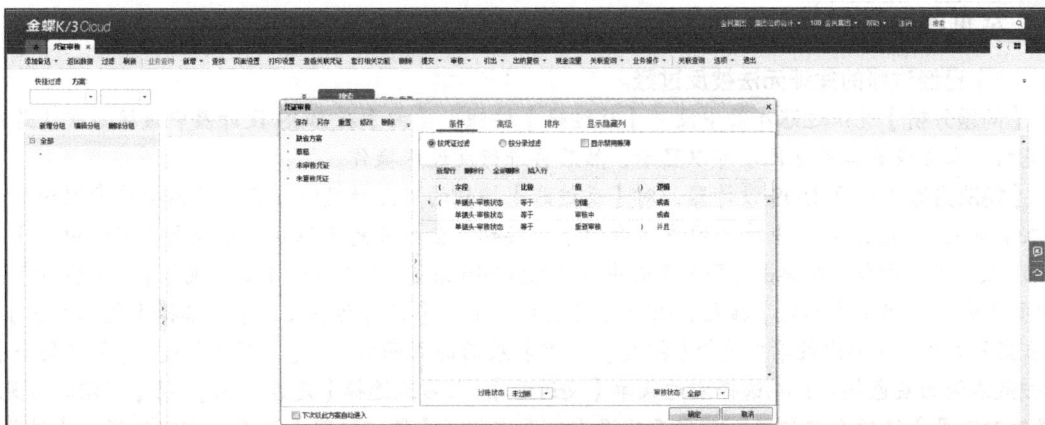

扫码看视频

图 7-3 凭证审核过滤条件

（2）打开【凭证审核】页面，勾选全部凭证，依次单击【提交】【审核】按钮，完成凭证的审核，如图 7-4 所示。

图 7-4 凭证审核

（3）参考上述方法，完成金民科技公司和金民销售公司的凭证审核操作。

2. 过账本月全部凭证

（1）金民集团会计员登录金蝶 K/3 Cloud 系统，选择组织【金民集团】，执行【财务会计】—【总账】—【凭证管理】—【凭证过账】命令，在【凭证过账】页面中勾选【金民集团】账簿，单击【过账】按钮，如图 7-5 所示。

图 7-5　凭证过账

（2）参考上述方法，完成金民科技公司和金民销售公司的凭证过账操作。

常见问题解答

（1）已经过账的凭证无法被反过账。

【问题分析】凭证过账界面中没有【反过账】按钮，是由于在 BOS 设计器中该按钮默认是不可见的，需要设置其可见性才可以显示，然后再进行反过账操作。

【解决方案】打开 BOS 设计器，对【反过账】按钮的可见性进行设置，具体操作步骤如下：①在金蝶 K/3 Cloud 系统中单击用户名旁的下拉按钮，在打开的下拉菜单中执行【下载中心】—【BOS 设计器】命令，在弹出的登录页面中用 "Administrator" 用户身份登录，执行【财务会计】—【总账】命令，单击【确定】按钮；②在【动态表单】—【普通动态表单】中选择【凭证过账】，单击鼠标右键，从弹出菜单中选择【扩展】；③在扩展后的页面右下方【属性】中找到【菜单集合】，单击最右侧的灰色按钮；④选择右边菜单【反过账】，在右边选择【是否可见】，将【新增时可见】【修改时可见】选项全部勾选；⑤保存后退出，再次打开【凭证过账】页面，即可发现在【过账】按钮后多出一个【反过账】按钮。

（2）执行凭证过账操作时提示：过账终止，存在未关闭的凭证。

【问题分析】用户打开了凭证页面未关闭，此时进行凭证过账操作就会出现上述提示。

【解决方案】出现上述报错时，可以按照以下两点进行检查：①如果当前操作用户或者其他用户打开凭证页面未关闭，可关闭凭证页面，重新执行凭证过账操作；②打开的凭证都已关闭但仍存在该提示，则需使用 "Administrator" 用户身份登录系统，执行【系统管理】—【系统管理】—【其他】命令，分别启用【冲突操作列表】功能和【缓存管理】功能，然后单击左上角的【清除】和【清除缓存】按钮即可。

（3）保存凭证时提示：系统参数中设置了只允许输入未来期间数为 1 的凭证，无法保存。

【问题分析】出现此提示，是由于【总账管理参数】中设置了【允许录入凭证的未来期间数】为 "1"。

【解决方案】执行【财务会计】—【总账】—【参数设置】—【总账管理参数】—【凭证参数】命令，设置【允许录入凭证的未来期间数】，最大可输入 "100"。

课后练习

（1）【单选题】凭证审核时不可以通过以下哪个路径进行审核？（　　）

A. 在【凭证-新增】页面依次单击【提交】【审核】按钮

B. 在【凭证查询】页面选中需要审核的凭证，依次单击【提交】【审核】按钮

C. 使用凭证审核功能批量审核凭证

D. 在凭证过账时自动审核凭证

（2）【单选题】凭证反过账提示"当前期间不存在未过账凭证"，下列说法不正确的是（　　）。

A. 当前期间不存在已过账的凭证

B. 需要反过账期间的凭证已经结账，必须要先反结账到对应期间再反过账

C. 当前期间没有输入过任何凭证

D. 需要将凭证反审核后才可以反过账

（3）【单选题】下列关于凭证审核和凭证过账的说法不正确的是（　　）。

A. 需要先进行凭证审核操作，再进行凭证过账操作

B. 可以只针对一张凭证进行凭证审核、过账操作

C. 凭证必须要审核才能过账

D. 凭证的制单人和审核人可以为同一人

（4）【多选题】关于凭证过账，以下说法正确的有（　　）。

A. 凭证过账时已严格控制不允许断号

B. 若存在断号建议先进行凭证整理，再过账

C. 凭证断号可以过账

D. 凭证未审核不能过账

（5）【多选题】下列哪些情况下凭证无法删除？（　　）

A. 凭证未审核、未过账　　　　B. 凭证已经审核

C. 凭证已经过账　　　　D. 以上说法都可以删除

项目八

处理金民集团资金及费用报销业务

出纳是任何一个企业都不可或缺的岗位。出纳岗位的工作主要是：按照有关规定和制度，进行票据、货币资金和有价证券的收付、保管、核算等，即管理企业的货币资金、票据、有价证券的流入和流出。费用报销，是面向企业全员以及财务报销管理人员，提供的费用报销流程，通过与出纳、应付系统集成，企业可以进行费用合理统筹，避免浪费和不必要的支出。上述业务可以通过出纳、费用报销模块进行处理，应深入了解以及熟练掌握出纳日常业务及费用报销业务的应用背景与操作流程。本项目主要包括出纳复核凭证并指定现金流量、处理取现业务及收支货款业务、处理资金下拨及上划业务、处理员工借款业务四个任务。

任务一　出纳复核凭证并指定现金流量

任务描述

为保证金民集团资金的收支真实得当、账务处理无误、准确出具现金流量表，金民集团出纳员要对包含现金、银行存款类科目的凭证进行检查，并在系统中进行出纳复核操作，确保无误后对这部分凭证指定现金流量。

> **📖 小贴士**
>
> 现金流量表是反映企业现金流入与流出信息的财务报表。现金流量表可以反映企业经营活动、投资活动和筹资活动所产生的现金收支情况。分析现金净流量的增减变化，可以了解企业的短期偿债能力；分析现金流量结构，可以了解企业生产经营的长期稳定性；分析投资、筹资活动的现金流量，可以了解企业未来的发展前景。

任务分解

各组织对本月凭证进行复核，并指定现金流量

理论认知

1. 出纳复核凭证的作用

出纳复核是对会计凭证的再审核，主要是复核会计事项与收付金额是否真实、会计处理是否得当、会计科目使用是否正确、记账方向是否正确等。

2. 现金流量的含义

现金流量是指企业某一期间内的现金流入和流出的数量。例如，销售商品、提供劳务、出售

固定资产、收回投资、借入资金等，形成企业的现金流入；购买商品、接受劳务、购建固定资产、现金投资、偿还债务等，形成企业的现金流出。现金流量是衡量企业经营状况、现金偿还债务的能力、资产变现能力等非常重要的指标。

3. 对凭证指定现金流量的作用

对凭证指定现金流量是出具现金流量表的前提条件。对凭证指定现金流量后，现金流量表取的就是指定的凭证数据，所以出具现金流量表就必须指定现金流量。

案例数据

三家公司指定现金流量的数据分别如表 8-1、表 8-2、表 8-3 所示。

表 8-1　　　　　　　　　　　　金民科技公司指定现金流量

凭证核算维度	对方科目	主表项目
1 华强制造	1.1123_预付账款	CI01.02.01-购买商品、接受劳务支付的现金
1 恒健科技	2.2203_预收账款	CI01.01.01-销售商品、提供劳务收到的现金
003/王艳	2.1221.03_员工往来	CI01.02.04-支付其他与经营活动有关的现金
1/兴盛电子	1.2202.02_明细应付款	CI01.02.01-购买商品、接受劳务支付的现金

表 8-2　　　　　　　　　　　　金民集团指定现金流量

凭证核算维度	对方科目	主表项目
100/金民销售公司（资金下拨）	1.1221.04_统收款	CI01.02.04-支付其他与经营活动有关的现金
100/金民销售公司（资金上划）	2.2241.04_统支款	CI01.01.03-收到其他与经营活动有关的现金

表 8-3　　　　　　　　　　　　金民销售公司指定现金流量

凭证核算维度	对方科目	主表项目
1/麦瑞科技	2.1122_应收账款	CI01.01.01-销售商品、提供劳务收到的现金
1/恒健科技	页签【现金科目】 2.1121_应收票据	【主表项目】CI01.01.01-销售商品、提供劳务收到的现金
	页签【损益科目】 2.1121_应收票据	【附表项目】CI05.01.09-财务费用
100/金民集团（资金下拨）	2.2241.04_统支款	CI01.01.03-收到其他与经营活动有关的现金
100/金民集团（资金上划）	1.1221.04_统收款	CI01.02.04-支付其他与经营活动有关的现金
应交增值税	1.2221.01.05_已交税金	CI01.02.03-支付的各项税费

任务实施

1. 复核本月全部凭证

（1）金民科技公司出纳员登录金蝶 K/3 Cloud 系统，选择组织为【金民科技公司】，执行【财务会计】—【总账】—【凭证管理】—【出纳复核】命令，

扫码看视频

在弹出的【出纳复核】对话框中选择【未复核凭证】方案，单击【确定】按钮，如图 8-1 所示。

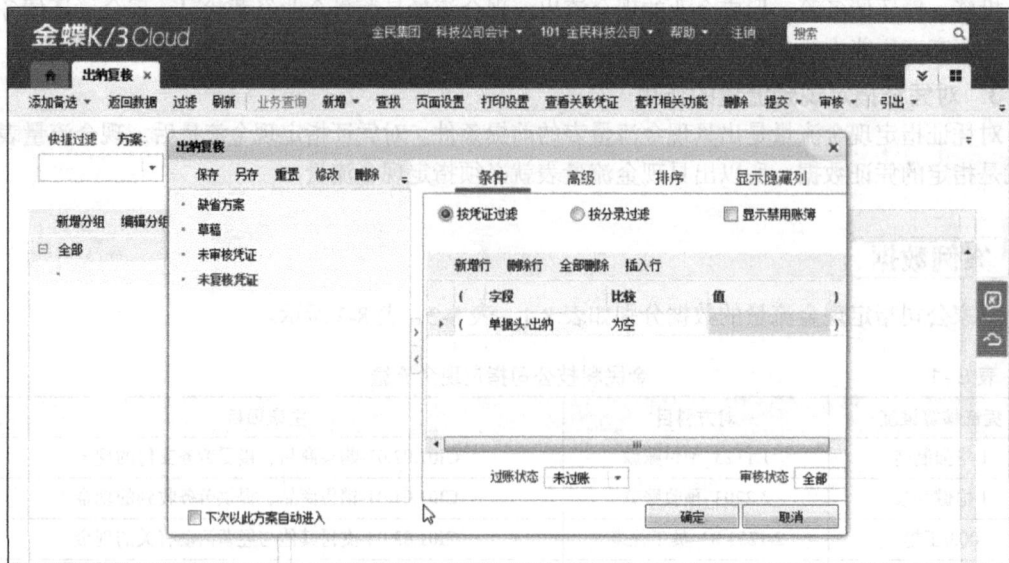

图 8-1　出纳复核凭证过滤方案选择

（2）打开【出纳复核】页面，勾选全部凭证，执行【出纳复核】—【出纳复核】命令，结果如图 8-2 所示。

图 8-2　出纳复核凭证

（3）参考上述方法，完成金民集团和金民销售公司的出纳复核凭证操作。

2. 指定本月全部凭证现金流量

（1）金民科技公司出纳员登录金蝶 K/3 Cloud 系统，选择组织为【金民科技公司】，执行【财务会计】—【总账】—【凭证管理】—【出纳复核】命令，在弹出的【出纳复核】对话框中选择【缺省方案】，单击【确定】按钮，如图 8-3 所示。

（2）打开【出纳复核】页面，过滤出相关凭证后，双击打开需要指定现金流量的凭证，单击【现金流量】按钮，在弹出的【现金流量项目指定】对话框中单击【自动指定】按钮，根据表 8-1 的内容指定对应科目的现金流量，然后单击【确定】按钮，如图 8-4 所示。

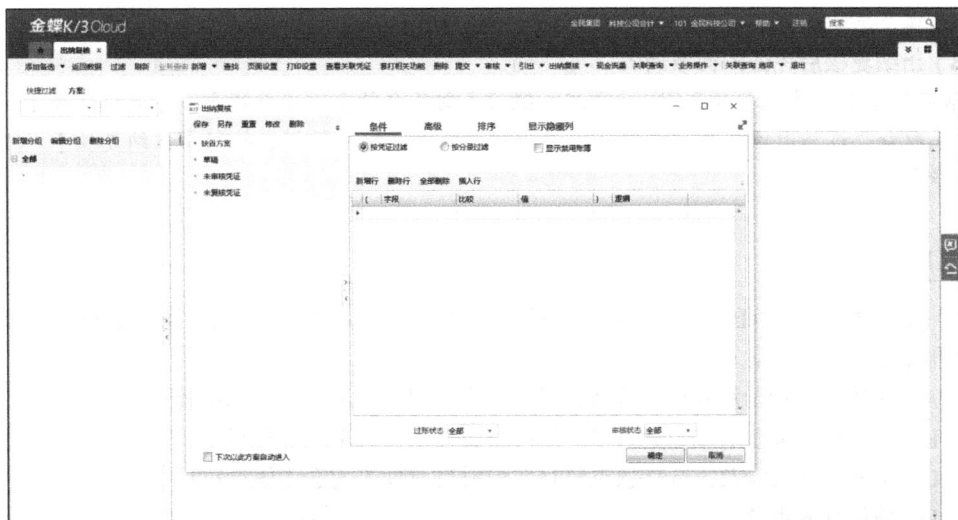

图 8-3 筛选需要指定现金流量的凭证

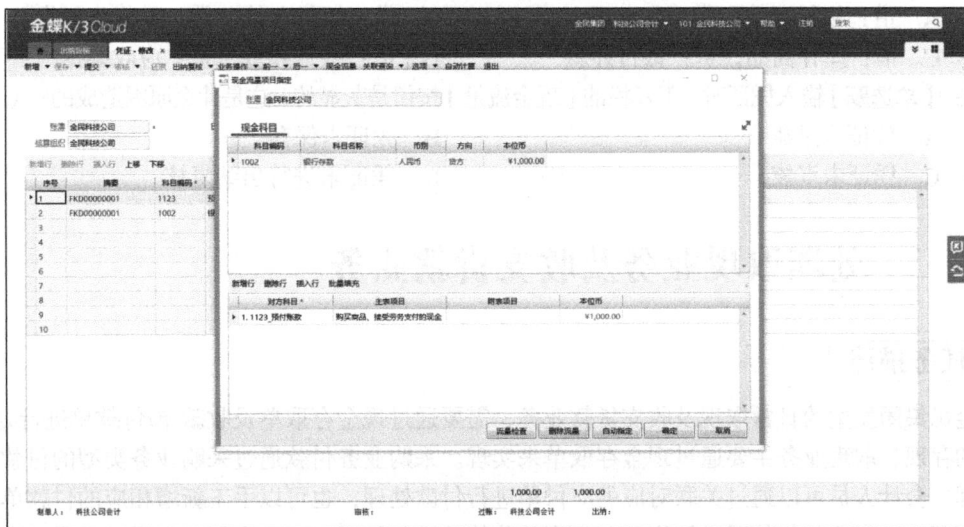

图 8-4 出纳指定现金流量

（3）参考上述方法，完成金民集团和金民销售公司相关凭证的现金流量指定。

常见问题解答

（1）哪些凭证需要出纳复核？

【问题分析】出纳复核是对企业的资金收支的再次审核，保证企业资金流动的真实性、准确性。凭证涉及现金、银行存款类科目（库存现金、银行存款）时，出纳员就需要对这部分凭证进行出纳复核操作。

（2）哪些凭证需要指定现金流量？

【问题分析】现金流量反映的是在某一会计期间内，企业现金的流入流出情况。除了现金缴存银行和从银行提取现金以外，其他所有引起库存现金、银行存款、其他货币资金发生增减变动的会计凭证都需要指定现金流量主表项目。通俗地说，就是对应凭证涉及现金的流入或者流出时，需要指定现金流量的主表项目。

（3）出纳复核后凭证如何取消？

【解决方案】登录金蝶 K/3 Cloud 系统，执行【财务会计】—【总账】—【凭证管理】—【出纳复核】命令，过滤出已经复核的凭证，选中需要取消复核的凭证，执行【出纳复核】—【取消复核】命令。

课后练习

（1）**【单选题】**对凭证进行出纳复核时提示：没有现金或银行类科目，不能进行出纳复核操作。下列说法不正确的是（　　　）。

    A. 该凭证分录未涉及现金或者银行存款类科目，不需要进行出纳复核

    B. 该凭证分录涉及现金类科目，但科目属性未勾选【现金科目】

    C. 该凭证分录涉及银行存款类科目，但科目属性未勾选【银行科目】

    D. 该凭证未审核

（2）**【单选题】**下列哪个选项的凭证分录不需要指定现金流量的主表项目？（　　　）

    A. 借：银行存款，贷：库存现金   B. 借：银行存款，贷：主营业务收入

    C. 借：库存商品，贷：银行存款   D. 借：银行存款，贷：应收票据

（3）**【单选题】**输入凭证时，工具栏的【现金流量】按钮是灰显的。这是什么原因造成的？（　　　）

    A. 凭证未过账   B. 凭证未保存

    C. 凭证未审核   D. 凭证未进行出纳复核

任务二　处理取现业务及收支货款业务

任务描述

金民集团发生的日常取现及收支货款业务，需要通过现金存取单及收款单/付款单进行处理。日常的存现、取现业务主要通过现金存取单来实现。采购业务付款通过采购业务类型的付款单进行处理。会计人员可以通过关联对应的应付单进行付款处理，也可以手工新增相应的付款单进行付款处理。销售业务收款通过销售业务类型的收款单进行处理。会计人员可以通过关联对应的应收单进行收款处理，也可以手工新增相应的收款单进行收款处理。取现、支付货款、收到货款的业务流程分别如图 8-5、图 8-6、图 8-7 所示。

图 8-5　取现的业务流程

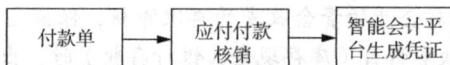

图 8-6　支付货款的业务流程

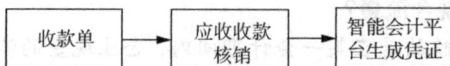

图 8-7　收到货款的业务流程

📖 **小贴士**

出纳是单位经济活动的第一道"关口"，担负着处理各种利益关系的重任，而这些利益又直接关系到职工个人、部门、企业甚至国家。因此，出纳员平时要认真学习《中华人民共和国会计法》《会计基础工作规范》，以及现金管理制度、银行结算制度、税收管理制度、发票管理办法、成本管理条例、费用报销额度和本企业的各项财务管理规定。同时，出纳的基本职能是收付职能，具有极强的专业性，所以出纳员对经手的每一笔款项、每一张凭证都要根据相关法律规定，严格按照出纳的工作流程，认真审核原始凭证是否合法、是否合理、要素填写是否齐全，再据实收付并逐笔按顺序登记到现金日记账和银行存款日记账上，结出余额。

🖥 任务分解

1. 新增现金存取单，新增付款单，新增收款单
2. 生成凭证，完成应付付款核销/应收收款核销操作

🖥 理论认知

1. 现金存取单的应用场景

企业需要周转现金以支持日常现金收付款业务，库存现金超过一定金额就需要存入银行。企业由于业务需要，需从银行提取现金。企业发生存款、取款业务，就需要做现金存取单。

2. 应收收款/应付付款核销的作用

在企业的实际业务中，为了满足应收账款/应付账款的账龄分析等管理需求，应指定应收单/应付单与收款单/付款单的关系，即通过应收收款核销/应付付款核销处理。

🖥 案例数据

（1）2021年1月25日，金民科技公司从长沙银行雨花支行提现5,600元备用金用于日常经营。现金存取单相关信息如表8-4所示。现金取款单的凭证数据如表8-5所示。

表8-4　　　　　　　　　　　　　　　　现金存取单　　　　　　　　　　　　　　金额单位：元

单据类型	业务日期	开户银行	银行账号	金额
取款	2021-1-25	长沙银行雨花支行	66668882	5,600.00

表8-5　　　　　　　　　　　　　　　现金取款单的凭证数据　　　　　　　　　　　金额单位：元

对应组织	凭证来源	会计科目	借方金额	贷方金额
金民科技公司	现金存取单	库存现金	5,600.00	
		银行存款		5,600.00

（2）2021年1月31日，金民科技公司支付兴盛电子货款600,000元，并进行付款核销。付款单相关信息如表8-6所示。付款单的凭证数据如表8-7所示。

表 8-6   付款单   金额单位：元

业务日期	往来单位	收款单位	结算方式	银行账号	应付金额
2021-1-31	兴盛电子	兴盛电子	网银支付	66668882	600,000.00

表 8-7   付款单的凭证数据   金额单位：元

对应组织	凭证来源	会计科目	借方金额	贷方金额
金民科技公司	付款单	应付账款——兴盛电子	600,000.00	
		银行存款		600,000.00

（3）2021 年 1 月 31 日，金民销售公司收到麦瑞科技货款 1,200,000 元，并进行收款核销。收款单相关信息如表 8-8 所示。收款单的凭证数据如表 8-9 所示。

表 8-8   收款单   金额单位：元

业务日期	往来单位	付款单位	结算方式	银行账号	应收金额
2021-1-31	麦瑞科技	麦瑞科技	网银支付	66668883	1,200,000.00

表 8-9   收款单的凭证数据   金额单位：元

对应组织	凭证来源	会计科目	借方余额	贷方余额
金民销售公司	收款单	银行存款	1,200,000.00	
		应收账款——麦瑞科技		1,200,000.00

📑 **任务实施**

1. 取现业务

（1）金民科技公司出纳员登录金蝶 K/3 Cloud 系统，选择组织为【金民科技公司】，执行【财务会计】—【出纳管理】—【日常处理】—【现金存取单】命令，打开【现金存取单】页面。单击【新增】按钮，打开【现金存取单-新增】页面，根据表 8-4 中的数据，单据类型选择【取款】，业务日期选择 2021-1-25，开户银行选择【长沙银行雨花支行】，银行账号选择【66668882】，金额输入"5,600"，然后依次单击【保存】【提交】【审核】按钮，如图 8-8 所示。

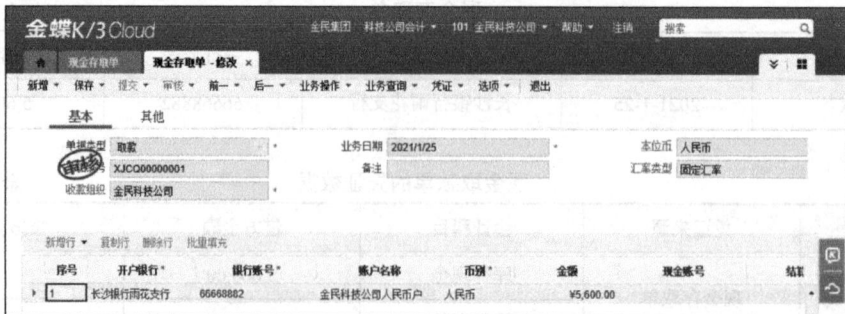

图 8-8 现金存取单审核结果

（2）金民科技公司会计员登录金蝶 K/3 Cloud 系统，选择组织为【金民科技公司】，执行【财务会计】—【智能会计平台】—【账务处理】—【凭证生成】命令，打开【凭证生成】页面。账簿勾选【金民科技公司】，来源单据勾选【现金存取单】，如图8-9所示。

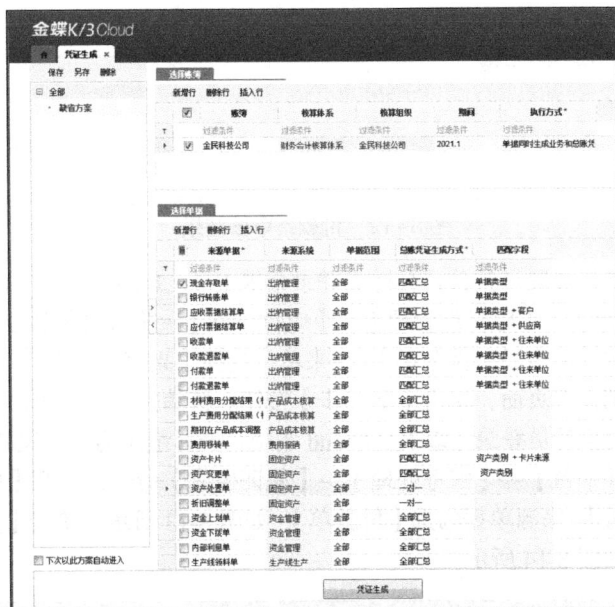

图8-9　现金存取单生成凭证

（3）单击【凭证生成】按钮，现金存取单生成的凭证分录如图8-10所示。

图8-10　现金存取单凭证分录

2. 支付货款业务

（1）金民科技公司会计员登录金蝶K/3 Cloud系统，选择组织为【金民科技公司】，执行【财务会计】—【出纳管理】—【日常处理】—【付款单】命令，打开【付款单】页面，如图8-11所示。

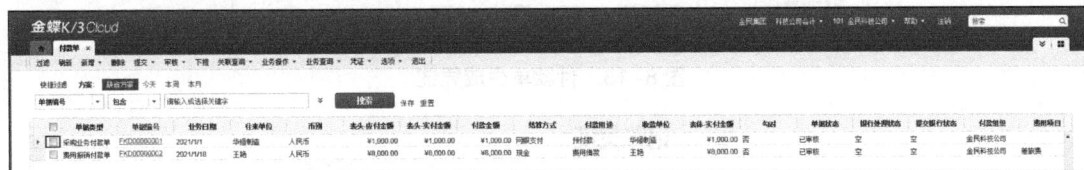

图8-11　【付款单】页面

（2）单击【新增】按钮，打开【付款单-新增】页面，根据表8-6的数据，业务日期选择2021-1-31，往来单位选择【兴盛电子】，收款单位选择【兴盛电子】，结算方式选择【网银支付】，我方银行账号选择【66668882】，应付金额输入"600,000"，然后依次单击【保存】【提交】【审核】按钮，如图8-12所示。

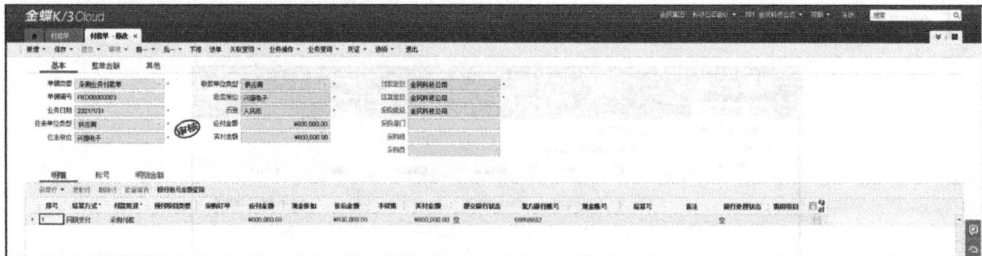

图 8-12　付款单审核结果

（3）审核付款单后，金民科技公司会计员登录金蝶 K/3 Cloud 系统，选择组织为【金民科技公司】，执行【财务会计】—【应付款管理】—【应付付款】—【应付付款核销】命令，打开【应付付款核销】页面。勾选【金民科技公司】，往来单位选择【兴盛电子】，单击【下一步】按钮。在应付付款核销的核销设置页面，单击【下一步】按钮。核销完成后，单击【完成】按钮。

（4）金民科技公司会计员登录金蝶 K/3 Cloud 系统，选择组织为【金民科技公司】，执行【财务会计】—【智能会计平台】—【账务处理】—【凭证生成】命令，打开【凭证生成】页面。账簿勾选【金民科技公司】，来源单据勾选【付款单】，如图 8-13 所示。单击【凭证生成】按钮，付款单生成的凭证分录如图 8-14 所示。

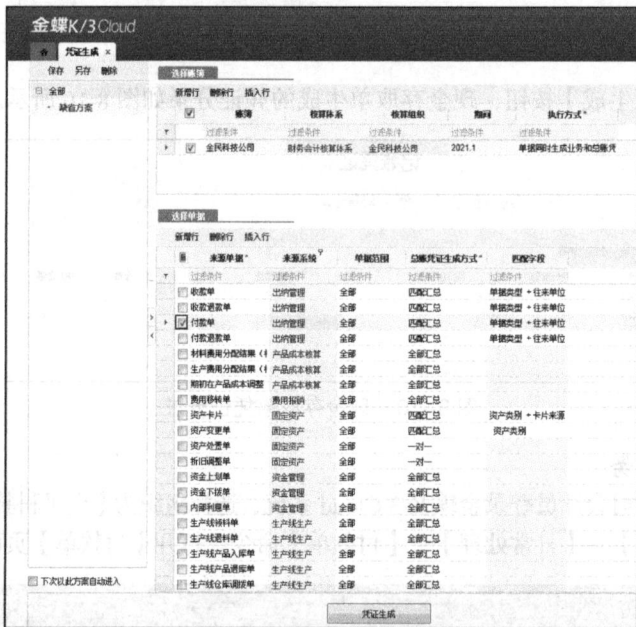

图 8-13　付款单生成凭证

图 8-14　付款单凭证分录

3. 收到货款业务

（1）金民销售公司会计员登录金蝶 K/3 Cloud 系统，选择组织为【金民销售公司】，执行【财务会计】—【出纳管理】—【日常处理】—【收款单】命令，打开【收款单】页面。单击【新增】按钮，打开【收款单-新增】页面，根据表 8-8 的数据，业务日期选择 2021-1-31，往来单位选择【麦瑞科技】，付款单位选择【麦瑞科技】，结算方式选择【网银支付】，我方银行账号选择【66668883】，应收金额输入"1,200,000"。输入完成之后，依次单击【保存】【提交】【审核】按钮，结果如图 8-15 所示。

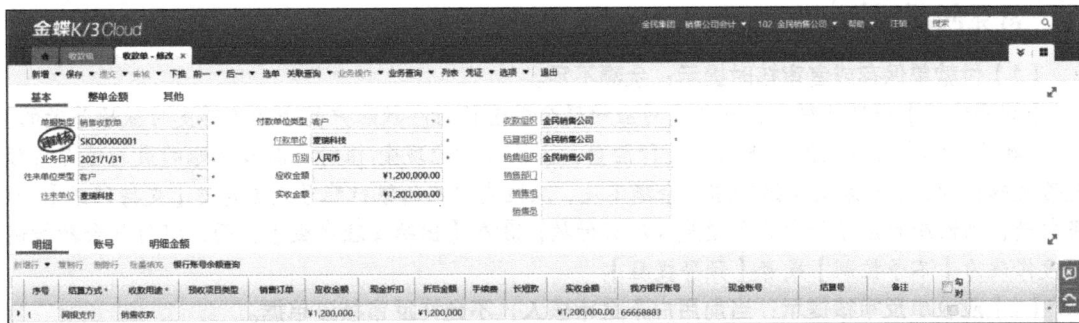

图 8-15　收款单审核结果

（2）审核收款单后，金民销售公司会计员登录金蝶 K/3 Cloud 系统，选择组织为【金民销售公司】，执行【财务会计】—【应收款管理】—【应收收款】—【应收收款核销】命令，打开【应收收款核销—核销方案选择】页面。勾选【金民销售公司】，往来单位选择【麦瑞科技】，单击【下一步】按钮。在应收收款核销的核销设置页面，单击【下一步】按钮。核销完成后，单击【完成】按钮。

（3）金民销售公司会计员登录金蝶 K/3 Cloud 系统，选择组织为【金民销售公司】，执行【财务会计】—【智能会计平台】—【账务处理】—【凭证生成】命令，打开【凭证生成】页面。账簿勾选【金民销售公司】，来源单据勾选【收款单】，如图 8-16 所示。

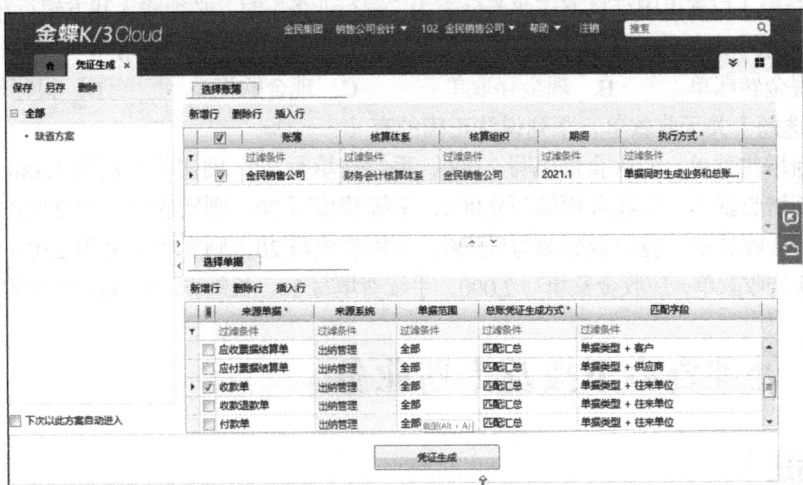

图 8-16　收款单生成凭证

（4）单击【凭证生成】按钮，收款单生成的凭证分录如图 8-17 所示。

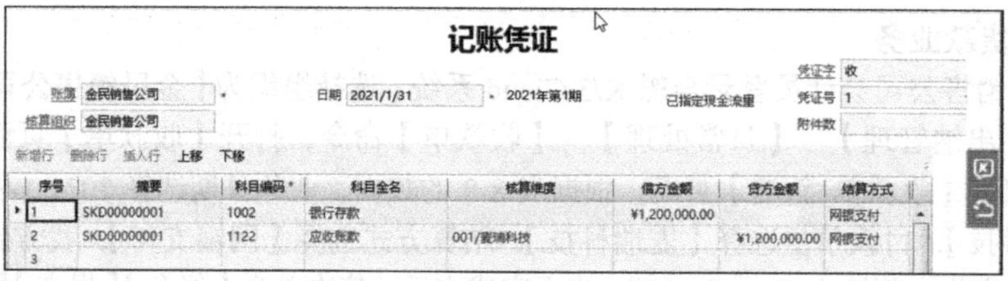

图 8-17　收款单凭证分录

常见问题解答

（1）付款单保存或者审核时提示：**余额不足**。

【问题分析】出现此提示，一般是对应的现金或者银行存款账户的余额不够支付款项导致的。

【解决方案】可以按照以下三点进行检查：①检查对应现金/银行存款日记账的最新结存余额是否足够付款；②如果提示银行账号余额不足，应检查对应的银行账号是否勾选【支持网银】，如果勾选，则检测对应银行卡的余额是否足够付款；③在【出纳管理参数】页面，将付款余额控制强度修改为【不予控制】或者【预警提醒】。

（2）应收单反审核提示：当前用户不是审核人，不允许反审核该单据。

【问题分析】出现上述提示，是由于勾选了【反审核人与审核人一致】，当非审核人的用户对应收单进行反审核操作，就会出现上述提示。

【解决方案】以 Administrator 身份登录金蝶 K/3 Cloud 系统，执行【基础管理】—【公共设置】—【单据设置】—【单据参数配置】命令，再选择【财务会计】—【应收款管理】—【应收单】，在右侧【整体参数】中取消勾选【反审核人与审核人一致】，然后单击【保存】按钮。

课后练习

（1）【判断题】收款单单据类型为"销售收款单"时，单据收款用途只能选择"销售收款"和"预收款"两种收款用途。（　　）

（2）【判断题】付款单中结算方式业务分类为"银行业务"时，必须输入我方银行账号。（　　）

（3）【单选题】出纳收到 5,000 元现金，现在需要存入银行，应该使用（　　）。

　　A. 现金转账单　　　B. 现金存取单　　　C. 现金购汇单　　　D. 银行转账单

（4）【多选题】关于收款单，下列说法正确的有（　　）。

　　A. 新增收款单，应收金额填写 2,000，手续费填写 20，则实收金额为 1,980

　　B. 新增收款单，应收金额填写 2,000，手续费填写 20，则实收金额为 2,020

　　C. 新增收款单，应收金额填写 2,000，长短款填写 20，则实收金额为 2,020

　　D. 新增收款单，应收金额填写 2,000，手续费填写 20，长短款填写 30，则实收金额为 2,010

任务三　处理资金下拨及上划业务

任务描述

金民集团为加强对金民销售公司的资金监控，提高资金使用效率和使用效果，降低资金运作成本和风险，保证资金安全，规定金民销售公司收款后需把资金上划到金民集团，因经营需要支出资金时，需向集团申请。

资金下拨和资金上划业务流程分别如图 8-18、图 8-19 所示。

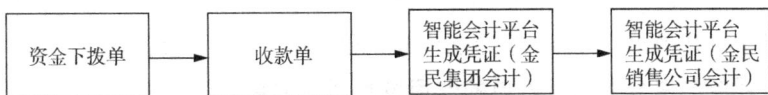

图 8-18　资金下拨业务流程

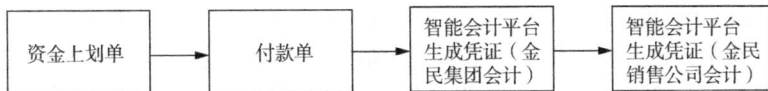

图 8-19　资金上划业务流程

任务分解

1. 金民集团会计员完成资金下拨、上划的业务流程
2. 金民销售公司会计员完成资金下拨、上划的业务流程

理论认知

1. "收支两条线"模式

明确划分成员单位收入资金和支出资金的流动，严禁坐支，并实行有效的集中管理，减少现金持有成本，加速资金周转。

成员单位银行账户管理，需要区分收入账户和支出账户。收入账户的资金按时上划到资金组织母账户，而资金组织根据资金计划或者成员单位的请款把资金下拨到成员单位的支出账户，由成员单位对外进行付款结算。例如，集团要求子公司负责结算并收付款，但收到款项时需要上划到集团，需要付款时再向集团申请，待集团下拨款项到子公司后，再由子公司支付款项，而子公司不能直接用自己收到的款项对外付款。

2. 资金下拨及上划业务的应用背景

通过资金下拨和上划实现"收支两条线"资金管理模式。

（1）资金下拨。资金组织根据资金预算，或者根据审批通过的成员单位资金请款单，进行资金下拨，资金组织母账户下拨资金到各成员单位账户。审核资金下拨单时，会同时产生成员单位的收款单。资金下拨单审核成功后，系统的结果为资金由资金组织母账户下拨到成员单位的银行账户。

（2）资金上划。资金组织进行资金上划，各成员单位账户资金上划到资金组织母账户，上划支持手工上划和定时自动上划，在银行账号上划规则里可设置上划规则，支持全额、定额、留底和手工上划。审核资金上划单时，系统会自动逐行产生对应成员单位的付款单，供成员单位查询资金上划数据，并更新成员单位银行账户以及内部账户余额，登记成员单位银行账户以及内部账户的银行存款日记账。

3. 内部账户

内部账户是一个虚拟账户，账户内记录的资金流水和资金余额也是虚拟的。内部账户有两个类型：收付组织开设的内部账户和资金组织开设的内部账户。

收付组织开设的内部账户主要用于"统支统收"，资金组织开设的内部账户主要用于实现"收支两条线"资金管理模式。内部账户既符合设立了非法人事业部的公司在资金管理方面的实际业务处理方式，也很好地满足了事业部独立利润中心考核的需要，并支持开放给各个独立事业部一定的资金查询权和管理权，同时还可以加强集团对下属公司资金的监控，盘活企业存量资金，提高资金使用效率和使用效果，并降低资金运作成本和风险，保证资金安全。

4. 资金上划单与资金上划付款单的作用及其对应的会计分录

资金上划单：成员单位账户资金上划到资金组织母账户，用于登记母账户银行存款日记账。对应的会计分录为"借记银行存款，贷记其他应收款——统收款（成员单位）"。

资金上划付款单：是资金上划审核自动生成的，用于登记成员单位银行账户以及内部账户的银行存款日记账。对应的会计分录为"借记其他应收款——统收款（资金组织），贷记银行存款"。

5. 资金下拨单中单位账号与单位内部账号的作用

单位账号是成员单位真实的银行账号。

单位内部账号是虚拟账户。资金组织把资金从母账户下拨到成员单位子账户，内部账户金额将减少。

案例数据

（1）资金下拨业务。2021 年 1 月 1 日，金民集团下拨 20,000 元给金民销售公司。资金下拨单信息如表 8-10 所示，凭证数据如表 8-11 所示。

表 8-10　资金下拨单　金额单位：元

【基本】页签	业务日期	银行	母账号	资金组织		
	2021-1-1	长沙银行雨花支行	66668881	金民集团		
【明细】页签	结算方式	银行	单位	单位账号	单位内部账号	金额
	网银支付	长沙银行雨花支行	金民销售公司	66668884	0068	20,000.00

表 8-11　资金下拨单凭证数据　金额单位：元

对应组织	凭证来源	会计科目	借方金额	贷方金额
金民集团	资金下拨单	其他应收款——统收款（金民销售公司）	20,000.00	
		银行存款		20,000.00
金民销售公司	收款单	银行存款	20,000.00	
		其他应付款——统支款（金民集团）		20,000.00

（2）资金上划业务。2021 年 1 月 15 日，金民集团根据资金管理规定，从金民销售公司上划资金 10,000 元。资金上划单相关信息如表 8-12 所示，凭证数据如表 8-13 所示。

表 8-12　资金上划单

业务日期	资金组织	结算方式	银行	母账号	币别
2021-1-15	金民集团	网银支付	长沙银行雨花支行	66668881	人民币
单位	银行	单位账号	单位内部账号	金额	
金民销售公司	长沙银行雨花支行	66668884	0068	10,000	

表 8-13　　　　　　　　　　　　资金上划单凭证数据　　　　　　　　　　　金额单位：元

对应组织	凭证来源	会计科目	借方金额	贷方金额
金民集团	资金上划单	银行存款	10,000.00	
		其他应付款——统支款（金民销售公司）		10,000.00
金民销售公司	付款单	其他应收款——统收款（金民集团）	10,000.00	
		银行存款		10,000.00

任务实施

1. 资金下拨业务

（1）金民集团会计员登录金蝶 K/3 Cloud 系统，选择组织【金民集团】，执行【财务会计】—【资金管理】—【日常处理】—【资金下拨单】命令，打开【资金下拨单】页面，如图 8-20 所示。

扫码看视频

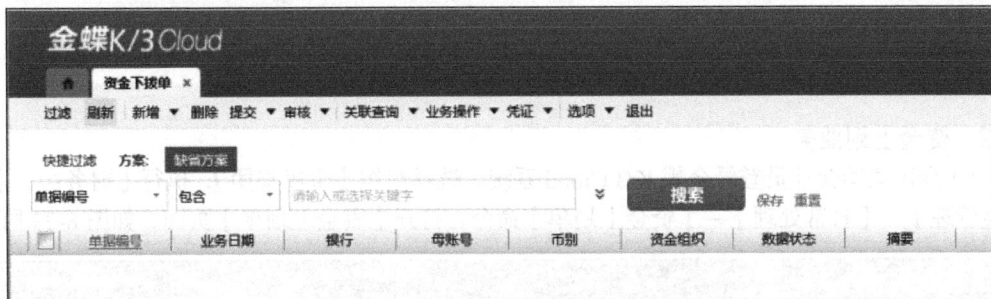

图 8-20　【资金下拨单】页面

（2）单击【新增】按钮，打开【资金下拨单-新增】页面。根据表 8-10 的数据，在【基本】页签下，业务日期选择 2021-1-1，银行选择【长沙银行雨花支行】，母账号选择【66668881】，资金组织选择【金民集团】；在【明细】页签下，结算方式选择【网银支付】，银行选择【长沙银行雨花支行】，单位选择【金民销售公司】，单位账户选择【66668884】，单位内部账号选择【0068】，金额输入"20,000"。设置完成后，依次单击【保存】【提交】【审核】按钮，结果如图 8-21 所示。

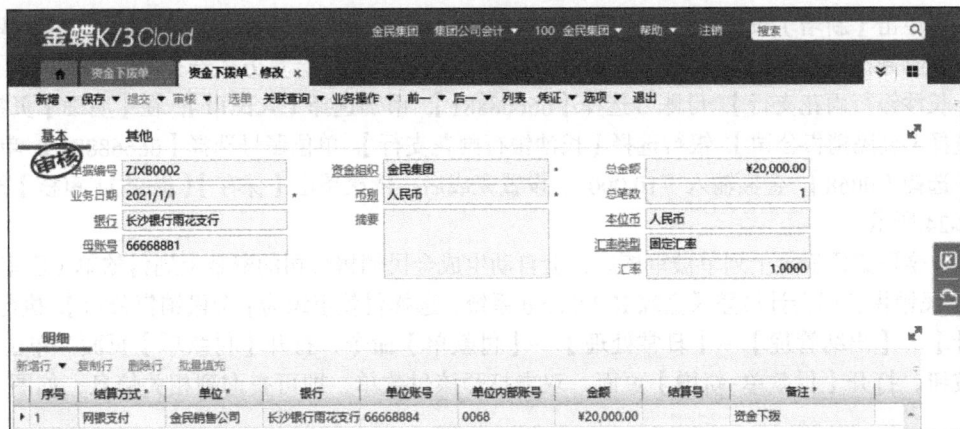

图 8-21　资金下拨单审核结果

（3）金民集团资金下拨单被审核后，会自动生成金民销售公司的资金下拨收款单（已审核状态）。金民销售公司会计员登录金蝶 K/3 Cloud 系统，选择收款组织为【金民销售公司】，执行【财务会计】—【出纳管理】—【日常处理】—【收款单】命令，打开【收款单】页面。单击【新增】按钮，打开【收款单-新增】页面。双击打开该收款单，即可查询到相关信息，如图 8-22 所示。

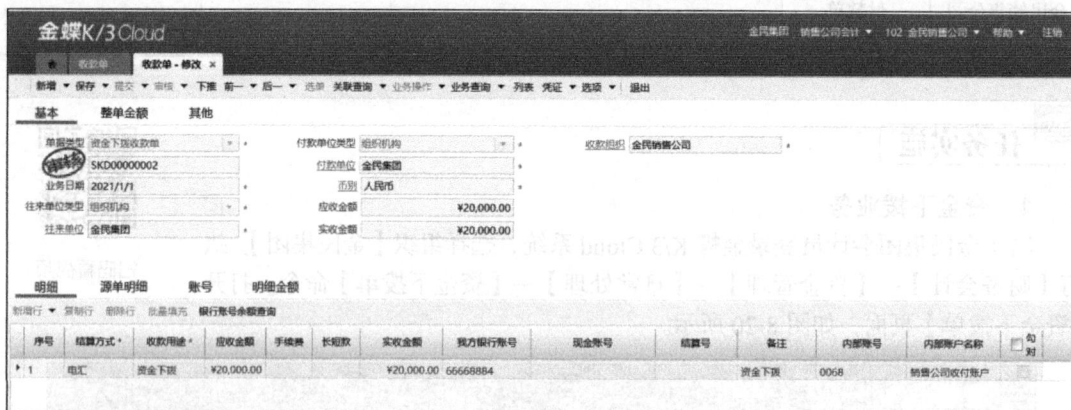

图 8-22　资金下拨收款单

2. 资金上划业务

（1）金民集团会计员登录金蝶 K/3 Cloud 系统，选择组织【金民集团】，执行【财务会计】—【资金管理】—【日常处理】—【资金上划单】命令，打开【资金上划单】页面，如图 8-23 所示。

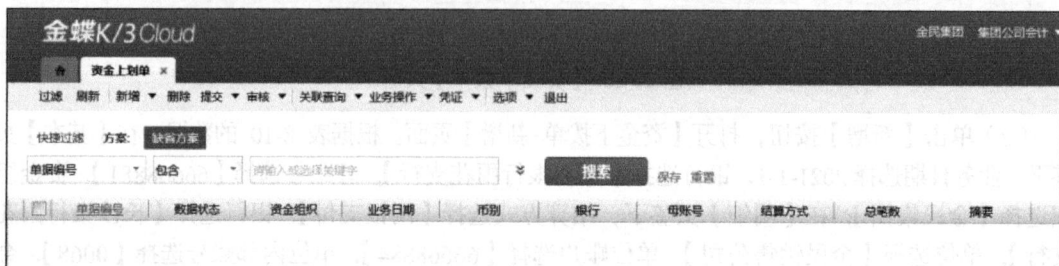

图 8-23　【资金上划单】页面

（2）单击【新增】按钮，打开【资金上划单-新增】页面。根据表 8-12 的数据，在【基本】页签下，业务日期选择 2021-1-15，资金组织选择【金民集团】，结算方式选择【网银支付】，银行选择【长沙银行雨花支行】，母账号选择【66668881】，币别选择【人民币】；在【明细】页签下，单位选择【金民销售公司】，银行选择【长沙银行雨花支行】，单位账号选择【66668884】，单位内部账户选择【0068】，金额输入"10,000"。设置完成后，依次单击【保存】【提交】【审核】按钮，如图 8-24 所示。

（3）金民集团资金上划单被审核后，会自动生成金民销售公司的资金上划付款单（已审核状态）。金民销售公司会计员登录金蝶 K/3 Cloud 系统，选择付款组织为【金民销售公司】，执行【财务会计】—【出纳管理】—【日常处理】—【付款单】命令，打开【付款单】页面。单击【新增】按钮，打开【付款单-新增】页面。双击打开该付款单，即可查询到相关信息，如图 8-25 所示。

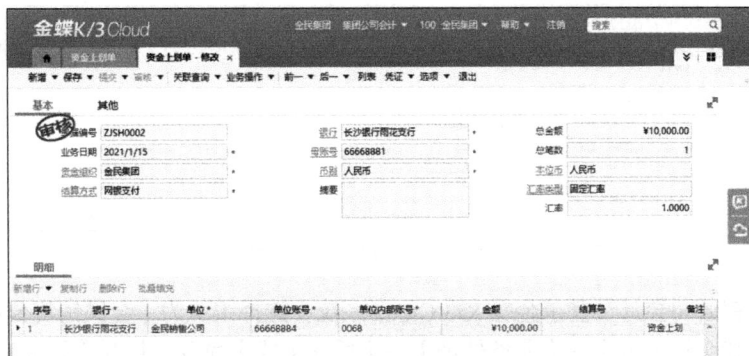

图 8-24　资金上划单审核结果

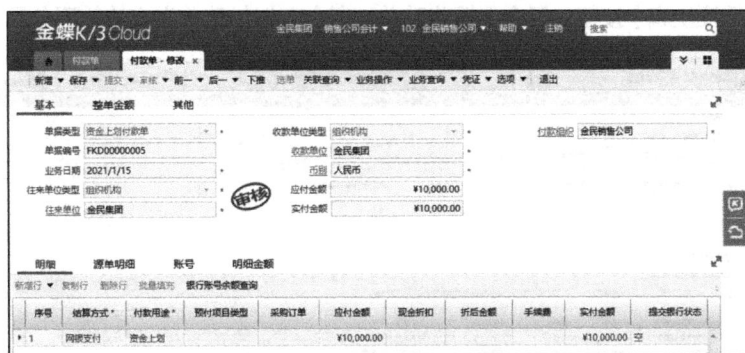

图 8-25　资金上划付款单

3. 凭证生成

（1）金民集团会计员登录金蝶 K/3 Cloud 系统，选择组织【金民集团】，执行【财务会计】—【智能会计平台】—【账务处理】—【凭证生成】命令，打开【凭证生成】页面，账簿勾选【金民集团】，来源单据勾选【资金下拨单】和【资金上划单】，如图 8-26 所示。

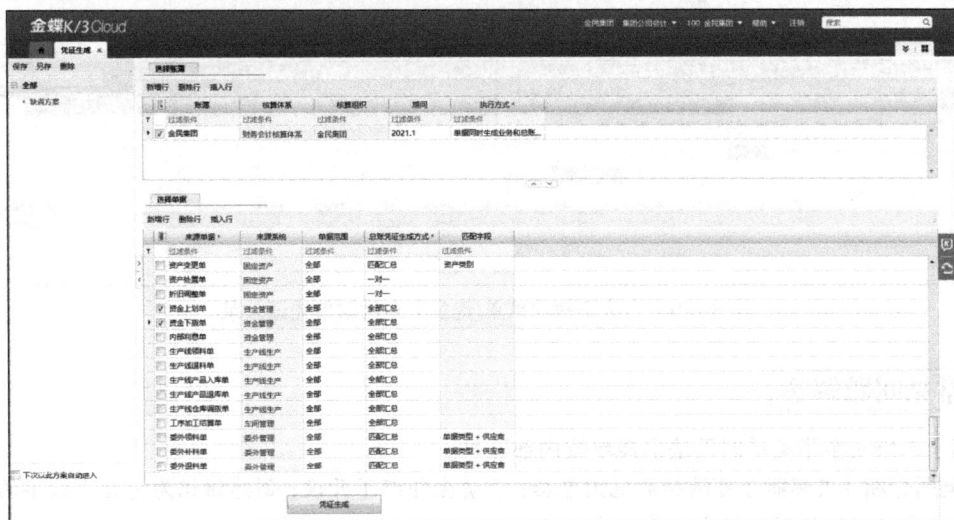

图 8-26　资金下拨单/资金上划单生成凭证

（2）单击【凭证生成】按钮，资金下拨单、资金上划单生成的凭证分录如图 8-27 所示。

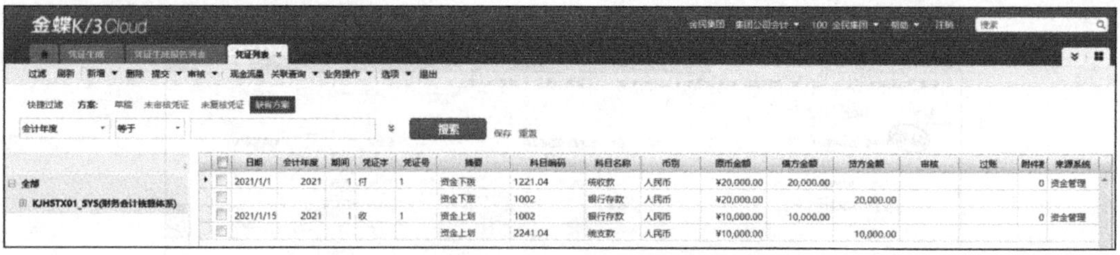

图 8-27　资金下拨单/资金上划单凭证分录

（3）金民销售公司会计员登录金蝶 K/3 Cloud 系统，选择组织为【金民销售公司】，执行【财务会计】—【智能会计平台】—【账务处理】—【凭证生成】命令，打开【凭证生成】页面，账簿勾选【金民销售公司】，来源单据勾选【收款单】和【付款单】，如图 8-28 所示。

（4）单击【凭证生成】按钮，资金下拨收款单、资金上划付款单生成的凭证分录如图 8-29 所示。

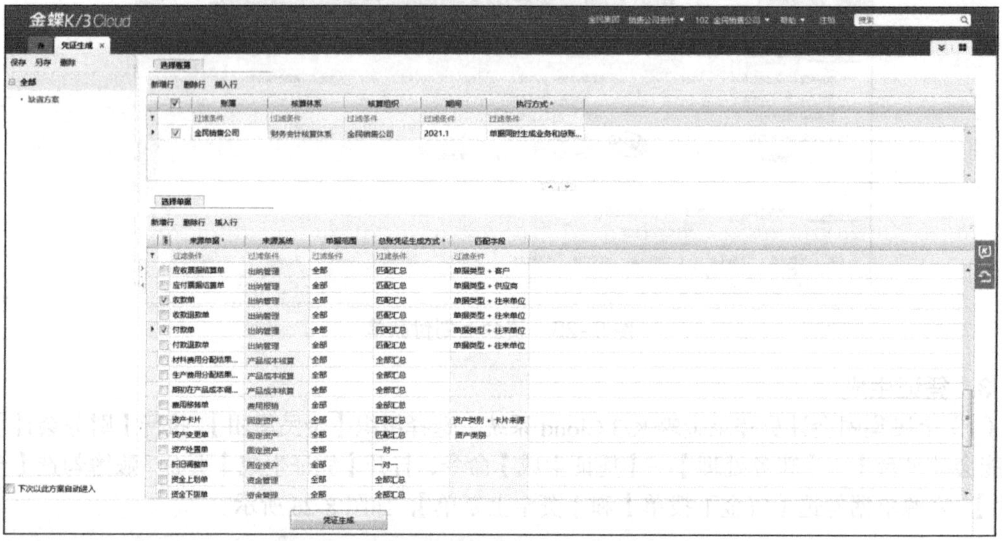

图 8-28　收款单/付款单生成凭证

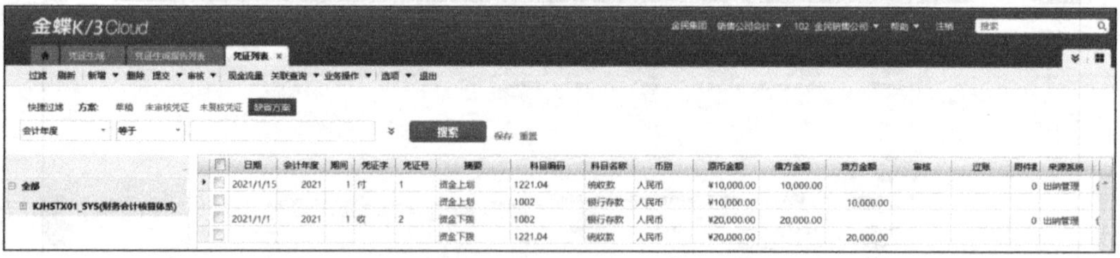

图 8-29　资金下拨收款单/资金上划付款单凭证分录

常见问题解答

（1）新增资金下拨单时无法选择单位内部账号。

【问题分析】内部账号可选择的范围包括：在资金组织下开设；创建组织为资金下拨单的资金组织；对应组织和使用组织为成员单位组织。

【解决方案】①执行【财务会计】—【出纳管理】—【基础资料】—【内部账户】命令，新增内部账户时，勾选【在资金组织开设】选项；②创建组织选择资金下拨单上的资金组织；③对应组织和使用组织选择资金下拨单上成员单位的组织；④保存后提交、审核，然后执行【业务操作】—【分配】命令，将该内部账号分配到对应的组织下并审核。

（2）新增资金上划单时无法选择单位账号。

【问题分析】资金上划单的单位账号只能选择下属组织的银行账号，并且银行账号中要勾选【上划】。

【解决方案】当选择不到单位账号时，可以按照以下两点进行排查：①检查下属组织是否有新增银行账号；②检查下属组织银行账号中是否勾选【上划】。

课后练习

（1）【判断题】内部账户是一个虚拟账户，账户内记录的资金流水和资金余额也是虚拟的。（　　）

（2）【单选题】关于资金上划和下拨的应用，下列说法错误的是（　　）。

  A. 通过资金上划和下拨可以实现"统收统付"的资金管理模式

  B. 审核资金上划单后，系统会自动产生对应成员单位的资金上划付款单

  C. 资金下拨需要由资金组织发起

  D. 审核资金下拨单后，系统会自动产生对应成员单位的资金下拨收款单

（3）【多选题】若资金上划单中选择的内部账户余额不足时，还需要付款，则下列操作正确的有（　　）。

  A. 内部账户透支策略选中【不控制】

  B. 内部账户透支策略选中【额度内允许透支】，透支额度为 0

  C. 内部账户透支策略选中【额度内允许透支】，透支额度大于本次付款金额

  D. 付款余额控制强度选中【不予控制】

（4）【多选题】新增资金上划单时选择不到单位内部账号，可能有下列哪些原因？（　　）

  A. 新增内部账户时未选中【在资金组织开设】

  B. 创建组织未选择资金上划的资金组织

  C. 对应组织未选择资金上划的成员单位组织

  D. 新增后未分配到对应组织

任务四　处理员工借款业务

任务描述

使用费用报销模块可以加强公司内部管理，规范公司费用报销流程，合理控制费用支出。金民集团及下属公司员工向企业借款、报销时，需在金蝶 K/3 Cloud 系统的费用报销模块完成费用的申请及报销。

任务分解

1. 申请借款
2. 费用申请单下推生成付款单
3. 生成凭证

理论认知

1. 费用申请单上【申请借款】参数的作用

在费用（借款）申请单中勾选【申请借款】，代表实际借到款，该申请单可以生成凭证和进行核销；如果未勾选【申请借款】，代表该单据仅做备查。

2. 费用报销单上【实报实付】参数的作用

实报实付报销业务是针对申请单没有借款或者没有申请单直接报销，且报销不需要挂账，即当月报销当月付款的业务。勾选【实报实付】时，费用报销单审核时不会产生其他应付单。

案例数据

金民科技公司采购部王艳借款 8,000 元，用于出差。由金民科技公司会计员进行费用申请单的新增；金民科技公司对该笔费用报销单进行付款，金民科技公司会计员通过费用申请单生成付款单；金民科技公司会计员通过智能会计平台生成相关凭证。

相关业务流程如图 8-30 所示。

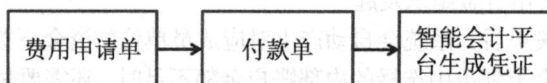

```
┌──────────┐      ┌────────┐      ┌────────────┐
│ 费用申请单 │ ───> │ 付款单  │ ───> │ 智能会计平  │
│          │      │        │      │ 台生成凭证  │
└──────────┘      └────────┘      └────────────┘
```

图 8-30 　员工借款业务流程

2021 年 1 月 18 日，金民科技公司采购部王艳借款 8,000 元，用于出差；当天，金民科技公司对该笔费用报销单进行付款。

（1）费用申请单。申请事由：申请借款用于出差。费用申请单相关信息如表 8-14 所示。

表 8-14　　　　　　　　　　　　　　费用申请单相关信息　　　　　　　　　　　　　　金额单位：元

申请日期	申请人	申请部门	申请借款	结算方式	预计还款日
2021-1-18	王艳	采购部	√	现金	2021-2-10
往来单位类型	往来单位	费用项目	申请金额	费用承担部门	
员工	王艳	差旅费	8,000	采购部	

（2）付款单的业务日期为 2021-1-1，付款用途为费用借款。

（3）凭证数据如表 8-15 所示。

表 8-15　　　　　　　　　　　　　　　　凭证数据　　　　　　　　　　　　　　　　金额单位：元

对应组织	凭证来源	会计科目	借方金额	贷方金额
金民科技公司	付款单	其他应收款——员工往来（王艳）	8,000	
		库存现金		8,000

任务实施

1. 申请借款

金民科技公司会计员登录金蝶 K/3 Cloud 系统，选择组织为【金民科技公司】，执行【财务会计】—【费用报销】—【费用申请】—【费用申请单】命令，打开

扫码看视频

【费用申请单】页面。单击【新增】按钮，打开【费用申请单-新增】页面。根据表 8-14 中的数据完成费用申请单的输入。输入完成之后，依次单击【保存】【提交】【审核】按钮，结果如图 8-31 所示。

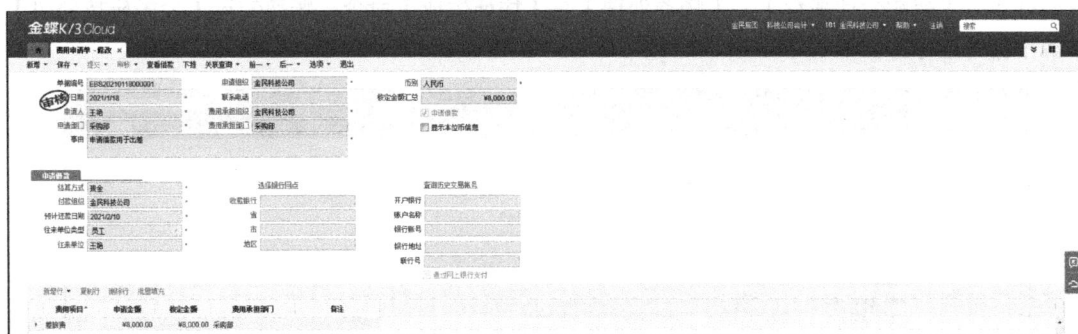

图 8-31 费用申请单

2. 费用申请单下推生成付款单

（1）单击【下推】按钮，在弹出的【选择单据】对话框中，选中【付款单】，单击【确定】按钮，如图 8-32 所示。

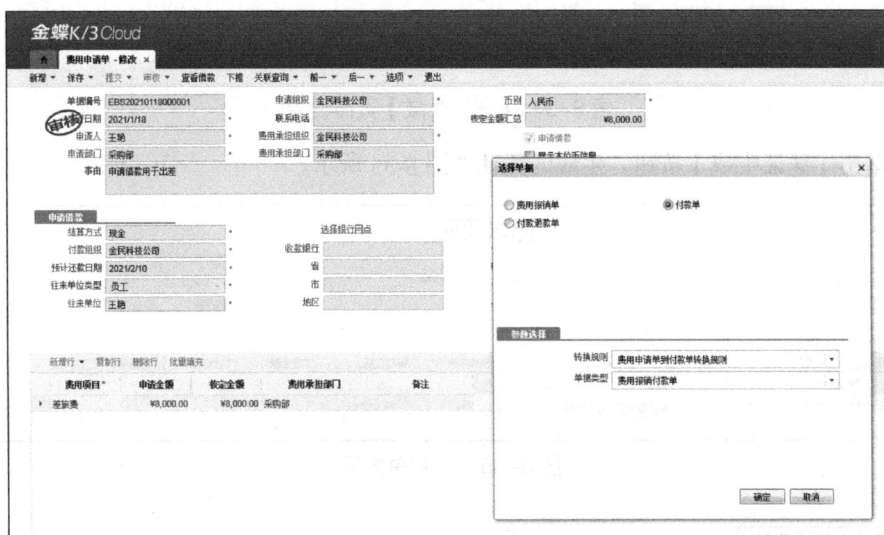

图 8-32 费用申请单下推生成付款单

（2）打开【付款单-新增】页面，将业务日期修改为 2021-1-18，依次单击【保存】【提交】【审核】按钮，结果如图 8-33 所示。

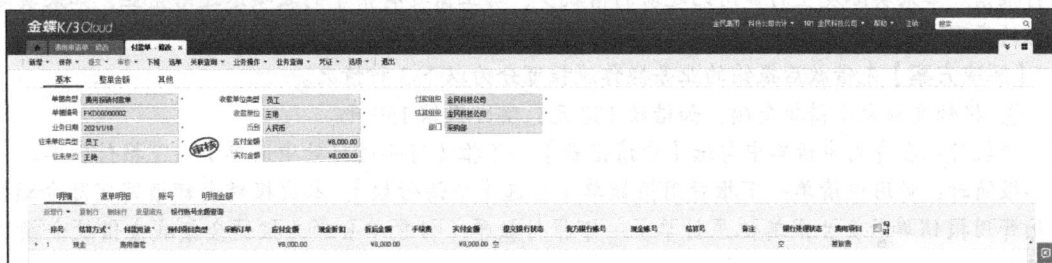

图 8-33 付款单

3. 生成凭证

（1）金民科技公司会计员登录金蝶 K/3 Cloud 系统，选择组织为【金民科技公司】，执行【财务会计】—【智能会计平台】—【账务处理】—【凭证生成】命令，账簿勾选【金民科技公司】，来源单据勾选【付款单】，如图 8-34 所示。

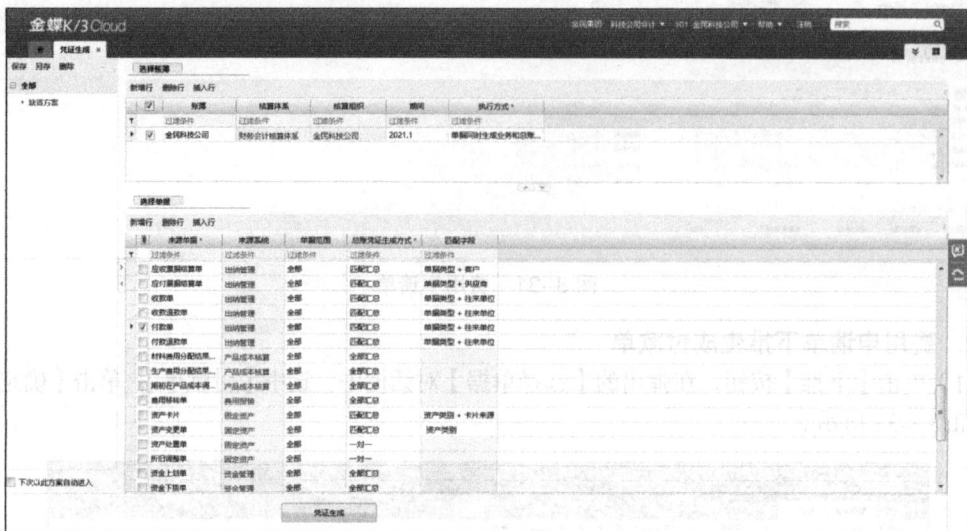

图 8-34 【凭证生成】页面设置

（2）单击【凭证生成】按钮，生成的凭证如图 8-35 所示。

图 8-35 付款单凭证

常见问题解答

（1）先借款后报销的业务该如何处理？

【问题分析】先借款后报销是指员工先向企业借款，后续向企业报销时，根据实际发生的费用进行报销。如果实际发生的费用比之前的借款少，员工需要将余下的款项退还给企业；如果实际发生的费用比之前的借款多，企业需要再付差额给报销的员工。

【解决方案】先借款后报销的业务操作流程可分为以下 3 种情况。

① 报销金额大于借款金额，如借款 100 元，实际报销 150 元。

借款时：在费用申请单中勾选【申请借款】—下推（可跳过付款申请单）—下推付款单。

报销时：费用申请单—下推费用报销单（勾选【申请付款】，本次报销金额填写实际金额，审核费用报销单后会生成其他应付单）—下推付款单（付款单金额为报销金额减去借款金额的差额）。

② 报销金额小于借款金额，如借款 200 元，实际报销 150 元。

借款时：在费用申请单中勾选【申请借款】—下推付款申请单—下推付款单。

报销时：费用申请单—下推费用报销单（勾选【申请退款】，本次报销金额填写实际金额，审核费用报销单后会生成其他应付单）—生成付款退款单（付款退款单金额为借款金额减去报销金额的差额）。

③ 报销金额等于借款金额，如借款 200 元，实际报销 200 元。

借款时：在费用申请单中勾选【申请借款】—下推付款申请单—下推付款单。

报销时：费用申请单—下推费用报销单（【申请借款】和【申请退款】都不勾选，本次报销金额填写实际金额，审核费用报销单后会生成其他应付单）。

（2）实报实付业务该如何处理?

【问题分析】实报实付业务是针对企业员工未借款，发生相关费用后直接找企业报销的情况，因此此类业务不需要计入往来，不会产生其他应付单，而是直接产生付款单。

【解决方案】实报实付业务的操作流程如下：在费用申请单中不勾选【申请借款】，在费用报销单中勾选【申请付款】，如果没有用费用申请单下推，则报销金额和费用金额保持一致，审核费用报销单后生成付款申请单（可跳过），下推生成付款单。

课后练习

（1）【单选题】在费用申请单中勾选【申请借款】时，下列（　　）字段是必录的。

　　A. 费用承担部门　　　B. 预计还款日期　　　C. 备注　　　　　　D. 联系电话

（2）【单选题】在费用报销单中勾选下列（　　）参数，提交或者审核时不会自动生成其他应付单。

　　A. 实报实付　　　　　B. 申请付款　　　　　C. 申请借款　　　　D. 拆分行

（3）【单选题】费用报销单自动生成的其他应付单如何删除？（　　）

　　A. 直接在其他应付单列表删除

　　B. 先将其他应付单反审核再删除

　　C. 将费用报销单反核销，其他应付单即可自动删除

　　D. 将费用报销单反审核，其他应付单即可自动删除

项目九

处理金民集团固定资产业务

固定资产是指企业为生产产品、提供劳务、出租或者经营管理而持有的，使用时间超过 12 个月的，价值达到一定标准的非货币性资产，包括房屋、建筑物、机器、机械、运输工具，以及其他与生产经营活动有关的设备、器具、工具等。固定资产是企业的劳动手段，也是企业赖以生产经营的主要资产。固定资产模块以资产卡片管理为中心，涉及从资产购入企业开始到资产退出企业结束的整个生命周期的管理。使用固定资产模块，能针对资产实物进行全程跟踪，能够记录、计量资产的价值变化，能够记录资产的使用情况和折旧费用的分配情况，实现资产管理工作的信息化、规范化与标准化，全面提升企业资产管理工作的效率与管理水平。本项目主要包括处理资产调拨业务、实施资产盘点业务、处理资产盘亏业务、计提固定资产折旧四个任务。

任务一　处理资产调拨业务

任务描述

金民集团在实际经营过程中，为了合理调配资源，确保固定资产利用的经济性和有效性，不同组织之间需要相互调拨资产。金民科技公司行政部的打印机需调拨到金民销售公司的销售部，请在金蝶 K/3 Cloud 系统中完成资产调拨处理。资产调拨业务流程如图 9-1 所示。

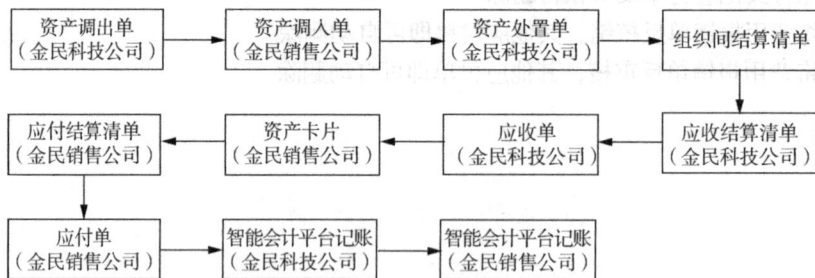

图 9-1　资产调拨业务流程

小贴士

固定资产是保证企业正常开展各项经营业务的物质基础，是财务管理工作的重要部分，也是企业管理的重要对象之一。随着企业的发展，企业的固定资产数量越来越多，分布范围愈加广泛，如何提高固定资产使用效率、减少重复购置、延长固定资产使用寿命、避免固定资产闲置或流失等，是每个企业管理者应关注的重要事项。

任务分解

1. 金民科技公司会计员完成资产调拨业务处理
2. 金民销售公司会计员完成资产调拨业务处理

理论认知

1. 资产调拨的作用

资产调拨可以是资产从一个资产组织调出，调入另外一个资产组织；也可以是资产从一个货主组织调出，调入另外一个货主组织，主要是为了满足集团内组织间资产调拨，减少资产的重复采购。资产从一个资产组织调出，调入另外一个资产组织，货主组织未发生变动，则只需要更新资产卡片的资产组织。资产从一个货主组织调出，调入另外一个货主组织，调入资产组织对调入单进行确认后，调出资产组织需要对调出资产进行处置，调入资产组织需要对调入资产建卡管理。

2. 资产组织与货主组织的区别

资产组织是资产的管理者，货主组织是资产的所有者。一个资产组织可以管理多个货主组织的资产，货主组织不再进行资产的日常业务处理，全部委托资产组织进行管理。当货主组织与资产组织非同一组织时，可以设置两组织间的业务关系，即资产组织为受托方，货主组织为委托方。系统中只要存在资产的组织业务关系，所有同时存在资产组织与货主组织的单据全部受这种关系控制，不存在则不受控制。

案例数据

2021 年 1 月 20 日，进行固定资产调拨，金民科技公司行政部的打印机调拨到金民销售公司销售部。单据的相关信息如下。

（1）资产调出单的调出日期为 2021-1-20，调出资产组织为金民科技公司，调入资产组织为金民销售公司，卡片名称为打印机，数量为 1。

（2）资产处置单的业务日期为 2021-1-20，清理费用为 0，残值收入为 0。

（3）应收单的业务日期为 2021-1-20，到期日为 2021-2-20。

（4）固定资产卡片的变动方式为调入，资产位置是本部大楼，使用部门为销售部，费用项目为折旧费。

（5）应付单的业务日期为 2021-1-20，到期日为 2021-2-20。

（6）凭证数据如表 9-1 所示。

表 9-1　　　　　　　　　　　　　　　　凭证数据　　　　　　　　　　　　　　　金额单位：元

对应组织	凭证来源	会计科目	借方余额	贷方余额
金民科技公司	资产处置单	固定资产清理	10,000.00	
		固定资产电子设备		10,000.00
金民科技公司	应收单	应收账款金民销售公司	10,000.00	
		固定资产清理		10,000.00
金民销售公司	资产卡片	固定资产电子设备	10,000.00	
		应付账款——暂估应付款		10,000.00
金民销售公司	应付单	应付账款——暂估应付款	10,000.00	
		应付账款——明细应付款（金民科技公司）		10,000.00

任务实施

扫码看视频

1. 金民科技公司新增资产调出单

（1）金民科技公司会计员登录金蝶 K/3 Cloud 系统，选择组织为【金民科技公司】，执行【资产管理】—【固定资产】—【日常管理】—【资产调出】命令，进入【资产调出】页面。如图 9-2 所示。

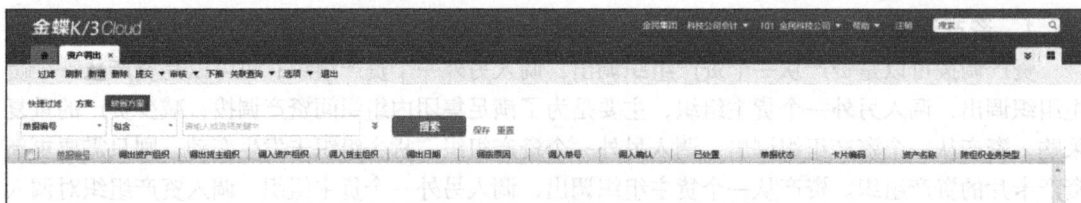

图 9-2 【资产调出】页面

（2）单击【新增】按钮，打开【资产调出单-新增】页面。调出日期选择 2021-1-20，调出资产组织选择【金民科技公司】，调入资产组织选择【金民销售公司】，卡片编码选择资产名称为【打印机】的资产卡片的编码，依次单击【保存】【提交】【审核】按钮，结果如图 9-3 所示。

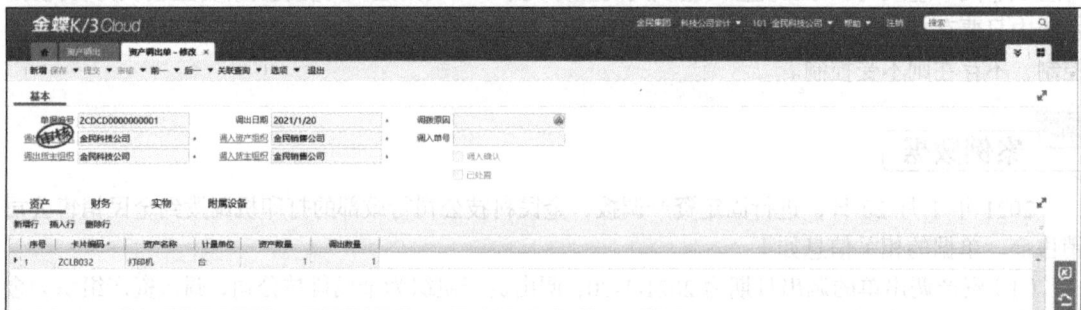

图 9-3 资产调出单审核结果

2. 金民销售公司审核资产调入单

金民销售公司会计员登录金蝶 K/3 Cloud 系统，选择组织为【金民销售公司】，执行【资产管理】—【固定资产】—【日常管理】—【资产调入】命令，打开【资产调入】页面。双击打开资产名称为【打印机】的资产调入单，依次单击【提交】【审核】按钮，结果如图 9-4 所示。

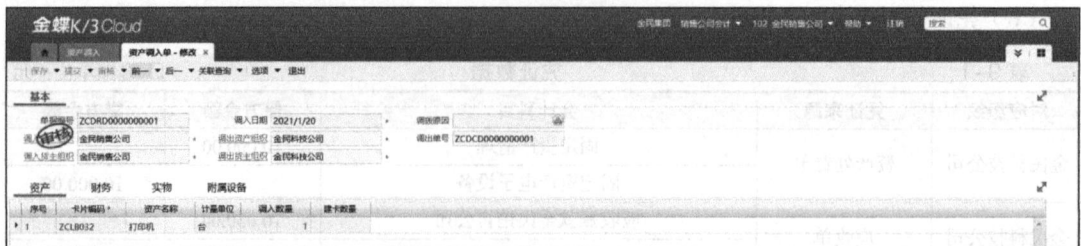

图 9-4 资产调入单审核结果

3. 金民科技公司新增资产处置单

（1）金民科技公司会计员登录金蝶 K/3 Cloud 系统，选择组织为【金民科技公司】，执行【资产管理】—【固定资产】—【日常管理】—【资产调出】命令，在【资产调出】页面中勾选资产名称为【打印机】的资产调出单，单击【下推】按钮，在弹出的【选择单据】对话框中选中【资产处置单】，单击【确定】按钮，如图9-5所示。

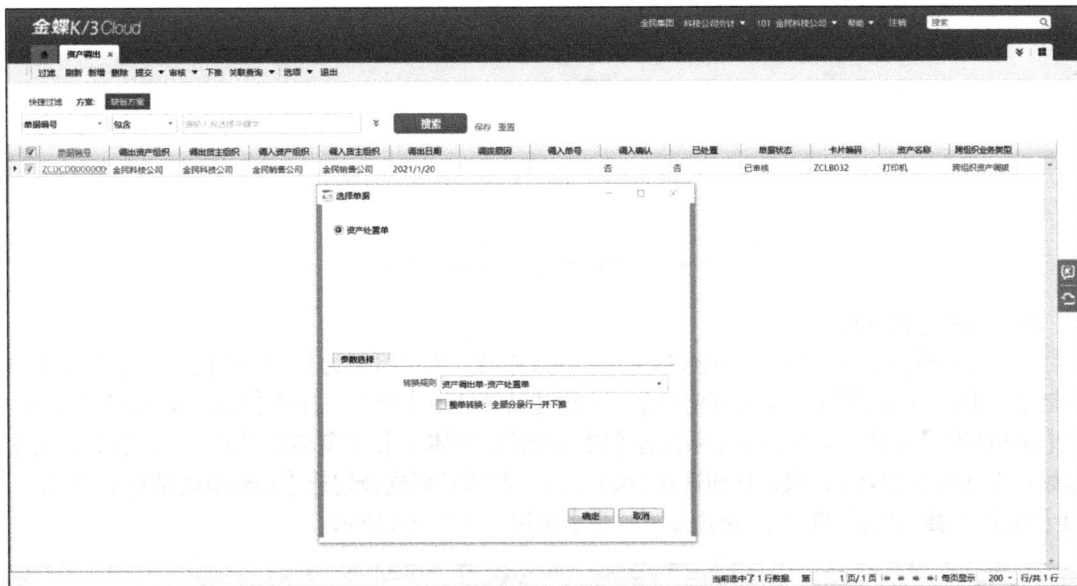

图 9-5　资产调出单下推资产处置单

（2）打开【资产处置单-新增】页面，将业务日期修改为2021-1-20，清理费用和残值收入都输入 "0.00"。输入完成之后，依次单击【保存】【提交】【审核】按钮，结果如图9-6所示。

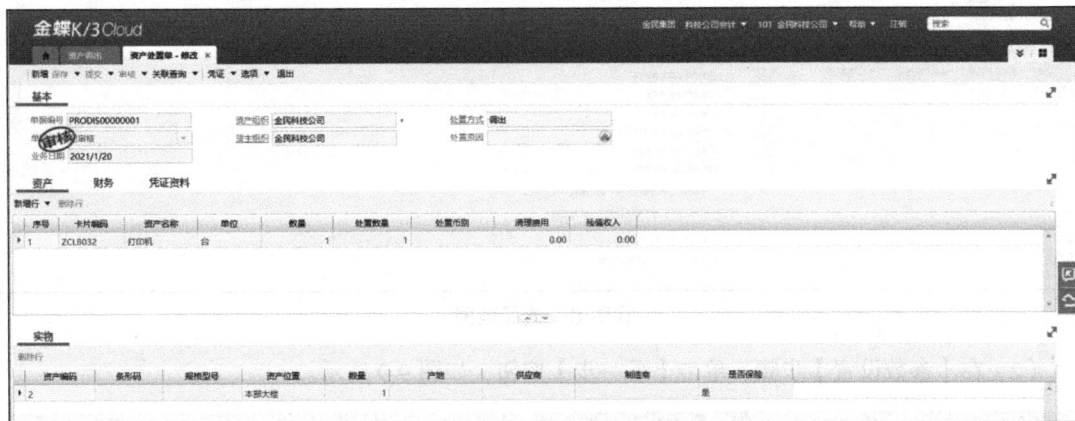

图 9-6　资产处置单审核结果

4. 创建组织间结算关系

金民科技公司会计员登录金蝶 K/3 Cloud 系统，选择组织为【金民科技公司】，执行【供应链】—【组织间结算】—【组织间结算关系】命令，打开【组织间结算关系-新增】页面。会计核算体系选择【财务会计核算体系】，供货方（核算组织）选择【金民科技公司】，接收方（核算组织）选择【金民销售公司】。操作完成之后，依次单击【保存】【提交】【审核】按钮，结果如图9-7所示。

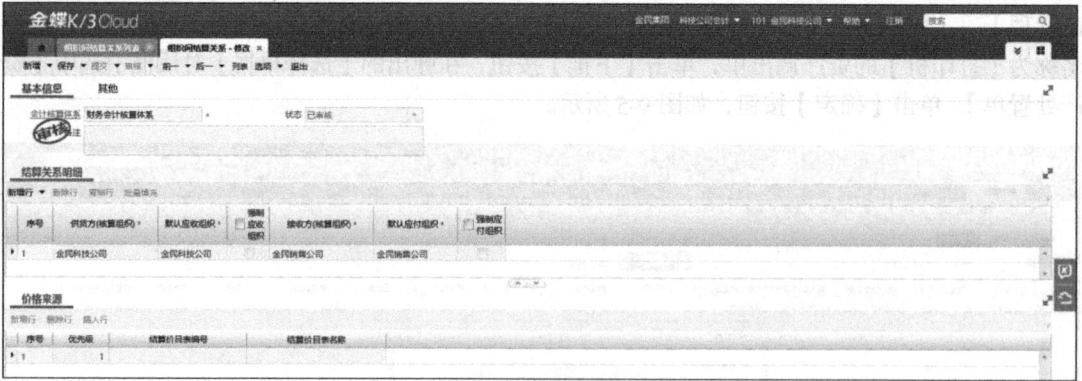

图 9-7　组织间结算关系审核结果

5. 创建结算清单

（1）金民科技公司会计员登录金蝶 K/3 Cloud 系统，选择组织为【金民科技公司】，执行【供应链】—【组织间结算】—【结算清单】—【创建结算清单】命令，打开【创建结算清单】页面。在【选择范围】步骤，会计核算体系选择【财务会计核算体系】，核算组织选择【金民科技公司】，起始日期选择 2021-1-1，截止日期选择 2021-1-31，结算目标选择勾选【创建应收结算清单资产】和【创建应付结算清单资产】，单击【下一步】按钮，如图 9-8 所示。

图 9-8　选择范围

（2）在【参数设置】步骤，单击【下一步】按钮，如图 9-9 所示。

图 9-9　参数设置

（3）在【结算取价来源】步骤，单击【下一步】按钮，如图 9-10 所示。

图 9-10　结算取价来源

（4）在【结算中间结果】步骤，单击【下一步】按钮，如图 9-11 所示。

图 9-11　结算中间结果

（5）在【结算完成】步骤，单击【完成】按钮，完成结算，如图 9-12 所示。

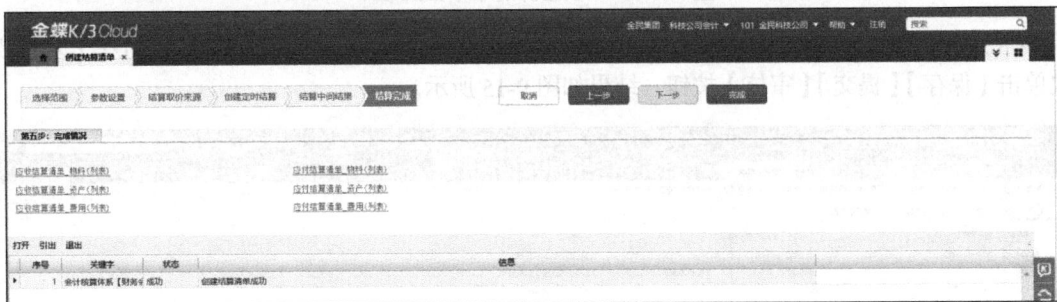

图 9-12　结算完成

6. 金民科技公司生成应收单

（1）金民科技公司会计员登录金蝶 K/3 Cloud 系统，选择组织为【金民科技公司】，执行【供应链】—【组织间结算】—【结算清单】—【应收结算清单_资产】命令，进入【应收结算清单_资产】页面。双击打开相应的应收结算清单，依次单击【提交】【审核】按钮，结果如图 9-13 所示。

（2）在【应收结算清单_资产-修改】页面，单击【下推】按钮，在弹出的【选择单据】对话框中选中【应收单】，单击【确定】按钮，如图 9-14 所示。

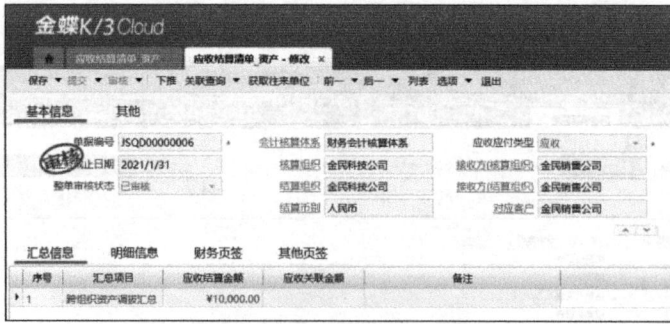

图 9-13　应收结算清单_资产审核结果

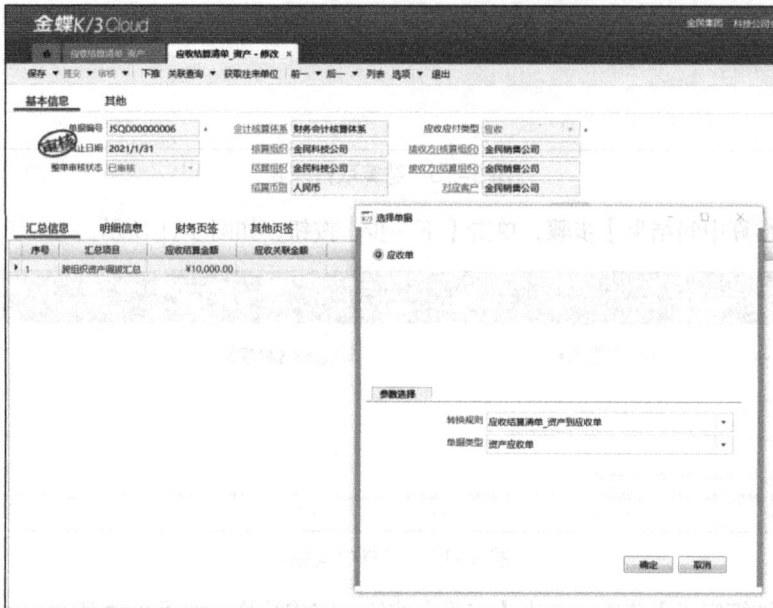

图 9-14　应收结算清单下推应收单

（3）打开【应收单-修改】页面，将业务日期修改为 2021-1-20，到期日修改为 2021-2-20，依次单击【保存】【提交】【审核】按钮，结果如图 9-15 所示。

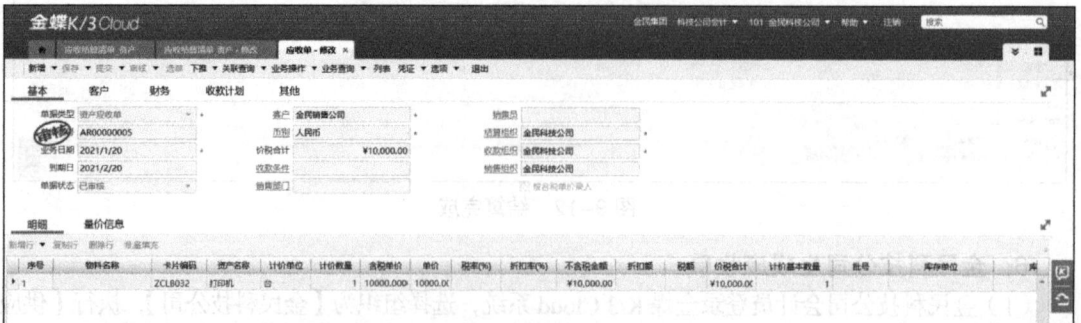

图 9-15　应收单

7. 金民销售公司生成资产卡片

（1）金民销售公司会计员登录金蝶 K/3 Cloud 系统，选择组织为【金民销售公司】，执行【资产管理】—【固定资产】—【日常管理】—【资产调入】命令，打开【资产调入】页面。勾选资产名称为【打印机】的资产调入单，单击【下推】按钮，在弹出的【选择单据】对话框中选中【资产卡片】，单击【确定】按钮，如图 9-16 所示。

图 9-16 资产调入单下推资产卡片

（2）打开【资产卡片-新增】页面，变动方式选择【调入】。在【实物信息】页签下，资产位置选择【本部大楼】。在【使用分配】页签下，使用部门选择【销售部】，费用项目选择【折旧费用】。操作完成之后，依次单击【保存】【提交】【审核】按钮，结果如图 9-17 和图 9-18 所示。

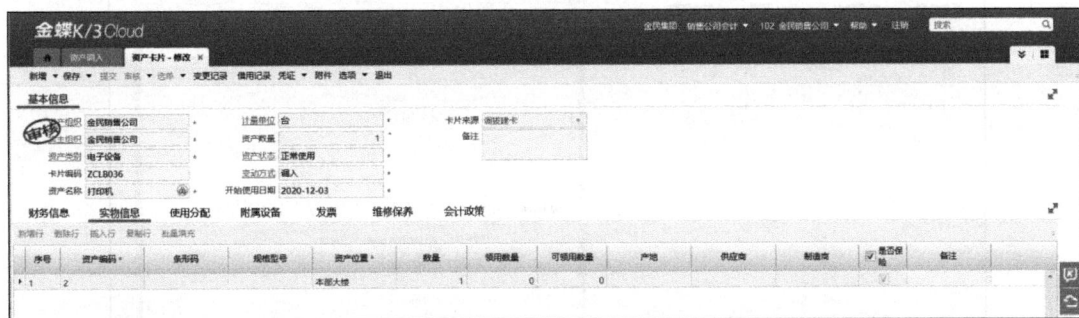

图 9-17 资产卡片实物信息

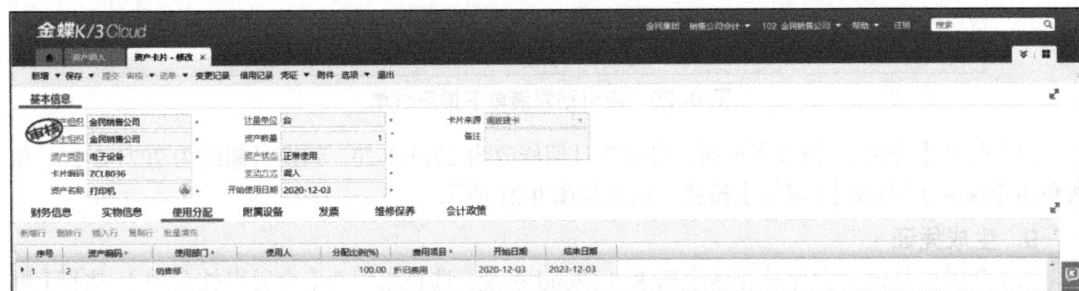

图 9-18 资产卡片使用分配信息

8. 金民销售公司生成应付单

（1）金民销售公司会计员登录金蝶 K/3 Cloud 系统，选择组织为【金民销售公司】，执行【供应链】—【组织间结算】—【结算清单】—【应付结算清单_资产】命令，打开【应付结算清单_资产】页面。双击打开【应付结算清单_资产】单据，依次单击【提交】【审核】按钮，结果如图 9-19 所示。

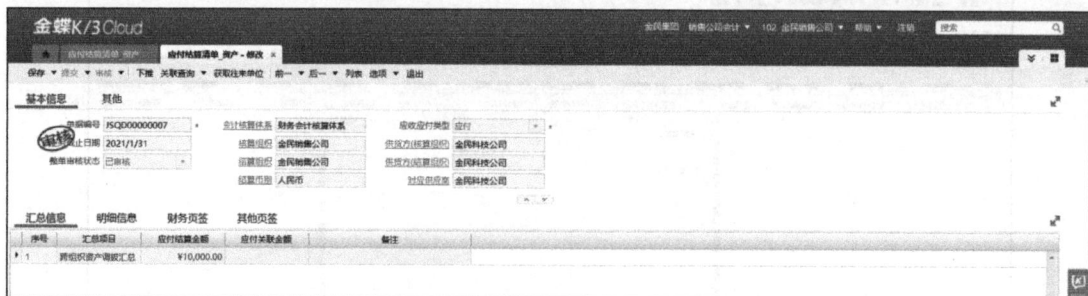

图 9-19　审核应付结算清单_资产

（2）在【应付结算清单_资产-修改】页面，单击【下推】按钮，在弹出的【选择单据】对话框中选中【应付单】，单击【确定】按钮，如图 9-20 所示。

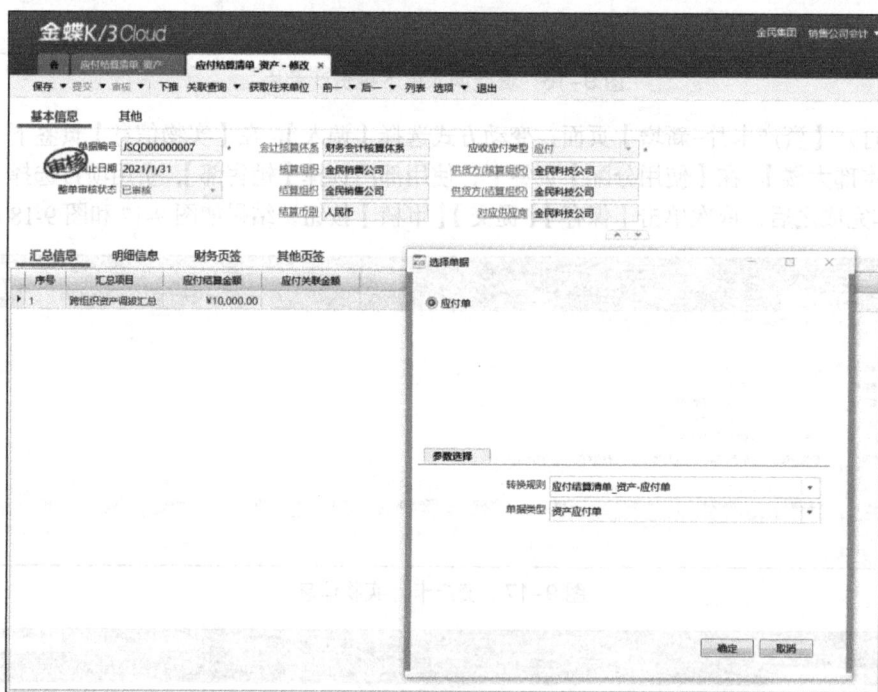

图 9-20　应付结算清单下推应付单

（3）打开【应付单-修改】页面，将业务日期修改为 2021-1-20，到期日修改为 2021-2-20，依次单击【保存】【提交】【审核】按钮，结果如图 9-21 所示。

9. 生成凭证

（1）金民科技公司会计员登录金蝶 K/3 Cloud 系统，选择组织为【金民科技公司】，执行【财务会计】—【智能会计平台】—【账务处理】—【凭证生成】命令，打开【凭证生成】页面，账簿勾选【金民科技公司】，来源单据勾选【资产处置单】和【应收单】，如图 9-22 所示。

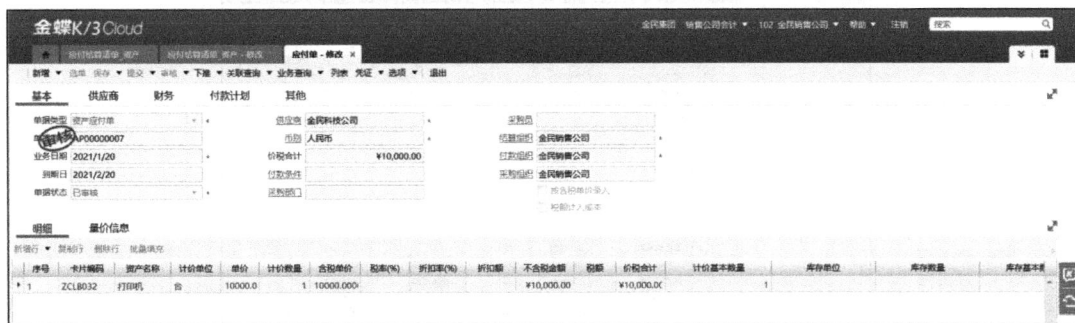

图 9-21　应付单审核结果

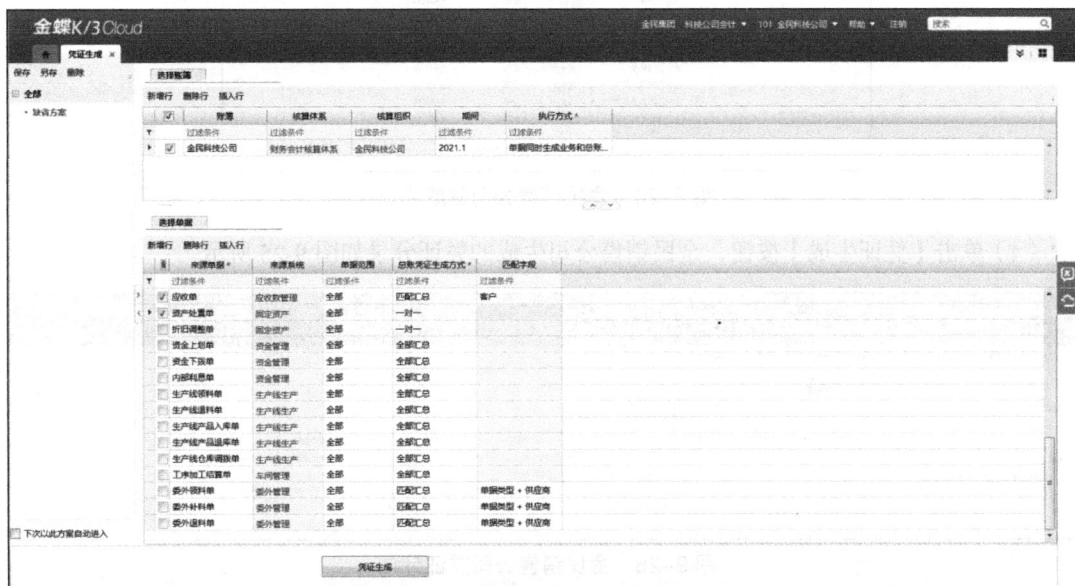

图 9-22　金民科技公司生成凭证

（2）单击【凭证生成】按钮，金民科技公司生成的凭证分录如图 9-23 所示。

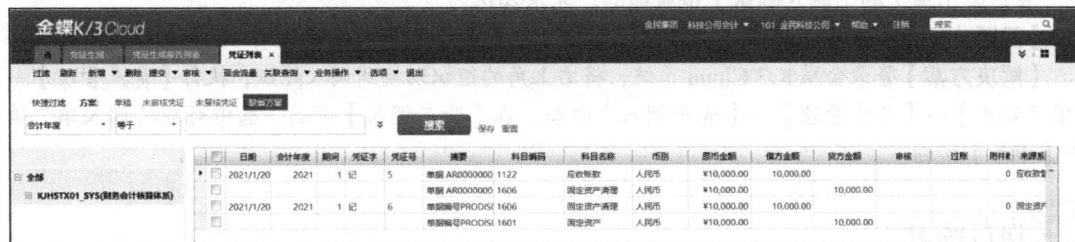

图 9-23　金民科技公司凭证分录

（3）金民销售公司会计员登录金蝶 K/3 Cloud 系统，选择组织为【金民销售公司】，执行【财务会计】—【智能会计平台】—【账务处理】—【凭证生成】命令，账簿勾选【金民销售公司】，来源单据勾选【资产卡片】和【应付单】，如图 9-24 所示。

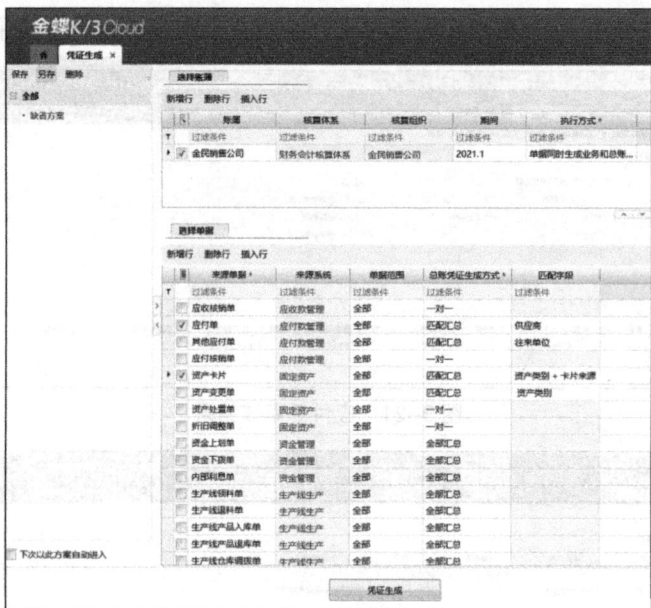

图 9-24　金民销售公司生成凭证

（4）单击【凭证生成】按钮，金民销售公司生成的凭证分录如图 9-25 所示。

图 9-25　金民销售公司凭证分录

常见问题解答

资产调出单上的【调入确认】是灰显的，无法勾选。

【问题分析】审核调入组织的资产调入单后，会自动勾选【调入确认】，不能手工勾选。

【解决方案】登录金蝶 K/3 Cloud 系统，将右上角的组织切换到调入组织，执行【资产管理】—【固定资产】—【日常管理】—【资产调入】命令，在【资产调入】页面，选中对应的调入单，单击【审核】按钮。

课后练习

（1）【判断题】同一货主组织的资产通过资产调拨从一个资产组织调入另一个资产组织，只需更新资产卡片的资产组织。（　　　　）

（2）【判断题】资产调拨业务必须由调出方发起。（　　　　）

（3）【单选题】以下关于资产调拨的说法不正确的是（　　　　）。

　　A. 资产调拨可以由资产组织进行，也可以由货主组织进行

B. 货主组织的调动，调出方需要进行资产处置，调入方需要新增资产卡片
C. 资产组织的调动不会产生资产调出单
D. 资产调拨不可以针对资产卡片中的部分资产进行调拨

任务二　处理资产盘点业务

任务描述

固定资产作为企业资产的重要组成部分，一般价值较高，因此企业需要定期或者不定期地对资产进行盘点。金民集团对本公司资产的盘点，在金蝶 K/3 Cloud 系统中主要是通过盘点方案进行的，筛选要盘点的资产的范围和时间点，盘点资产后会对资产的盘盈和盘亏进行处理。请在金蝶 K/3 Cloud 系统中完成资产盘点的操作，保证账实相符。

资产盘点业务流程如图 9-26 所示。

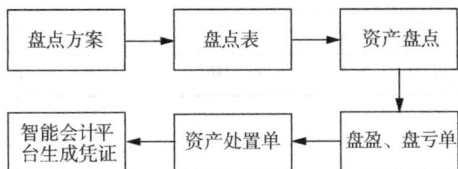

图 9-26　资产盘点业务流程

任务分解

1. 建立盘点方案
2. 输入盘点数据
3. 审核盘盈盘亏单

理论认知

通过实地盘点，把固定资产的实有数与账面数核对，如发现盘盈、盘亏和毁损，应查明原因，确定责任，并编制固定资产盘点盈亏表。分别列明盘盈固定资产的名称、数量、重量价值、估计折旧和盘亏、毁损固定资产的名称、数量、原价、已提折旧等，按照规定程序上报审批。同时，还要研究和提出改进措施，以便进一步加强固定资产的管理。

案例数据

2021 年 1 月 31 日金民科技公司和金民销售公司进行资产盘点。

（1）金民科技公司和金民销售公司的盘点方案如表 9-2 所示。

表 9-2　　　　　　　　　　资产盘点方案

盘点方案编码	盘点方案名称	资产组织
001	金民科技公司盘点方案	金民科技公司
002	金民销售公司盘点方案	金民销售公司

（2）金民科技公司的初盘数量如表 9-3 所示，金民销售公司的初盘数量如表 9-4 所示。

表 9-3 金民科技公司的初盘数量

货主组织	资产类别	资产名称	单位	初盘数量
金民科技公司	房屋及建筑物	办公大厦	栋	1
金民科技公司	机器设备	生产设备	台	1
金民科技公司	机器设备	组装设备	台	7
金民科技公司	机器设备	电机	台	1
金民科技公司	电子设备	电脑	台	2
金民科技公司	其他设备	办公家具	套	1
金民科技公司	电子设备	电脑	台	5

表 9-4 金民销售公司的初盘数量

货主组织	资产类别	资产名称	单位	初盘数量
金民销售公司	电子设备	电脑	台	2
金民销售公司	电子设备	电脑	台	5
金民销售公司	电子设备	打印机	台	1

任务实施

1. 建立盘点方案

（1）金民科技公司会计员登录金蝶 K/3 Cloud 系统，选择组织为【金民科技公司】，执行【资产管理】—【固定资产】—【资产盘点】—【盘点方案】命令，打开【盘点方案】页面。单击【新增】按钮，根据表 9-2 中的内容，盘点方案编码输入"001"，盘点方案名称输入"金民科技公司盘点方案"，资产组织选择【金民科技公司】。设置完成之后，依次单击【保存】【提交】【审核】按钮，结果如图 9-27 所示。

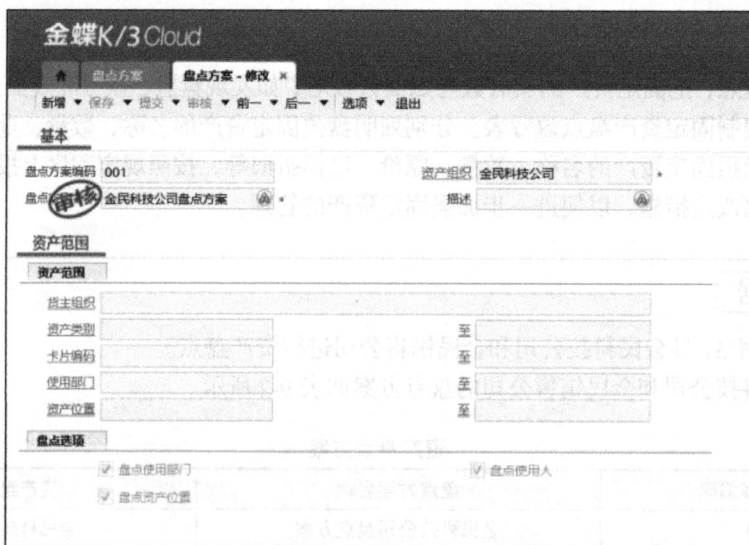

扫码看视频

图 9-27 金民科技公司盘点方案审核结果

（2）审核资产盘点方案后，执行【资产管理】—【固定资产】—【资产盘点】—【盘点方案】命令，在【盘点方案】页面中勾选盘点方案编码为【001】的盘点方案，单击【生成盘点表】按钮，如图9-28所示。

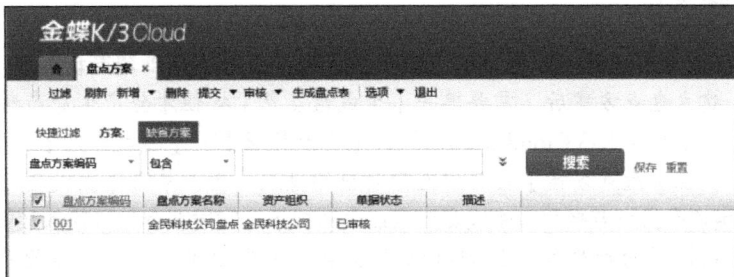

图9-28　生成盘点表

2. 输入盘点数据

金民科技公司会计员登录金蝶 K/3 Cloud 系统，选择组织为【金民科技公司】，执行【资产管理】—【固定资产】—【资产盘点】—【资产盘点表】命令，打开【资产盘点表】页面。双击打开名称为【金民科技公司盘点方案】的盘点方案，根据表9-3的数据，输入对应固定资产的初盘数量。输入完成后，依次单击【保存】【提交】【审核】按钮，结果如图9-29所示。

图9-29　金民科技公司资产盘点表审核结果

3. 审核盘盈盘亏单

（1）审核资产盘点表后，在金蝶 K/3 Cloud 系统中会自动生成对应的盘盈单和盘亏单。

金民科技公司会计员登录金蝶 K/3 Cloud 系统，选择组织为【金民科技公司】，执行【资产管理】—【固定资产】—【资产盘点】—【盘盈盘亏单】命令，打开【盘盈盘亏单】页面，单据类型勾选【盘盈】和【盘亏】，依次单击【提交】【审核】按钮，结果如图9-30所示。

图9-30　盘盈盘亏单审核结果

（2）参考上述方法，金民销售公司会计员登录金蝶 K/3 Cloud 系统，根据表 9-2、表 9-4 的数据，完成金民销售公司的资产盘点操作。

常见问题解答

（1）**建立资产盘点方案并审核后，在【资产盘点表】页面看不到资产盘点表。**

【问题分析】建立盘点方案后，需要单击【生成盘点表】按钮才会产生资产盘点表。

【解决方案】登录金蝶 K/3 Cloud 系统，执行【资产管理】—【固定资产】—【资产盘点】—【盘点方案】命令，在【盘点方案】页面中选择对应的盘点方案，单击【生成盘点表】按钮。

（2）**建立固定资产盘点方案后，生成资产盘点表时提示：字段账存数量输入数值超出限定范围。**

【问题分析】该报错的产生原因推测有以下 3 点：①先做了折旧，再做资产处置单；②后台数据库中金额出现了超出精度的数据；③如以上两点均不存在，则需升级补丁至最新版本。

【解决方案】针对第一种情况，可以删除折旧后重新做资产处置单。如果是第二种情况，则需要调整数据精度。

课后练习

【单选题】以下关于资产盘点说法不正确的是（　　）。

A. 资产盘点表需要根据盘点方案生成

B. 资产盘点表必须要输入初盘数量和复盘数量

C. 当盘点数量与账存数量有差异时，资产盘点表审核会自动产生盘盈盘亏单

D. 盘盈单需要下推资产卡片，盘亏单需要下推资产处置单

任务三　处理资产盘亏业务

任务描述

金民集团月末对盘亏的固定资产在金蝶 K/3 Cloud 系统中进行处置操作，保证账实相符。

任务分解

1. 生成资产处置单
2. 处理资产盘亏业务

理论认知

1. 资产盘亏

固定资产盘亏（属于营业外支出）指在盘点清查过程中所发现的固定资产短缺。如果发现固定资产盘亏，要查明原因，确定责任，并按有关规定报请上级批准后，调整账面记录，保证账实相符。

2. 资产盘亏时的财务处理

固定资产盘亏需要调整账面金额，一般贷记"固定资产"账户，借记"累计折旧"账户，冲

销固定资产原值和已提折旧额，并将其净值先记入"待处理财产损溢"账户，同时在固定资产卡片做相应注销记录，并登记固定资产登记簿。按规定手续报经批准后，再从"待处理财产损溢"账户结转"营业外支出"账户，注销盘亏固定资产的净值。

案例数据

2021 年 1 月 31 日，金民科技公司对盘亏的固定资产进行处置，处置的凭证数据如表 9-5 所示。

表 9-5　　　　　　　　　　　　　　凭证数据　　　　　　　　　　　　金额单位：元

对应组织	凭证来源	会计科目	借方金额	贷方金额
金民科技公司	资产处置单	待处理财产损溢	8,333.33	
		固定资产——电子设备		8,333.33

任务实施

1. 生成资产处置单

（1）金民科技公司会计员登录金蝶 K/3 Cloud 系统，选择组织为【金民科技公司】，执行【资产管理】—【固定资产】—【资产盘点】—【盘盈盘亏单】命令，打开【盘盈盘亏单】页面。勾选单据类型为【盘亏】的单据，单击【下推】按钮，在弹出的【选择单据】对话框中选中【资产处置单】，单击【确定】按钮，如图 9-31 所示。

图 9-31　生成资产处置单

（2）打开【资产处置单-新增】页面，将业务日期修改为 2021-1-31，依次单击【保存】【提交】【审核】按钮，结果如图 9-32 所示。

2. 处理资产盘亏业务

（1）金民科技公司会计员登录金蝶 K/3 Cloud 系统，选择组织为【金民科技公司】，执行【财务会计】—【智能会计平台】—【账务处理】—【凭证生成】命令，账簿勾选【金民科技公司】，来源单据勾选【资产处置单】，如图 9-33 所示。

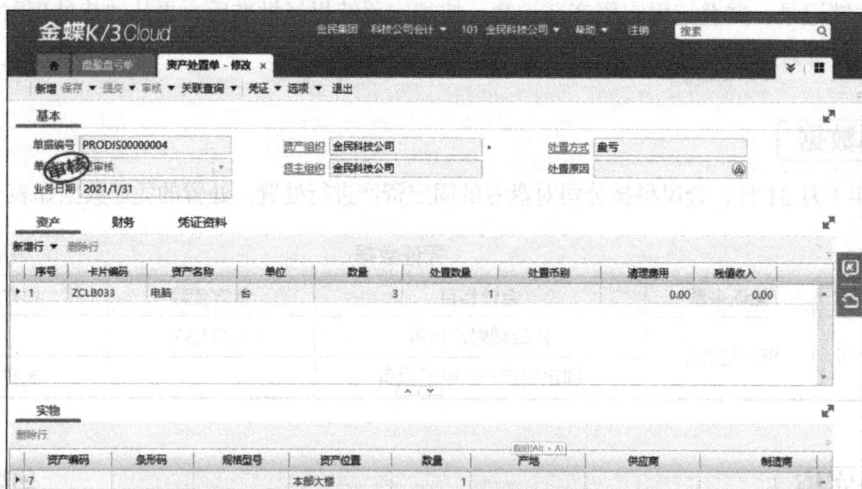

图 9-32　资产处置单审核结果

图 9-33　资产处置单生成凭证

（2）单击【凭证生成】按钮，金民科技公司资产处置单生成的凭证分录如图 9-34 所示。

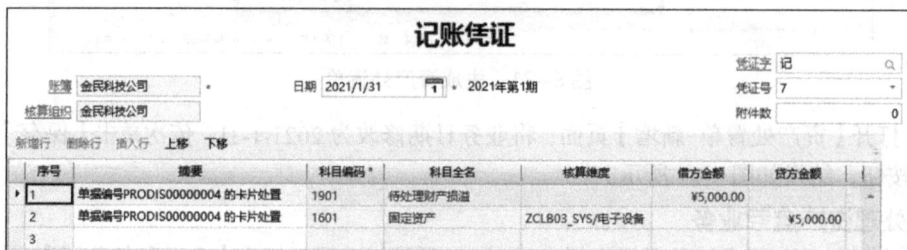

图 9-34　资产处置单凭证分录

盘盈盘亏单无法手工输入。

【问题分析】盘盈盘亏单只能通过审核资产盘点表自动生成，不可以手工新增。

【解决方案】审核资产盘点表后自动生成盘盈盘亏单。

课后练习

【单选题】盘亏单下推生成的资产处置单默认的处置方式是（　　　）。

A. 出售　　　　　　B. 报废　　　　　　C. 盘亏　　　　　　D. 其他减少

任务四　计提固定资产折旧

任务描述

　　计提折旧是企业进行财务处理时，预先提取某些已经发生但是未实际支付的折旧费用。金蝶 K/3 Cloud 产品提供年限平均法、工作量法、双倍余额递减法及年数总和法四种计提折旧的方法，企业根据自己管理的需要和法规的规定，每月月底要对资产卡片计提折旧，即将资产的价值在预计使用年限内分摊到成本中，涉及多组织和对会计政策的管理的，可以按照会计政策或者组织进行计提。月末，金民集团需要计提固定资产折旧。计提折旧业务流程如图 9-35 所示。

图 9-35　计提折旧业务流程

任务分解

1. 计提折旧
2. 审核折旧调整单
3. 生成凭证

理论认知

1. 固定资产要计提折旧的原因

固定资产与无形资产是用来生产产品的，也是有成本的。它的价值，就是它的成本，可以计入产品的成本，需要分摊。

2. 应计提折旧的固定资产范围

（1）房屋建筑物。

（2）在用的机器设备、仪器仪表、运输车辆、工具器具。

（3）季节性停用及修理停用的设备。

（4）以经营租赁方式租出的固定资产和以融资租赁方式租入的固定资产。

3. 固定资产开始计提折旧的时间

企业应当按月计提固定资产折旧，当月增加的固定资产，当月不计提折旧，从下月起计提折旧；当月减少的固定资产，当月仍计提折旧，从下月起停止计提折旧。提足折旧后，不管能否继续使用，均不再提取折旧。

4. 固定资产折旧常用的折旧方法

企业应当根据与固定资产有关的经济利益的预期消耗方式，合理选择折旧方法。我国会计准则中可选用的折旧方法包括年限平均法、工作量法、双倍余额递减法和年数总和法。固定资产的折旧方法一经确定，不得随意变更。如需变更，应当符合《固定资产准则》第十九条的规定。

案例数据

2021 年 1 月 31 日，金民科技公司和金民销售公司进行固定资产计提折旧业务。本次计提折旧相关的凭证数据如表 9-6 所示。

表 9-6　　　　　　　　　　　　　　　凭证数据　　　　　　　　　　　　　　金额单位：元

对应组织	凭证来源	会计科目	借方金额	贷方金额
金民科技公司	折旧调整单	管理费用	80,143.06	
		制造费用	142,499.99	
		累计折旧		222,643.05
金民销售公司	折旧调整单	销售费用——销售部（折旧费用）	527.78	
		累计折旧——电子设备		527.78

任务实施

1. 计提折旧

（1）金民科技公司会计员登录金蝶 K/3 Cloud 系统，选择组织为【金民科技公司】，执行【资产管理】—【固定资产】—【折旧管理】—【计提折旧】命令，打开【计提折旧】页面。在【范围选择】步骤，勾选【金民科技公司】，单击【计提折旧】按钮，如图 9-36 所示。

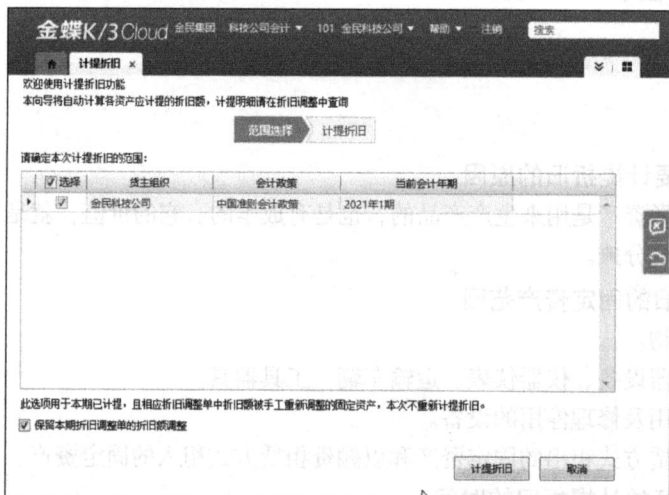

扫码看视频

图 9-36　金民科技公司计提折旧

（2）在【计提折旧】步骤，单击【完成】按钮，金民科技公司计提折旧完成，如图 9-37 所示。

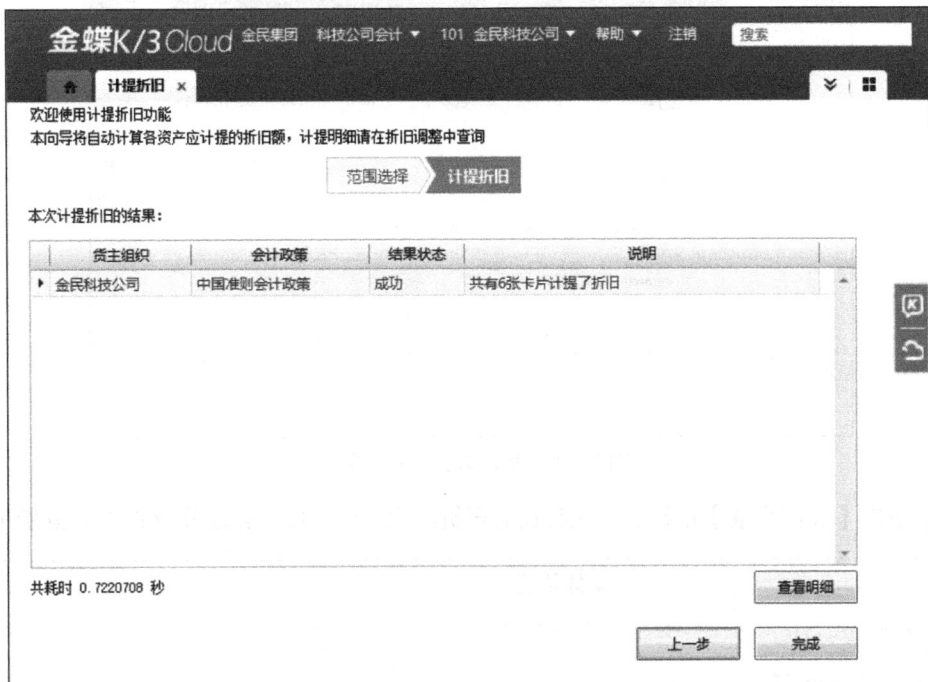

图 9-37 金民科技公司计提折旧完成

2. 审核折旧调整单

金民科技公司会计员登录金蝶 K/3 Cloud 系统，选择组织为【金民科技公司】，执行【资产管理】—【固定资产】—【折旧管理】—【折旧调整单】命令，打开【折旧调整单】页面，勾选货主组织为【金民科技公司】的折旧调整单，依次单击【提交】【审核】按钮，结果如图 9-38 所示。

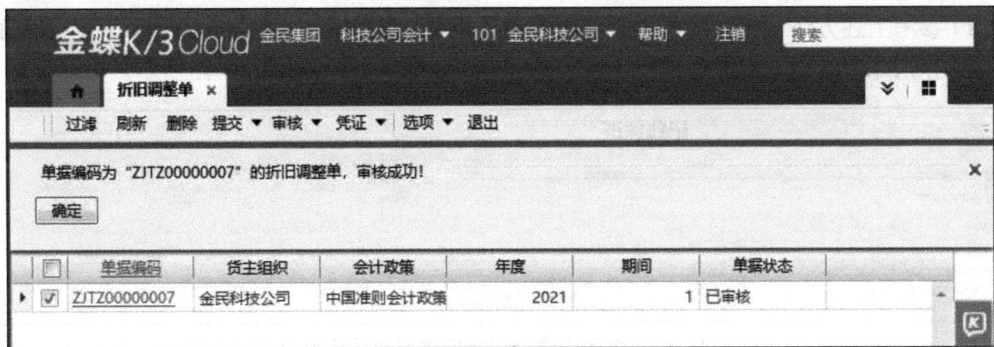

图 9-38 审核折旧调整单

3. 生成凭证

（1）金民科技公司会计员登录金蝶 K/3 Cloud 系统，选择组织为【金民科技公司】，执行【财务会计】—【智能会计平台】—【账务处理】—【凭证生成】命令，打开【凭证生成】页面，账簿勾选【金民科技公司】，来源单据勾选【折旧调整单】，如图 9-39 所示。

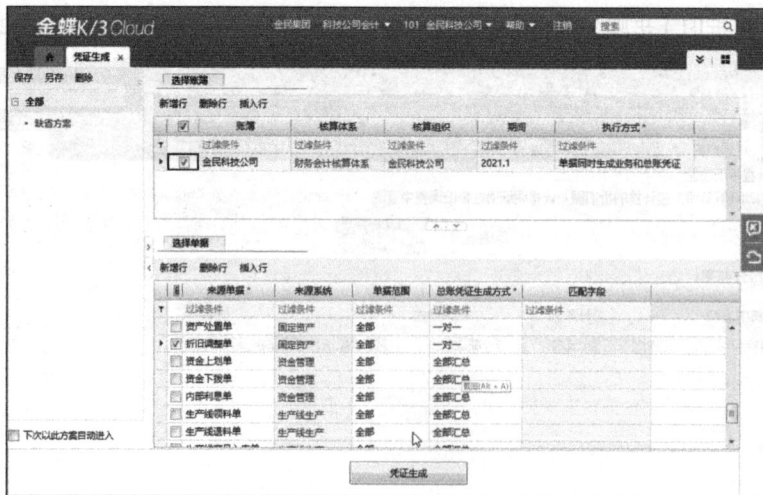

图 9-39　折旧调整单生成凭证

（2）单击【凭证生成】按钮，金民科技公司折旧调整单生成的凭证分录如图 9-40 所示。

图 9-40　金民科技公司折旧调整单凭证分录

（3）参考上述方法，金民销售公司会计员登录金蝶 K/3 Cloud 系统，完成金民销售公司的计提折旧操作及账务处理。金民销售公司折旧调整单生成的凭证分录如图 9-41 所示。

图 9-41　金民销售公司折旧调整单凭证分录

常见问题解答

（1）本期已计提折旧，且相应折旧调整单中折旧额被手工调整，对于重新调整的固定资产，删除折旧调整单后重新计提时，本次不重新计算折旧额，无法保留之前手工调整的折旧额。

【问题分析】如果需要在重新计提折旧时，保留之前手工调整的折旧额，需要在计提折旧时通过参数进行控制。

【解决方案】在【计提折旧】页面勾选【保留本期折旧调整单的折旧额调整】。

（2）折旧调整单上个别资产卡片的【本期折旧额】是灰显的，无法修改。

【问题分析】折旧调整单在未审核前是可以修改本期折旧额的，如果出现个别资产是灰显的，无法修改，则可能是做了资产处置。已经处置的资产是无法修改本期折旧额的。

【解决方案】检查这些固定资产是否已经做了资产处置。

课后练习

（1）【单选题】在【计提折旧】页面，系统没有列示的信息是（　　）。

A. 货主组织　　　　B. 资产组织　　　　C. 会计政策　　　　D. 当前会计年期

（2）【单选题】关于折旧调整单，以下说法不正确的是（　　）。

A. 在折旧调整单中勾选【手工调整折旧仅影响本期】，则手工调整折旧额只影响本期，以后期间按照公式计提折旧

B. 在折旧调整单中不勾选【手工调整折旧仅影响本期】，则手工调整折旧额影响以后期间，下期不存在变更时将直接取上期折旧额

C. 同一个货主组织在同一个会计政策下每期只生成一张折旧调整单

D. 资产卡片处置当期计提折旧，如果发现处置的资产卡片折旧额不正确，可以手工修改折旧调整单

（3）【多选题】固定资产的折旧方法有（　　）。

A. 年限平均法　　B. 双倍余额递减法　　C. 工作量法　　D. 年数总和法

（4）【多选题】本期采购了一台固定资产，当期需要计提折旧，则以下（　　）折旧政策可以满足该需求。

A. 新增当期不提折旧，清理当期计提折旧

B. 新增当期计提折旧，清理当期计提折旧

C. 新增当期不提折旧，清理当期不提折旧

D. 新增当期计提折旧，清理当期不提折旧

项目十

处理金民集团期末业务

集团的期末业务处理是在各组织完成其他业务管理子系统期末处理的基础上进行的，它的主要内容是定义和生成各类转账凭证，通过转账凭证完成期末费用计提、成本结转、损益结转等工作；对所有凭证进行记账处理后，再进行程序性的对账和结账工作，完成本期所有期末处理业务。

任务一　设置自动转账模板

任务描述

为了减少每个月手工输入制造费用归集到生产成本、销/进项税额结转到已交税金此类凭证的工作量，提高工作效率，请为金民集团创建制造费用归集到生产成本和销/进项税额结转到已交税金的自动转账模板。

任务分解

1. 新增自动转账模板
2. 生成自动转账凭证

理论认知

1. 自动转账

自动转账是指对重复凭证的摘要、借贷方科目、金额的来源或计算方法进行定义并保存为模板。定期执行自动转账模板，系统自动生成记账凭证。

2. 自动转账的作用

企业会计业务中存在一类转账凭证，它们有规律地重复出现。例如，按月计提折旧、上缴税金、月底结转制造费用到生产成本、结转管理费用到当期损益等，如果手工编制此类凭证，将会做许多重复工作。系统提供自动转账功能，用户可以设置凭证的摘要、借贷方科目、金额来源或者定义计算方法等，并保存为模板，只需要定期使用转账模板即可自动生成记账凭证，无须手工输入，能大大提高工作效率。

案例数据

根据具体任务，完成金民集团的自动转账模板设置。相关案例数据如表 10-1 所示。

表 10-1　　　　　　　　　　　　　　　　　自动转账模板信息

账簿	名称	摘要	科目名称	核算维度	转账方式	方向	转账比例
金民科技公司	归集制造费用	归集制造费用	生产成本	生产部/组装费用	转入	自动判定	100%
			制造费用	生产部/所有费用类型	按比例转出余额	自动判定	100%
金民科技公司、金民销售公司	结转增值税	结转增值税	应交税费——应交增值税（销项税额）	按比例转出余额	自动判定	100%
			应交税费——应交增值税（进项税额）	按比例转出余额	自动判定	100%
			应交税费——应交增值税（已交税金）	转入	自动判定	100%

任务实施

扫码看视频

1. 新增自动转账模板

（1）打开金蝶 K/3 Cloud 登录页面，选择数据中心为【金民集团】，输入用户名"科技公司会计"，默认密码"123456"，单击【登录】按钮后，单击右上角的【所有功能】按钮，打开功能菜单，如图 10-1 所示。

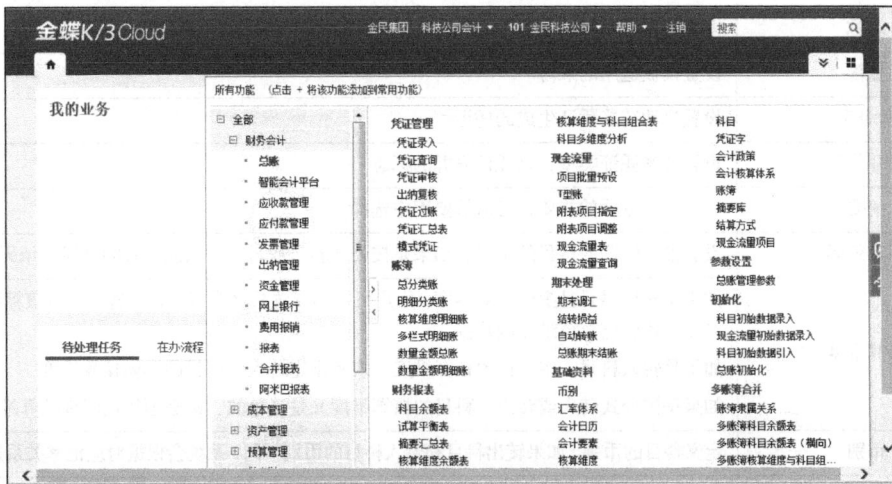

图 10-1　金蝶 K/3 Cloud 功能菜单

（2）执行【财务会计】—【总账】—【期末处理】—【自动转账】命令，打开【自动转账】页面。单击【新增】按钮，打开【自动转账-新增】页面，根据案例数据新增"归集制造费用"和"结转增值税"的自动转账模板，分别如图 10-2、图 10-3 所示。模板信息输入完成后，单击【保存】按钮。

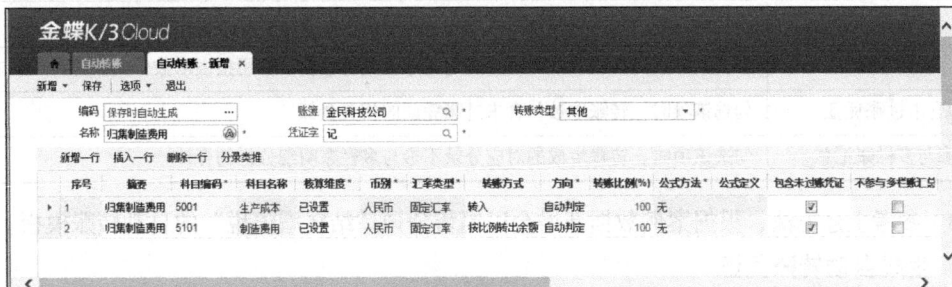

图 10-2　"归集制造费用"自动转账模板

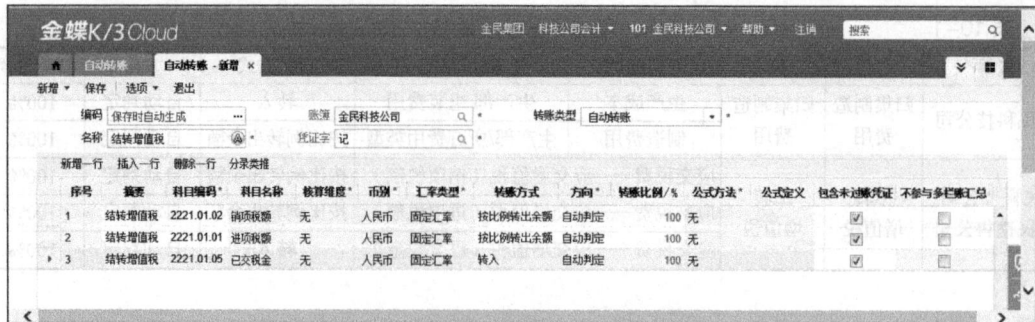

图 10-3 "结转增值税"自动转账模板

【自动转账-新增】页面字段说明如表 10-2 所示。

表 10-2 【自动转账-新增】页面字段说明

数据项	说明
编码	模板的系统编码
名称	模板的名称
账簿	设置模板适用的账簿
凭证字	设置自动转账凭证生成的凭证字
转账类型	设置转账凭证类型，是凭证来源的标志
摘要	定义凭证分录的摘要，可从摘要库中选择
科目编码	设置参与转账的科目的编码，如果是按公式转入或转出，只能设置明细科目编码
核算维度	如果是转出科目且携带核算维度，用户可以不设置核算维度，表示转出所有核算维度，也可以设置转出核算维度的范围 如果是转入科目，用户设置核算维度，表示指定转入该科目的具体核算维度 如果是按公式转入或转出，科目的核算维度又是必填的，则必须指定明细核算维度
币别	定义科目的币别。如果转出科目和转入科目的币别不同，系统会根据对应汇率关系进行换算
汇率类型	定义转账分录币别的汇率类型，如果是本位币转入转出，不需设置
转账方式	设置科目转账的方式，可以转出本期发生额或余额。其他数据类型或者多个期间的转账需要使用公式转入或转出
方向	设置生成转账凭证分录的方向。非公式转入转出时，可以设置为自动判定；按公式转入转出时，需要选择借方或贷方
转账比例/%	设置科目转出或转入的比例，有多个转入科目时，合计比例应该为 100%
公式方法	当转账方式为按公式转账时，公式方法默认为报表取数，不可编辑
公式定义	当公式方法为报表取数时，公式定义才被允许编辑，调用报表取数公式设置转账公式
包含未过账凭证	勾选该项时，转账取数包含未过账凭证的相关金额
不参与多栏账汇总	勾选该项时，转账生成的对应分录不参与多栏账明细分栏的合计

（3）参考上述方法，根据案例数据新增金民销售公司"结转增值税"的自动转账模板。

2. 生成自动转账凭证

金民科技公司会计员通过自动转账归集制造费用和结转增值税，并生成凭证。在【自动转账】

页面，勾选【归集制造费用】和【结转增值税】的自动转账方案，单击【执行】按钮，生成凭证，分别如图 10-4～图 10-6 所示。

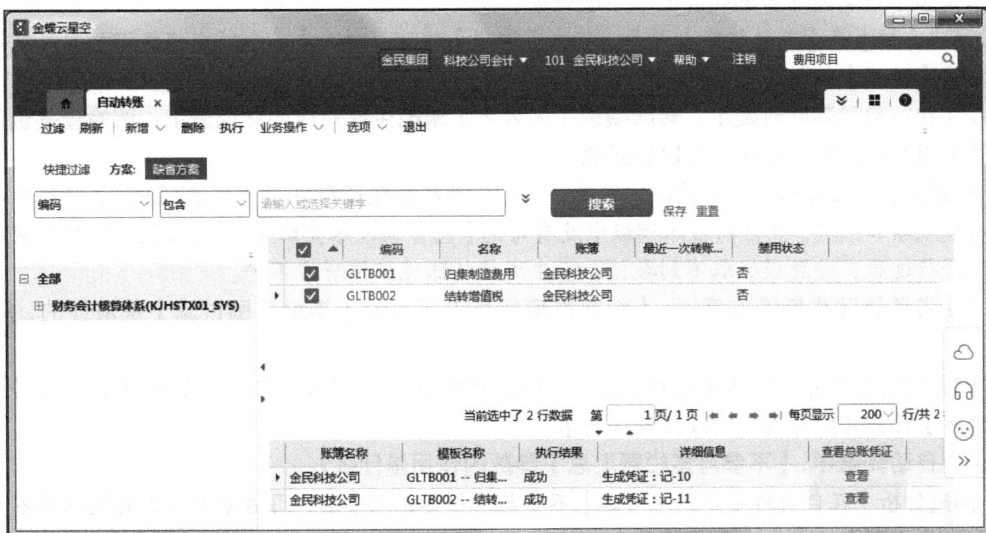

图 10-4　自动转账执行页面

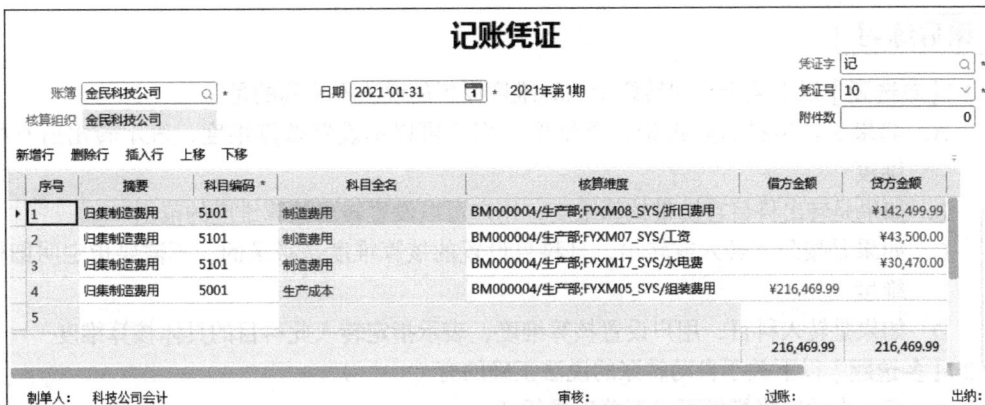

图 10-5　归集制造费用凭证

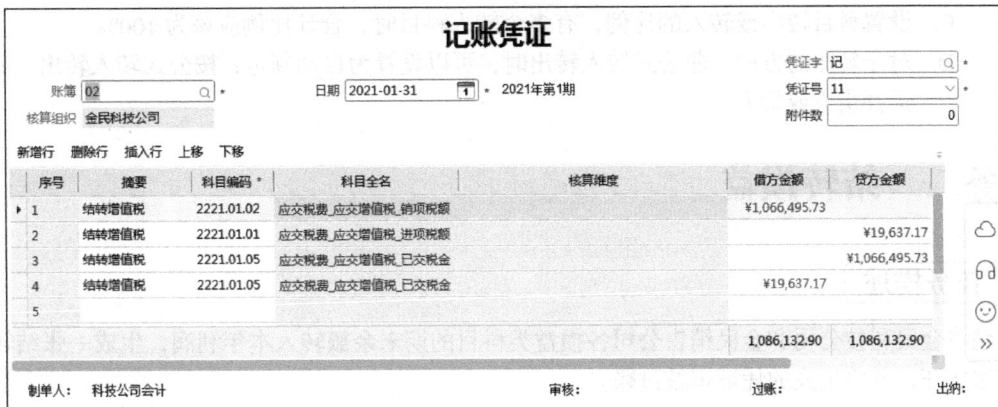

图 10-6　结转增值税凭证

常见问题解答

（1）多个自动转账方案如何汇总生成凭证？

【解决方案】在【自动转账】页面，单击【选项】按钮，勾选【多个转账模板汇总生成凭证】，然后单击【保存】按钮。

（2）执行自动转账时提示：转账模板【×××】未能生成对应的凭证分录，请检查是否存在对应的转出科目数据及模板是否设置正确。

【问题分析】出现以上提示的原因可能是：①自动转账模板科目设置错误；②设置的科目在当期没有发生额和余额；③自动转账模板中没有勾选【包含未过账凭证】，并且设置的科目对应的凭证没有进行过账，导致模板取不到数值；④生成的转账凭证借贷方不平。

（3）自动转账中新增方案时，【核算维度信息】页面的【连续范围过滤】是灰显的，不能勾选。

【问题分析】只有当转账方式为【按比例转出余额】【按比例转出借方发生额】【按比例转出贷方发生额】时，才能勾选【连续范围过滤】。

（4）自动转账中，【不参与多栏账汇总】参数的作用是什么？

【问题分析】在自动转账方案中勾选【不参与多栏账汇总】后，用该方案生成的凭证将不参与多栏账中【本期合计】和【本年累计】的计算。

课后练习

（1）【单选题】以下关于自动转账中核算维度设置的说法不正确的是（　　　）

A. 如果是转出科目且携带核算维度，用户可以不设置核算维度，表示转出所有核算维度

B. 如果是转出科目且携带核算维度，用户可以设置转出核算维度的范围

C. 如果是按公式转入或转出，且科目设置的核算维度是必录的，不需要指定明细核算维度

D. 如果是转入科目，用户设置核算维度，表示指定转入此科目的具体核算维度

（2）【多选题】以下关于自动转账的说法正确的有（　　　）。

A. 多个自动转账模板可以汇总生成凭证

B. 可以转出本期发生额或余额

C. 设置科目转出或转入的比例，有多个转入科目时，合计比例应该为 100%

D. 对于转账的方向，非公式转入转出时，可以设置为自动判定；按公式转入转出，需要选择借方或贷方

任务二　结转损益

任务描述

请将金民科技公司和金民销售公司各损益类科目的期末余额转入本年利润，生成一张结转损益记账凭证，并将生成的凭证审核过账。

任务分解

1. 设置总账管理参数
2. 凭证过账
3. 结转损益

理论认知

结转损益是指期末将账簿内各损益类科目的余额转入本年利润，并生成一张结转损益记账凭证，以反映企业在一个会计期间内实现的利润或亏损总额。

任务实施

1. 设置总账管理参数

金民科技公司会计员登录系统后，执行【财务会计】—【总账】—【参数设置】—【总账管理参数】命令，打开【总账管理参数】页面，在【账簿参数】页签下的利润分配科目选择【利润分配】，本年利润科目选择【本年利润】，如图 10-7 所示。科目设置好后，单击【保存】按钮。

扫码看视频

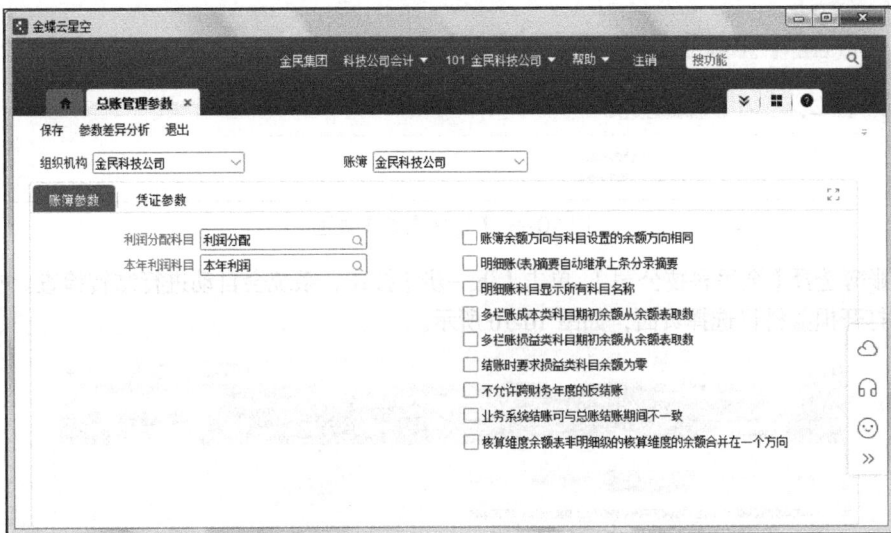

图 10-7　【总账管理参数】页面

2. 凭证过账

结转损益前必须将所有凭证过账。执行【财务会计】—【总账】—【凭证管理】—【凭证过账】命令，打开【凭证过账】页面，账簿名称勾选【金民科技公司】，单击【过账】按钮，操作结果显示【过账完成】，如图 10-8 所示。

3. 结转损益

（1）执行【财务会计】—【总账】—【期末处理】—【结转损益】命令，打开【结转损益】页面，如图 10-9 所示。

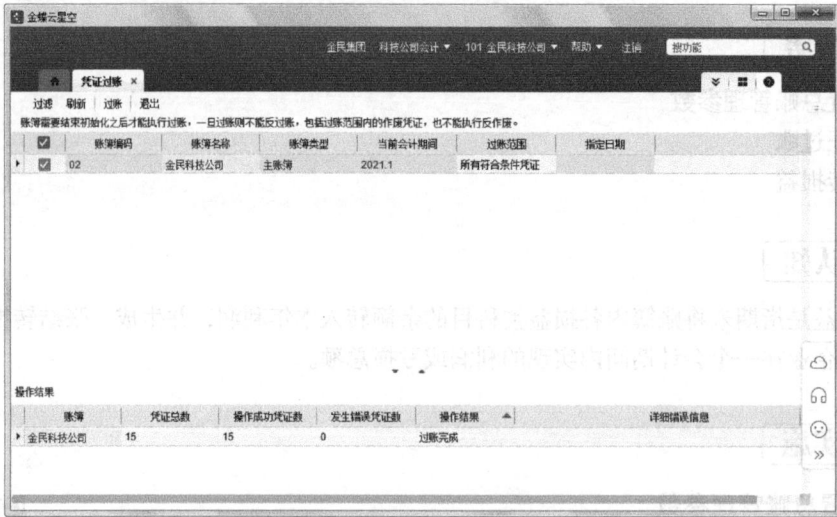

图 10-8 【凭证过账】页面

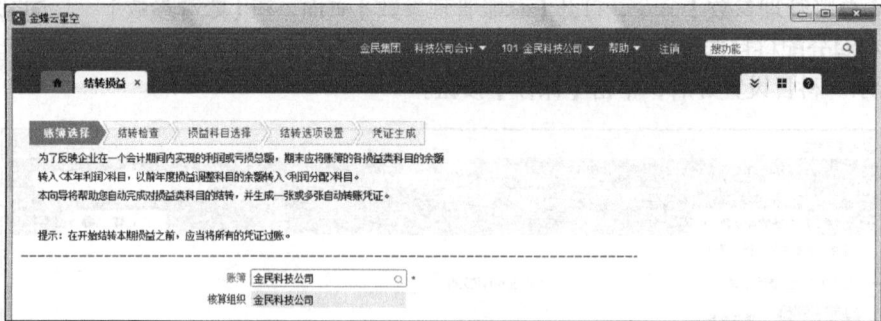

图 10-9 【结转损益】页面

（2）账簿选择【金民科技公司】，单击【下一步】按钮，系统会自动进行结转检查。检查通过后，直接打开损益科目选择页面，如图 10-10 所示。

图 10-10 结转损益-损益科目选择

（3）结转科目设置无误后，单击【下一步】按钮，打开结转选项设置页面，如图 10-11 所示。

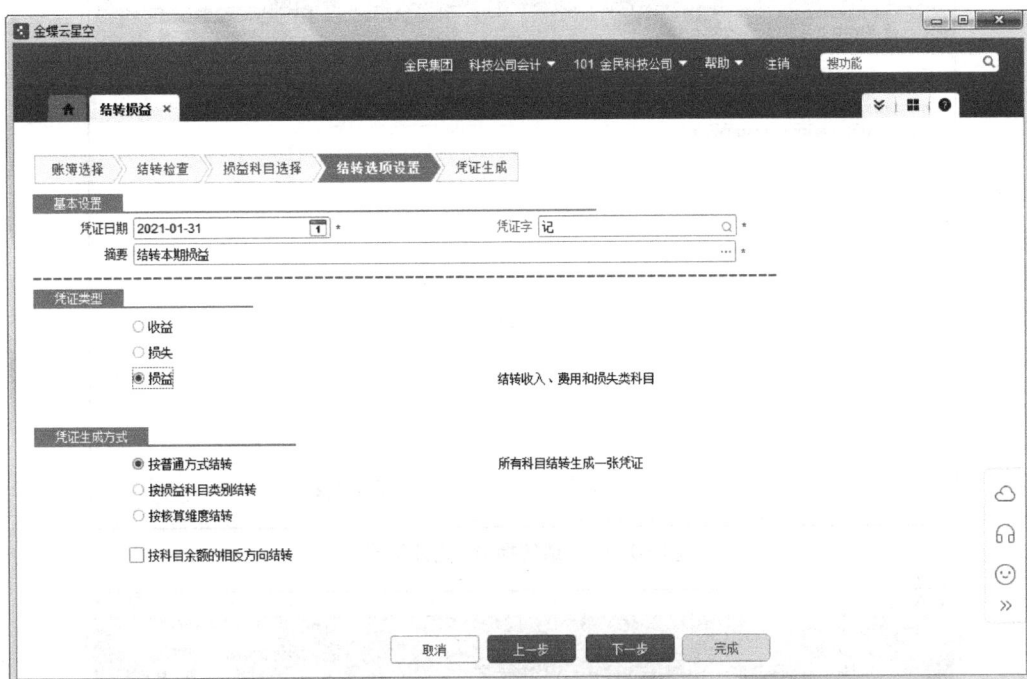

图 10-11 结转损益-结转选项设置

结转选项设置参数说明如表 10-3 所示。

表 10-3 结转选项设置参数说明

数据项	说明
凭证类型	选中【收益】，系统仅结转收入类科目 选中【损失】，系统结转费用、损失类科目 选中【损益】，系统结转收入、费用和损失类科目
凭证生成方式	选中【按普通方式结转】，所有科目结转生成一张凭证 选中【按损益科目类别结转】，系统按科目类别分别结转生成多张凭证 选中【按核算维度结转】，系统按科目下挂核算维度分别结转生成多张凭证，无核算维度的结转生成一张凭证
按科目余额的相反方向结转	勾选此参数，结转科目的余额如果为负数，则将其余额置为相反方向的正数后再转出，即系统将科目余额从本身的余额相反方向转出（如：借方科目余额始终从贷方转出）

（4）结转选项设置好后，单击【下一步】按钮，系统自动结转损益，并显示结转损益凭证生成结果，如图 10-12 所示。

（5）选中【审核并过账结转损益凭证】，单击【执行操作】按钮，系统显示凭证审核成功、过账成功后，单击【完成】按钮，如图 10-13 所示。

（6）参考上述方法，完成金民销售公司的损益结转。

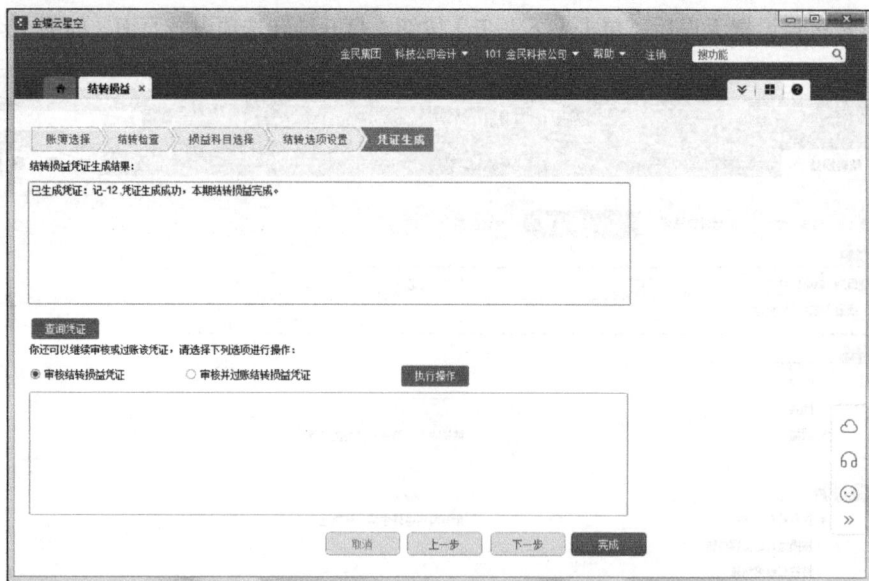

图 10-12　结转损益–凭证生成

图 10-13　结转损益凭证审核/过账成功

常见问题解答

（1）结转损益时系统提示：请在总账系统参数中设置账簿——【***账簿】的〈利润分配科目〉！

【问题分析】总账管理参数中没有设置本年利润科目和利润分配科目。

【解决方案】执行【财务会计】—【总账】—【参数设置】—【总账管理参数】命令，打开【总账管理参数】页面，在【账簿参数】页签下设置【利润分配科目】和【本年利润科目】。

（2）结转损益凭证如何删除？

【解决方案】若本期凭证已审核过账，需先将凭证进行反过账反审核，然后打开【凭证查询】

页面，找到结转损益的凭证，删除即可。后续可以通过总账模块的结转损益功能再次结转。

（3）如何设置结转损益生成的凭证的每条分录都显示摘要？

【解决方案】执行【财务会计】—【总账】—【参数设置】—【总账管理参数】命令，在【总账管理参数】页面的【凭证参数】页签下勾选【每条凭证分录必须有摘要】。

课后练习

（1）【多选题】以下关于结转损益的说法正确的有（　　）。

A. 结转损益时，凭证类型选中【收益】，系统仅结转收入类科目

B. 结转损益时，凭证类型选中【损失】，系统结转费用、损失类科目

C. 结转损益时，凭证类型选中【损益】，系统结转收入、费用和损失类科目

D. 以上说法都不正确

（2）【单选题】假设管理费用下挂核算维度【部门】，主营业务收入下挂核算维度【客户】，财务费用没有下挂核算维度，结转损益时，凭证生成方式选中【按核算维度结转】，系统会生成（　　）凭证。

A. 1张　　　　　　B. 2张　　　　　　C. 3张　　　　　　D. 4张

任务三　期末关账

任务描述

请对金民科技公司和金民销售公司的费用报销模块与存货核算模块进行期末关账。

任务分解

1. 费用报销模块期末关账
2. 存货核算模块期末关账

理论认知

1. 期末关账的概念及作用

期末关账是业务上的关账，不分期间，可以选择任意日期关账。为避免数据随意变更，关账后，对于已关账的单据，只能查看，不能再执行新增、保存、反审核操作。

2. 期末关账和期末结账的区别

期末关账，账期不会发生变化。期末结账，账期会发生变化，当期的业务已经完成，结账到下一期间。

任务实施

1. 费用报销模块期末关账

（1）金民科技公司会计员登录系统后，执行【财务会计】—【费用报销】—【期末处理】—【关账】命令，打开【关账】页面。组织选择【金民科技公司】，

扫码看视频

单击【关账】按钮，打开【处理结果】对话框，系统显示关账成功，如图 10-14 所示。

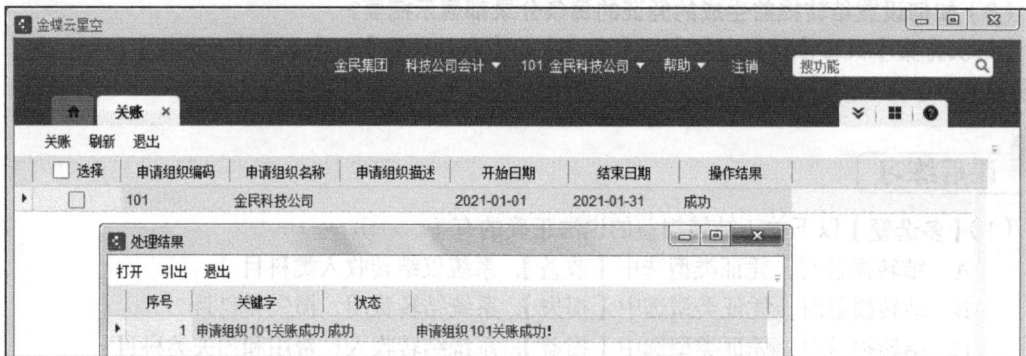

图 10-14　费用报销模块期末关账

（2）参考上述方法，完成金民销售公司的费用报销模块期末关账。

2. 存货核算模块期末关账

（1）金民科技公司会计员登录系统后，执行【成本管理】—【存货核算】—【期末处理】—【存货核算期末关账】命令，打开【存货核算期末关账】页面。组织选择【金民科技公司】，单击【关账】按钮，系统显示关账成功，如图 10-15 所示。

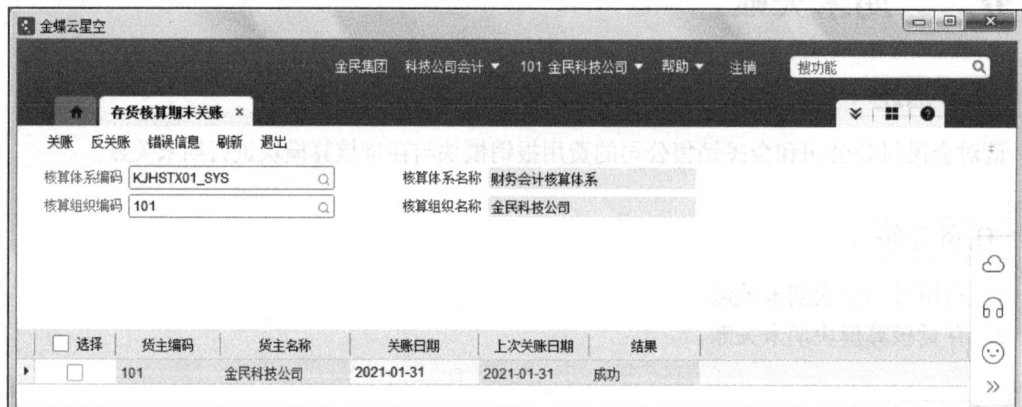

图 10-15　【存货核算期末关账】页面

（2）参考上述方法，完成金民销售公司的存货核算模块期末关账。

📖 **常见问题解答**

（1）费用报销模块【关账】页面不显示对应的组织。

【问题分析】出现这种情况是因为费用报销模块还未结束初始化。

【解决方案】执行【财务会计】—【费用报销】—【初始化】—【结束初始化】命令，在【结束初始化】页面，选择对应组织，单击【结束初始化】按钮，然后再关账。

（2）费用报销模块存在未审核的费用申请单，能否设置允许关账？

【解决方案】可以设置。执行【财务会计】—【费用报销】—【参数设置】—【费用报销模块参数】命令，在打开的页面中取消勾选【申请单未审核不允许关账】。

课后练习

（1）【判断题】费用报销模块关账后新增费用报销单，申请日期必须大于最近关账日期。（　　）

（2）【判断题】费用报销模块关账时必须审核全部单据，无参数控制。（　　）

（3）【判断题】费用报销模块期末关账后还需要进行结账。（　　）

（4）【判断题】存货核算模块关账后该期间将不允许新增、审核库存出入库单据。（　　）

任务四　期末结账

任务描述

请对金民集团、金民科技公司和金民销售公司的出纳管理、应收应付款管理、固定资产、存货核算和总账等模块进行期末结账。

任务分解

1. 出纳管理模块结账
2. 应收款管理模块结账
3. 应付款管理模块结账
4. 固定资产模块结账
5. 存货核算模块结账
6. 总账模块结账

理论认知

1. 出纳管理模块进行期末结账的原因

为了对库存现金和银行存款实现日清月结的管理，期末需要结转库存现金和银行存款余额。

2. 应收应付款管理模块进行期末结账的原因

应收应付款管理模块的结账是完全业务上的结账，不分期间，可以选择任意日期结账。

3. 固定资产模块进行期末结账的原因

结账的目的是肯定本期的工作成果，结转折旧费用，开启下一工作期间，在一个会计期间结束，完成折旧计提和凭证生成工作之后，必须经过结账过程才能开启下一工作期间。

4. 存货核算模块进行期末结账的原因

存货核算模块结账是对截至本期核算单据的处理，计算本期的存货余额，并将其转入下一期，同时系统当前期间下置的过程。

5. 总账模块进行期末结账的原因

总账模块的数据处理都是针对本期的，要进行下一期间的处理，必须将本期的账务全部进行结账处理，才能开启下一期，同时总账模块结账之前要先将其他子模块结账。

任务实施

1. 出纳管理模块结账

（1）金民科技公司会计员登录系统后，执行【财务会计】—【出纳管理】—

扫码看视频

213

【期末处理】—【出纳管理结账】命令，打开【出纳管理结账】页面，勾选组织【金民科技公司】，单击【结账】按钮，系统显示结账成功，如图 10-16 所示。

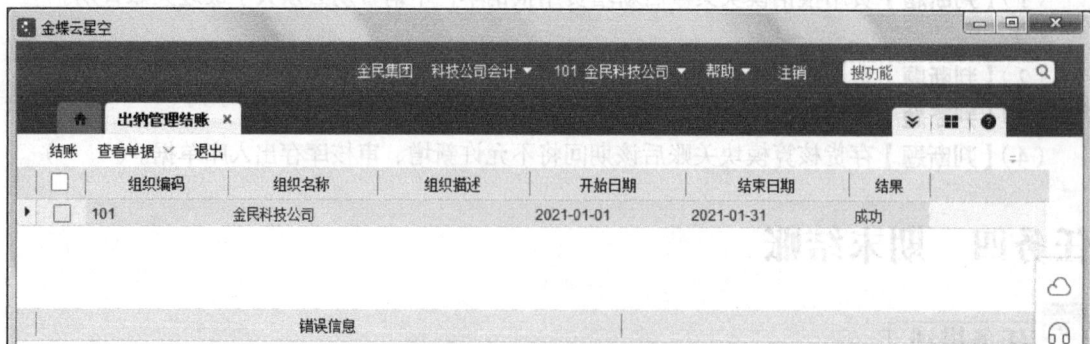

图 10-16　出纳管理模块结账

（2）出纳管理模块结账后支持反结账操作：执行【财务会计】—【出纳管理】—【期末处理】—【出纳管理反结账】命令，打开【出纳管理反结账】页面，勾选需要反结账的组织，单击【反结账】按钮。

（3）参考上述方法，完成金民集团和金民销售公司的出纳管理模块结账。

2. 应收款管理模块结账

（1）金民科技公司会计员登录系统后，执行【财务会计】—【应收款管理】—【期末处理】—【应收款结账】命令，打开【应收款结账】页面，勾选组织【金民科技公司】，单击【结账】按钮，系统显示结账成功，如图 10-17 所示。

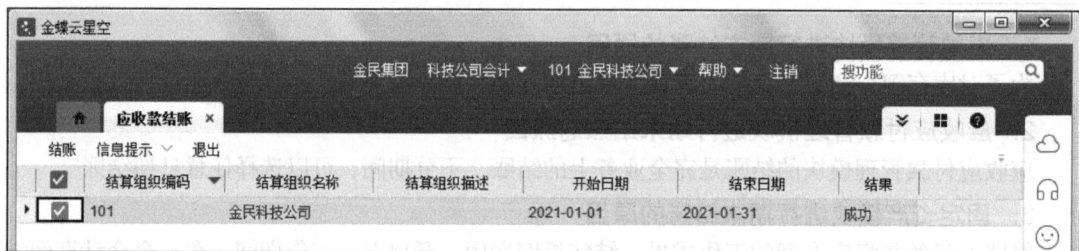

图 10-17　应收款管理模块结账

（2）应收款管理模块结账后支持反结账操作：执行【财务会计】—【应收款管理】—【期末处理】—【应收款反结账】命令，打开【应收款反结账】页面，勾选需要反结账的组织，单击【反结账】按钮。

（3）参考上述方法，完成金民集团和金民销售公司的应收款管理模块结账。

3. 应付款管理模块结账

（1）金民科技公司会计员登录系统后，执行【财务会计】—【应付款管理】—【期末处理】—【应付款结账】命令，打开【应付款结账】页面，勾选组织【金民科技公司】，单击【结账】按钮，系统显示结账成功，如图 10-18 所示。

（2）应付款管理模块结账后支持反结账操作：执行【财务会计】—【应付款管理】—【期末处理】—【应付款反结账】命令，打开【应付款反结账】页面，勾选需要反结账的组织，单击【反结账】按钮。

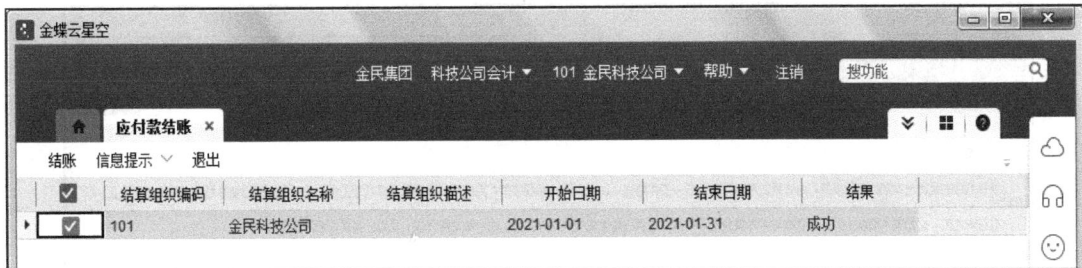

图 10-18 应付款管理模块结账

（3）参考上述方法，完成金民集团和金民销售公司的应付款管理模块结账。

4. 固定资产模块结账

（1）金民科技公司会计员登录系统后，执行【资产管理】—【固定资产】—【期末处理】—【结账】命令，打开【结账】页面，本次操作选中【结账】，勾选组织【金民科技公司】，单击【开始】按钮，如图 10-19 所示。系统显示结账成功，如图 10-20 所示。

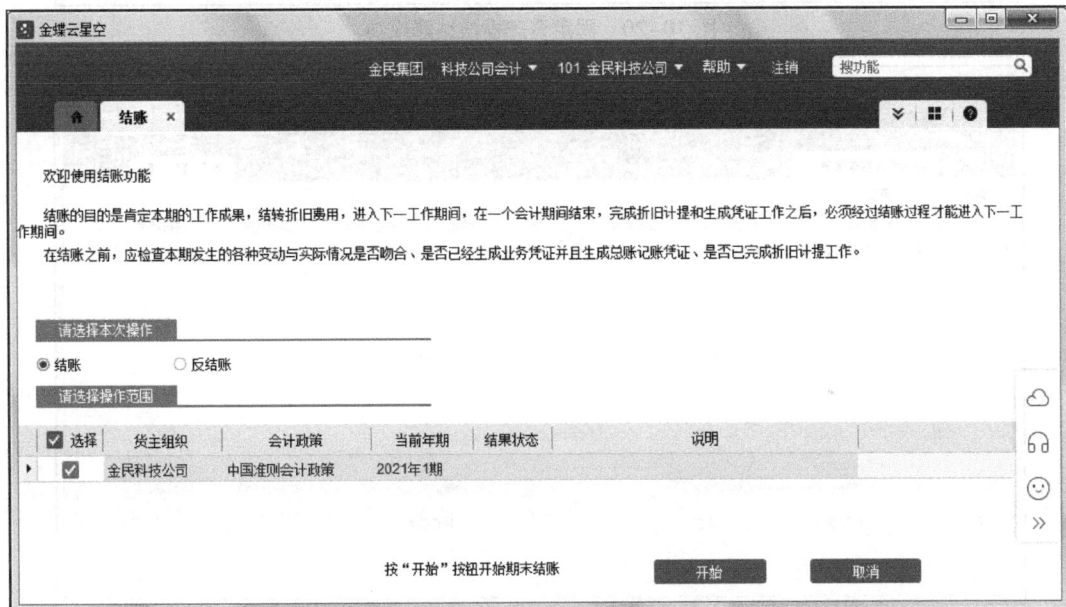

图 10-19 固定资产模块结账

（2）固定资产模块结账后支持反结账操作：执行【资产管理】—【固定资产】—【期末处理】—【结账】命令，打开【结账】页面，本次操作选中【反结账】，勾选对应的组织，单击【开始】按钮。

（3）参考上述方法，完成金民集团和金民销售公司的固定资产模块结账。

5. 存货核算模块结账

（1）金民科技公司会计员登录系统后，执行【成本管理】—【存货核算】—【期末处理】—【存货核算期末结账】命令，打开【存货核算期末结账】页面，勾选组织【金民科技公司】，单击【结账】按钮，系统显示结账成功，如图 10-21 所示。

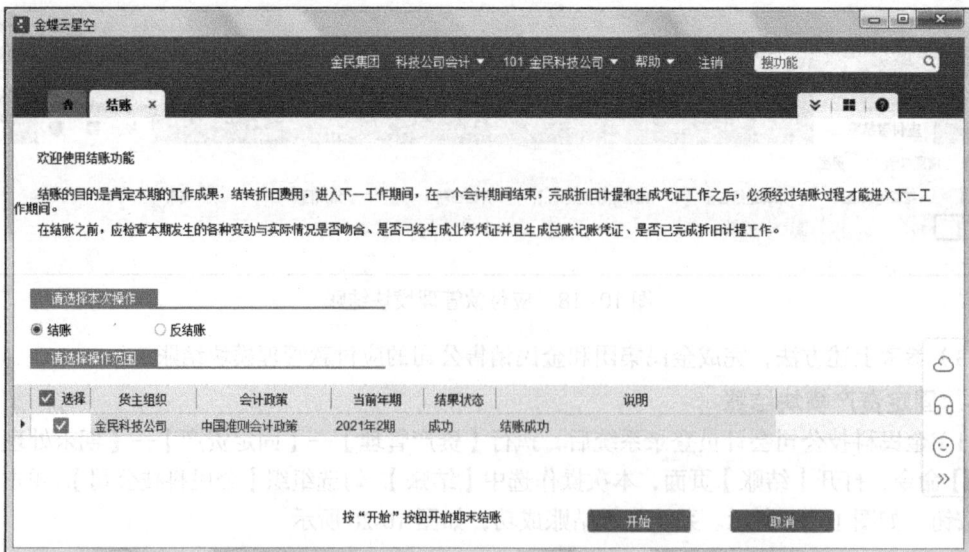

图 10-20　固定资产模块结账成功

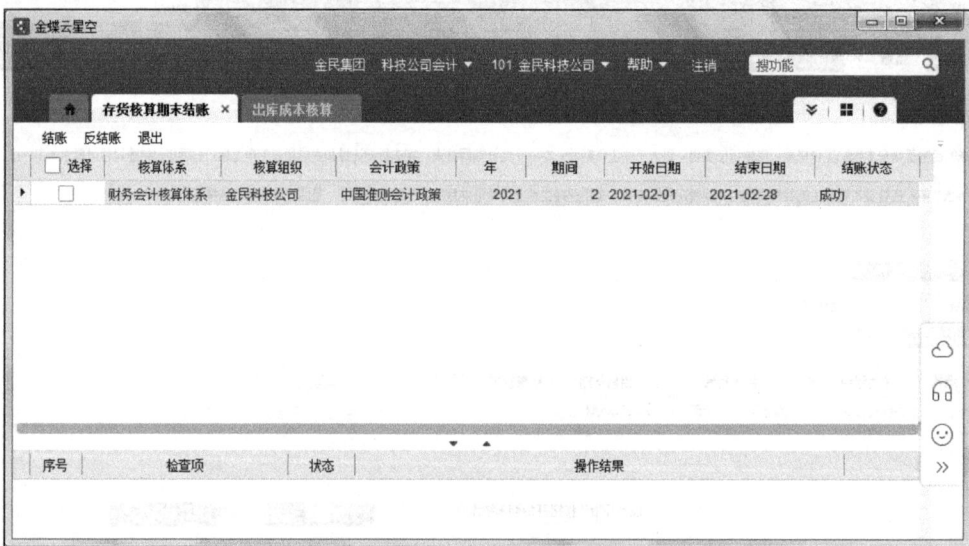

图 10-21　存货核算模块结账成功

（2）存货核算模块结账后支持反结账操作：执行【成本管理】—【存货核算】—【期末处理】—【存货核算期末结账】命令，打开【存货核算期末结账】页面，勾选对应组织，单击【反结账】按钮。

（3）参考上述方法，完成金民集团和金民销售公司的存货核算模块结账。

6. 总账模块结账

（1）金民科技公司会计员登录系统后，执行【财务会计】—【总账】—【期末处理】—【总账期末结账】命令，打开【总账期末结账】页面，勾选组织【金民科技公司】，单击【结账】按钮，系统显示结账成功，如图 10-22 所示。

（2）总账模块结账后支持反结账操作：执行【财务会计】—【总账】—【期末处理】—【总账期末结账】命令，打开【总账期末结账】页面，勾选对应组织，单击【反结账】按钮。

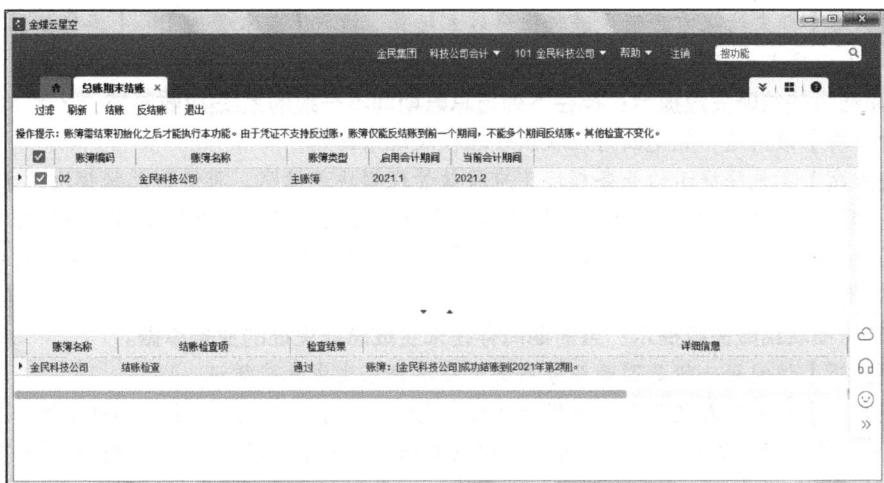

图 10-22　总账模块结账

（3）参考上述方法，完成金民集团和金民销售公司的总账模块结账。

常见问题解答

（1）【应收款结账】页面不显示对应的组织。

【问题分析】出现该问题一般是因为应收款管理模块未结束初始化。

【解决方案】执行【财务会计】—【应收款管理】—【初始化】—【应收款结束初始化】命令，选择对应组织，单击【结束初始化】按钮。

（2）应收款管理模块结账提示：结算组织×××存在单据应收单未审核。

【问题分析】该问题一般是因为应收单未审核而无法结账。

【解决方案】若单据需要审核，可在应收单列表将未审核单据审核；若单据不需要审核，则执行【财务会计】—【应收款管理】—【参数设置】—【应收款管理参数】命令，取消勾选【存在未审核的单据时不允许结账】。

（3）固定资产模块结账提示：结账不通过，未计提折旧，请先计提折旧。

【问题分析】该问题一般是因为固定资产模块还未计提折旧。

【解决方案】固定资产模块在结账前必须先完成折旧计提工作。执行【资产管理】—【固定资产】—【折旧管理】—【计提折旧】命令，完成计提折旧后再结账。

（4）固定资产模块结账提示：结账不通过，存在未审核的折旧调整单。

【问题分析】该问题一般是因为折旧调整单未审核而无法结账。

【解决方案】执行【资产管理】—【固定资产】—【折旧管理】—【折旧调整单】命令，将折旧调整单审核后，再进行固定资产模块结账。

（5）存货核算模块期末结账提示：第1行分录，业务组织当前期间还未关账或关账日期小于当前期间最后一天[2021-01-31]。

【问题分析】该问题一般是因为业务组织还未进行期末关账。

【解决方案】执行【成本管理】—【存货核算】—【期末处理】—【存货核算期末关账】命令，先进行期末关账，再执行期末结账。

（6）存货核算模块期末结账提示：第1行分录，未进行核算，不允许结账。

【问题分析】该问题一般是因为业务组织还未进行成本核算。

【解决方案】期末结账前必须先进行出库成本核算。执行【成本管理】—【存货核算】—【存货核算】—【出库成本核算】命令，完成出库成本核算。

（7）**总账模块结账失败提示：存在下列与总账期间不一致的系统[应收系统：×××组织]。**

【问题分析】该问题一般是因为应收款管理模块还未结账。

【解决方案】①先将提示的业务模块（应收款管理模块）结账，再进行总账模块结账。例如：总账模块当前期间在第 2 期，那么业务模块需要先将第 2 期结账，再进行总账模块结账。

② 若业务模块暂不能结账，此时可以先在【总账管理参数】页面中勾选【业务系统结账可与总账结账期间不一致】，再进行总账模块结账。

（8）**总账模块结账失败提示：当前期间存在未生成总账凭证的业务单据。**

【问题分析】该问题一般是因为业务系统存在单据未生成总账凭证。

【解决方案】直接单击提示后面关联操作的【凭证生成情况查询】按钮，打开【凭证生成情况查询】页面，若单据需要生成凭证，可勾选相应单据，单击【生成凭证】按钮；若单据不需要生成凭证，则勾选全部单据，单击【本次忽略】按钮，系统自动返回总账模块期末结账页面，此时再次单击【结账】按钮即可结账成功。

（9）**总账模块期末结账提示：当前期间存在未过账凭证。**

【问题分析】该问题一般是因为总账模块当期存在凭证未过账而无法结账。

【解决方案】直接单击提示后面关联操作的【凭证过账】按钮，或者执行【财务会计】—【总账】—【凭证管理】—【凭证过账】命令先进行过账，过账成功后再进行总账模块结账。

课后练习

（1）【单选题】以下关于出纳管理模块结账的说法正确的是（　　）。

A. 出纳管理模块结账前必须将所有手工日记账审核

B. 出纳管理模块结账前必须将所有手工日记账生成凭证

C. 存在未审核的收付款单需要允许结账有参数控制

D. 以上说法都不正确

（2）【单选题】以下关于应收款管理模块期末处理的说法正确的是（　　）。

A. 应收款管理模块结账后不允许反结账

B. 应收款管理模块反结账必须将当期单据生成的凭证删除

C. 应收款管理模块结账前必须将当前单据全部生成凭证，否则不允许结账

D. 存在未审核的单据需要允许结账有参数控制

（3）【单选题】以下关于固定资产模块结账的说法不正确的是（　　）。

A. 结账前必须完成折旧计提

B. 当期存在未审核的资产卡片不允许结账

C. 当期存在资产卡片未生成凭证不允许结账

D. 以上说法都不正确

（4）【单选题】存货核算模块结账的正确流程是（　　）。

A. 核算—关账—结账　　　　B. 关账—核算—结账

C. 结账—关账—核算　　　　D. 核算—结账—关账

（5）【判断题】总账模块结账前凭证必须全部审核。（　　）

项目十一

编制独立财务报表

　　财务报表是反映企业或预算单位一定时期资金、利润状况的报表。财务报表包括资产负债表、利润表、现金流量表、所有者权益变动表和附注。财务报表是财务报告的主要部分。金民集团及其下属公司月末需要出具财务报表，则需要用到报表模块。本项目主要包括编制资产负债表、编制利润表、编制现金流量表三个任务。

任务一　编制资产负债表

任务描述

　　金民集团及其下属公司月末需完成资产负债表的编制。

> **小贴士**
>
> 　　我国会计法律法规中明确规定，企业提供的会计信息必须真实、准确，能够直观反映企业的财务状况和经营成果。由于个别部门监管不到位、会计人员专业素养不高、公司治理存在问题等因素，上市公司会计信息失真现象时有发生。这种无视法律，填报虚假数据，制造虚假财务报表，并对虚假会计信息进行掩饰的行为，严重误导了投资者的投资行为，加剧了上市公司的资金风险，影响整个金融市场秩序的稳定发展。

任务分解

　　1. 制作资产负债表模板
　　2. 出具资产负债表

理论认知

　　资产负债表是反映企业在某一特定日期（如月末、季末、年末）全部资产、负债和所有者权益情况的财务报表，是企业经营活动的静态体现。资产负债表是根据"资产=负债+所有者权益"平衡公式，依照一定的分类标准和一定的次序，将某一特定日期的资产、负债、所有者权益的具体项目予以适当排列编制而成的。它表明企业在某一特定日期所拥有或控制的经济资源、所承担的现有义务和所有者对净资产的要求权。除了帮助企业内部除错、反映经营方向、防止弊端外，资产负债表还可帮助阅读者用最短的时间了解企业的经营状况。

案例数据

金民集团会计新增资产负债表模板如表 11-1 所示。

表 11–1 资产负债表模板

编码	名称	周期	核算体系	所属组织	样式类型
01	资产负债表	月报	财务会计核算体系	金民集团	固定样式

任务实施

1. 制作资产负债表模板

（1）金民集团会计员登录金蝶 K/3 Cloud 系统，组织选择【金民集团】，执行【财务会计】—【报表】—【报表管理】—【报表模板】命令，打开【报表模板】页面。单击【新增】按钮，打开【新增报表模板】对话框，根据表 11-1 的内容，编码输入 "01"，名称输入 "资产负债表"，周期选择【月报】，核算体系选择【财务会计核算体系】，所属组织选择【金民集团】，样式类型选择【固定样式】。操作完成后，单击【确定】按钮，如图 11-1 所示。

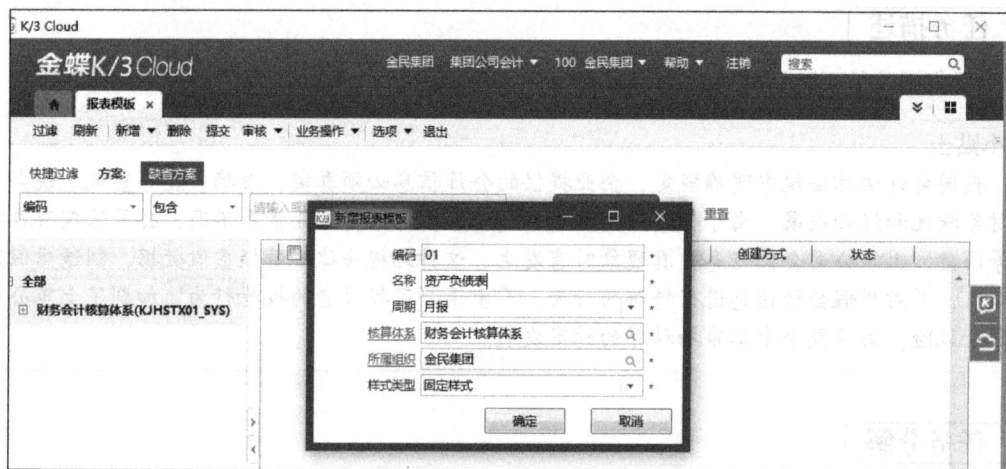

图 11–1 新增报表模板

（2）模板新建完成后，双击打开该报表模板。选择【Sheet1】表页，然后单击鼠标右键，在弹出的快捷菜单中执行【插入表页】—【固定样式】—【资产负债表】命令，单击【确定】按钮，即可完成资产负债表模板的制作。制作完成后，依次单击【保存】【提交】【审核】按钮，最终得到的资产负债表模板如图 11-2 所示。

（3）审核报表模板后，执行【财务会计】—【报表】—【报表管理】—【报表模板】命令，打开【报表模板】页面。勾选名称为【资产负债表】的报表模板，执行【业务操作】—【共享】命令，在弹出的【请选择共享组织】对话框中，核算体系选择【财务会计核算体系】，勾选组织【金民科技公司】和【金民销售公司】，单击【确定】按钮，如图 11-3 所示。

（4）金民集团将报表模板共享给金民科技公司和金民销售公司后，在【报表模板】页面，勾选所属组织为【金民科技公司】和【金民销售公司】的报表模板，依次单击【提交】【审核】按钮，结果如图 11-4 所示。

图 11-2　资产负债表模板

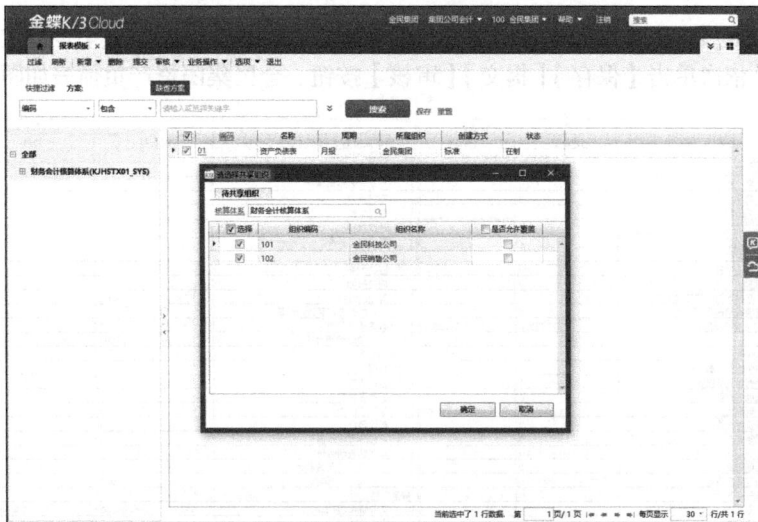

图 11-3　金民集团共享资产负债表模板

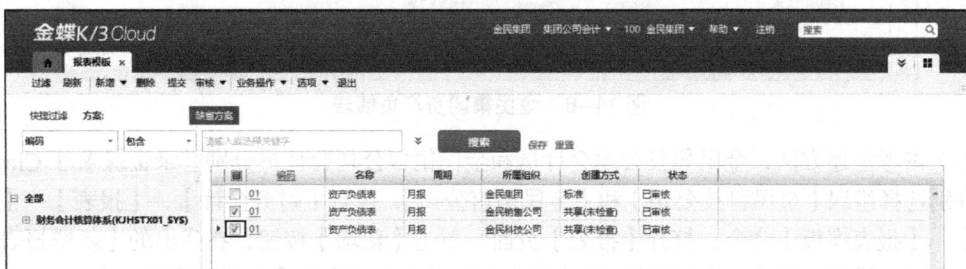

图 11-4　审核金民科技公司、金民销售公司资产负债表模板

2. 出具资产负债表

（1）金民集团会计员登录 K/3 Cloud 系统，选择组织【金民集团】，执行【财务会计】—【报表】—【报表管理】—【报表模板】命令，打开【报表】页面。单击【新增】按钮，在弹出的【新增报表】对话框中，报表模板选择【01】，所属组织选择【金民集团】，报表日期选择 2021-1-31，币别选择【人民币】，金额单位选择【元】。操作完成后，单击【确定】按钮，如图 11-5 所示。

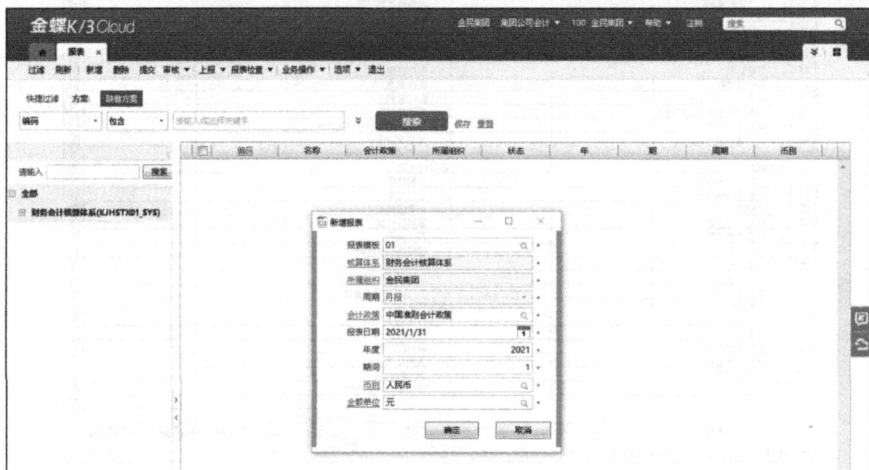

图 11-5 金民集团新增资产负债表

（2）新增完成后，在【报表】页面双击打开该报表，执行【数据】—【全部重算】命令，确认数据无误后，依次单击【保存】【提交】【审核】按钮。金民集团资产负债表如图 11-6 所示。

图 11-6 金民集团资产负债表

（3）参考上述方法，金民科技公司会计员和金民销售公司会计员分别登录金蝶 K/3 Cloud 系统，分别选择组织【金民科技公司】和【金民销售公司】，执行【财务会计】—【报表】—【报表管理】—【报表模板】命令，打开【报表】页面。单击【新增】按钮，在弹出的【新增报表】对话框中，报表模板选择【01】，所属组织选择【金民科技公司】和【金民销售公司】，报表日期选择 2021-1-31，币别选择【人民币】，金额单位选择【元】。操作完成后，单击【确定】按钮。

（4）新增完成后，双击打开对应的报表，执行【数据】—【全部重算】命令，确认数据无误后，依次单击【保存】【提交】【审核】按钮。金民科技公司和金民销售公司出具的资产负债表分别如图 11-7、图 11-8 所示。

资　产	期末数	年初数	负债及所有者权益（或股东权益）	期末数	年初数
流动资产:			流动负债:		
货币资金	8129748.75	7904900	短期借款	0	0
交易性金融资产	0	0	交易性金融负债	0	0
应收票据	0	0	应付票据	0	0
应收账款	3310000	3300000	应付账款	1203000	1800000
预付款项	0	0	预收款项	0	0
应收利息	0	0	应付职工薪酬	0	0
应收股利	0	0	应交税费	1172481.59	0
其他应收款	8000	0	应付利息	0	0
存货	532109.81	312100	应付股利	0	0
一年内到期的非流动资产			其他应付款	0	0
其他流动资产	0	0	一年内到期的非流动负债	0	0
流动资产合计	11976858.56	11517000	其他流动负债	2375481.59	1800000
			流动负债合计	2375481.59	1800000
非流动资产:			非流动负债:		
可供出售金融资产	0	0	长期借款	0	0
持有至到期投资	0	0	应付债券	0	0
长期应收款	0	0	长期应付款	0	0
长期股权投资	0	0	专项应付款	0	0
投资性房地产	0	0	预计负债	0	0
固定资产	38026666.67	38045000	递延所得税负债	0	0
在建工程	0	0	其他非流动负债	0	0
工程物资	0	0	非流动负债合计	0	0
固定资产清理	0	0	负债合计	2375481.59	1800000
无形资产	0	0	股东权益:		
开发支出	0	0	实收资本（股本）	24200000	24200000
商誉	0	0	资本公积	6200000	6200000
长期待摊费用	0	0	减:库存股		
递延所得税资产	0	0	盈余公积	8100000	8100000
其他非流动资产	8333.33	0	未分配利润	9136376.97	9262000
非流动资产合计	38035000	38045000	外币报表折算差额		
资产总计	50011858.56	49562000	股东权益合计	47636376.97	47762000
			负债和股东权益合计	50011858.56	49562000

图 11-7　金民科技公司资产负债表

资　产	期末数	年初数	负债及所有者权益（或股东权益）	期末数	年初数
流动资产:			流动负债:		
货币资金	29102315.36	27892315.36	短期借款	0	0
交易性金融资产	0	0	交易性金融负债	0	0
应收票据	0	0	应付票据	0	0
应收账款	2800000	4000000	应付账款	3320000	3300000
预付款项	0	0	预收款项	0	0
应收利息	0	0	应付职工薪酬	0	0
应收股利	0	0	应交税费	558179.32	552076.76
其他应收款	-10000	0	应付利息	0	0
存货	0	0	应付股利	0	0
一年内到期的非流动资产			其他应付款	0	0
其他流动资产	0	0	一年内到期的非流动负债	0	0
流动资产合计	31892315.36	31892315.36	其他流动负债	3878179.32	3852076.76
			流动负债合计	3878179.32	3852076.76
非流动资产:			非流动负债:		
可供出售金融资产	0	0	长期借款	0	0
持有至到期投资	0	0	应付债券	0	0
长期应收款	0	0	长期应付款	0	0
长期股权投资	0	0	专项应付款	0	0
投资性房地产	0	0	预计负债	0	0
固定资产	29473.22	10001	递延所得税负债	0	0
在建工程	0	0	其他非流动负债	0	0
工程物资	0	0	非流动负债合计	0	0
固定资产清理	0	0	负债合计	3878179.32	3852076.76
无形资产	0	0	股东权益:		
开发支出	0	0	实收资本（股本）	16050239.6	16050239.6
商誉	0	0	资本公积	6500000	6500000
长期待摊费用	0	0	减:库存股		
递延所得税资产	0	0	盈余公积	900000	900000
其他非流动资产	0	0	未分配利润	4600000	4600000
非流动资产合计	29473.22	10001	外币报表折算差额		
资产总计	31921788.58	31902316.36	股东权益合计	28050239.6	28050239.6
			负债和股东权益合计	31928418.92	31902316.36

图 11-8　金民销售公司资产负债表

常见问题解答

资产负债表中当"资产≠负债+股东权益"时该如何检查?

【解决方案】当资产负债表平衡等式不成立时，哪期不平从哪期开始排查，追查到最开始不平的那一期。具体检查思路是：①是否已经结转损益；②是否有新增科目（包括次级科目）未进行取数（可以计算报表不平的差额，执行【财务会计】—【总账】—【财务报表】—【科目余额表】命令，对照查询是否有一致的数）；③是否存在某些科目取借方余额，没取贷方余额的情况；④一般资产负债表不取成本、损益类科目，如这些科目有余额，需要修改公式（如使用表结法，就需要特别设置期末未分配利润公式）。

课后练习

（1）【单选题】资产负债表平衡是指（　　）报表项目在每个数据类型下都要相等。

    A. "资产总计"和"股东权益合计"　　　　B. "流动资产总计"和"负债合计"

    C. "资产总计"和"负债和股东权益合计"　D. "非流动资产总计"和"股东权益合计"

（2）【多选题】下列关于资产负债表不平衡的排查思路，正确的有（　　）。

    A. 检查公式取数参数的取数期间设置是否正确，并且要勾选【公式取数时包含总账当前期间未过账凭证】

    B. 检查总账是否有结账到出具报表的期间

    C. 将资产负债表每个科目的数据与科目余额表进行核对，找出具体是哪个科目对不上，再检查公式设置是否正确

    D. 检查是否新增过一级科目，但在资产负债表上没有添加进来

任务二　编制利润表

任务描述

金民集团及其下属公司月末完成利润表的编制。

任务分解

1. 制作利润表模板
2. 出具利润表

理论认知

利润表是反映企业一定会计期间（如月度、季度、半年度或年度）生产经营成果的财务报表。企业一定会计期间的经营成果既可能表现为盈利，也可能表现为亏损，因此，利润表也被称为损益表。利润表全面揭示了企业在某一特定时期实现的各种收入，发生的各种费用、成本或支出，以及企业实现的利润或发生的亏损情况。

案例数据

金民集团会计新增利润表模板如表 11-2 所示。

表 11-2　　　　　　　　　　　　　　　　利润表模板

编码	名称	周期	核算体系	所属组织	样式类型
02	利润表	月报	财务会计核算体系	金民集团	固定样式

任务实施

1. 制作利润表模板

（1）金民集团会计员登录金蝶 K/3 Cloud 系统，选择组织【金民集团】，执行【财务会计】—【报表】—【报表管理】—【报表模板】命令，打开【报表模板】页面。单击【新增】按钮，在弹出的【新增报表模板】对话框中，根据表 11-2 的内容，编码输入"02"，名称输入"利润表"，周期选择【月报】，核算体系选择【财务会计核算体系】，所属组织选择【金民集团】，样式类型选择【固定样式】。操作完成后，单击【确定】按钮，如图 11-9 所示。

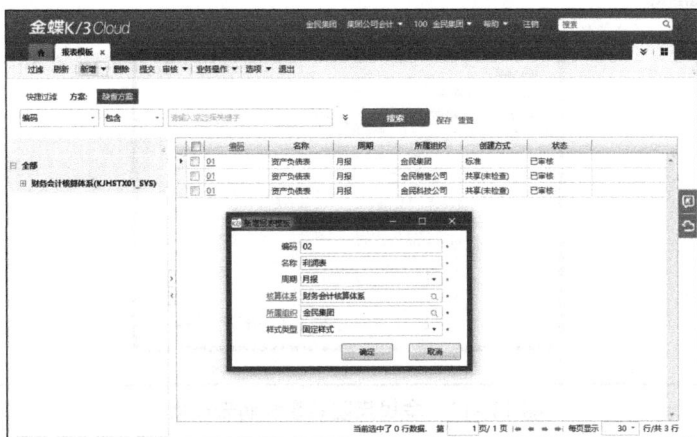

图 11-9　新增利润表模板

（2）模板新建完成后，双击打开该报表模板。选择【Sheet1】表页，单击鼠标右键，在弹出的快捷菜单中执行【插入表页】—【固定样式】命令，再勾选【利润表】，单击【确定】按钮。制作完成后，依次单击【保存】【提交】【审核】按钮。制作的利润表模板如图 11-10 所示。

图 11-10　利润表模板

（3）审核报表模板后，执行【财务会计】—【报表】—【报表管理】—【报表模板】命令，打开【报表模板】页面。勾选名称为【利润表】的报表模板，执行【业务操作】—【共享】命令，在弹出的【请选择共享组织】对话框中，核算体系选择【财务会计核算体系】，勾选组织【金民科技公司】和【金民销售公司】，单击【确定】按钮，如图 11-11 所示。

图 11-11　金民集团共享利润表模板

（4）金民集团将报表模板共享给金民科技公司和金民销售公司后，在【报表模板】页面勾选所属组织为【金民科技公司】和【金民销售公司】的利润表模板，依次单击【提交】【审核】按钮，如图 11-12 所示。

图 11-12　审核金民科技公司、金民销售公司利润表模板

2. 出具利润表

（1）金民集团会计员登录金蝶 K/3 Cloud 系统，选择组织【金民集团】，执行【财务会计】—【报表】—【报表管理】—【报表模板】命令，打开【报表】页面。单击【新增】按钮，在弹出的【新增报表】对话框中，报表模板选择【02】，所属组织选择【金民集团】，报表日期输入 2021-1-31，币别选择【人民币】，金额单位选择【元】。操作完成后，单击【确定】按钮，如图 11-13 所示。

图 11-13　金民集团新增利润表

（2）新增完成后，在【报表】页面双击打开该报表，然后执行【数据】—【全部重算】命令，确认数据无误后，依次单击【保存】【提交】【审核】按钮。金民集团利润表如图 11-14 所示。

图 11-14　金民集团利润表

（3）参考上述方法，分别以金民科技公司会计员、金民销售公司会计员的身份登录金蝶 K/3 Cloud 系统，分别选择组织为【金民科技公司】和【金民销售公司】，执行【财务会计】—【报表】—【报表管理】—【报表模板】命令，打开【报表】页面。单击【新增】按钮，在弹出的【新增报表】对话框中，报表模板选择【02】，所属组织选择【金民科技公司】和【金民销售公司】，报表日期选择 2021-1-31，币别选择【人民币】，金额单位选择【元】。操作完成后，单击【确定】按钮。

（4）新增完成后，双击打开对应的报表，执行【数据】—【全部重算】命令，确认数据无误后，依次单击【保存】【提交】【审核】按钮。金民科技公司和金民销售公司的利润表分别如图 11-15、图 11-16 所示。

利润表

年　　月　　会企02表

编制单位：　　单位：元

项　　目	本期金额	本年累计金额
一、营业收入	0	0
减:营业成本	0	0
税金及附加	125623.03	125623.03
销售费用	0	0
管理费用	0	0
财务费用	0	0
资产减值损失	0	0
加:公允价值变动收益(损失以"-"号填列)	0	0
投资收益(损失以"-"号填列)	0	0
其中:对联营企业和合营企业的投资收益		
二、营业利润（亏损以"-"号填列）	-125623.03	-125623.03
加：营业外收入	0	0
减：营业外支出	0	0
其中：非流动资产处置损失		
三、利润总额（亏损总额以"-"号填列）	-125623.03	-125623.03
减：所得税费用	0	0
四、净利润（净亏损以"-"号填列）	-125623.03	-125623.03
五、每股收益		
（一）基本每股收益		
（二）稀释每股收益		

利润表　Sheet1　Sheet2　Sheet3

状态：已审核　当前操作方式：审核

图 11-15　金民科技公司利润表

利润表

年　　月　　会企02表

编制单位：　　单位：元

项　　目	本期金额	本年累计金额
一、营业收入	0	0
减:营业成本	0	0
税金及附加	6102.56	6102.56
销售费用	527.78	527.78
管理费用	0	0
财务费用	0	0
资产减值损失	0	0
加:公允价值变动收益(损失以"-"号填列)	0	0
投资收益(损失以"-"号填列)	0	0
其中:对联营企业和合营企业的投资收益		
二、营业利润（亏损以"-"号填列）	-6630.34	-6630.34
加：营业外收入	0	0
减：营业外支出	0	0
其中：非流动资产处置损失		
三、利润总额（亏损总额以"-"号填列）	-6630.34	-6630.34
减：所得税费用	0	0
四、净利润（净亏损以"-"号填列）	-6630.34	-6630.34
五、每股收益		
（一）基本每股收益		
（二）稀释每股收益		

利润表　Sheet1　Sheet2　Sheet3

状态：已审核　当前操作方式：审核

图 11-16　金民销售公司利润表

常见问题解答

（1）资产负债表与利润表的勾稽关系是什么？

【问题分析】资产负债表与利润表间的勾稽关系为：资产负债表"未分配利润"项目的"期末数"-"年初数"=利润表"净利润"项目的"本年累计金额"。

（2）资产负债表与利润表的勾稽关系等式不成立，应该如何检查？

【解决方案】当勾稽关系不成立时，可按照以下思路进行检查。

① 确认两张报表的取数期间是否在同一期，从哪一期开始不平；以前期间是否出过报表，数据能否对上。（可初步判断是倾向公式设置问题还是客户操作问题及客户的熟练程度问题。）

② 资产负债表是否平衡，如果不平衡，可能是因为未结转损益或凭证未过账。

③ 开始不等的期间是否做过以前年度损益调整，新准则利润表中没有以前年度损益调整这一项，而结转损益后以前年度损益调整的数据会结转到资产负债表的未分配利润项目，故会造成不等，可以在利润表中加上以前年度损益调整。

④ 检查公式设置，未分配利润是本年利润与利润分配期末余额之和，与科目余额表对比是否正确；净利润由损益类科目各项加减得出，检查是否有漏加减的单元格，根据明细账数据对比利润表各项目取出的实际损益数是否正确。如果手工结转损益，利润表用SY、SL取数则会不正确，会导致不等。

（3）利润表的数据与科目余额表的数据不一致。

【解决方案】可以按照以下方法排查：①检查利润表设置的取数公式是否正确；②检查利润表与科目余额表的取数期间是否一致；③检查利润表与科目余额表查询数据是否都勾选【包括未过账凭证】；④查询总账凭证，输入的方向跟科目属性方向是否一致，如果不一致则可能导致利润表与科目余额表数据对不上。例如：财务费用发生业务是贷方100元，凭证分录为借记"库存现金"账户，贷记"财务费用"账户，数据为100；结转损益的凭证分录为借记"本年利润"账户，贷记"财务费用"账户，数据为-100。这样，科目余额表中财务费用显示的数据就为0，但是利润表可以取到数据-100，就会导致科目余额表与利润表的数据对不上。

课后练习

（1）【多选题】下列哪些原因会导致资产负债表与利润表的勾稽关系等式不成立？（   ）

    A. 当期没有结转损益   B. 存在手工输入的结转损益凭证

    C. 存在以前年度损益调整的业务数据   D. 当期没有发生关于损益类科目的业务

（2）【多选题】利润表某个科目的数据与科目余额表数据不一致，可能是以下哪些原因造成的？（   ）

    A. 凭证未过账且公式取数参数未勾选【ACCT取数时包括总账当前期间未过账凭证】

    B. 输入凭证金额时未输入在科目属性的方向

    C. 本期未结转损益

    D. 该科目存在手工输入的结转损益凭证

任务三　编制现金流量表

任务描述

金民集团及其下属公司月末完成现金流量表的编制。

📱 **任务分解**

1. 制作现金流量表模板
2. 出具现金流量表

📱 **理论认知**

现金流量表是反映一定时期内（如月度、季度或年度）企业经营活动、投资活动和筹资活动对其现金及现金等价物所产生影响的财务报表。

📱 **案例数据**

金民集团会计新增现金流量表模板如表 11-3 所示。

表 11–3　　　　　　　　　　　现金流量表模板

编码	名称	周期	核算体系	所属组织	样式类型
03	现金流量表	月报	财务会计核算体系	金民集团	固定样式

📱 **任务实施**

1. 制作现金流量表模板

（1）金民集团会计员登录金蝶 K/3 Cloud 系统，选择组织【金民集团】，执行【财务会计】—【报表】—【报表管理】—【报表模板】命令，打开【报表模板】页面。单击【新增】按钮，在打开的【新增报表模板】对话框中，根据表 11-3 的内容，编码输入"03"，名称输入"现金流量表"，周期选择【月报】，核算体系选择【财务会计核算体系】，所属组织选择【金民集团】，样式类型选择【固定样式】。操作完成后，单击【确定】按钮，如图 11-17 所示。

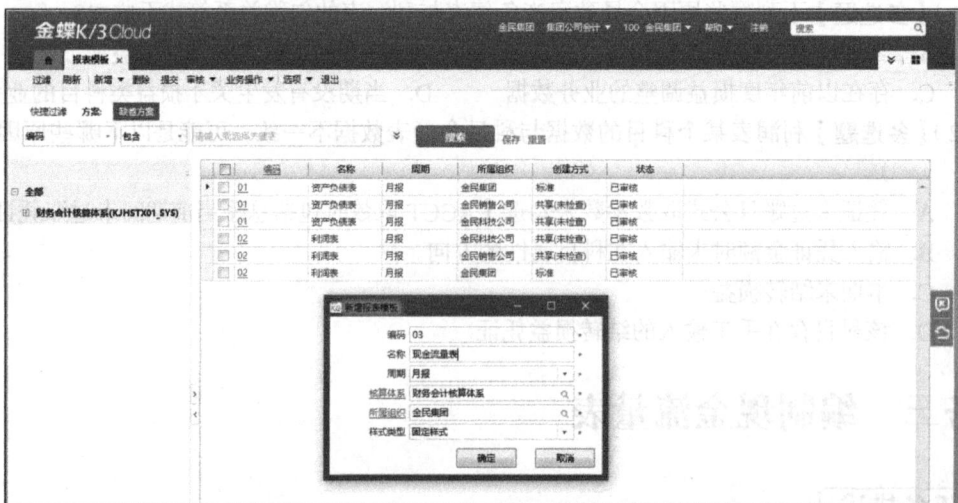

扫码看视频

图 11–17　金民集团新增现金流量表模板

（2）模板新建完成后，双击打开该报表模板，选择【Sheet1】表页，单击鼠标右键，在弹出的快捷菜单中执行【插入表页】—【固定样式】—【现金流量表】命令，单击【确定】按钮，然后依次单击【保存】【提交】【审核】按钮。制作完成的现金流量表模板如图 11-18 所示。

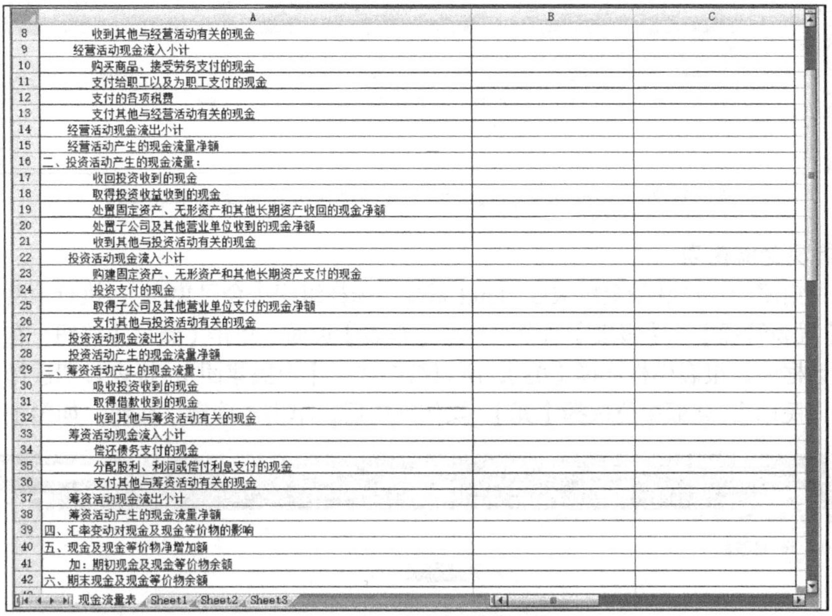

	A	B	C
8	收到其他与经营活动有关的现金		
9	经营活动现金流入小计		
10	购买商品、接受劳务支付的现金		
11	支付给职工以及为职工支付的现金		
12	支付的各项税费		
13	支付其他与经营活动有关的现金		
14	经营活动现金流出小计		
15	经营活动产生的现金流量净额		
16	二、投资活动产生的现金流量：		
17	收回投资收到的现金		
18	取得投资收益收到的现金		
19	处置固定资产、无形资产和其他长期资产收回的现金净额		
20	处置子公司及其他营业单位收到的现金净额		
21	收到其他与投资活动有关的现金		
22	投资活动现金流入小计		
23	购建固定资产、无形资产和其他长期资产支付的现金		
24	投资支付的现金		
25	取得子公司及其他营业单位支付的现金净额		
26	支付其他与投资活动有关的现金		
27	投资活动现金流出小计		
28	投资活动产生的现金流量净额		
29	三、筹资活动产生的现金流量：		
30	吸收投资收到的现金		
31	取得借款收到的现金		
32	收到其他与筹资活动有关的现金		
33	筹资活动现金流入小计		
34	偿还债务支付的现金		
35	分配股利、利润或偿付利息支付的现金		
36	支付其他与筹资活动有关的现金		
37	筹资活动现金流出小计		
38	筹资活动产生的现金流量净额		
39	四、汇率变动对现金及现金等价物的影响		
40	五、现金及现金等价物净增加额		
41	加：期初现金及现金等价物余额		
42	六、期末现金及现金等价物余额		

图 11-18　现金流量表模板

（3）审核报表模板后，执行【财务会计】—【报表】—【报表管理】—【报表模板】命令，打开【报表模板】页面。勾选名称为【现金流量表】的报表模板，依次单击【业务操作】【共享】按钮，在弹出的【请选择共享组织】对话框中，核算体系选择【财务会计核算体系】，勾选组织【金民科技公司】和【金民销售公司】，单击【确定】按钮，如图 11-19 所示。

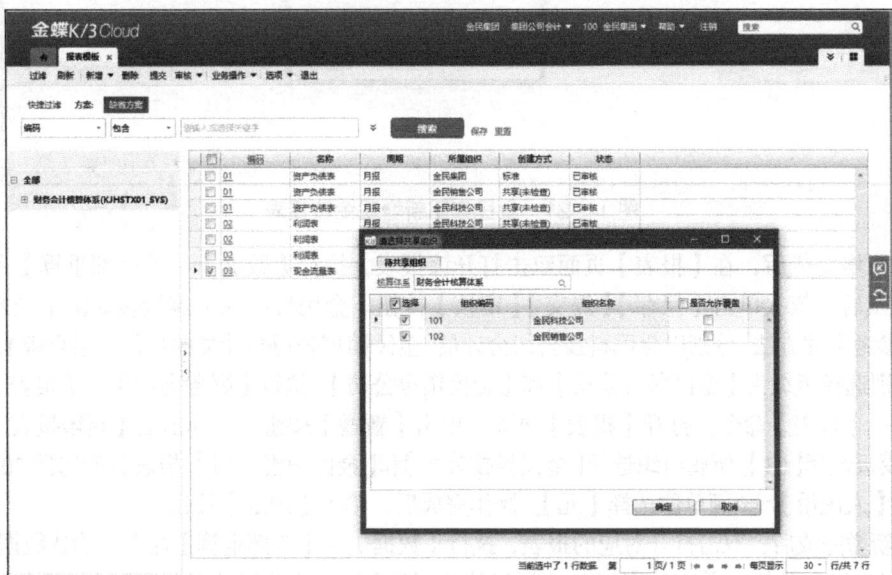

图 11-19　金民集团共享现金流量表模板

（4）金民集团将报表模板共享给金民科技公司和金民销售公司后，在【报表模板】页面中勾选所属组织为【金民科技公司】和【金民销售公司】的报表模板，依次单击【提交】【审核】按钮，如图 11-20 所示。

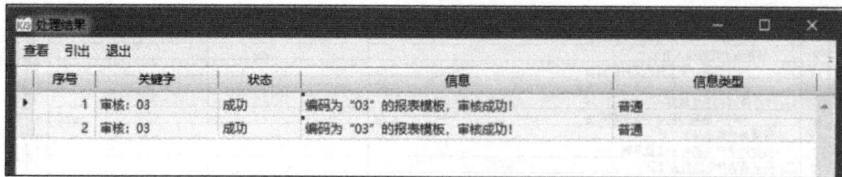

图 11-20　审核金民科技公司、金民销售公司现金流量表模板

2. 出具现金流量表

（1）金民集团会计员登录金蝶 K/3 Cloud 系统，选择组织【金民集团】，执行【财务会计】—【报表】—【报表管理】—【报表】命令，打开【报表】页面。单击【新增】按钮，在弹出的【新增报表】对话框中，报表模板选择【03】，所属组织选择【金民集团】，报表日期选择 2021-1-31，币别选择【人民币】，金额单位选择【元】。操作完成后，单击【确定】按钮，如图 11-21 所示。

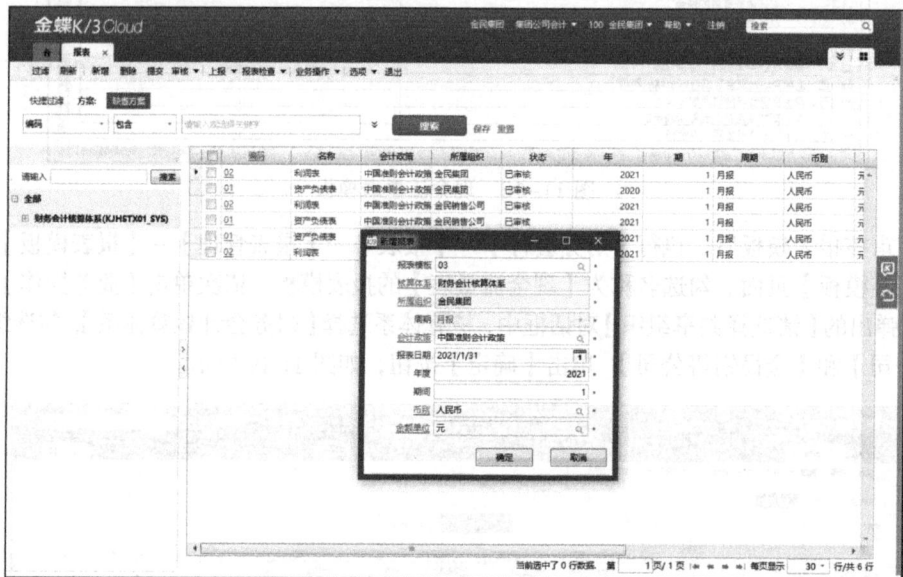

图 11-21　金民集团新增现金流量表

（2）新增完成后，在【报表】页面双击打开该报表，执行【数据】—【全部重算】命令，确认数据无误后，依次单击【保存】【提交】【审核】按钮。金民集团现金流量表如图 11-22 所示。

（3）参考上述方法，分别以金民科技公司会计员、金民销售公司会计员的身份登录金蝶 K/3 Cloud 系统，分别选择组织为【金民科技公司】和【金民销售公司】，执行【财务会计】—【报表】—【报表管理】—【报表】命令，打开【报表】页面。单击【新增】按钮，在弹出的【新增报表】对话框中，报表模板选择【03】，所属组织选择【金民科技公司】和【金民销售公司】，报表日期选择 2021-1-31，币别选择【人民币】，金额单位选择【元】。操作完成后，单击【确定】按钮。

（4）新增完成后，双击打开对应的报表，执行【数据】—【全部重算】命令，确认数据无误后，再依次单击【保存】【提交】【审核】按钮。金民科技公司和金民销售公司的现金流量表分别如图 11-23、图 11-24 所示。

	A	B	C
9	经营活动现金流入小计	0	
10	购买商品、接受劳务支付的现金	0	
11	支付给职工以及为职工支付的现金	0	
12	支付的各项税费	0	
13	支付其他与经营活动有关的现金	0	
14	经营活动现金流出小计	0	
15	经营活动产生的现金流量净额	0	
16	二、投资活动产生的现金流量：		
17	收回投资收到的现金	0	
18	取得投资收益收到的现金	0	
19	处置固定资产、无形资产和其他长期资产收回的现金净额	0	
20	处置子公司及其他营业单位收到的现金净额	0	
21	收到其他与投资活动有关的现金	0	
22	投资活动现金流入小计	0	
23	购建固定资产、无形资产和其他长期资产支付的现金	0	
24	投资支付的现金	0	
25	取得子公司及其他营业单位支付的现金净额	0	
26	支付其他与投资活动有关的现金	0	
27	投资活动现金流出小计	0	
28	投资活动产生的现金流量净额	0	
29	三、筹资活动产生的现金流量：		
30	吸收投资收到的现金	0	
31	取得借款收到的现金	0	
32	收到其他与筹资活动有关的现金	0	
33	筹资活动现金流入小计	0	
34	偿还债务支付的现金	0	
35	分配股利、利润或偿付利息支付的现金	0	
36	支付其他与筹资活动有关的现金	0	
37	筹资活动现金流出小计	0	
38	筹资活动产生的现金流量净额	0	
39	四、汇率变动对现金及现金等价物的影响	0	
40	五、现金及现金等价物净增加额	0	
41	加：期初现金及现金等价物余额	22339336	
42	六、期末现金及现金等价物余额	22339336	

现金流量表　Sheet1　Sheet2　Sheet3

图 11-22　金民集团现金流量表

	A	B	C
9	经营活动现金流入小计	0	0
10	购买商品、接受劳务支付的现金	601000	0
11	支付给职工以及为职工支付的现金	0	0
12	支付的各项税费	0	0
13	支付其他与经营活动有关的现金	8000	0
14	经营活动现金流出小计	609000	0
15	经营活动产生的现金流量净额	-609000	0
16	二、投资活动产生的现金流量：		
17	收回投资收到的现金	0	0
18	取得投资收益收到的现金	0	0
19	处置固定资产、无形资产和其他长期资产收回的现金净额	0	0
20	处置子公司及其他营业单位收到的现金净额	0	0
21	收到其他与投资活动有关的现金	0	0
22	投资活动现金流入小计	0	0
23	购建固定资产、无形资产和其他长期资产支付的现金	0	0
24	投资支付的现金	0	0
25	取得子公司及其他营业单位支付的现金净额	0	0
26	支付其他与投资活动有关的现金	0	0
27	投资活动现金流出小计	0	0
28	投资活动产生的现金流量净额	0	0
29	三、筹资活动产生的现金流量：		
30	吸收投资收到的现金	0	0
31	取得借款收到的现金	0	0
32	收到其他与筹资活动有关的现金	0	0
33	筹资活动现金流入小计	0	0
34	偿还债务支付的现金	0	0
35	分配股利、利润或偿付利息支付的现金	0	0
36	支付其他与筹资活动有关的现金	0	0
37	筹资活动现金流出小计	0	0
38	筹资活动产生的现金流量净额	0	0
39	四、汇率变动对现金及现金等价物的影响	0	0
40	五、现金及现金等价物净增加额	-609000	0
41	加：期初现金及现金等价物余额	7904900	0
42	六、期末现金及现金等价物余额	7295900	0

现金流量表　Sheet1　Sheet2　Sheet3

重算完毕　　当前操作方式：保存

图 11-23　金民科技公司现金流量表

图 11-24　金民销售公司现金流量表

常见问题解答

现金流量表取不到数据。

【问题分析】指定现金流量后，现金流量表才能取到数据。

【解决方案】可以在输入凭证的同时指定现金流量，也可以在【T 型账】中指定主表项目，在【附表项目指定】中指定附表项目。

课后练习

【单选题】下列关于现金流量表表内勾稽关系的说法不正确的是（　　）。

A. 主表【现金及现金等价物净增加额】=补充资料【现金及现金等价物净增加额】

B. 主表【经营活动产生的现金流量】=补充资料【经营活动产生的现金流量】

C. 补充资料【净利润】+附表项目数据=补充资料【经营活动产生的现金流量】

D. T 型账户中借方非现金类的金额合计-贷方非现金类的金额合计=现金流量表补充资料【现金及现金等价物净增加额】

项目十二
编制金民集团合并报表

合并报表系统是基于会计核算体系，帮助集团企业构建和规范对外合并财务报告和对内管理报告体系的系统，可以简单、快速地完成各子公司个别数据的采集和调整、内部会计事项的自动抵销、多汇报口径合并报表的并行出具。合并报表系统能够全面满足企业法人组织架构、责任中心考核架构等多种维度、多种合并方式的报表合并要求，及时、真实、准确地反映集团整体的运营状况。合并报表是以母公司及其子公司组成会计主体，以控股公司和其子公司单独编制的个别报表为基础，由控股公司编制能反映抵销集团内部往来账项后的集团合并财务状况和经营成果的财务报表。合并报表包括合并资产负债表、合并利润表、合并现金流量表等。

任务一　进行合并准备

任务描述

金民集团由金民科技公司和金民销售公司两个法人子公司组成。为了能够掌握集团的整体财务状况和经营成果，各子公司出具个别报表后，再上报到金民集团，由集团出具合并报表。请完成报表编制前的各项准备工作。

金民集团组织架构如图 12-1 所示。

图 12-1　金民集团组织架构

任务分解

1. 设置股权关系
2. 设置合并方案
3. 搭建调整分录模板
4. 搭建抵销分录模板

理论认知

1. 股权的含义及设置股权关系的原因

股权是股东对公司享有的人身和财产权益的一种综合性权利。股权是股东基于其股东资格而享有的，从公司获得经济利益，并参与公司经营管理的权利。股权是股东在初创公司中的投资份额，股权比例的大小，直接影响股东对公司的话语权和控制权，也是股东分红的依据。

2. 调整分录的作用

调整分录的作用是把相应的收入和费用金额分配到每个会计期间。通过设置调整分录模板，当调整每期的分录格式和调整依据相对固定时，每期直接调用模板做调整分录，以减少手工输入的工作量。一般当成本法调整为权益法时需要做调整分录，调整分录主要用于权益类抵销。

3. 抵销分录的含义及作用

集团与子公司、子公司与子公司之间存在内部交易时，需要进行抵销处理，避免虚增资产、负债、利润、现金流量，主要涉及的抵销类型有往来类抵销、交易类抵销、现金流量类抵销、权益类抵销等。

📠 案例数据

根据具体任务，需要完成金民集团的股权关系设置和合并方案新增、调整分录模板和抵销分录模板搭建。相关案例数据如表 12-1、表 12-2、表 12-3 所示。

表 12-1   股权关系

投资公司	被投资公司	生效日期	持股比例
金民集团	金民科技公司	2021-1-1	100%
	金民销售公司	2021-1-1	100%

表 12-2   合并方案

编码	名称	权益核算	核算体系	会计政策	生效日期
001	金民集团	统一在控股公司进行核算	财务会计核算体系	中国准则会计政策	2021-1-1

表 12-3   合并范围

编码	名称	公司名称	是否控股公司
001	金民集团合并范围	金民集团	是
		金民科技公司	否
		金民销售公司	否

📠 任务实施

1. 设置股权关系

金民集团会计员登录金蝶 K/3 Cloud 系统后，执行【财务会计】—【合并报表】—【合并准备】—【股权关系】命令，打开【股权关系】页面。单击【新增】按钮，打开【股权关系-新增】页面，投资公司选择【金民集团】，被投资公司选择【金民科技公司】和【金民销售公司】，生效日期选择 2021-1-1，持股比例为 100%，如图 12-2 所示。所有信息设置好后，单击【保存】按钮。

扫码看视频

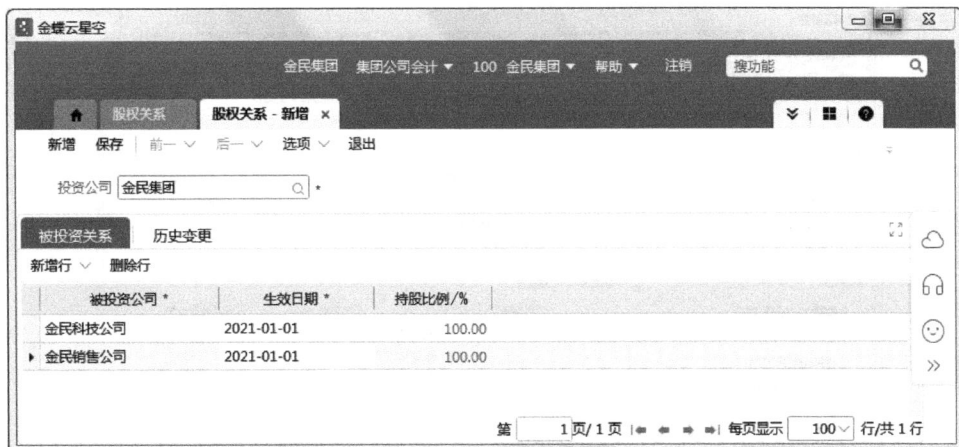

图 12-2　新增股权关系

2. 设置合并方案

（1）执行【财务会计】—【合并报表】—【合并准备】—【合并方案】命令，打开【合并方案】页面。单击【新增】按钮，打开【合并方案-新增】页面，根据案例数据输入编码、名称、核算体系等信息，并单击【新增范围】按钮，弹出【合并范围】对话框，输入编码和名称，单击【确定】按钮，如图 12-3 所示。

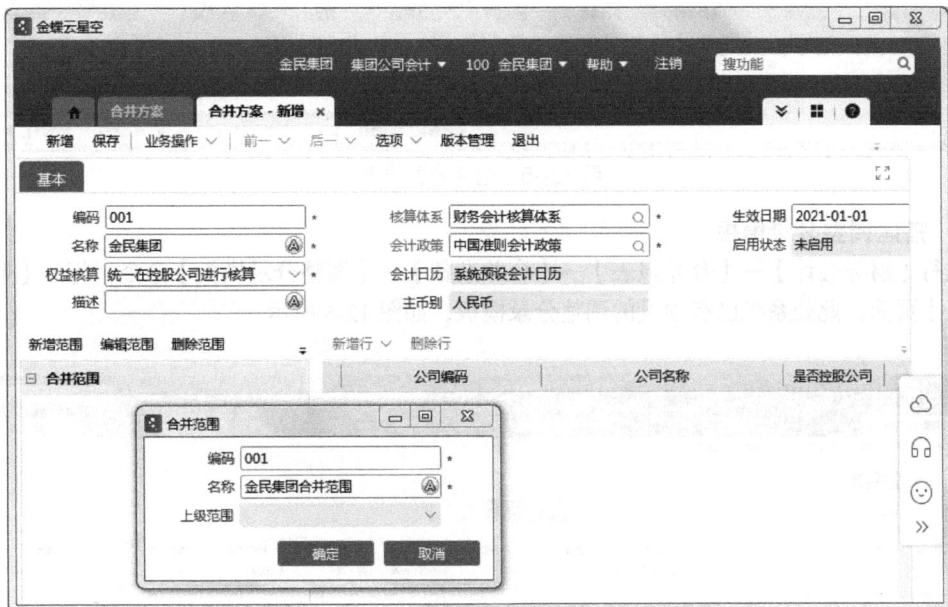

图 12-3　新增合并范围

（2）新增合并范围后，在【合并方案-新增】页面，单击【新增行】按钮，单击公司编码行，打开【组织机构列表】对话框，选择【金民集团】【金民科技公司】【金民销售公司】，并勾选金民集团对应的【是否控股公司】，所有信息设置好后，单击【保存】按钮，如图 12-4 所示。

（3）新增合并方案后，在【合并方案】页面勾选合并方案【001】，执行【业务操作】—【启用】命令，启用合并方案，如图 12-5 所示。

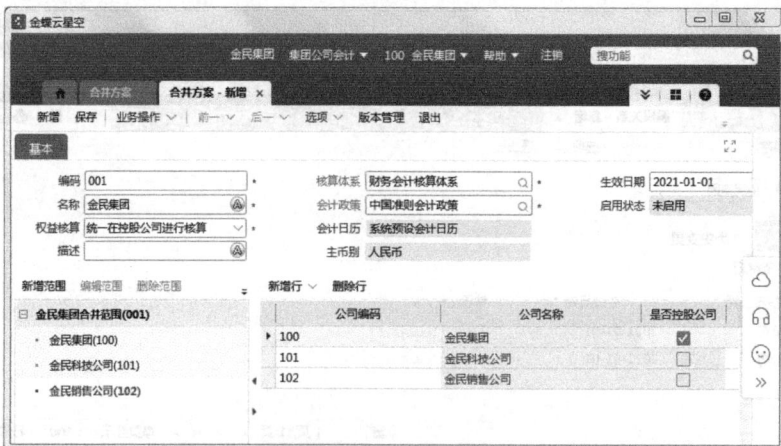

图 12-4　新增合并方案

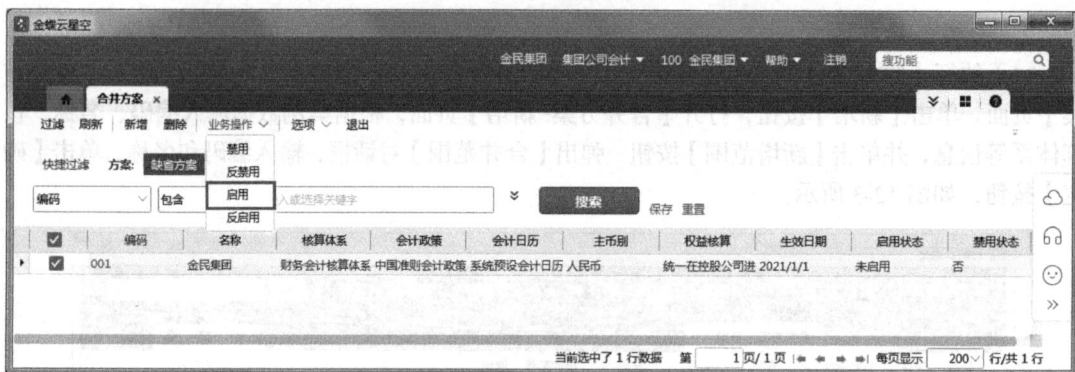

图 12-5　启用合并方案

3. 搭建调整分录模板

执行【财务会计】—【合并报表】—【合并准备】—【调整分录模板】命令，打开【调整分录模板】页面，此处系统已有预设的调整分录模板，如图 12-6 所示。

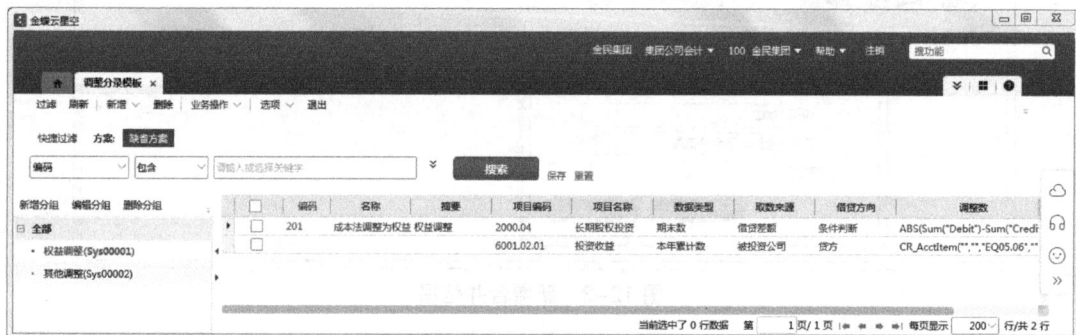

图 12-6　调整分录模板

4. 搭建抵销分录模板

执行【财务会计】—【合并报表】—【合并准备】—【抵销分录模板】命令，打开【抵销分录模板】页面，此处系统已有预设的抵销分录模板，如图 12-7 所示。

图 12-7 抵销分录模板

常见问题解答

（1）合并方案中的生效日期设置错误，应如何修改？

【问题分析】合并方案中的生效日期设置错误，可以在合并方案中反启用方案，再修改生效日期。

【解决方案】执行【财务会计】—【合并报表】—【合并准备】—【合并方案】命令，打开【合并方案】页面。勾选合并方案，执行【业务操作】—【反启用】命令，将方案反启用后，再修改合并方案的生效日期。

（2）合并方案删除提示：编码为×××的合并方案，数据已启用，不允许删除。

【问题分析】合并方案启用后不能删除。

【解决方案】执行【财务会计】—【合并报表】—【合并准备】—【合并方案】命令，在【合并方案】页面，勾选合并方案，执行【业务操作】—【反启用】命令，将方案反启用后才可以删除。

（3）合并方案反启用提示：该方案下的组织或合并范围已存在分发的个别报表模板或合并报表模板，不允许反启用。

【问题分析】合并方案下已经存在分发的个别报表模板或合并报表模板，则该方案不可以反启用。

【解决方案】执行【财务会计】—【合并报表】—【报表模板】—【个别报表模板】命令，在【个别报表模板】页面，勾选个别报表模板，执行【分发】—【取消分发】命令，将合并报表模板取消分发，再反启用合并方案。

课后练习

（1）【单选题】以下关于合并方案的说法错误的是（　　）。

A. 合并方案里面的组织必须是同一个会计核算体系下的

B. 权益核算选择逐层核算可以不指定控股公司

C. 没有股权关系，不能做合并方案

D. 同一个合并方案里面的组织机构不能重复出现

（2）【多选题】在正式编制合并报表之前，需要做哪些准备工作？（　　　）

A. 明确纳入合并的公司范围及合并层次、合并采用的权益核算规则、适用会计政策等

B. 明确纳入合并范围的投资公司与被投资公司的持股及变动情况

C. 确定合并过程中统一的报表模板格式、调整及抵销分录模板格式

D. 统一定义报表项目间的勾稽检查公式，保证后面编制报表完整且可靠

任务二　编制报表模板

📺 任务描述

合并报表模块由金民集团统一编制，分配给分支机构使用，保证所有报表模板的统一性，方便集团汇总数据。请为金民集团创建个别报表模板、模板样式方案、抵销报表模板、工作底稿模板和合并报表模板。

📺 任务分解

1. 创建个别报表模板
2. 创建模板样式方案
3. 编制抵销报表模板
4. 编制工作底稿模板
5. 编制合并报表模板

📺 理论认知

1. 模板样式方案的作用

模板样式方案是指在做报表模板之前要确定一些批量的取数规则。通过确定报表样式、填充的内容以及各表项的取数公式，可以创建模板样式方案。方案设置好后，可方便灵活地用于后期任意报表的定义。

2. 编制报表模板的原因

为了便于集团汇总数据，集团需要统一编制报表模板，并分发给子公司使用，以保证报表模板的统一性。

📺 案例数据

根据具体任务，需要完成金民集团模板样式方案的创建及个别报表、抵销报表、工作底稿、合并报表模板的编制。

（1）新建个别报表模板，模板信息如表 12-4 所示。

表 12-4　　　　　　　　　　　　　　　个别报表模板

编码	名称	周期	样式类型	分发
001	个别报表模板	月报	固定样式	金民集团、金民科技公司、金民销售公司

（2）新建应收账款和应付账款的往来抵销模板样式方案，样式方案信息如表 12-5 所示。

表 12-5　　　　　　　　　　　　　模板样式方案

报表类型	抵销类型	方案名称	样式类型	项目数据类型名称	报表项目	取数类型
抵销表	往来类	往来抵销（应收）	动态罗列报表	期末数	1000.04 应收账款 1000.08 其他应收款	期末余额
抵销表	往来类	往来抵销（应付）	动态罗列报表	期末数	3000.04 应付账款 3000.10 其他应付款	期末余额

（3）新建抵销报表模板，模板信息如表 12-6 所示。

表 12-6　　　　　　　　　　　　　抵销报表模板

名称	周期	导入模板	分发
往来抵销报表模板	月报	抵销往来（应收）	金民集团 金民科技公司 金民销售公司
		抵销往来（应付）	
		抵销往来（其他应收）	
		抵销往来（其他应付）	

（4）新建工作底稿模板，模板信息如表 12-7 所示。

表 12-7　　　　　　　　　　　　　工作底稿模板

名称	类型	周期	样式类型	分发
工作底稿模板	工作底稿	月报	固定样式	金民集团合并范围

（5）新建合并报表模板，模板信息如表 12-8 所示。

表 12-8　　　　　　　　　　　　　合并报表模板

名称	类型	周期	样式类型	分发
合并报表模板	合并报表	月报	固定样式	金民集团合并范围

任务实施

1. 创建个别报表模板

（1）金民集团会计员登录金蝶 K/3 Cloud 系统，执行【财务会计】—【合并报表】—【报表模板】—【个别报表模板】命令，打开【个别报表模板】页面。单击【新增】按钮，打开【个别报表模板-新增】页面，根据案例数据输入相关内容，如图 12-8 所示。

扫码看视频

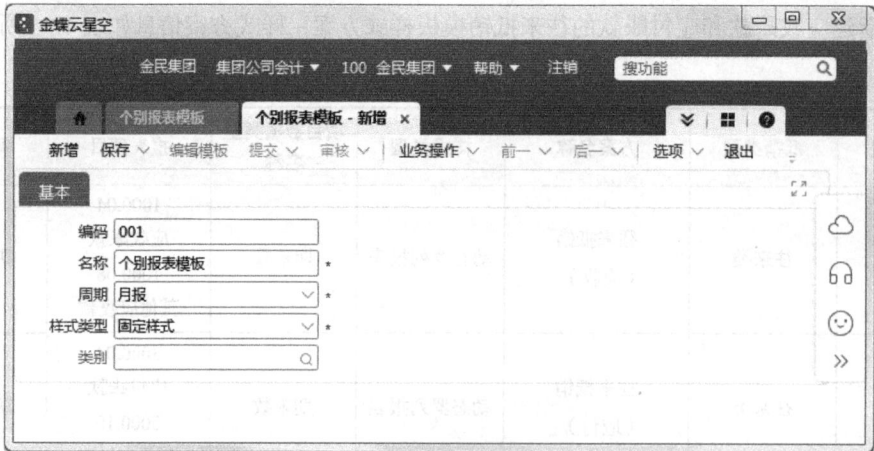

图 12-8　新增个别报表模板

（2）填写完个别报表模板信息后，单击【保存】按钮。保存成功后，单击【编辑模板】按钮，打开财务报表系统，默认打开的是一张空表。选中"Sheet1"表页，单击鼠标右键，在弹出的快捷菜单中选择【插入表页】命令，如图 12-9 所示。

图 12-9　编辑报表模板

（3）打开【插入表页】对话框，单击【固定样式】页签，选择【资产负债表】【利润表】【现金流量表】，然后单击【确定】按钮，如图 12-10 所示。插入三大报表后的页面如图 12-11 所示。

（4）三大报表插入成功后，选中多余的"Sheet1"表页，单击鼠标右键，在弹出的快捷菜单中选择【删除表页】命令，将其删除，然后依次单击【保存】【提交】【审核】按钮。审核个别报表模板后，需在【个别报表模板】页面勾选此模板，单击【分发】按钮，打开【个别报表模板分发】页面。单击【选择组织】按钮，打开【合并范围】对话框，勾选所有组织，单击【返回数据】按钮，如图 12-12 所示。

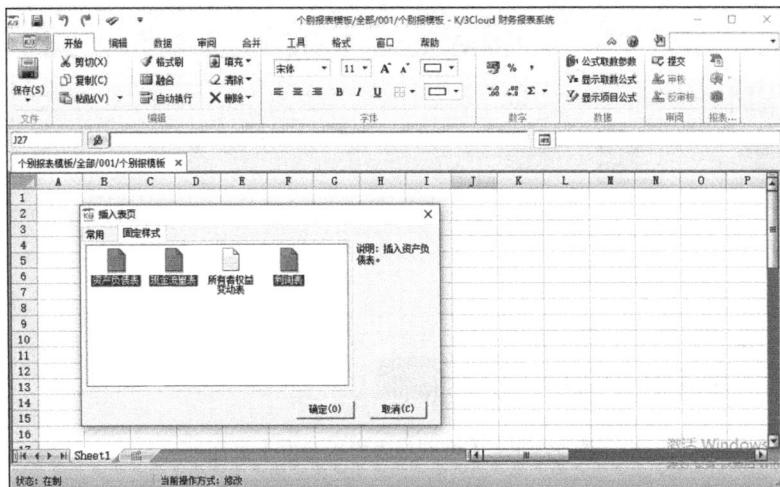

图 12-10 插入表页

图 12-11 插入三大报表

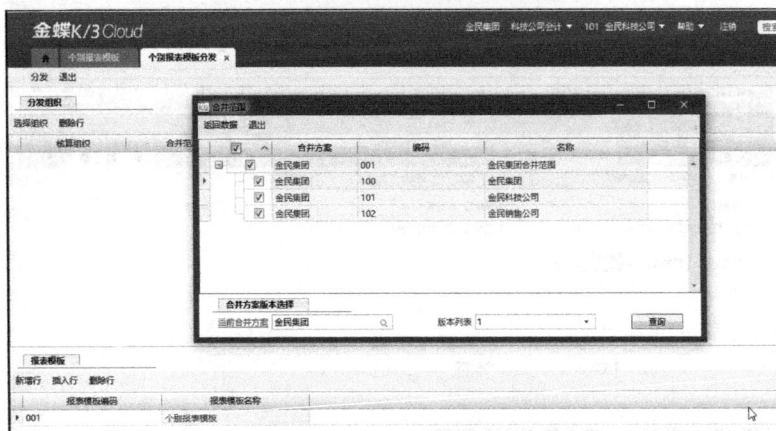

图 12-12 个别报表模板分发

（5）选择组织后，单击【分发】按钮，模板分发成功，如图 12-13 所示。

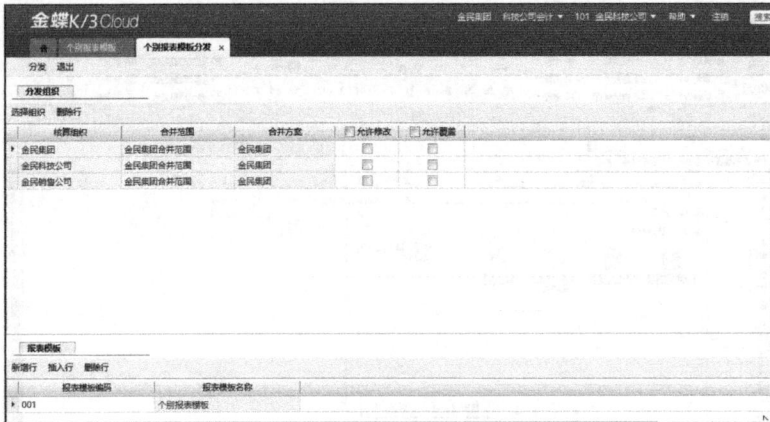

图 12-13 【个别报表模板分发】页面

2. 创建模板样式方案

（1）执行【财务会计】—【合并报表】—【报表模板】—【模板样式方案】命令，打开【模板样式方案】页面。单击【新增】按钮，打开【模板样式方案-新增】页面，根据案例数据输入相关信息，如图 12-14、图 12-15 所示。

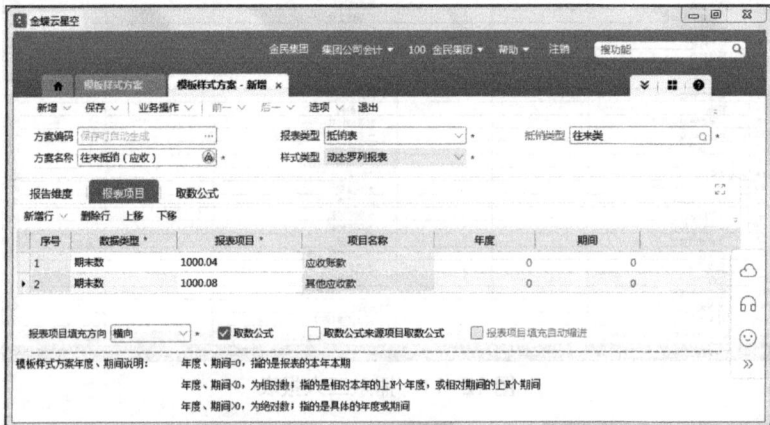

图 12-14 新增往来抵销（应收）模板样式方案-【报表项目】页签

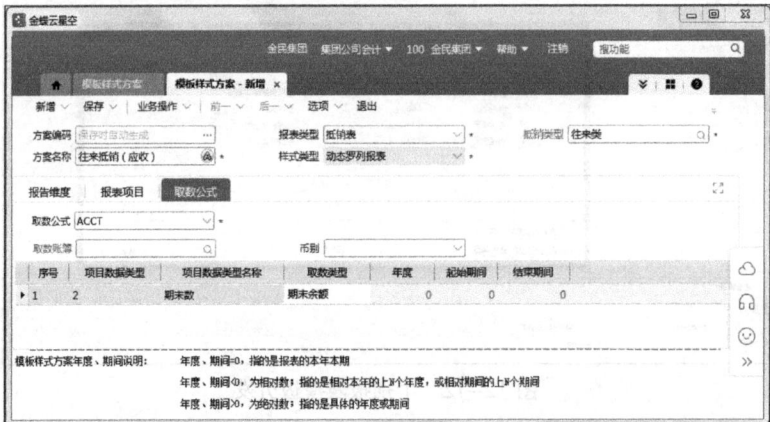

图 12-15 新增往来抵销（应收）模板样式方案-【取数公式】页签

（2）参照上述方法新增往来抵销（应付）模板样式方案，结果如图 12-16、图 12-17 所示。

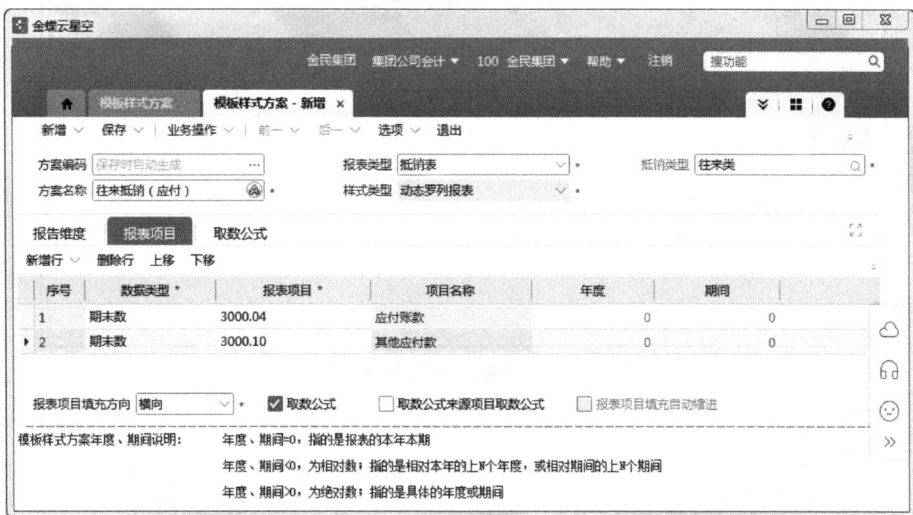

图 12–16 新增往来抵销（应付）模板样式方案–【报表项目】页签

图 12–17 新增往来抵销（应付）模板样式方案–【取数公式】页签

3. 编制抵销报表模板

（1）新增往来抵销模板样式方案后，需要创建抵销报表模板。在系统功能菜单中，执行【财务会计】—【合并报表】—【报表模板】—【抵销报表模板】命令，打开【抵销报表模板】页面。单击【新增】按钮，打开【抵销报表模板-新增】页面，根据案例数据输入名称，单击【保存】按钮，如图 12-18 所示。

（2）保存往来抵销报表模板后，单击【编辑模板】按钮，打开财务报表系统。选中 A1 单元格，单击【批量填充向导】按钮，打开【模板填充向导】对话框，勾选【往来抵销（应收）】方案，然后单击【批量填充】按钮，如图 12-19 所示。

（3）批量填充后，单击【维度值填充】按钮，弹出【选择关联公司】对话框，勾选所有公司，然后单击【确定】按钮，如图 12-20 所示。

图 12-18　新增往来抵销报表模板

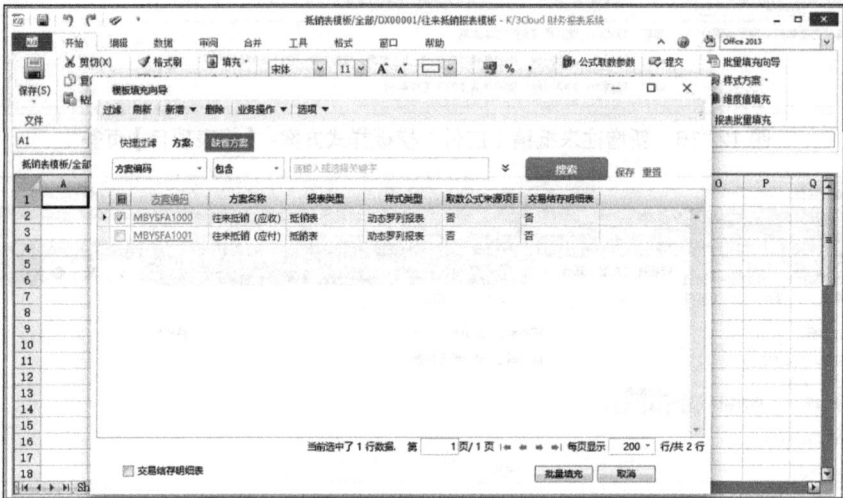

图 12-19　【模板填充向导】对话框设置

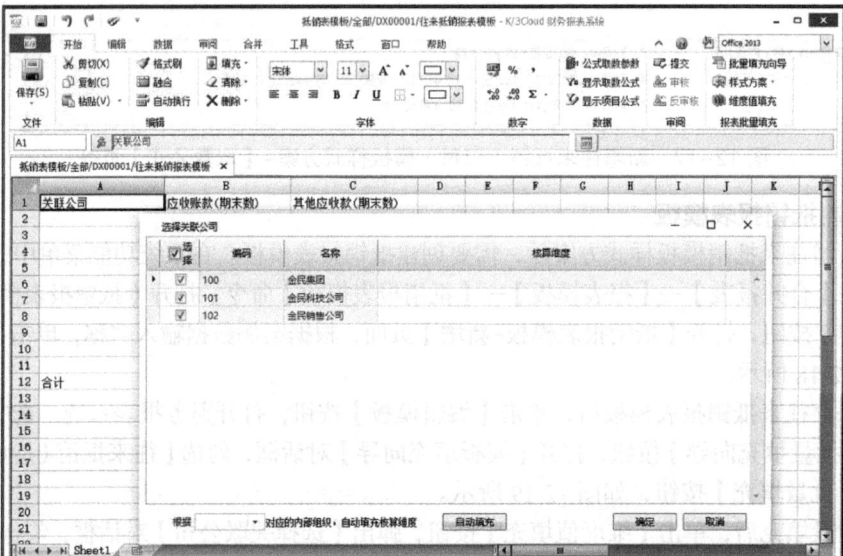

图 12-20　选择关联公司

（4）按照上述操作方法继续在此报表模板中批量填充往来抵销（应付）方案。全部填充后，保存报表，并依次单击【提交】和【审核】按钮。往来抵销报表模板如图 12-21 所示。

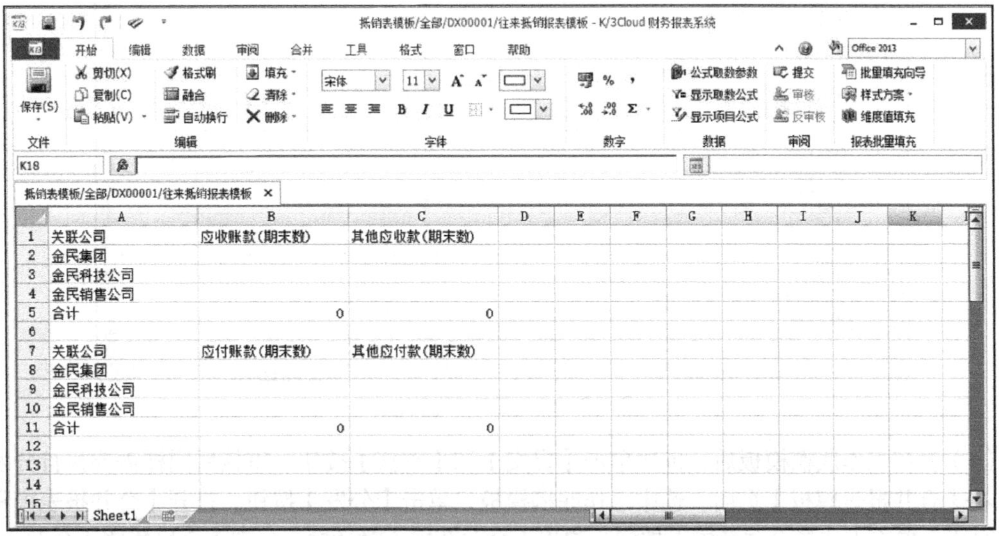

图 12-21　往来抵销报表模板

（5）审核往来抵销报表模板后，需要进行分发。在【抵销报表模板】页面，勾选此模板，单击【分发】按钮，打开【个别报表模板分发】页面后。单击【选择组织】按钮，弹出【合并范围】对话框，勾选所有组织，然后单击【返回数据】按钮，再单击【分发】按钮。

4. 编制工作底稿模板

（1）执行【财务会计】—【合并报表】—【报表模板】—【合并报表模板】命令，打开【合并报表模板】页面。单击【新增】按钮，打开【合并报表模板-新增】页面，根据案例数据输入名称、类型等，并单击【保存】按钮，如图 12-22 所示。

图 12-22　新增工作底稿模板

（2）保存工作底稿模板后，单击【编辑模板】按钮，打开财务报表系统。选中"Sheet1"表页，单击鼠标右键，在弹出的快捷菜单中选择【插入表页】命令，打开【插入表页】对话框。单击【固定样式】页签，选中【工作底稿（资产负债表）】和【工作底稿（利润及分配）】，然后单击【确定】按钮，成功插入表页。工作底稿模板如图 12-23 所示。

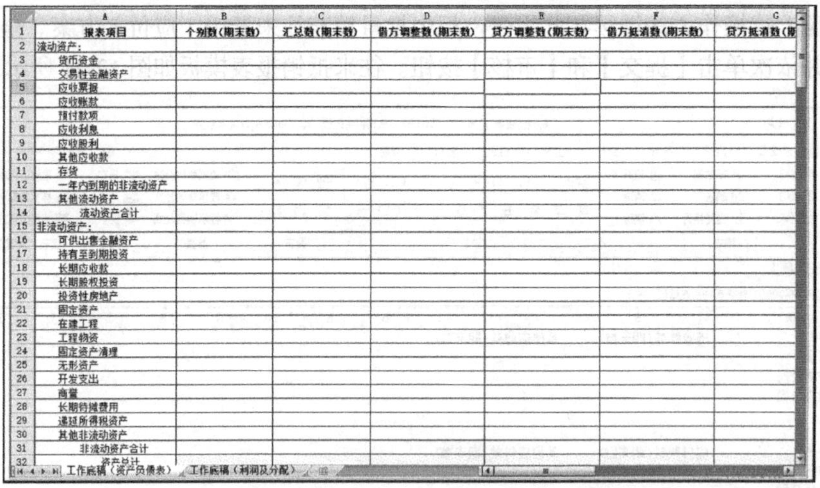

图 12-23　工作底稿模板

（3）保存工作底稿模板后，依次单击【提交】和【审核】按钮。审核后同样需要执行分发操作。在【合并报表模板】页面，选中工作底稿模板，单击【分发】按钮，打开【合并报表模板分发】页面。单击【选择合并范围】按钮，弹出【合并范围】对话框，勾选【金民集团】合并方案，单击【返回数据】按钮，然后单击【分发】按钮。

5. 编制合并报表模板

（1）执行【财务会计】—【合并报表】—【报表模板】—【合并报表模板】命令，打开【合并报表模板】页面。单击【新增】按钮，打开【合并报表模板-新增】页面，根据案例数据输入名称、类型等，并单击【保存】按钮，如图 12-24 所示。

图 12-24　新增合并报表模板

（2）保存合并报表模板后，单击【编辑模板】按钮，打开财务报表系统。选择"Sheet1"表页，单击鼠标右键，在弹出的快捷菜单中选择【插入表页】命令，打开【插入表页】对话框。单击【固定样式】页签，选中【资产负债表】【利润表】【现金流量表】，然后单击【确定】按钮，成功插入表页。合并报表模板如图 12-25 所示。

（3）保存合并报表模板后，依次单击【提交】和【审核】按钮。审核后同样需要执行分发操作。在【合并报表模板】页面，选中合并报表模板，单击【分发】按钮，打开【合并报表模板分发】页面。单击【选择合并范围】按钮，弹出【合并范围】对话框，勾选【金民集团】合并方案，单击【返回数据】按钮，然后单击【分发】按钮。

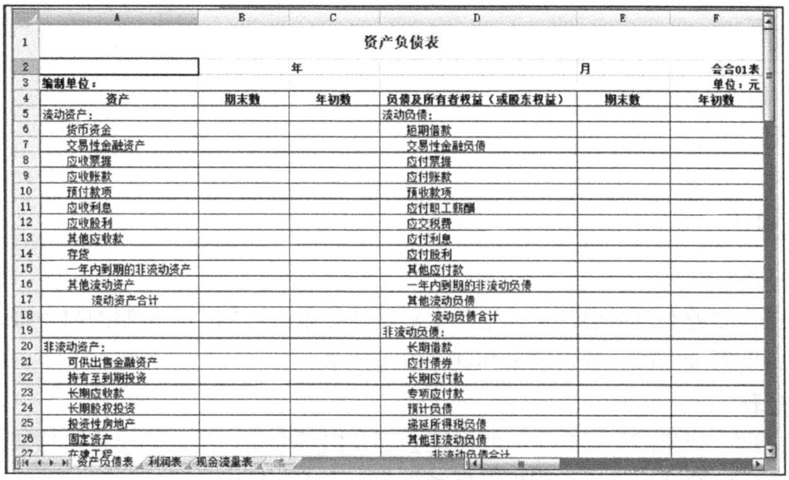

	A	B	C	D	E	F
1	资产负债表					
2		年			月	会合01表
3	编制单位：					单位：元
4	资产	期末数	年初数	负债及所有者权益（或股东权益）	期末数	年初数
5	流动资产：			流动负债：		
6	货币资金			短期借款		
7	交易性金融资产			交易性金融负债		
8	应收票据			应付票据		
9	应收账款			应付账款		
10	预付款项			预收款项		
11	应收利息			应付职工薪酬		
12	应收股利			应交税费		
13	其他应收款			应付利息		
14	存货			应付股利		
15	一年内到期的非流动资产			其他应付款		
16	其他流动资产			一年内到期的非流动负债		
17	流动资产合计			其他流动负债		
18				流动负债合计		
19				非流动负债：		
20	非流动资产：			长期借款		
21	可供出售金融资产			应付债券		
22	持有至到期投资			长期应付款		
23	长期应收款			专项应付款		
24	长期股权投资			预计负债		
25	投资性房地产			递延所得税负债		
26	固定资产			其他非流动负债		
27	在建工程			非流动负债合计		

图 12-25　合并报表模板

常见问题解答

（1）模板样式方案中【取数公式】的作用。

【问题分析】在模板样式方案中【报表项目】页签下勾选【取数公式】，此时可以在模板样式方案中设置取数公式。设置完成后，填充报表项目时会自动携带公式。

（2）模板样式方案中【另起一列填充】的作用。

【问题分析】在模板样式方案中勾选【另起一列填充】后，该报表项目会在新的一列中填充。例如，某模板样式方案共有两类项目需要分两列填充，则可以勾选其中一类项目的【另起一列填充】，未勾选的为第一列，勾选的为第二列。

（3）个别报表模板分发给子公司后又修改了报表模板的取数公式，但是没有生效。

【问题分析】个别报表模板修改后没有重新分发。

【解决方案】集团公司修改了个别报表模板的取数公式后，需要将该模板重新分发给各个子公司，分发时勾选【允许覆盖】选项。

课后练习

（1）**【单选题】**往来抵销报表模板可以通过（　　）方式制作。

A. 导入 fml 格式　　B. 模板样式方案填充

C. 导入 Excel 格式　　D. 插入表页

（2）**【多选题】**个别报表模板制作的方法有（　　）。

A. 插入预置的表页　　B. 通过模板样式方案填充

C. 通过引入 fml 的方式引入报表模板　　D. 以上都可以

任务三　编制个别报表和抵销报表

任务描述

请为金民集团、金民科技公司和金民销售公司分别编制个别报表和抵销报表，并上报集团。

![任务分解]

1. 编制个别报表并上报
2. 编制抵销报表并上报

![理论认知]

1. 个别报表

个别报表是由企业在自身会计核算基础上对账簿记录进行加工而编制的财务报表，它主要用以反映企业自身的财务状况、经营成果和现金流量情况。

2. 抵销报表

各子公司之间，或集团与子公司之间可能会存在内部交易，所以需要将内部交易的数据输入抵销报表，以便后续合并报表过程中根据抵销报表数据编制抵销分录。

![案例数据]

1. 报表期间

报表期间信息如表 12-9 所示。

表 12-9 　　　　　　　　　　　　报表期间信息

合并方案	报表日期	报表周期
金民集团	2021-1-31	月报

2. 抵销报表

（1）在金民集团往来抵销报表中手工输入数据，如表 12-10 所示。

表 12-10 　　　　　　　　　　　金民集团往来抵销报表

关联公司	其他应收款（期末数）	其他应付款（期末数）
金民科技公司		
金民销售公司	18,000.00	15,000.00
合计	18,000.00	15,000.00

（2）在金民科技公司往来抵销报表中手工输入数据，如表 12-11 所示。

表 12-11 　　　　　　　　　　金民科技公司往来抵销报表

关联公司	其他应收款（期末数）	其他应付款（期末数）
金民集团		
金民销售公司	1,668,921.69	
合计	1,668,921.69	

（3）在金民销售公司往来抵销报表中手工输入数据，如表 12-12 所示。

表 12-12 　　　　　　　　　　金民销售公司往来抵销报表（1）

关联公司	其他应收款（期末数）	其他应付款（期末数）
金民集团		
金民科技公司		1,668,921.69
合计		1,668,921.69

（4）在金民销售公司往来抵销报表中手工输入数据，如表12-13所示。

表 12-13　　　　　　　金民销售公司往来抵销报表（2）

关联公司	其他应收款（期末数）	其他应付款（期末数）
金民集团	15,000.00	18,000.00
金民科技公司		
合计	15,000.00	18,000.00

任务实施

1. 编制个别报表并上报

（1）金民科技公司会计员登录金蝶 K/3 Cloud 系统，执行【财务会计】—【报表】—【报表管理】—【报表】命令，打开【报表】页面。单击【新增】按钮，弹出【新增报表】对话框，根据案例数据输入相关内容，单击【确定】按钮，如图 12-26 所示。

扫码看视频

图 12-26　新增报表

（2）新增报表后，双击打开此报表，执行【数据】—【全部重算】命令，如图 12-27 所示。

图 12-27　重算报表

251

（3）查看并确认报表数据无误后，保存报表，依次单击【提交】和【审核】按钮。审核报表后，单击【上报】按钮将报表上报到金民集团，如图 12-28 所示。

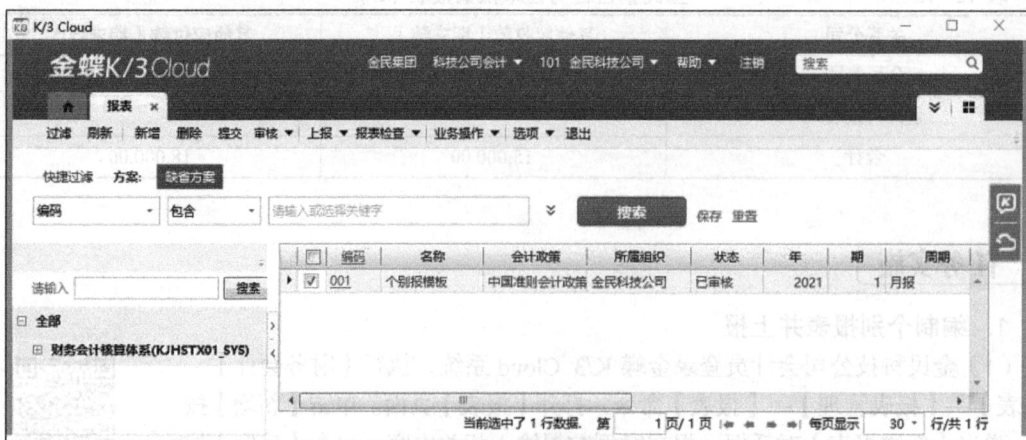

图 12-28　个别报表上报

（4）参考上述方法，完成金民集团和金民销售公司个别报表的编制和上报。

2. 编制抵销报表并上报

（1）金民科技公司会计员登录金蝶 K/3 Cloud 系统，执行【财务会计】—【报表】—【报表管理】—【报表】命令，打开【报表】页面。单击【新增】按钮，弹出【新增报表】对话框，根据案例数据输入相关内容，单击【确定】按钮，如图 12-29 所示。

图 12-29　新增抵销报表

（2）新增往来抵销报表后，双击打开此报表，根据案例数据输入其他应收款的期末数，如图 12-30 所示。

（3）输入数据后保存报表，并依次单击【提交】和【审核】按钮。审核报表后，单击【上报】按钮将报表上报到金民集团。

（4）参考上述方法，完成金民集团和金民销售公司抵销报表的编制和上报。

图 12-30　金民科技公司–往来抵销报表

常见问题解答

（1）新增报表无法选择报表模板。

【问题分析】报表模板还未审核。

【解决方案】执行【财务会计】—【报表】—【报表管理】—【报表模板】命令，审核报表模板。

（2）编制往来抵销报表时，单元格无法输入数据。

【问题分析】由于往来抵销报表中对应单元格默认是锁定状态，所以无法编辑。

【解决方案】打开往来抵销报表，选择无法编辑的单元格，执行【窗口】—【锁定】命令，弹出对话框，要求输入密码。密码默认为空，直接单击【确定】按钮，即可解锁单元格。

课后练习

（1）【单选题】以下说法不正确的是（　　　）。

  A. 个别报表上报后需要进行接收

  B. 若不编制抵销报表则无法自动生成抵销分录

  C. 个别报表接收后不可以再反接收

  D. 个别报表上报后可以撤销上报

（2）【多选题】以下关于编制个别报表的说法正确的有（　　　）。

  A. 个别报表中必须设置 Item 公式，否则后续工作底稿取不到数

  B. 个别报表可以用 ACCT 函数设置取数

  C. 个别报表可以不用 ACCT 函数设置取数，而是直接手工输入数据

  D. 以上说法都不正确

任务四　进行调整与抵销

任务描述

  编制合并报表前，母公司需要统一子公司所采用的会计政策。如果子公司与母公司采用的会

计政策不一致，用于合并的子公司个别报表就需要进行调整，直至与母公司会计政策保持一致。为了真实反映集团的经营成果及财务状况，在编制合并报表时必须对合并范围内所有母公司报表中包含的重复计算项目进行抵销，主要包含往来类抵销、交易类抵销和权益类抵销。

任务分解

1. 指定持股比例
2. 接收报表
3. 生成调整分录
4. 生成抵销分录

理论认知

1. 指定持股比例

【合并控制】页面中的持股比例在一般情况下与股权关系是一致的，此处系统默认携带股权关系数据。当用户在这个合并方案中有不一致的股权关系时，可以调整此处的持股比例，进而影响合并方案中的权益类抵销。在持股比例中需要指定【对应抵销分录模板】和【对应调整分录模板】，这样后续才能自动生成权益调整分录及权益类抵销分录。

2. 集团调整

集团调整一般是将成本法调整为权益法。权益法调整是将子公司本期实现的利润按权益法核算，确认长期股权投资和投资收益。

案例数据

1. 持股比例

在持股比例中指定调整分录模板和抵销分录模板，相关信息如表 12-14 所示。

表 12-14　　　　　　　　　　　　指定模板信息

模板编码	模板名称	模板类型
0001	母公司长期股权投资与子公司所有者权益抵销（同一控制）	抵销
0003	母公司投资收益与子公司本年利润分配项目抵销	抵销
201	成本法调整为权益法	调整

2. 调整分录数据

（1）金民科技公司权益调整分录如表 12-15 所示。

表 12-15　　　　　　　　　　　金民科技公司权益调整分录

模板	报表项目	借方金额	贷方金额
成本法调整为权益法	长期股权投资	2,000,000.00	
	投资收益		2,000,000.00

（2）金民销售公司权益调整分录如表 12-16 所示。

表 12-16　　　　　　　　　　　金民销售公司权益调整分录

模板	报表项目	借方金额	贷方金额
成本法调整为权益法	长期股权投资	332,678.91	
	投资收益		332,678.91

3. 手工抵销数据

（1）抵销类型为权益类，投资公司为金民集团，被投资公司为金民科技公司，手工抵销数据如表 12-17 所示。

表 12-17 权益类手工抵销数据（1）

模板	报表项目	借方金额	贷方金额
0003	投资收益	2,000,000.00	
	年初未分配利润	853,211.76	
	年末未分配利润		2,853,211.76

（2）抵销类型为权益类，投资公司为金民集团，被投资公司为金民销售公司，手工抵销数据如表 12-18 所示。

表 12-18 权益类手工抵销数据（2）

模板	报表项目	借方金额	贷方金额
0003	投资收益	332,678.91	
	年初未分配利润	3,300,000.00	
	年末未分配利润		3,632,678.91

（3）抵销类型为交易类，交易种类为存货，销售方为金民集团，采购方为金民销售公司，手工抵销数据如表 12-19 所示。

表 12-19 交易类手工抵销数据

模板	报表项目	借方金额	贷方金额
0005	营业收入	1,200,000.00	
	营业成本		1,200,000.00

（4）抵销类型为现金流量类，我方为金民集团，对方为金民销售公司，手工抵销数据如表 12-20 所示。

表 12-20 现金流量类手工抵销数据

摘要	项目名称	项目数据类型	借方金额	贷方金额
资金上划下拨现金流量抵销	支付其他与经营活动有关的现金流量	本期发生数	51,200.00	
	收到其他与经营活动有关的现金流量	本期发生数		51,200.00

任务实施

1. 指定持股比例

（1）金民集团会计员登录金蝶 K/3 Cloud 系统，执行【财务会计】—【合并报表】—【合并控制】—【合并控制】命令，弹出【设置报表期间】对话框。选择报表日期为 2021-1-31，单击【确定】按钮，如图 12-31 所示。

扫码看视频

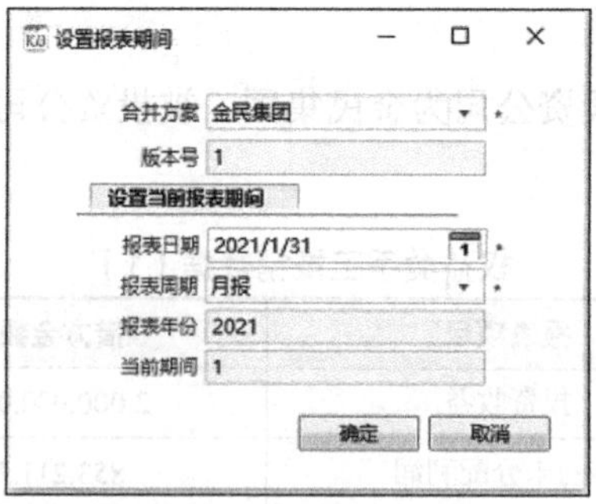

图 12-31　设置报表期间

（2）打开【合并控制】页面，执行【合并控制】—【持股比例】命令，根据案例数据选择【对应抵销分录模板】和【对应调整分录模板】，如图 12-32 所示。

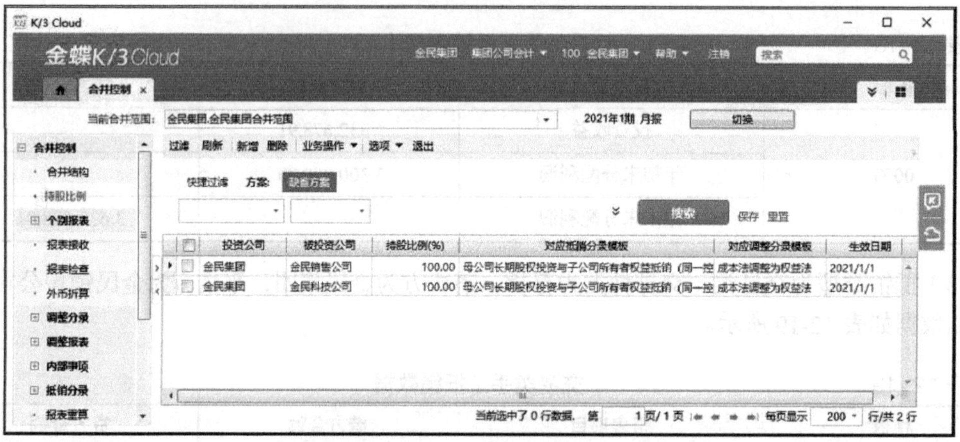

图 12-32　指定持股比例

2. 接收报表

在【合并控制】页面执行【个别报表】—【报表接收】命令，勾选所有报表，单击【接收】按钮，如图 12-33 所示。

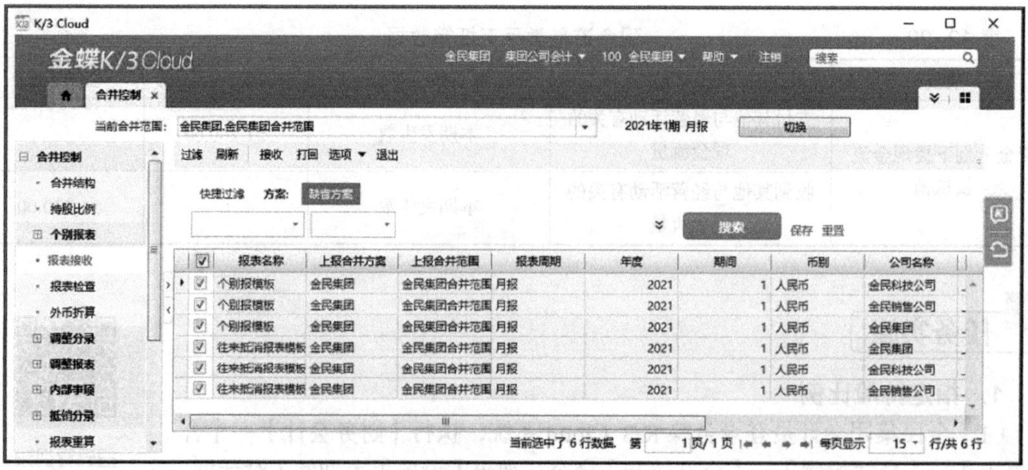

图 12-33　报表接收

3. 生成调整分录

在【合并控制】页面执行【调整分录】—【集团调整】命令，在弹出的页面中执行【批量生成】—【生成权益类调整分录】命令，生成调整分录，如图 12-34 所示。调整分录生成后，依次单击【提交】【审核】按钮。

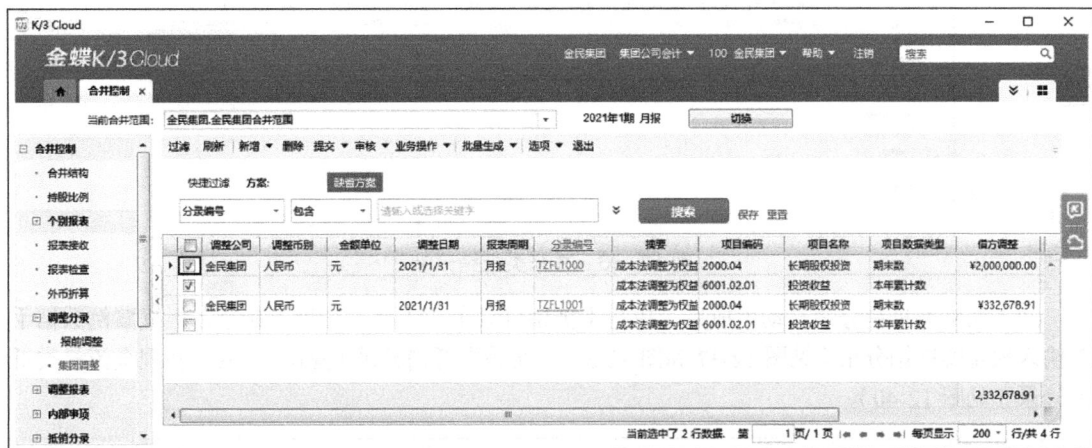

图 12-34　生成调整分录

4. 生成抵销分录

（1）在【合并控制】页面执行【内部事项核对】—【往来类】命令，在弹出的页面中执行【业务操作】—【核对】命令，弹出【选择公司组合】对话框。勾选所有公司，单击【确定】按钮，核对往来类抵销分录，如图 12-35 所示。核对后需要对生成的分录进行提交和审核操作。

图 12-35　内部事项核对

（2）核对并审核往来类内部事项后，执行【抵销分录】—【自动抵销】命令，在弹出的页面中单击【自动生成】按钮，弹出【自动抵销】对话框。选择【往来类】，单击【确定】按钮，自动生成抵销分录，如图 12-36 所示。抵销分录生成后需要进行提交和审核操作。

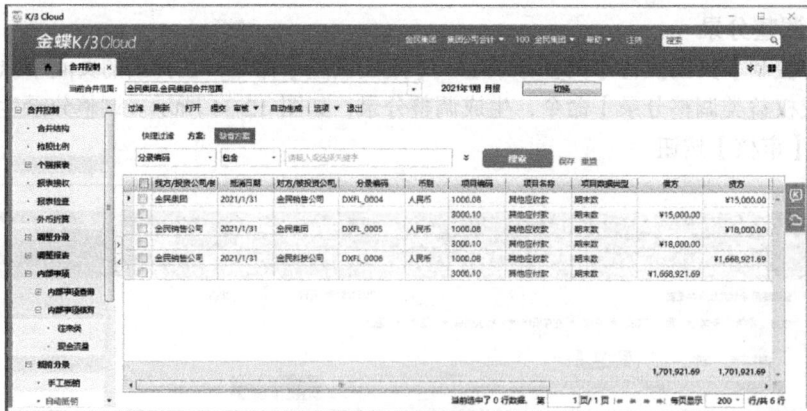

图 12-36　往来类抵销分录

（3）往来类抵销分录自动生成后，执行【抵销分录】—【手工抵销】命令，根据案例数据手工输入权益类抵销分录（见图 12-37 和图 12-38）、交易类抵销分录（见图 12-39）和现金流量类抵销分录（见图 12-40）。

图 12-37　权益类抵销分录（金民集团-金民科技公司）

图 12-38　权益类抵销分录（金民集团-金民销售公司）

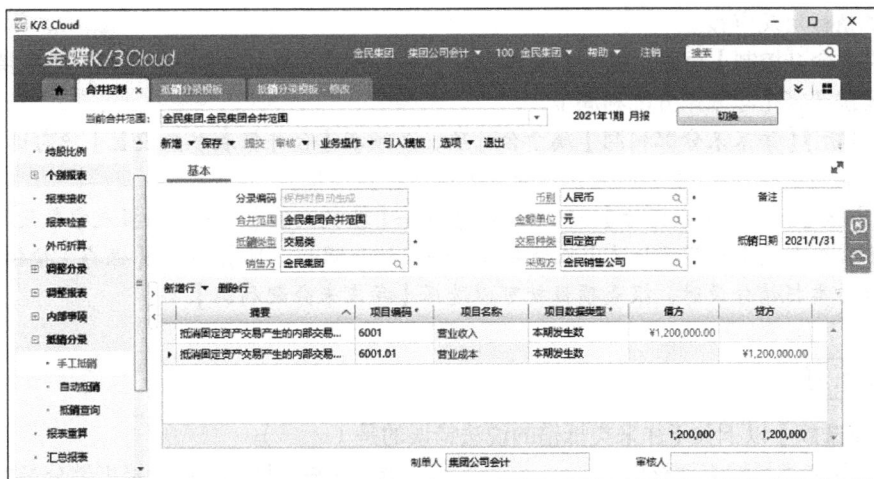

图 12-39　交易类抵销分录

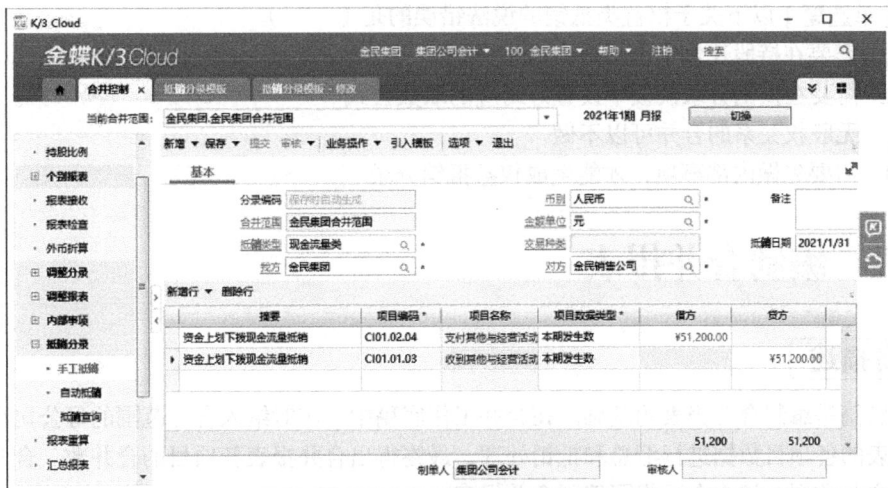

图 12-40　现金流量类抵销分录

（4）新增手工抵销分录全部完成后，执行【抵销分录】—【抵销查询】命令，选择所有抵销分录，依次单击【提交】【审核】按钮。

常见问题解答

（1）【合并控制】页面中无法选择合并方案。

【问题分析】合并方案没有启用。

【解决方案】执行【财务会计】—【合并报表】—【合并准备】—【合并方案】命令，打开【合并方案】页面，选中合并方案，执行【业务操作】—【启用】命令即可启用方案。

（2）在合并控制中，内部事项核对时将往来类抵销核对反审核，系统提示：编号为×××的抵销核对，已经生成抵销分录，请先删除抵销分录！

【问题分析】抵销核对已经生成抵销分录，需要先删除抵销分录。

【解决方案】在【合并控制】页面，执行【抵销分录】—【抵销查询】命令，在弹出的对话框中选择对应的抵销分录，单击【删除】按钮。删除成功后，再执行【内部事项核对】—【往来类】

命令，将抵销核对反审核。

（3）在【合并控制】页面，执行【抵销分录】—【手工抵销】命令，新增权益类抵销分录时，项目编码无法选择【年末未分配利润】。

【问题分析】【年末未分配利润】属于合计项，必须在【合并报表参数设置】中勾选【抵销分录允许抵销非明细项目】，手工新增抵销分录才能选择该项目。

【解决方案】执行【财务会计】—【合并报表】—【参数设置】—【合并报表参数设置】命令，在【合并方案级参数】页签下勾选【抵销分录允许抵销非明细项目】，单击【保存】按钮。此时在手工新增权益类抵销分录时，报表项目就可以选择【年末未分配利润】。

课后练习

（1）【单选题】以下关于往来类抵销的说法错误的是（　　）。

  A. 往来类抵销需要核对   B. 往来类抵销无法选择抵销分录模板

  C. 往来类抵销核对后无须审核   D. 差异处理可以批量处理

（2）【单选题】以下关于权益类抵销的说法错误的是（　　）。

  A. 需要在持股比例中选择对应抵销分录

  B. 需要在抵销分录模板中设置好对应的取数公式

  C. 无股权关系的合并可以不做

  D. 需要先做内部事项，才能生成权益抵销分录

任务五　编制合并报表

任务描述

工作底稿是编制合并报表的基础。在合并工作底稿中，应对纳入合并范围的母公司和子公司的个别报表的各项目数据进行汇总和抵销处理，最终得出合并报表各项目的合并数。合并报表展示最终的合并数据。请为金民集团编制合并报表。

任务分解

1. 编制工作底稿
2. 编制合并报表

理论认知

1. 工作底稿的含义

工作底稿是指当整理、编写正式报告和财务报表时，会计人员和管理人员编制的非正式分析报告。

2. 合并报表的含义

合并报表是指反映母公司和其全部子公司形成的企业集团整体财务状况、经营成果和现金流量的财务报表。

3. 合并报表的作用

合并报表的作用主要体现在两个方面：一是合并财务报表能够向财务报告的使用者提供反映企业集团整体财务状况、经营成果和现金流量的会计信息，有助于财务报告的使用者做出经济决策；二是合并财务报表可以避免一些母公司利用控制关系人粉饰财务报表。

任务实施

1. 编制工作底稿

（1）在金蝶 K/3 Cloud 系统功能菜单中，执行【财务会计】—【合并报表】—【合并控制】—【合并控制】命令，弹出【设置报表期间】对话框，选择报表日期为 2021/1/31，单击【确定】按钮，如图 12-41 所示。

扫码看视频

图 12-41　设置报表期间

（2）进入【合并控制】页面，执行【合并控制】—【工作底稿】—【新增】命令，弹出【工作底稿新增】对话框。报表模板选择【HB00001】（工作底稿模板），币别选择【人民币】，金额单位选择【元】，如图 12-42 所示。单击【确定】按钮，工作底稿新建成功。

图 12-42　新增工作底稿

（3）双击打开新建的工作底稿，单击【数据】页签下的【全部重算】按钮，重算成功后，保存工作底稿。

2. 编制合并报表

（1）审核工作底稿后，在【合并控制】页面中执行【合并控制】—【合并报表】—【新增】命令，弹出【合并报表新增】对话框。报表模板选择【HB00002】（合并报表模板），币别选择【人民币】，金额单位选择【元】，如图 12-43 所示。单击【确定】按钮，合并报表新建成功。

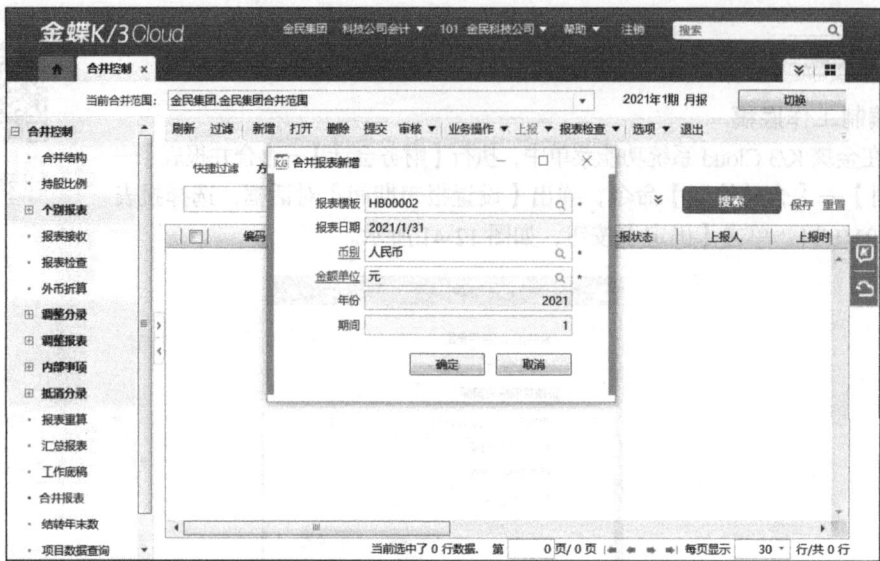

图 12-43　新增合并报表

（2）双击打开新建的合并报表，单击【数据】页签下的【全部重算】按钮，重算成功后，保存合并报表，并执行【提交】和【审核】命令。

常见问题解答

（1）工作底稿重算后取不到个别数。

【问题分析】工作底稿中的个别数取自个别报表的数据。若个别报表未上报接收，则工作底稿取不到个别数。

【解决方案】执行【财务会计】—【合并报表】—【合并控制】命令，在【合并控制】页面的【报表接收】下选中未接收的报表，然后单击【接收】按钮，确认个别报表全部已接收，且个别报表中有数据后，再重算工作底稿。

（2）合并报表重算后取不到数据。

【问题分析】这是由于没有编制工作底稿导致的。编制合并报表前，必须先编制工作底稿。

【解决方案】参考前述方法编制工作底稿。

课后练习

（1）【单选题】合并报表重算的优先级顺序依次是（　　　）。

A. 合并报表-工作底稿-个别报表　　　B. 个别报表-工作底稿-合并报表

C. 工作底稿-个别报表-合并报表　　　D. 个别报表-合并报表-工作底稿

（2）【判断题】工作底稿的取数来源于个别报表和抵销分录的数据。（　　　）